공관복음 입문

정훈택 지음
신현우 편집

공관복음 입문

초판1쇄	2021.02.18.
초판2쇄	2024.02.29.

지음	정훈택
편집	신현우
교정교열	김덕원, 김태훈, 박이삭

발행처	감은사
발행인	이영욱
전화	070-8614-2206
팩스	050-7091-2206
주소	서울시 강동구 암사동 아리수로 66, 401호
이메일	editor@gameun.co.kr

ISBN	9791190389228
정가	29,000원

Introduction to the Synoptic Gospels

Hoon Taik Chung

Hyeon Woo Shin (Ed.)

추천사

최순봉 | 서울성경신학대학원대학교 신약학 교수

고 정훈택 교수님의 강의안을 정리한 유고집 "공관복음 입문"의 출간은 매우 의미가 있다. 정 교수님의 강의를 개인적으로 직접 들어보지 못한 아쉬움 때문일 것이다. 정 교수님께서는 본인이 졸업하던 시점에 총신대학교 신학대학원에서 강의를 시작하셨기에 직접 가르침을 받지는 않았는데, 궁금했던 그분의 강의를 이제 책으로 읽을 수 있게 되니 감사하다.

정훈택 교수님과 나의 첫 만남은 내가 2001년 초에 독일 튀빙엔 대학교에서 학위를 마치고 귀국하여 대학에 막 자리를 잡는 분주한 때였다. 우연히 만난 식사 자리에서 학교 후배라고 따뜻하게 대하여 주시고, 한 잡지에 부족한 사람을 소개해 주셔서, 그 달의 새 얼굴로 한국에 첫 인사를 하였다. 그렇게 정 교수님과의 교제는 시작되었다. 그 후 나는 대학에서 도서관장으로 봉직하던 2007년 7월 도서관 관련

출장으로 네덜란드의 깜뻰(Kampen) 신학대학교를 방문하였는데, 도서 구입을 위하여 그곳에 와 계신 정 교수님과 깜뻰 대학의 숙소에서 함께 2주간 시간을 보냈다. 함께한 시간은 나에게 신약학자로서 복잡다단한 시대를 사는 선배의 지혜를 얻게 하였다. 그중 며칠은 그 해 소천하신 헤르만 리더보스(H. Ridderbos) 교수 댁에서 작업 장소를 제공받았는데, 작업 중에 잠깐씩 쉬면서 정 교수님과 함께 리더보스 교수의 자필 원고를 읽으며 큰 신학자의 삶과 신학을 이야기했다. 그때 진지하게 신학을 논하시는 정 교수님의 모습에서 진정한 신약학자의 엄밀성을 볼 수 있었다. 하루는 정 교수님과 함께 그분의 지도교수였던 하인리히 바아링크(Heinlich Baarlink) 교수 댁을 방문하였다. 그곳에서 오후를 다 보내면서 신약학의 주제들과 함께 학자로서의 삶의 회고 등 많은 이야기를 나누었다. 내가 정 교수님을 마지막 뵌 것은 경기도의 한 병원에서 세상을 떠나시기 얼마 전이었다. 휠체어에 앉아서 산책을 하시던 모습이 아직도 눈에 선하다. 그 때 정 교수님은 이미 육신이 쇠약해졌음에도 불구하고, 학자를 넘어 진실하게 최선을 다한 그리스도인으로서 죽음 앞에서 하나님의 주권을 인정하시는 모습을 나는 느낄 수 있었다.

본서는 정훈택 교수님의 제자가 편집한 아름다운 결과물이다. 뛰어난 신약학자로서 선생님의 글을 정리하는 것은 의미 있는 일이기도 하지만, 다른 한편으로 무거운 일이었을 것이다. 그 제자는 정 교수님의 공관복음서 강의안을 정성껏 편집하여 책으로 완성했다. 이 책은 강의안을 책으로 편집한 것이지만, 후배이자 제자가 선생님께 드리는 선물이다. 그리고 그 내용을 보면 안타깝게 삶을 마감한 뛰어난 복음

서 학자의 혜안을 보여주는 작품임을 어렵지 않게 알 수 있다. 총신대
학교에서 복음서 신학자로 열정을 다한 정 교수님과 그 제자에게 찬
사를 보낸다. 제자의 노력으로 모두가 정 교수님의 흔적을 공유한다.
참 감사한 일이다.

김규섭 | 아세아연합신학대학교 신약학 교수

그동안 강의안(기록 매체)과 기억, 구술로만 전해져 오던 고 정훈택
교수님의 『공관복음 입문』이 신현우 교수님의 노력으로 정리되고 편
찬된 것을 기쁘게 생각합니다. 정훈택 교수님의 육성을 강의실에서
직접 들은 목격자와 증인으로서 저는 정훈택 교수님께서 공관복음 연
구에 있어서 서구 학계의 방법론과 방향성을 충분히 이해하고, 한국인
학자로서 독특한 기여를 하신 분이라는 것을 기억합니다. 이 책은 정
훈택 교수님의 가르침이 녹아 있는 책입니다. 이 책은 개론서로서 공
관복음 문제와 공관복음서의 형성, 각 복음서에 대한 설교에 이르기
까지 폭넓은 영역을 깊이 있게 다루고 있습니다. 목격자, 구술, 기억과
같은 최근 공관복음 연구에서 매우 중요한 개념들도 다루고 있으며,
세부적인 측면을 간략하면서 깊이 있고 다양하게 다룬다는 점에서 서
구 학자들의 개론서에 밀리지 않는다고 생각합니다. 또한 신현우 교
수님의 정성스러운 편집은 이 책의 가치를 더욱 높이고 있습니다.

강대훈 | 개신대학원대학교 신약학 교수

『공관복음 입문』은 고 정훈택 교수님이 20년 동안 사용한 총신대
신학대학원의 강의안을 고인의 제자 신현우 교수님의 탁월한 손을 통

해 드디어 공식적으로 출간된 책이자 유산이다. 나는 이 강의안으로 공관복음서를 배우고 마태복음을 전공하기로 결심했기에 원고를 읽는 내내 가슴이 뭉클해졌다. 이 책은 공관복음 연구사, 복음서의 문학 양식(장르), 복음서의 형성과정, 공관복음 문제, 목격자의 역할, 복음서의 상황적 요소, 공관복음서의 구조, 비유 해석 등을 다룬다. 정 교수님의 강의 방식처럼 이 책은 모든 주제를 치밀한 논리로 전개하고 답을 급하게 제시하기보다 독자들에게 질문을 던지는 형식을 취한다. 다루는 범위와 깊이 면에서 이 책에 버금가는 수준의 입문서를 찾기는 쉽지 않다. 각 장마다 일반적 논의뿐 아니라 저자의 독특한 기여점이 군데군데 드러난다. 예를 들어, 공관복음 문제의 경우 연구사를 체계화할 뿐 아니라 목격자 가설을 기반으로 저자의 독특한 해결책을 제시한다. 특히 제6장의 "공관복음서 형성에 미친 목격자의 역할"은 시간이 흘러도 보화와 같은 연구로 남을 것이다. 무엇보다도 이 책이 우리 시대 최고의 공관복음 학자 중 한 명의 노력과 정성으로 빚어진 것은 복된 일이다. 나는 신학대학원에 입학해서 신현우 교수님의 연구로 사본학과 공관복음 문제를 배웠기에 두 스승이 바통을 주고받아 기른 30년이 넘은 나무의 열매를 맛보게 된 것으로 감격하며, 이제 더 많은 독자들이 이 기쁨과 복을 경험하길 소망한다.

편집자 서문

　이 책은 고 정훈택 교수님의 유고인 공관복음 강의안을 편집하여 펴낸 것이다. 고 정훈택 교수님이 지난 20여 년간 총신대학교 신학대학원에서 공관복음을 강의하시며 계속 보완 발전시켜 온 강의안을 책으로 출판하시기 전에 교수님은 췌장암으로 투병하시다가 소천하셨다. 은사님이 학기 중에 강의를 중단하셔야 했을 때, 나는 대신 강의를 하며 사용하시던 강의안을 읽게 되었다. 그러던 중에 이 강의안에 담긴 은사님의 독특한 학문적 기여를 발견하게 되었다.

　이 강의안을 편집하여 책으로 내는 것을 병상에 계신 은사님은 흔쾌히 허락하시며, 파일을 넘겨주셨다. 그때 제자로서 암 투병 중인 스승을 위해 할 수 있는 것이 가끔 병원에 찾아뵙는 것과 강의안을 출판하겠다고 약속드리는 일 뿐이었다. 나는 은사님이 이 강의안을 책으로 내고 싶었다고 하신 말씀을 들은 적이 있었기에 이 소망을 이루어드리고 싶어서 출판을 하겠다고 먼저 제안하고 약속드렸던 것이다. 나는 병문안을 갔을 때 은사님에게 출판을 위한 편집을 하다가 내용에 대하여 애매한 것이 있으면 질문하겠다고 했다. 그때 은사님은 질문하지 말라고 하셨다. 이렇게 은사님은 원고의 탈고를 제자에게 위임하셨다.

나는 강의안에 담긴 내용을 더 잘 전달하기 위해서 문장을 다듬는 작업을 하였다. 독자들이 이해하기 쉽도록 어휘 선택, 문법적 구조, 논리 구조를 좀 더 명확하게 바꾸기도 하였다. 때로 독자들이 이해하기 어려운 부분에서는 추가적 설명을 하기도 하였고, 독자들에게 좀 더 설득력이 있는 형태로 글을 다듬는 작업을 하였다. 또한 강의안에 등장하는 불필요한 반복은 삭제하기도 하였다. 이것은 내용은 그대로 두고 표현을 바꾸어 내용이 좀 더 잘 전달되도록 하는 출판 준비 작업이었다. 이것은 마지막 탈고 작업에서 저자들이 하는 작업인데, 편집자가 대신 하게 되었다.

이 강의안이 출판되어야 하는 이유는 단지 이 강의안에 담긴 고유한 기여, 특히 목격자 이론으로 공관복음서의 역사적 신빙성을 변증한 학문적 기여 때문만은 아니다. 이 강의안은 한국에서의 공관복음서 문제 연구의 결과로서 역사적 가치도 지닌다. 서양의 신학이 어떻게 한국에 소개되고, 소화되고 극복되고 독특한 방향으로 발전했는지를 이 책은 담고 있다. 또한 이 책은 네덜란드에서 개혁 신학적 전통 속에서 공부하며 한국인으로서 최초로 신약학 분야에서 박사학위를 취득한 은사님이 한국에서 공관복음서 분야에서 개혁 신학을 어떻게 전개하셨는지 보여준다.

이 강의안이 책으로 나오는 것을 보셨으면 분명히 기뻐하셨을 텐데, 은사님은 갑작스런 췌장암으로 투병하시면서 2013년 봄학기 중반까지 공관복음서를 강의를 하시다가 그 해 여름 우리 곁을 떠나셨다. 은사님은 자신의 생명은 하나님께서 주신 것이므로, 하나님의 선물이라고 말씀하셨다. 그러므로 생명은 자신의 것이 아니며 하나님의 것이라고 하셨다. 인생은 하나님의 은혜이므로 죽음 앞에 노하거나 슬퍼하지 말아야 한다고 하시며 은사님은 의연한 모습으로 주님의 품으로 돌아가셨다. 나는 죽음 앞에서도 당당하셨던 그 의연한 모습을 잊을 수 없다. 그것은 신학자로서의 은사님의 모습 이상으로 제자에게 더 많은 것을 가르쳐 주는 스승의 모습이었다.

이 책을 펴내며, 나는 은사님과의 약속을 지키게 된 것이 기쁘다. 이 책의 출판을 흔쾌히 허락한 감은사의 이영욱 대표님께 감사드린다. 이 책은 마땅히 교수님의 미망인이신 한혜신 사모님께 헌정되어야 한다. 고 정훈택 교수님도 그렇게 할 것을 원하셨을 것이다. 또한 저자가 소천하신 관계로 이 책의 출판으로 발생하는 모든 인세는 전부 유가족의 몫이다.

이 책은 학문적 작업의 결과이지만, 이 책의 목표는 우리의 삶과 신앙을 위한 것이다. 우리의 신학은 단지 학문이 아니라 삶을 위한 것이었고, 그것은 하나님의 영광을 위한 것이었다. 이 책은 고 정훈택 교수님이 자신의 마음을 다하여 긴 호흡으로 사색하며 연구함으로써 하나님을 경배한 진지한 예배의 일부였다.

2020년 9월 18일

수락산 자락에서

신현우

제1장
서론

1. 신학과 공관복음서 연구

1) 공관복음서 연구의 위치

우리는 신학을 구약, 신약, 교의, 역사, 실천, 선교의 여섯 개 분야로 나누어 배우고 있다. 이를 둘씩 모을 수 있는데, 동심원으로 표현해 보면 중심에 성경학(구약과 신약), 두 번째 원에 조직신학(교의와 역사), 세 번째 원에 적용신학(실천과 선교)으로 그릴 수 있다. 성경학은 성경 원어로 본문을 연구하여 기독교의 기초를 놓는 작업, 조직신학은 이론적으로나 역사적으로 기독교라는 집을 세우는 작업, 적용신학은 미래를 향해 이 집을 넓혀가는 작업이다.

구약학은 구약에 속한 39권의 책들을 연구하여 이스라엘의 역사와 문화에 자신을 계시하신 하나님의 사역과 이 사역에 대한 응답인 이스라엘의 믿음과 삶을 연구한다. 동시에 신약성경과의 관계에서 어떤 요소가 미래, 즉 신약시대를 위하여 창을 여는 예언의 역할을 하는가를 살핀다. 신약학의 입장에서 보면 구약학은 기독교 신앙과 신학의 준비, 예언, 예표, 모범과 경고로서의 의미를 가진다.

신약학은 구약시대에 아브라함과 이스라엘을 통하여 시작된 하나님의 구속사역이 어떻게 예수님에게서 그 성취에 도달했는가를 연구한다. 예수님의 말씀과 사역은 교회를 낳았으며, 아직도 교회 속에 계속 나타나고 있다. 따라서 신약학은 자연스럽게 역사신학과 교의학으로 연결된다.

신약학은 구약시대에 나타난 하나님의 계시와 율법, 이스라엘의 신앙과 그 종교적 유산에 대한 기독론적 해석, 또는 구약성경의 신약적 해석을 포함하고 있다. 따라서 간혹 성경신학이란 이름으로 성경 전체의 내용을 하나로 통합하려는 무리한 시도가 벌어지기는 하지만, 신약학이야 말로 기독교 신학의 핵심이라고 말할 수 있다. 구약시대와 구약성경에 대한 재해석이 그 일부이기 때문이다.

신약학은 신약성경에 포함된 27권의 책을 연구하는 것이다. 이 전체를 다루며 각각의 내용과 신학을 연구하고(각론), 27권의 내용 전체를 합칠 수도 있지만(총론, 신약신학), 성격에 따라 복음서, 사도행전, 바울서신, 일반서신으로 구분하거나 공관복음, 요한문헌, 바울서신, 일반서신, 누가문헌 등으로 나누어 연구할 수 있다.

신약서론과 성경해석학이 신약성경의 배경적 연구 내지 방법론적 연구요, 신약신학이 그 종합적 연구라면, 공관복음 연구는 신약성경의 내용을 본격적으로 연구하는 시작에 해당한다. 이보다 전문적인 연구는 신약성경 27권을 한 권씩 연구하거나 특별한 부분 또는 특별한 주제를 전문적으로 연구하는 것이다.

그러나 공관복음서 연구가 27권으로 이루어진 신약성경의 첫 부분을 모아서 연구하는 것 정도로만 이해해서는 안 된다. 공관복음서는 구약성경과 구약시대의 완성이요 기독교와 교회의 출발점이신 예수에 관한 기록이므로 공관복음서 연구는 신약성경 내지 성경 전체의 핵심에 관한 연구라 할 수 있다. 또한 기독교 신학과 신앙 그리고 교회사의 출발점에 관한 연구라 부를 수 있다.

2) 공관복음서 연구사

공관복음서 또는 복음서 연구가 독립된 분야로 자리 잡기 시작한 것은 약 250여 년 전이다. 이것은 기독교인들이 극히 최근에 와서야 복음서를 읽고 연구하고 사용하기 시작했다는 의미는 아니다. 오히려 복음서들은 초대교회 시절부터 교회가 성경의 다른 어떤 책보다도 더 많이 읽고 가르치고 사용한 책들이다. 교회가 탄생할 때부터 기독교인들이 가장 사랑했던 책들이라고 해도 과언이 아니다. 복음서에 담긴 예수의 복음은 사도행전이 보도하는 초대 교회의 기초였고 모든 신앙과 신학의 기준이었으며 복음서는 기독교 변증가, 설교자, 신학자, 그리고 각종 교리 작성이나 정책 결정 등 모든 기독교 활동의 교과서였다.

그러나 교회사를 면밀히 연구하면 공관복음이라는 단어만이 아니라 신약신학 혹은 성경신학이라는 단어들조차도 오랫동안 등장하지 않았고 그 독자적 가치를 인정받지 못했다. 교회는 기독교 교리/진리 혹은 조직신학의 확립을 위하여 (신약)성경 그리고 복음서들을

그 자료집 정도로 사용했을 뿐 성경, 신약, 또는 복음서 자체의 의미
나 내용을 독립적으로 연구하지 않았었다.

성경에 관한 독립적 연구는 교회(= 종교)개혁이 일어난 지 한참 후
인 18세기 중엽에 시작되었다. 이때부터 성경학(Biblical Studies)이나 신
약학(New Testament Studies) 또는 구약학(Old Testament Studies)은 겨우 독립
된 분야로 연구되었고 이와 함께 공관복음서 연구도 독립적으로, 그
리고 본격적으로 시작되었다. 교회개혁의 정신에 따라 이루어진 성
경의 집중적 연구가 낳은 신학적 결과이다.

18세기에 시작된 공관복음/복음서의 본격적 연구는 불행하게도
긍정적 측면에서가 아니라 부정적 측면에서 시작되었다. 이러한 연
구는 복음서들을 비교/대조하여 그 차이점들과 일치점들을 연구하
여 교회의 신앙과 신학을 자극하고 교회를 부흥시키려는 사람들이
아니라(이러한 작업은 사실 1세기 말부터 활발하게 진행되었다), 당시 유럽에서 시
작되고 있었던 계몽사상과 산업혁명에 고무된 사람들이 성경 자체
에서 서로 충돌하거나 모순된 내용을 찾아내어 기독교 신앙과 교리
를 공격하고 교회와 신앙의 굴레에서 벗어나려고 특별히 공관복음/
복음서들을 주목하기 시작했던 것이다.

그 결과 교회사 또는 근대사가 보여주는 것처럼 기독교는 상대
화되고 교권은 약화되었고 성경은 더 이상 과거와 같이 인생과 사회
의 전 영역을 관할하거나 통제하지 못하게 되었다. 그때 성경/교리
의 권위를 부정하거나 비판적으로 복음서를 연구하며 온갖 모순과
충돌을 이야기하던 사람들은 이미 모두 교회를 떠났다. 과학, 예술,
법학 등 사회 제 분야는 이제 성경과 관계없이 독자적으로 굴러가고

있었다. 교회 안에는 그래도 기독교 신앙에 긍정적인 사람들만 남아 있었다.

하지만 지금의 상황은 이전보다 훨씬 더 심각하다. 교회 안에서, 신학과 신앙의 이름으로 기존 교리체계를 공격하고 성경과 성경에 근거한 신앙을 미신으로 매도하는 사람들이 곳곳에서 더 열심히 활동하며 신자들을 계몽시키려 하고 있다. 공관복음/복음서 사이의 차이점들을 조목조목 찾아 논리적이고 체계적으로 논증하며 역사적 예수는 어떤 사람인가를 재구성하려는 것이 그 핵심이다. 그리하여 공관복음/복음서 연구는 아직 진행 중인 기독론 논쟁의 살벌한 전쟁터가 되었다.

공관복음/복음서 연구를 성경과 전통 교리에 부정적/비판적 사람들의 전유물로 남겨 놓을 것인가? 우리는 눈을 가리고 귀를 틀어막은 채 초대교회의 이단보다 더 멀리 나가고 있는 사람들이 기독교와 교회의 이름으로 무엇을 하든지 상관하지 않고 침묵하며 역사의 현장을 걸어만 갈 것인가?

성경을 하나님의 말씀으로 믿는 사람들이야말로 공관복음/복음서를 가장 잘 연구할 수 있고, 마땅히 연구해야 하는 사람들이다. 공관복음을 정확하게 이해하고 더 잘 사용하여 믿음을 강화하고 신학을 발전시키기 위해서만이 아니라 교리를 변증하고 교회를 확장하기 위해서 누구나 이 작업에 뛰어들어야 한다.

공관복음/복음서 연구가 시작된 동기와 과정, 결과를 일단 불문에 붙이면 공관복음/복음서 연구의 필요성과 가능성을 의심하는 사람은 오늘날 아무도 없다. 18세기에 와서 공관복음서 문제와 복음서 연구가 교리와 성경의 권위를 파괴하는 방식으로 부상하였지만 이 연구는 기독교의 핵심, 신앙과 신학의 기초와 연결되어 있는 가장 중요한 신학 분야이다.

3) 목적

신약성경의 처음에 수록되어 있는 세 복음서, 즉 마태복음, 마가복음, 누가복음을 우리는 공관복음서라고 부른다. 이 이름으로 우리는 정경에 포함되어 있는 네 개의 복음서 중에서 한 편으로는 첫 세 복음서를 비슷한 성격의 책으로 함께 연구하고, 요한복음과는 따로 연구한다.[1]

공관복음서를 함께 연구하는 이유는 이 복음서들이 함께 비교하여 볼 수 있는 내용들을 비슷한 관점에서 소개하고 있기 때문이다. 이에 비해 요한복음은 공관복음과 비교하기 어려운 많은 요소들을 가지고 있다.

공관복음서를 서로 비교 연구하는 것은 세 복음서를 단순히 종합하는 것 이상의 결과를 낳는다고 기대될 수 있다. 예를 들어 학자들은 이러한 비교 연구가 예수의 생애와 역사적 모습을 좀 더 정확하고 선명하게 부각시킬 수 있다고 믿는다. 이와 함께 복음서 속에서 초대교회가 당면했던 역사적 상황과 이 상황을 돌파하던 초대교회의 신앙, 신학 등을 찾아낼 수 있다고 기대한다.

---

1.   1980년대 이후 공관복음과 요한복음을 함께 비교/대조하는 연구도 자주 이루어지고 있다. 그러나 공관복음서 사이의 내용만큼 많은 비교점이 있는 것은 아니다.

공관복음의 본격적 연구 이후 학자들의 다양한 전제와 다양한 방법들은 이 질문들에 대하여 일치된 답으로 모이기보다는 아직은 서로 다른 다양한 결론들을 만들어내고 있다. 하지만 지난 두 세기의 연구 성과는 각 복음서의 특징에 관한 한 과거 어느 때보다 더 정확한 지식에 도달하게 되었다. 우리는 공관복음의 비교 연구를 통하여 다음과 같은 사항을 배울 수 있다.

① 세 복음서 각각의 내용과 특성
② 하나의 복음이 서로 다르게 기록될 수 있는 가능성
③ 복음/복음서와 예수(의 생애)의 관계
④ 복음서를 바르게 주석하고 사용하는 요령

4) 방법

공관복음을 적나라하게 서로 비교/대조하기 위하여 문법적, 역사적 해석방법이 필요하다. 문법적 해석이란 1세기경 지중해 연안에서 사용되던 코이네 헬라어를 배워 복음서를 이해하는 것을 뜻하며, 역사적 해석이란 그 모든 내용을 당시의 역사적 상황에서 이해하는 것을 뜻한다.

이러한 과제는 지난 두 세기 동안 다양한 신학자들에 의해 철저하게 그리고 폭넓게 수행되면서 공관복음서 문제(the Synoptic Problem: 공관복음서 사이의 유사성과 차이점을 설명하는 과제)를 해결하기 위한 다양한 해결책들이 시도되었다. 따라서 공관복음서를 비교, 대조하고 주해하는 우리의 작업은 당시의 언어, 문화, 역사의 이해 외에도 앞 시대에 여러 신학자들에 의해 진행된 다음과 같은 것을 포함해야 한다.

① 공관복음서 문제의 이해[2]

② 공관복음서 문제를 설명하기 위해 학자들이 제시한 여러 이론들의 숙지

③ 이 문제에 대한 답변과 이 답변에 근거한 공관복음서 주석[3]

이상의 세 가지 과제는 현재 대부분의 신약학자들이 초점을 맞추고 연구하는 주제이다. 그뿐만 아니라 연구의 결과물들이 적지 않게 쏟아져 나왔고 지금도 계속 출판되고 있다. 학자들의 연구 결과들은 복음서나 역사적 예수에 관한 이해에 그치지 않고 신약성경 전체의 각 책들, 초대 교회의 역사적 상황과 신학적 현황 및 과제에로 확대 적용된다.

우리는 이 책에서 이 세 가지 중 첫 번째, 즉 공관복음서 문제의 이해, 공관복음서 사이의 일치점과 차이점의 연구에 주력할 것이다. 그 이유는 다음과 같다.

---

2. 보수적인 신학자들 중에 '문제'라는 용어의 사용을 기피하는 사람들이 있다. '문제'라는 표현이 무언가 잘못되었다는 의미를 내포하고 있기 때문이다. 이들은 '우리가 연구하고 이해하고 풀어가야 할 무엇'이 공관복음에 존재한다는 의미에서 '과제'라는 표현을 더 선호한다. 그렇지만 신약학계에 널리 사용되는 일반적 용어는 여전히 '문제'이다.

3. 신학자들은 자신들의 이론이 궁극적 답변, 즉 공관복음서 문제의 발생에 놓여 있는 역사적 진실이라고 생각하고 이에 근거하여 복음서를 주석하고 있다. 따라서 우리는 현대 주석을 사용하기 전에 학자들이 사용하는 신학적 전제 또는 신학적 결론을 먼저 검토해야 한다.

(1) 역사적으로 기록되었고 지금까지 보존된 복음서 본문이 다른 어떤 자료보다 가치 있는 자료이기 때문이다. 그러므로 이처럼 가장 중요한 자료의 본문, 특히 공관복음서 본문 사이의 유사성과 차이점에 관한 비교, 대조 연구가 매우 중요하다.

(2) 공관복음서 문제의 해결책을 찾는 것도 본문의 테두리 안에서 진행되어야 한다. 학자들이 어떤 가설을 주장할 때 이 가설이 본문 이해를 방해하거나 본문을 파괴한다면 그것은 본문이 보여주는 현상을 제대로 설명하지 못하는 잘못된 가설일 수밖에 없다.

(3) 적지 않은 학자들이 공관복음서 문제를 제 나름대로 다루어 왔는데 아직 일치점보다는 차이점의 원인에 대한, 온갖 제안만 난무한 상황이다. 즉 학자들의 결론은 여전히 가설의 단계를 벗어나지 못하고 있다. 가설에 기초하여 주석 작업을 진행할 수는 없다.

(4) 공관복음서 상호 간의 차이점, 유사점 혹은 일치점 등이 명백해지면 우리는 공관복음서 본문을 좀 더 깊이 이해하게 된다. 그리하여 우리의 공관복음서 문제 연구는 복음서를 파괴하는 것이 아니라 복음서를 이해하는 방향으로 이루어질 수 있다.

2. 어떻게 공관복음서 문제를 연구할 것인가?

(1) 공관복음서 문제 연구를 위해서는 우선 공관복음서를 비교/대조하며 읽어야 한다. 최상의 방법은 헬라어로 편집된 *Synopsis Quattuor Evangeliorum*과 *Novum Testamentum Graece*를 사용하는 것

이지만, 편의상 먼저 한글로 편집된 『병행 사복음서』와 『복음서』를 읽고 차이점/일치점의 문제를 파악한 후에 헬라어 성경에서 확인하는 방법을 쓸 수도 있다.[4] 한글로 공관복음서를 대조하며 읽을 경우 다음을 주의하여야 한다.

① 원어 본문의 차이가 번역문에 약해지거나 빠질 수 있다.

② 원어 본문의 일치가 번역문에 의미나 형태상 달라질 수 있다.

이러한 문제는 원어 본문을 100% 그대로 살릴 수 있는 현대어는 없기 때문에 발생한다. 따라서 한글성경에서 발견한 차이점이나 일치점을 헬라어 성경에서 확인하여야 한다. 또 공관복음서 상호 간의 차이점이나 일치점을 파악하기 위하여 그 부분에 관한 연구서나 주석서를 참고하는 것도 도움이 될 수 있다.

(2) 공관복음을 대조하며 읽을 때 복음서 사이의 문자적 일치점이나 차이점을 철저하게 관찰하고 표시하는 것이 좋다.

일치점/차이점은 한 단어/구/문장/문단의 유무, 어미/어간/용어의 차이나 일치 등 글의 가장 작은 요소로부터 어순, 사건의 순서, 복음서의 구조 등 글의 모든 요소에서 발견될 수 있다.

동일 사건이나 동일한 말씀에 대한 복음서의 평행구절에서 차이점이나 일치점을 쉽게 그리고 확실하게 확인할 수 있다. 어떤 복음서에만 수록된 독특한 내용도 큰 차이점일 수 있다.

---

4.   정훈택, 『병행 사복음서』 (서울: 민영사, 2013) 등을 참고할 수 있다.

(3) 개인적 관찰이 진행되는 동안 발견하는 차이점/일치점 중에서 중요하다고 판단되는 것이나 특별한 개인적 흥미와 관심을 유발하는 것을 별도의 표로 만들어 언제라도 사용할 수 있도록 준비한다. 중요한 것이란 다음을 뜻한다.

① 언어부(사건에 등장한 말을 기록한 부분)의 중요한 차이—말로 표현된 것은 그대로 전달할 수 있고 글로 옮길 수 있기 때문이다. 언어부의 차이는 복음(서)의 진실성 내지 역사성과 관련하여 주요 연구 대상이 된다.

② 사건부(사건이나 행동을 기록한 부분)의 문자적 일치 또는 사건과 관련된 중요한 차이—사건이나 행동의 기록은 기록자가 다르면 서로 다를 것이기 때문이다. 어떤 사건의 일회성 및 역사성을 감안하면 사건부의 차이 역시 중요한 연구 거리가 된다.

③ 해설부(배경설정이나 언어/사건에 대한 설명 등)의 중요한 차이나 일치

중요성에 대한 판단은 개인의 흥미나 관심에 따라 다를 수 있다. 따라서 발견하는 차이나 일치를 다른 사람과 토론하며 그 중요도에 대한 객관성을 확보할 필요가 있다. 즉 자신이 발견한 것을 설명할 수 있어야 하고, 다른 사람이 발견한 것을 이해, 수용할 수 있어야 한다.

앞선 신학자들의 연구를 통해 배우는 것은 확실한 방법의 하나이다. 그렇지만 타인/신학자의 동의를 얻어야만 중요한 것은 아니다. 자신이 발견한 것이 누구도 미처 깨닫지 못한 중요한 것일 수도

있다. 반대로 유명한 신학자가 중요하다고 논문을 써 내려가며 우리를 설득하려고 하는 것이 사실은 별 것 아닐 수도 있다.

(4) 개인적 관찰 결과를 다음처럼 도표를 만들어 정리한다.

제목	병행구절	마태복음	마가복음	누가복음
첫째 복	마 5:3/눅 6:20	+ 심령에		- 심령에
호칭	마 8:25/막 4:38/눅 8:24	주님	선생님	스승님
...				
...				

[예 1]

제목	마태복음	마가복음	누가복음
첫째 복	+ 심령에(5:3)		- 심령에(6:20)
호칭	주님(8:25)	선생님(4:38)	스승님(8:24)
...			
...			

[예 2]

복음서 사이의 차이나 일치를 한글 성경에서 찾고 헬라어 성경에서 확인하는 것으로 공관복음/복음서 연구가 끝나는 것은 아니다. 언어부의 경우 복음서의 등장인물들이 사용했을 실제 언어, 즉 대부분의 경우 아람어(또는 간혹 라틴어)로 추적해 가는 연구가 계속될 수 있다. 사건부의 경우 당시의 실제 상황과 실제 환경 등을 찾아 사건을 정확하게 재구성하는 작업으로 이어질 수 있다.

제2장
해석학적 질문

복음서는 이천여 년 전에 만들어진 책이다. 복음서와 독자 사이에는 긴 세월과 먼 장소, 그리고 이와 관련된 온갖 종류의 높은 장벽이 가로놓여 있다. 예를 들면, 글을 이해하는 데 관련되는 요소인 환경, 문화, 역사, 풍습 등이 다르고, 특히 언어가 같지 않다. 이런 요소들에 결합되어 있는 사고방식도 다르다.

그렇다면, 성경을 현대 한국어로 번역해 놓았지만, 이렇게 번역하며 우리가 읽어가기 쉽도록 각종 배려를 섞어 놓았지만 복음서는 여전히 그냥, 쉽게 읽어갈 수 있는 책이 아니다. 언제라도 오해나 곡해가 끼어들 여지가 아주 큰 책이다. 가장 큰 위험은 21세기 전에 기록된 책을 21세기의 책인 것처럼 읽는 것이다.

과거의 책을 읽고 사용하기 위해서는 적당한 도구들이 필요하다. 헬라어도 이런 도구 중 하나이다. 사전이나 문법서, 당시의 역사와 문화를 알려주는 연구서, 주석 등도 복음서를 읽고 연구하는 독자들이 결코 등한히 할 수 없는 도구들이다. 이런 도구가 없이는 누구도 복음서의 세계에 바르게 접근할 수 없다. 특히 주의해야 할 사항 몇 가지를 아래에 기술해 본다.

1. 직관적 해석

복음서는 하나님의 계시, 즉 성령으로 영감된 책이므로 인위적 도구를 사용하는 세속적 방법을 통해서가 아니라 기도와 묵상, 금식, Q.T. 등 하나님과의 직접적 교제를 통해서만 바르게 이해될 수 있다고 생각하는 사람들이 우리 주변에 적지 않다. 그뿐만 아니라 이런 사람들이 신령한 사람들로 행세하며 교회 안에서 더 높은 권위를 행사하려고 한다. 성경을 오래 사용하며 교회에서 지도력을 행사하는 사람들은 누구라도 어느 순간 이러한 경향으로 빨려 들어갈 수 있다.

조용한 시간에 기도하며, 성경을 읽고, 그 내용을 묵상하는 것은 성령님의 직접적인 조명과 하나님의 특별한 깨우치심에 호소하는 것으로 보이지만 사실은 이것도 성경해석의 한 방법이다. 자신의 언어능력과 사고방식, 자신의 독특한 해석 방식을 사용하여 복음서의 언어와 문장과 문단 및 전체 구조를 자신이 이해하고 사용하기 쉽게 짜깁기하는 것이다.

성경을 파악하는 도구로 사용하는 그의 단어, 어감, 어휘, 논리, 사고 등은 모두 그의 주변 세계에서 차곡차곡 배운 것이다. 즉, 그의 성장 과정에 얽혀 있는, 지극히 상황적이고 개인적인 그릇이다. 자신

의 현대적이고 극히 제한된 그릇이 지식 습득을 위해 피할 수 없는
필수 도구로 사용되는 것이다. 이 그릇에 오래 전에 기록된 복음서/
성경의 보화들을 충분히 담아낼 수 있을까? 이것이 성경의 보편적
이해, 오래 전에 인간의 언어로 기록하게 하신 바로 그 하나님의 뜻
에 도달하는 바르고 유일한 길일까?

우리는 어려서부터 조금 더 넓은 세계로 나아가며 보다 보편적인
언어를 배운다. 이전의 언어와 개념들을 수정해 가는 것이다. 특수한
언어 사용은 시행착오를 거치면서 그 넘어 소통이 가능한 보편적인
언어와 사고로 발전한다. 시간의 장벽을 넘어 과거의 세계로 접근할
수 있을 때에도 우리는 과거의 문헌을 해석하면서 현대적 언어 사용
을 넘어 고대인의 언어와 사고를 배울 수 있다.

과거의 글, 특히 복음서/성경과 같이 오래 전에 기록된 책을 읽
고 이해하기 위해서는 성경이 기록되던 시기의 사회로 돌아가는 도
약이 있어야 한다. 자신의 제한되고 지극히 개인적인 언어의 틀에 성
경/복음서를 짜 맞추는 것이 아니라 계속되는 배움과 도약을 통하여
자신의 언어 세계와 사고 체계를 성경의 것으로 수정, 대체해 가는
것이다. 현대로부터 먼 과거로 떠나는 여행이라고 표현할 수 있을 것
이다.

기독교 역사가 이천여 년이 경과한 지금 자신만의 직관적 사고를
고집하는 것은 성경을 바르게 이해하는 길이라기보다는 한 인간의
독특한 생각과 감정의 표현으로 성경의 본래의 뜻을 훼손하는 길이
되기 쉽다. 경건한 생활과 매일의 성경 읽기, 묵상, 명상 등은 사전,
문법서, 연구서, 주석 등 과거의 책을 이해하는 기초 도구와 적절한

성경해석 방법 위에서 진행되어야 한다.

2. 부분적 해석

성경의 부분적 해석이란 성경 전체에 일괄적으로 적용해서는 안되고 본문의 특성에 따라 그 본문에만 적용할 수 있는 해석 방법을 말한다.

예를 들어, 성경에 시적 표현이 들어 있으면(예를 들자면, 시 19:1) 시를 이해하듯이 해석해야 한다. 그러나 성경은 시집이 아니기 때문에 성경 전체를 시처럼 해석하는 것은 잘못이다.

만약 과학적 표현이 어떤 부분에 사용되었다면 과학적인 설명이 필요하다. 하지만 이것은 어디까지나 그 부분에 해당하는 것일 뿐, 성경을 과학책으로 취급해서는 안 된다.

비유, 강조, 상징, 수사의문 등도 성경에서 자주 발견되는 수사법이다. 이러한 부분을 이해하기 위해서 해석자는 수사법에 대한 지식을 사용해야 한다. 그러나 성경 전체를 비유나 상징으로 간주하고 해석할 수는 없다.

히브리어와 헬라어에는 한 철자(기호)가 음을 지시할 수도 있고 수를 지시할 수도 있다. 이 특징 때문에 발달한 것이 숫자 상징법이다. 14로 다윗의 이름을 상징하는 것이 이에 해당한다. 그러나 성경에 사용된 모든 수의 실제적 의미를 무시하고 그 상징적 의미를 찾으려는 것은 어리석은 것이다.

부분적 해석에 있어서, 어떤 본문을 어떻게 해석해야 하느냐는 것은 본문의 성격에 달려있다. 비유로 표현되었으면 비유적 해석법을, 시로 표현되었으면 시적 해석법을 적용해야 한다. 본문이 가지고 있는 문학적 특성이 그 특성에 맞는 해석방법을 요청하는 것이다. 따라서 성경 본문이 지니고 있는 문학적 표현의 분석이 해석에 선행해야 할 작업이다.

이런 관점에서 성경을 해석할 때 성경은 대부분이 사실적 표현으로 되어 있음을 잊어서는 안 된다. 부분적 해석법을 적용할 수 있는 것은 성경의 일부분에 지나지 않는다.

3. 문법적/역사적 해석

성경 전체에 일괄적으로 적용할 수 있는 해석방법이 있다면 그것은 문법적/역사적 해석뿐이다. 이 방법은 4세기 크리소스톰이 강하게 주장한 것으로 16세기 교회개혁을 통해서 꽃을 피웠고 프로테스탄트 교회 신학, 특히 개혁신학의 핵심으로 여전히 강조되고 있다.

성경은 하나님의 말씀이기는 하지만 인간의 언어를 통하여 시공간에 나타났고 인간 저자에 의해 기록되었다. 따라서 성경은 그것이 기록되던 시기에 누구나 일상 언어를 이해하듯 그렇게 읽어갈 수 있었다. 현대인이 고대어를 배우고 과거의 역사와 문화 등을 파악하여 그 시대상황의 틀 속에서 성경을 이해하려는 것을 문법적/역사적 해석이라고 부른다.

특별한 수사법이 들어 있는 구절도 일단은 문법적/역사적 해석이 먼저 적용되어야 한다. 이러한 해석 방법은 지식의 전달/전수 방법과 관련된다. 언어는 그 언어가 사용된 문화와 역사를 고스란히 가지고 있어서 이 문화적, 역사적 공간에 대한 이해 없이는 지식의 바른 전달과 전수가 불가능하다.

심지어 같은 시대, 같은 장소에서 같은 언어를 사용하는 사람들 사이에도 언어의 개인적 차이가 개입한다. 언어가 가지고 있는 개인차, 지역차, 혹은 시간차를 극복하지 못하면 지식전달은 일어나지 않고 오히려 오해와 불화가 발생한다.

성경을 읽을 때 우리는 개인과 개인의 차이보다 훨씬 더 넓고 깊은 간격에 부딪힌다. 성경의 문법적/역사적 해석은 그 간격을 극복하고 메우려고 성경의 언어, 문법, 문화, 역사 등을 연구하여 성경의 본문을 해석하는 것이다.

성경이 본래부터 현대 한국어로 기록된 글이 아니라 오래 전에 히브리어, 아람어, 헬라어로 기록된 고대의 기록이라는 점을 잊지 않는다면, 옛 글을 이해하는 방법이 곧 성경을 이해하는 데 필수적이요 기본적인 방법임을 아무도 부정하지 못할 것이다.

4. 단편(斷片)적 해석

단편적 해석방법은 성경에 포함된 각 책을 완성된 한 권의 책으로 읽지 않고 이 책을 이루고 있는 문단, 문장, 단어 등 책의 요소를

문맥에서 뜯어내어 그 문맥이나 책의 흐름과 상관없이 별개로 해석
하는 것이다.

기독교 초기부터 사람들은 성경을 하나님의 진리를 간직하고 있
는 보물창고로 보고 온갖 주제에 관한 자료들을 단편적으로 여기저
기서 추려내어 교리 및 신학체계를 구성하려 하였다. 결과적으로 성
경 저자들이 문장과 문단, 고유한 책 전체를 통해 독자들에게 알리려
던 실제 내용은 사라지거나 약해지고 단어들의 사전적 의미들만 부
각되었다.

같은 단어라도 사용된 문장과 문맥, 상황 등에 따라 다른 의미를
가진다는 것은 언어학의 기초이다. 따라서 한 단어를 다루어도 복음
서라는 책이나 문단, 문장 안에서의 위치와 역할, 그리고 이에 따르
는 독특한 의미를 무시해서는 안 된다. 복음서 저자는 한 단어나 한
문장을 알리려고 한 것이 아니라 단어들로 이루어진 문장과 문장, 문
단들로 구성된 복음서를 기록하였다.

역사비평적 성경연구 방법을 사용하는 학자들은 복음서를 성격
이 다른 여러 자료들의 집합으로 취급한다. 그리하여 그들은 자기들
의 신학이나 가설, 또는 지극히 주관적인 연구결과에 따라 본문을 여
러 가지 가상적 자료들로 산산조각 내고 그들이 추측하여 부여한 특
성에 맞추어 재조립한다. 결과적으로 현존하는 복음서는 사라지고
자료라고 불리는 가상적으로 추론된 책들이 그 자리를 대신한다.

어떤 학설을 따르는 추종자가 아무리 많다 하더라도, 학자들의
학설은 단지 가설일 뿐이다. 그들이 제시하는 가상의 자료들은 추측
에 토대한 것일 뿐이며, 그것들이 실재하였음을 입증하는 증거는 없

다. 그렇다면 그러한 가설적 자료에 토대한 주해를 하기보다는 확실히 역사 속에 실재한 복음서에 주목해야 한다.

우리는 복음서에서 한 단어, 한 문장을 발췌하거나, 복음서를 단편이나 성격이 다른 조각들로 나누지 않고 현 복음서 자체를 전체적으로, 그리고 통일체로 관찰해야 한다. 어떤 단어나 어떤 문장, 문단이라도 복음서 전체의 구조와 문맥, 통일된 주제의 흐름 안에서 이해해야 한다.

5. 종합적 해석

종합적 해석방법은 복음서를 독립된 한 권의 책으로 취급하지 않고 성경 전체의 한 부분으로 보고 그 모든 내용을 성경, 또는 최소한 신약성경 전체에 짜 맞추는 방식으로 해석하는 것이다.

성경에는 하나님이 다른 시대의 다른 장소에 살던 여러 종류의 저자들에게 특별한 목적을 가지고 기록하게 하신 66권의 책들이 특별한 이유로 정경이라는 이름으로 함께 묶여 있다. 성경은 다양한 책들의 모음집인 것이다.

그러나 이 책들을 이렇게 묶어서 사용하다 보면 성경은 모음집이라는 사실보다는 통일된 한 권의 책이라는 의식을 강하게 가지게 된다. 그래서 성경/복음서에서 모순이나 차이로 보이는 부분들을, 그것이 아무리 사소한 것이라 하더라도, 종합하거나 조화시키려고 하는 시도가 초대교회 시절부터 일찌감치 발달하였다.

종합적 해석은 각 복음서, 특히 평행구절들의 차이점과 유사점, 일치점들이 어떤 것인지 규명하고 정확하게 설명하기보다는 별 문제가 없는 것으로 덮어버리는 쪽으로 움직임으로써 결국은 복음서의 고유한 가치나 색채를 무시하거나 부정하게 만든다.

현대 신학자들은 복음서를 여러 자료들로 나누고 개개 자료들을 다루기 때문에 겉으로는 종합적 해석방법을 피하는 것 같지만, 첫째, 유형이 같다는 자료들을 따로 분류하고 대조할 때, 둘째, 그 자료들을 수집하여 가상의 자료집들로 재구성할 때, 셋째, 이를 토대로 특정한 주제를 연구할 때 종합적 방법을 사용한다.

각 복음서는 하나의 완성된 책으로 취급되지 못하고 신학자들의 개인적 생각, 신앙, 신학 등과 같은 개인적 취향에 의존하는 가상의 전체를 보여주는 한 부분, 각 조각들의 모음으로만 취급되는 것이다.

우리가 소유한 각각의 복음서는 신약성경으로 모이기 전에 만들어진 하나의 완성된 책이다. 따라서 성경 전체의 조화를 찾고 66권을 종합하는 하나의 진리체계를 산출하기 전에 개체성과 특수성, 그리고 독립성이 각 책 단위로 먼저 확립되어야 한다. 종합과 조화는 그 다음의 과제가 되어야 한다.

6. 신학적 해석

신학적 해석이란 성경으로부터 주요 내용들을 발췌하여 하나의 신학, 또는 교리체계를 구성한 다음에 이 체계를 가지고 성경 전체를 해석해 가는 방법이다. 한편으로는 성경 전체를 관통하는 원리를 구성하기 위하여 단어나 문장, 문단을 문맥에서 떼어내어 다시 조직하고(단편적 해석), 다른 한편으로는 이 전체에 잘 들어맞지 않는 부분이나 내용을 그 원리에 맞도록 해석하는 것이다(종합적 해석). 즉 종합적 해석이 방법을 중심으로 한 표현인 반면에 신학적 해석은 그 내용을 중심으로 한 표현이다.

신학적 해석을 적용한 본문은 글자가 가지는 문자적 의미와 항상 다르게 해석되어 문법적/역사적 해석과 충돌을 일으킨다. 교리/신앙원리/신학이 성경 본문의 의미를 변형시킨 결과가 만들어지는 것이다.

같은 성경을 하나님의 절대적 말씀으로 받아들이는 데도 이 지구상에는 다양한 기독교 집단, 다른 교회나 교파, 다른 신학이나 교리가 존재하고 있고 이들은 성경의 많은 부분을 다르게 해석하면서도 자신들이야말로 절대적 진리를 가지고 있다고 확신한다는 사실이 이 신학적 해석의 존재와 위험성을 알려준다.

성경해석의 결과로 탄생한 어떤 신학사상을 절대화하여 그 신학적 틀을 가지고 복음서를 해석하는 것은 잘못이다. 신학사상이란 성경해석의 원리가 아니라 성경해석의 결과이므로 그 자체로 만족해야 한다. 그렇지 않으면 성경해석은 순환논리에 빠져든다.

특히 교리/신학의 틀에 짜 맞추기 어렵다고 생각되는 구절을 해석할 때 이러한 방법이 자주 사용되는데, 우리는 '어렵다,' '충돌을 일으킨다,' '모순이다'라는 판단이 해석자의 주관적 사고나 해석 작업의 미숙에 기인하는 것이 아닌지, 아니면 그가 사용하는 신학체계의 문제나 결함에서 기인하는 것이 아닌지 먼저 물어볼 필요가 있다.

　신학적 해석은 또 일관성의 결여란 약점을 가지고 있다. 신학사상을 구성하는 단계에서, 특히 그 사상을 내포하고 있거나 조금이라도 도움을 준다고 생각하는 구절에서는 철저하게 문법적/역사적 해석을 사용하면서도 이 사상과 충돌이 일어난다고 생각하는 곳에서는 종합이나 조화를 위해 비유적, 상징적, 혹은 영적 해석방법을 따라 자의적으로 본문을 적당히 변형함으로써 일관성 없는 해석 방법을 사용하는 것이다.

　무엇보다도 사람들이 옳다고 받아들이고 신봉하는 신학사상이 같지 않다는 것을 주목해야 한다. 신학적 해석을 우선적으로 사용할 경우 같은 성경을 사용하면서도 서로가 다른 내용을 하나님의 말씀으로 내세우고 다른 것에 절대적 권위를 인정하기 마련이다.

　도대체 어떤 신학이 성경을 가장 잘 대변하는가? 모두가 자신이 배웠고 확신하고 있는 신학을 최고라고 생각하지 않는가? 이런 상황에서는 누가 어느 교회에 태어나서 무엇을 배웠으며 어떤 신학을 '물려받았는지'가 중요할 뿐 하나님이 성경과 역사를 통하여 무엇을 '교훈하셨느냐'는 별로 중요한 것이 되지 못한다.

　신학적 유산을 지키기 위하여 성경을 변형시키는 것은 성경을 대하는 바른 태도가 결코 아니다. 신학은 성경해석의 결과로 나와야 하는 것이지 성경을 변형하는 도구나 원리가 될 수는 없다. 본문에 신학적 압력을 행사하여 글자와 다르게 말하도록 강요하는 것은 바른 해석방법이 아니다.

　성경이 정말 하나님의 말씀이라면 사람은 항상 성경이 말하는 바를 듣고 자신의 신학과 교리를 형성해 가야 한다. 그뿐만 아니라 이미 어떤 교회에 태어나 특정한 교리나 신학을 익힐 수밖에 없었다 하더라도 하나님의 말씀을 가지고 이미 형성된 자신의 사고와 감정, 의지, 실천, 습관, 풍습, 신앙과 신학을 부단히 조절하고 교정해 가야 한다. 이렇게 하기 위하여 성경 본문에 초점을 맞출 때 우리는 성경의 바른 이해에 더 가깝게 접근할 수 있을 것이다.

그러기 위하여 같은 성경을 다른 사람은 어떻게 읽어내는지 들어야 하며 자신의 이해와 비교하고 이런 방식으로 모두가 성경의 공통된 이해에 도달하기 위하여 노력할 때에만 산산조각으로 흩어져 있는 기독교 세계가 언젠가는 하나로 뭉칠 수 있는 가능성과 희망이 열릴 것이다. 성경은 기록된 채 변함없이 한 목소리를 내고 있기 때문이다. 다른 목소리를 내는 것은 해석자들이며, 그 해석의 배후에 작용하는 것을 물려받은 신학이다. 성경을 있는 대로 읽는 것은 앞 세대의 유산이 나의 사고와 감정을 형성하고 있다 하더라도 바로 그 나를 성경을 따라 고치고자 하는 준비가 되어 있을 때에만 가능하다.

복음서의 바른 이해에 도달하기 위하여 그리고 복음서 상호 간의 문제를 바로 파악하고 바로 해석하기 위하여 우리는 복음서를 지금 우리에게 주어져 있는 대로의 완성체로 다루는 한편, 66권의 모음집에 수집되어 있는 한 독립적 문서로 연구해야 할 것이다. 이렇게 고유한 의미와 역할을 찾아낸 다음에 시도할 수 있는 작업이 종합적이며 신학적인 거시 안목으로의 관찰이다.

성경이 정말 충돌을 일으키고 있다면 누구도 그 충돌을 조화시킬 수 없다. 우리는 그 충돌을 가리려는 사람들이 아니다. 그러나 충돌

로 보이는 것은 우리의 신학적 미성숙에 대한 증거일 수도 있다. 한
세대의 신학적 완성이 그 다음 세대의 눈에는 곧잘 미성숙으로 밝혀
지곤 하지 않는가? 성경이 정말 하나님의 말씀이라면 아무도 파괴할
수 없는 것과 마찬가지로 아무도 그 보호자가 되지 못한다.

성경해석자는 항상 이 두 가지 한계를 기억하고 있어야 한다. 우
리는 다만 해석자들일 뿐이다. 그리고 다음 세대에 전달하는 특별한
임무를 맡았을 뿐이다. 누구라도 성경을 마음대로 활용해서는 안 된
다.

복음서 각 권에 대한 개별적이고 전체적인 연구, 그리고 신학적
전제를 배제한 연구에 관심이 증대한 것은 교회개혁의 유산이면서
동시에 성경에 대한 역사비평 방법이 20세기에 도달한 결론이기도
하다.[1]

---

1. Andreas Lindemann, 『공관복음서 연구의 새로운 동향』, 박경미 역 (서울: 한
    국신학연구소, 1987), 25. E. P. Sanders and M. Davies, 『공관복음서 연구』, 이
    광훈 역 (서울: 대한기독교서회, 1999), 78은 현대의 근본주의자들이 복음
    서에서 현대적 개념의 역사적 정확성을 기대하거나 비평주의자들이 현대적
    시각으로 복음서를 판단하는 것을 모두 위험한 시도라고 지적했다.

제3장
복음서와 복음

1. 문학 양식

복음서는 어떤 종류의 책인가? 복음서를 이해하려는 노력은 우선 복음서의 문학 양식(= 장르)의 규명에서 시작한다. 하나님의 말씀이 천사의 소리나 신적 언어가 아니라 인간의 언어로 기록되었기 때문에 이것을 받아들이는 것은 복음서 안에서 발견되는 작은 단위들의 의미나 수사법 등을 파악하는 것만이 아니라 시(서정, 서사), 소설, 산문, 서간문, 사기, 전기, 감상문 등으로 분류되는 책의 양식의 규명과도 떼어놓을 수 없이 결합되어 있다.

이런 이유로 신약학이 독자적인 길을 걷게 된 18세기 이후에 신학자들은 복음서를 더 잘 이해하기 위하여 급하게 복음서의 문학 양식에 관한 토론을 시작하였다.[1] 그 결과—많은 이견들이 있고 여전히 이 문제에 몰두하고 있는 사람들이 남아 있지만—신학자들은 복음서가 당시의 어떤 문학 양식과도 다르다고 결론지었다.[2] 복음서는 예수의 생애와 사역, 말씀, 그리고 이 모든 것의 영적 의미 등을 효과적으로 전달하기 위하여 새롭게 나타난 특수한 문학 양식이라는 것이다.[3]

복음서는 전기(傳記)와 같은 요소를 가졌으나 전기는 아니다. 보통 전기가 가지는 배경-성장-활동-영향과 같은 균형 잡힌 내용이 복음서에는 없기 때문이다. 복음서는 실제 사건들을 보도하지만 역사서도 아니다.[4] 복음서는 한 지역이나 한 시대의 역사를 알 수 있는 많은 정보를 생략한 채 한 인물, 그것도 특수한 주제에 집중하기 때문이다.

복음서는 여러 가지 방법으로 그리스도와 그의 사역이나 교훈을

---

1.   이 토론에 관하여 R. P. Martin, 『신약의 초석』, 정충하 역 (서울: 크리스챤 다이제스트, 1993), 13-23 참고.

2.   Amos Wilder, *Early Christian Rhetoric: The Language of the Gospel* (Cambridge, Mass.: Harvard University, 1971), 28-29.

3.   모든 사람이 이 결론에 동조하지는 않는다. 특히 적지 않은 신학자가 복음서를 고대 영웅전(aretalogy)으로 규정하기도 한다. 고대 전설, 민속 가요 양식과 비교하여 연구하는 학자들도 있다. 김득중, 『복음서 신학』 (서울: 컨콜디아사, 1991), 9-14은 복음서를 한 마디로 "설교요 신앙 간증"이라고 정의했다. R. A. Burridge, *What Are the Gospels?: A Comparison with Graeco-Roman Biography* (Cambridge: Cambrdige University Press, 1992)는 복음서의 문학 양식을 그리스-로마시대의 전기(biography)로 분류했다.

4.   A. Dihle, "Die Evangelien und die biographische Tradition der Antike," *ZThK* 80 (1983), 33-49는 고대 전기와 복음서 사이에는 유사성이 있지만 그런 전기 유형에는 들지 않는다고 보았다. 그는 복음서들을 전기라기보다는 차라리 역사 서술이라고 평했다.

찬양하고 있지만 고대 영웅전(aretalogy)과도 다르다. 고대 영웅전이 한 인간을 찬양하기 위하여―그가 신이 아님을 명확히 알고 있음에도 불구하고―신으로 묘사하거나, 신의 아들 내지 신적 존재로 높이는 기법과 예수님을 참으로 하나님의 아들로 믿고 이것을 알리는 저자들의 신앙은 같지 않기 때문이다. 복음서가 고대 영웅전의 양식에 속한다고 말하는 것은 복음서의 가장 중요한 주장을 근본적으로 파괴하는 것이다.

복음서에 수많은 예수의 말씀들이 기록되어 있고 이 교훈들이 어떤 잠언이나 격언과도 비교할 수 없는 높은 지혜와 도덕적, 영적 가치를 지니고 있지만, 복음서를 예수의 지혜서나 교훈집이라고 할 수는 없다. 또 이 교훈들이 비록 삶을 위한 하나님의 뜻을 가르치며 구약 계명들을 새로운 시대에 적용하는 문제를 다루고 있기는 하지만 복음서는 유대인의 미드라쉬나 할라카와는 다르다.

'복음' 혹은 '복음서'란 명칭이 이 책들에 가장 잘 어울리는 이름이다. 복음서는 각각 사람들에게 들려줄 즐겁고 좋은 소식을 담고 있기 때문이다.[5] 복음서 저자들은 이 소식을 사람들에게 알리기 위하여 책을 기록하였다.

그들이 알리려는 좋은 소식이란 하나님이 오래 전에 약속하셨고 오랫동안 그의 종들을 통하여 예언하셨던 하나님의 구원과 축복이 그의 아들 예수 그리스도로 인하여 성취되었다는 것이다. 따라서 복

---

5. 복음(福音, 복된 소리)은 "좋은 소식"을 뜻하는 '에우앙겔리온'(εὐαγγέλιον = εὐ + ἀγγέλιον)의 번역어이다.

음은 예수님의 탄생과 생애, 사역, 말씀 등과 그 신적/영적 의미에 관한 것이다.

'복음서'를 "복음 전파를 목적으로 한 사건 역사의 기술(記述)"[6] 또는 "하나님의 구속의 성취와 예수님 안에 나타난 행동을 제시하기 위한 도식적 역사를 설명하는 신학 안내서"라고[7] 정의하는 학자도 있다.

복음서가 어떤 책이냐는 질문에 대한 궁극적 답변은 복음서와 복음의 연관성을 통해 더 잘 설명할 수 있다. 이것은 각 복음서가 왜 '복음서'가 아니라 '복음'이란 제목을 가지고 있는가와 같은 질문이다.

2. 복음서는 창작물인가?

'복음' 혹은 '복음서'라는 이름을 가진 책들은 현재의 정경에 포함된 네 복음서보다 훨씬 많고 다양했다. 이 중에는 현재까지 전해져 내려오는 복음서도 있고[8] '히브리인의 복음서'처럼 이름만 알려진 복음서도 있다. 60년 전에 발견된 도마복음서나 몇 년 전에 화제가 되

---

6.   H. Baarlink, "Het Nieuwe Testament als oerchristelijk getuigenis," in *Inleiding tot het Nieuwe Testament*, ed. by H. Baarlink (Kampen: Kok, 1989), 14.

7.   Martin, 『신약의 초석』, 23.

8.   신약성경의 외경에 대하여는 M. R. James, tr., *The Apocryphal New Testament. Being the Apocryphal Gospels, Acts, Epistles and Apocalypses with Other Narratives and Fragment* (Oxford: Oxford University Press, 1924)를 보라.

었던 유다복음서도 이런 부류 중 하나이다.[9] 누가는(1:4) 자신이 복음
서를 기록하던 시기에 여러 사람이 복음서를 저술하고 있었다고 기
록해 두었다.[10]

　　많은 복음서들 중에서 교회가 처음부터 권위 있는 책으로 인정하
며 사용한 복음서는 정경 복음서 네 개뿐이다. 다른 복음서들은 일찍
부터 존재하기는 했으나 교회가 사용한 흔적은 없다. 이 결과에 대해
다음과 같이 평할 수 있다. 교회는 복음서가 탄생하는 것과 동시에
이 책들을 사용하기도 하고 배제하기도 하였다. 그렇다면 이 정경화
과정에 강력하게 작용했을 교회의 기준은 무엇이었을까? 답을 찾는
힌트는 복음서들이 순수 창작물인지를 생각해 보는 것이다.

　　복음서가 저술되기 시작한 것은 서기 60년경의 일이다.[11] 그런데
신약적 의미의 교회는 그 전에, 적어도 예수님의 지상사역이 완료된
서기 30년경에 세워졌다. 교회는 서기 30년경부터 60년경까지 교회
사에 있어서 가장 중요했던 초기 30여 년을 복음서 없이 존재했던
것이다.

　　하지만 복음서가 기록되기 이전에도 교회는 같은 내용을 복음서

9.　이 두 복음서는 영지주의자들이 쓴 것으로 정경 복음서와는 상당히 다르다.

10.　누가가 지시하는 복음서가 어떤 것인지는 명확하지 않다. 또 누가는 그런 시
　　도를 하는 사람들이 있었음을 밝혔을 뿐, 자신이나 마태가 그 책들을 자료로
　　이용했는지도 말하고 있지 않다.

11.　50년 전만 해도 많은 신학자들이 복음서의 기록연대를 1세기가 끝날 때
　　쯤으로 비교적 늦게 잡았다. 반면에 몇몇 학자들은 지금도 이 연대를 서기
　　45-50년으로 앞당기려고 노력하고 있다. 복음서들의 정확한 기록연대를 알
　　지 못하는 상황에서, 서기 60년경부터라고 대충 말하는 것이 일반적이다.

가 아니라 복음이란 이름으로 이미 가지고 있었고 누구나 알고 있었다. 사도행전을 보면 교회는 복음서가 아니라 복음 위에 세워진다. 그래서 책이라는 관점에서 보면 교회가 복음서를 낳았지만 이 복음서가 알려주는 복음이라는 관점에서 보면 복음이 교회를 낳은 것이다. 복음이 교회의 요람이요 교회가 복음서의 요람이라고 말해도 좋다.

복음서가 기록되기 시작했을 때 교회가 이미 알고 있던 '말'로서의 이 복음이 새로 나타나기 시작한 '글'로서의 복음서의 가치를 재는 척도 역할을 하였다. 즉 교회는 그들이 알고 있는 복음과 일치하는 복음서는 받아들였고 이 복음과 다른 복음서는―그 내용이 아무리 예수 그리스도의 신적 능력과 위엄을 잘 드러내어도―가차 없이 거부했다. 예수님에게서 시작되고 사도들에게 그 전파가 위임된 복음 전통이 정경론의 핵심이다.

복음서가 기록될 당시 복음의 최초 전파자였던 사도들, 목격자들이 생존해 있었다는 사실도 도움이 된다. 이 사도들/목격자들이 기록된 복음의 진실성을 잴 수 있고 잘못된 복음을 가려낼 수 있던 시기였기 때문이다. 다른 복음은 없다는 바울 사도의 고백은 복음서를 염두에 둔 말이 아니었다. 그가 전해 듣고 알고 있던, 말로서의 복음, 기억으로서의 복음이 주된 관심사였다.

복음서는 기록된 그 시점에 탄생한 창작품이 아니다. 구술되어 오던 '사도적 복음,' '사도적 전승'을 책으로 엮은 것이 복음서이다. 복음서를 복음서 저자들의 믿음이나 신앙적 환상이 창조해낸 신앙고백집, 영웅전 등으로 부르는 것이나 초대교회가 그들이 가진 신앙과 같은 신앙에 이르도록 사람들을 자극하고 유도하기 위해 만든 설교집이라고 말하는 것은 복음서 탄생 이전의 과정을 무시하는 것이다.

물론 복음서 저자들이 몇 십 년 동안 그들의 신앙과 교회를 떠받치고 있던 하나 뿐인 복음을 기계적으로 정리했다고는 볼 수 없다. 복음서 저자들이 전통을 가위로 자르고 풀로 붙여 새로운 모자이크를 만든 것이 아니라는 의미에서 또 녹음을 풀어 쓴 것이 아니라는 의미에서 신학자들은 복음서 저자들을 창조적 기록자라고 부르기를 좋아한다.

결론적으로 말하면 복음서는 기록된 복음이다. 말로서의 복음을 글과 책의 형태로 재구성한 것이 복음서이다. 따라서 복음서를 이해하기 위해 우리는 교회의 기초가 되는 복음이 무엇인지, 이 복음이 어떻게 시작되었으며, 복음서 저자들의 작업이 어떤 것이었는지를 살펴보아야 한다.

3. 복음

신약시대에 최초로 복음을 전파하신 분은 예수님이셨다. '복음'이란 단어도 예수님의 입에서 제일 먼저 나왔다(마 4:23; 9:35; 11:5; 막 1:15; 눅 4:18 등).[12] 그러므로 복음이 무엇인가를 통하여 복음서를 규명하

---

12. '복음'(εὐαγγέλιον)과 '복음을 전하다'(εὐαγγελίζω)는 헬라 세계에서 종종 사

려는 작업은 예수로부터 시작해야 한다.

1) 예수님의 복음

복음서에서 예수의 복음 선포는 복음에 관한 아무런 설명도 없이 나온다. 그럼에도 불구하고 사람들은 예수님을 따랐다. 이러한 시작에서 우리는 복음이란 단어가 당시 유대인들 사이에 널리 통용되던 일반적 용어이었음을 알 수 있다.

예수의 사역에 즈음하여 사람들 사이에 공감대를 형성했을 복음의 뿌리는 구약 성경에 놓여 있다. 이방인에게 굴종해야만 하는 비참한 삶은 구약 시대 말기에 시작되었고 이곳에서 새로운 희망이 싹트며 하나님의 복음이 선포된다.

하나님은 나라를 잃은 유대인들에게 언젠가 그들을 다시 구원하실 것을 약속하셨다. 이 일을 위하여 다윗의 줄기에서 특별한 분, 메시아를 보내실 것이다. 유대인들은 신구약 중간기 400여 년을 이 미래적 복음을 안고 살았다. 하나님의 구원, 이스라엘의 회복이 구약적 복음의 구체적 내용이었다.[13]

드디어 하나님의 약속이 성취되었다는 복음이 중간기 시대에 가

용되던 단어이지만 우리는 지금 신약적 의미의 복음만을 따지고 있다. 복음서 밖의 의미를 관찰하려면 *ThDNT*, Vol. II의 해당 단어를 참고하라.

13. 이 구약적/미래적 의미의 복음이 복음서에서도 발견된다. 막 1:15은 "하나님의 나라가 가까이 왔으니 (회개하고) 복음을 믿으라."라고 명령한다. 여기서 '하나님의 나라가 가까이 왔다'와 '복음을 믿으라'가 원인과 결과로 결합되어 있다. 마태복음에는 "하나님의 나라가 가까이 와 있다"는 외침이 곧 복음인 것으로 설명된다.

끔 역사의 전면에 부각되기는 했지만[14] 유대인들은 메시아 예언과 메시아 대망 사상의 이름으로 그들의 역사를 이어가며 신약 시대로 접어든다.

예수님은 이런 사람들에게 복음을 선포하셨고 이 좋은 소식 때문에 사람들이 열광적으로 예수께 모여들었다면 예수님이 자신의 사역 개시에 즈음하여 선포하기 시작하신 복음은 이들에게는 이미 오랫동안 역사적 주제가 되어 있었던 "하나님의 약속의 성취," "하나님의 나라/통치의 시작"과 같은 외침이었다.

2) 복음의 실현 방법

위와 같이 예수의 복음을 설명을 할 때 '복음'에는 풀어야 할 어려운 과제가 하나 등장한다. 예수님이 선포하셨던 복음과 제자들이 선포한 복음이 정확하게 같지 않다는 것이다. 신학자들은 "예수의 복음에는 자신에 대한 내용이 전혀 들어 있지 않았는데 제자들은 예수에 관하여 말하는 것을 복음이라고 불렀다."고 하며 이 차이점을 지적한다.[15] 복음의 내용이 달라졌다는 지적이다.

만약 이것이 사실이라면 이 차이를 발전이라고 불러야 하는가? 아니면 변질이라고 불러야 하는가? 발전이란 복음의 두 의미를 긍정

---

14. 예를 들면 마카비1서 13:41-42은 기원전 167년에 시작된 마카비 반란 사건의 결과로 탄생한 마카비 가문의 통치 시대를 구약 예언의 성취로 선언하고 있다.

15. 예를 들어 G. Bornkamm, *Jesus von Nazareth,* 13th ed. (Stuttgart: Kohlhammer, 1983), 159; G. Strecker, *Der Weg der Gerechtigheid,* 2nd ed. (Göttingen: Vandenhoeck & Ruprecht, 1966), 129 참고.

적으로 연결하려는 것이다. 변질이란 용어는 두 의미를 부정적 관계로 설명하는 신학자들이 선호하는 것이다.

후자를 따르면 예수님은 원래 자기 자신이 아니라 하나님의 나라, 즉 하나님의 구속과 자유의 복음을 선포하셨는데 그의 제자들이 하나님의 나라를 선포하신 예수님을 복음의 내용으로 바꾸었다고 설명한다. 예수님은 천국을 선포하셨는데 이 땅에 온 것은 교회였다고 표현하는 신학자들도 있다.

이런 주장은 어떤 면에서는 옳다. 사역 초기에 분명 예수님은 하나님의 나라와 그의 구속을 선포하셨다. 그러나 이 말씀만 하신 것은 아니다. 사역이 차츰 진행되면서 예수님은 적어도 다음의 세 가지 요점을 자신의 복음에 포함시키셨다. 첫째, 자기 자신의 정체와 사역, 둘째, 하나님의 구속이 이루어지는 방법, 셋째, 하나님 나라의 진정한 백성.

복음의 내용이 '하나님의 구원'에서 '예수님의 생애'로 변한 이면에는 그럴 만한 이유가 있었다. 이 변화는 우연히 생긴 것이 아니다. 제자들이 억지로 만들어낸 것도 아니다. 잘못된 발전은 더더욱 아니다. 히브리 사회에서 발생한 복음이 헬라/로마 사회의 종교적 영향으로 변질된 것도 아니다.

예수님은 천국의 복음을 전파하시면서 '하나님의 구원이 어떻게 성취될 것인지' 즉 성취의 방법론도 말씀하셨다. 이 실현방법을 빼고 하나님의 구원이라는 명제만을 강조하는 것은 원 복음으로 돌아가는 것이 아니라 원 복음을 버리는 것이다. 이 방법론의 언급에 예수님 자신에 관한 내용이 포함되어 있다. 예수님은 하나님의 구원은 하나님이 보내신 인자, 즉 자기 자신을 통하여 성취된다는 확신을 가지고 계셨다. 하나님의 나라는 예수와 관계없이 별도로 존재하는 것이 아니라 메시아로 오신 예수에 의해 이루어지는 예수님의 왕국인 것이다. 따라서 예수님이 선포하신 천국은 바로 교회라는 이름으로 이 땅에 왔다고 말해야 한다.

'복음'을 기독론적으로 이해하는 것은 하나님의 구원이라는 주제에 그 구원이 실행되는 방법 즉 예수를 통한 구속 사건을 첨가한 결과다. 하나님의 구속이 예수 그리스도를 통해서 이루어진다는 것 혹은 이미 이루어졌다는 것은 신약성경의 핵심에 속한다. 이 점은 신약성경 중 어느 책도 다르게 말하지 않는 바로 그 복음이다.

3) 제자들의 복음

바울 사도는 기독교의 핵심을 복음으로 제시하며 자신은 복음을 결코 부끄러워하지 않는다고 했다. 복음이야말로 모든 믿는 사람을 구원하시는 하나님의 능력이기 때문이다(롬 1:16). 그는 이것을 '십자가의 길'로 표현하기도 했다(고전 1:18). 이 복음은 예수 특히 십자가로 상징되는 그의 죽음과 부활을 내용으로 하며, 예수에 관한 것이다(롬 1:3 이하; 4:25; 6:3 이하; 8:34; 고전 2:2).

이런 발전/확대된 의미의 '복음'은 사도들이 설립한 교회에서도 그대로 발견된다. 우리는 이것을 초대교회의 신앙고백이나 찬송에서 읽을 수 있다(고전 15:3-5; 롬 4:25; 빌 2:5-11; 딤전 1:15; 3:16 등).[16] 오순절에 있

---

16. 이 당시에 복음이라고 부르던 것은 기록된 문서가 아니라 사도들, 그리스도

었던 베드로의 설교도 예수 없는 하나님의 나라가 아니라 예수님의 십자가와 부활, 승천, 그리고 이와 관련된 하나님의 구속 사역에 초점을 맞춘 것이었다.[17]

초대교회는 복음이라는 단어에 단지 예수의 죽음과 부활, 승천만을 보충하지 않았다. 하나님의 구원의 방법은 인간이 되신 예수 자신이었다. 인간으로 사시며 활동하시며 가르치신 이 모두가 하나님의 구원이 성취되는 방법이었던 것이다.

따라서 예수의 생애 중 한 단면을 절단하고 그것을 강조하는 것은 복음이 아니다. 이런 형태의 순복음은 없다. 복음은 하나뿐이다. 그것은 예수의 전 생애 즉 탄생으로부터 시작하여 죽음, 부활, 승천에 이르기까지 어느 것 하나 분리할 수 없도록 서로 결합되어 있다.

복음이 전파되는 곳에 "이 여인이 한 일도 전하여 저를 기념하도록 하라"(마 26:13; 막 14:9)는 말씀은 예수의 사역과 말씀만이 아니라 예수와 관계된 모든 사건이 복음에 포함됨을 분명히 한다. 이것이 '복음'의 가장 넓은 개념이다.

복음이 글로 고정될 즈음에는 예수의 생애와 가르침 전체가 이미 '복음'의 내용으로 고정되어 있었다. 마가복음 1:1은 이 전 과정의 마지막 단계에 대한 증거라 할 수 있다. "(하나님의 아들이신) 예수 그리스

인들이 예수 그리스도에 관하여 전파하고 가르치고 배우는 것, 즉 구두전승과 관련되어 있다.

17. 베드로의 설교가 지상생애 후의 사건에 집중된 이유는 베드로의 설교를 듣는 유대인들이 예수의 지상생애를 보았고 알고 있었기 때문이었다. 이 점에 관하여 정훈택, 『복음을 따라서』 (서울: 한국로고스연구원, 1996)를 보라.

도의 복음의 시작이라."[18] 마가는 예수의 사역 전체에 대한 정보, 기록을 '복음'으로 규정한 것이다.

이 가장 넓은 의미의 복음이 복음서 저자들에 의하여 책으로 기록되었을 때 기록된 복음과 구전으로서의 복음은 아무런 차이가 없는 것으로 인정되었다. 이 점을 우리는 각 복음서의 제목, "마태를 따른 복음," "마가를 따른 복음," "누가를 따른 복음"에서 확인할 수 있다. 물론 이 제목은 본문이 기록된 뒤에 다른 사람에 의해 붙은 이름일 수 있다.[19] 그러나 이 가능성은 저자와 복음서, 구전으로서의 복음과 책으로서의 복음 사이에 간격이 있음을 증명하기보다는 오히려 그 반대, 즉 복음서가 기록된 뒤 한동안 아무런 제목이 없이도 그 저자의 증언으로 통용되다가 어느 시점에 그 이름이 명기되었음을 알

18. '복음'이란 단어에 관한 최근의 연구인 Martin, 『신약의 초석』, 24-29에서는 "마가가 이 단어를 사용한 최초의 기독교인이다."라고 요약했다. 이 결론은 막 8:35(//마 16:25//눅 9:24)과 막 10:29(//마 19:29//눅 18:29)의 연구에 기초한다. 즉 마가가 전통 자료에 '복음'이란 단어를 첨가함으로써 "'경험된 하나님의 구원의 좋은 소식'과 이스라엘의 메시야요 하나님의 아들이신 '나사렛 예수님에 관해 신학적으로 해석된 역사적 사실들' 사이의 관계를 설명하려 했다."는 것이다.

19. 적지 않은 학자들이 각 복음서의 제목은 후대에 붙여진 것임을 주장하며 이 제목이 전하는 저자와 복음서의 관계를 부정하지만 다음을 유의해야 한다. 첫째, 제목이 붙어 있지 않은 사본이 이때까지 발견된 적이 없다. 제목의 형태에 대해서는 사본 상의 이문이 발견되지만 복음서의 저자명이 없이 복사된 사본은 아직 없다. 둘째, 후대에 이 제목이 붙여졌다 하더라도 무명의 작품이 지금의 이름을 도용한 것으로 보아서는 안 된다. 우리는 다음처럼 설명할 수 있다. 이 복음서들은 처음부터 제목에 알려진 목격자가 증언한 내용으로 교회에 알려져 있었으나 책에는 기록되지 않았다가 후대의 어느 시점에 바로 그 이름이 책에 명기되었을 것이다.

려줄 수도 있다.

복음서가 기록되었을 때 사람들은 이것을 '복음'으로 받아들였다. '복음'을 복음서와 동일시했을 뿐만 아니라 복음서를 복음과 동일시하기도 했다. 복음서란 기록된 복음이다. 복음을 기록한 것이 복음서이다.

4. 복음서

복음서란 무엇인가라는 질문에 우리는 '글로 기록된 복음,' '복음을 기록한 책'이라는 답을 얻었다. 동시에 '복음'을 넓은 의미로 이해해야 할 필요성과 '복음'의 의미가 변천했다는 사실도 확인했다.

이 과정이 우리에게 뜻하는 바는 기억/구전으로서의 복음과 책으로 된 복음을 엄격하게 구별할 필요가 없다는 사실이다. 복음이 복음서로 기록된 이후를 사는 사람들에게는 복음서 없이는 복음이 있을 수 없다. 복음 없이는 복음서가 있을 수 없었던 것과 같다.

초대교회는 예수 그리스도에 관한 모든 것, 심지어 그 의미까지도 바로 그 복음으로 인식했다. 그리고 그것을 책에 기록해 두었다. 우리는 '복음서는 복음이다.'라는 초대교회의 확신 속에서 복음서를 접한다. 예수의 생애와 그 말씀만이 '복음'이다. 다른 복음은 없다. 복음서는 이 유일한 복음을 우리에게 전해 준다.

이 유일한 복음(예수의 생애와 말씀)을 전한 사람들은 사도들이다. 그들은 그 복음을 보고 듣고 체험한 목격자들이다. 그들은 예수의 명령을 따라 그의 증인의 삶을 살면서 그들의 언어로 복음을 표현했고 그 긴 과정 끝에 복음서가 만들어졌다.

이런 면에서 살펴보면 복음서는 독자들에게 예수를 알리려는 분명한 긍정적 목적을 가지고 기록되었다. 신학자들은 이것을 복음서의 기독교적 경향성, 의도성, 목적의식이라고 부른다.

복음서의 이 색채는 사도들이 '하나뿐인 복음'을 전할 때 이미 그들의 확신과 설교에 깃들어 있었다. 더 깊이 들어가보면 복음을 전하도록 명령하신 예수님에게 그 뿌리를 두고 있다.

복음서는 예수님을 하나님의 아들이요 인류를 구원하시는 하나님의 방법이라고 믿은 사람들이 다른 사람들에게 이 점을 알리기 위하여 예수 그리스도를 소개하는 책이다. 그들은 어쩔 수 없이 수긍했던 사건들을 단순히 보도하려고 노력했다. 복음서에서 우리는 복음서 저자들의 인위적이고 허구적인 창작성이 아니라 예수님에 관한 사도들의 역사적 증언을 대하게 된다.

그러나 적지 않은 신학자들이 복음서의 이 색채를 기독교적 편향성, 역사의 왜곡이라고 혹평하며 복음서에서 예수의 역사적 모습을 읽어낼 수 없다고 주장한다. 그들은 심하게 채색된 기독교의 껍질을 벗겨내고 부활절 이전의 모습으로 돌아가려는 신학적 작업을 한다.

구속사역 이후에 살면서 마치 구속사역이 없었던 것처럼 '복음'의 가장 좁은 의미나 구약적 의미만을 취한다는 것은 반기독교적 동기와 전제 없이는 불가능하다. 복음에 대한 중립적 태도란 지금은 있을 수 없다. 따라서 중립적 연구를 위하여 복음서의 기독교적 색채를 제거하고 나면 다시는 복음서로 돌아올 수가 없다. 복음과 복음서를 거부한 것이 그러한 연구의 출발점이기 때문이다.

우리는 그들이 기독교적 편향성이라고 부르는 것을 진리라고 믿는다. 비기독교인들은 이것을 기독교인들의 편협한 교리라고 비난한다. 복음서는 기독교인의 시각으로 볼 때에는 하나님의 구원의 진리를 보여주는 책이요, 비기독교인들의 관점에서 볼 때에는 기독교의 교리체계를 선전하고 변증하는 종교서적이다. 복음서는 중립적인 사람이 중립적인 위치에서 읽을 수 있는 책이 아니다. 그렇게 기록해 놓지도 않았다. 사람들은 복음서에서 강한 반발심을 보이거나 진한 동감을 표시할 수밖에 없다. 그것은 사도들이 예수에 대한 그들의 확신을 복음(서)에 담아놓았기 때문에 발생하는 반응이다.

제자들은 중립적인 위치에서 예수님을 만났던 적이 있다. 아무런 선입관념 없이 갈릴리를 거니시는 예수님을 본 적이 있었다. 군중들이 예수님에게 의혹의 눈길을 보내며 호기심에 가득 차 있었을 때 그들도 예수님을 중립적으로 대하고 있었다. 그러나 그들은 그 예수님에게서 거부할 수 없는 권위를 체험했다. 그들을 부르시는 하나님의 음성과 구원을 발견했다. 예수님을 무작정 만난 결과가 믿음이었다. 그들이 만난 예수님은 그들이 기다리던 메시아일 수밖에 없었다. 그들이 듣고 보고 만진 나사렛 예수는 하나님의 아들일 수밖에 없었다. 그러나 그들과 함께 예수님을 만났던 수많은 사람들은 정반대의 결론에 도달했다. 그들은 예수가 바알세불에 힘입은 사람이라고 결론지었다. 그들에 의하면 예수는 귀신들린 자일 수밖에 없었다. 하나님을 모독하는 사람이었다. 처음부터 두 갈래 갈림길이 있었다. 다른 태도는 없다. 어떤 사람들은 예수의 제자가 되고 그렇지 않은 사람들은 예수의 적대자가 된다. 예수를 무시했던 사람들은 아무것도 남기지 않았다. 그러나 예수를 믿고 그를 의존하며 그에게서 평안과 위로, 영생을 얻은 사람들은 복음서를 남겼다.

모두가 그 당시 사람들이 실제로 예수를 만났던 그 자리로 돌아가야만 공평한 판단을 내릴 수 있는가? 소위 중립적 입장에서, 그리고 선입관 없이 말이다. 그렇지는 않다. 예수님을 만났던 사람들이 보인 태도를 통해 우리는 좀 더 쉬운 선택의 길에 세워진다. 복음서는 예수님을 믿은 사람들이 그들이 갑자기 만났던 예수님을 그들의 확신 속에 담아 소개하는 책이다. 그들과 같은 확신을 넘겨주고 있다. 그들의 태도는, 복음은 진실이기 때문에 받아들여야만 한다는 것이다.

그들은 어디에서 이런 확신을 얻었는가? 그들이 처음부터 예수님에 대한 편향성을 가졌기 때문에 이러한 확신이 만들어졌다고 할 수는 없다. 신학자들이 즐겨 말하듯이 그들의 스승이 십자가에 처형당한 그 유월절의 참혹한 광경과 이로 인한 극도의 심리적 공포가 부활절 설화와 그 뒤에 따르는 모든 기독교적 각본을 만들게 하는 동기가 되었다고 말하는 것은 역사를 무시하는 것이다. 그들은 역사적 예수에게서 이 결과를 얻었다. 그들은 그들의 의혹과 방황, 의아심 속에서 만들어진 예수에 대한 확신을 토대로 하여 예수의 생애, 사역, 말씀에 나타난 하나님의 구속사역을 다음 시대에 전달하였다. 이것이 복음이요, 이 복음을 기록한 것이 복음서이다.

제4장
복음서의 형성과정

복음서의 탄생에 얽힌 정확한 얘기는 알려져 있지 않다. 학자들의 많은 노력에도 불구하고 누구도 복음서가 탄생하기까지의 실제 역사를 재구성하지 못했고 현재로서는 영원히 찾아낼 수 없는 숙제로 여겨진다. 누가 언제 어디서 왜 어떻게 복음서라는 책들을 썼는지 우리는 정확히 알 수 없다. 그럼에도 불구하고, 책이라는 결과물에 도달하는 필연적 수순이 있어야만 한다. 이 장에서 우리는 이러한 필연적 수순, 즉 복음서가 책으로 만들어지기까지 있었을 논리적 과정을 추적하고 이를 통하여 복음서 이해에 도움을 받으려고 한다. 이 논리적 과정 중에서 복음의 형성과정에 먼저 주목해 보자.

1. 복음 사건의 발생

복음이란 이천여 년 전에 갈릴리의 나사렛에서 시작되어 골고다에서 끝난 예수님의 삶과, 십자가상에서의 예수님의 죽음에서 부활, 승천으로 이어진 실제 사건을 전달하고, 그 사건들이 가지는 신학적 의미를 알려주는 소식이다.

이 복음이 있기 전에 예수의 삶이 있었다. 예수의 탄생과 함께 복음이 시작된 것이다. 천사들은 이 복음을 전했다. 하나님이 자신의 아들을 인간이 되게 하시고, 여인의 몸에서 예수라는 이름으로 태어나게 하셨을 때, 천군 천사들이 그의 나심을 알리고 찬양하였다.

구약 약속의 성취가 복음이라는 측면에서 살펴보면, 구약의 예언, 예고, 예표도 가상적 복음이라 할 수 있다. 미래에 있을 복음의 내용을 미리 보여주었기 때문이다. 이러한 가상적 복음에는 하나님의 천사가 꿈에 요셉과 마리아에게 예수의 임신과 탄생을 예고한 것도 포함된다.

예고, 예언, 예표는 관계된 사건이 실제로 발생할 때 실제적 복음으로 바뀐다. 사건을 경험하게 될 때 예고, 예언, 예표는 그 사건에 대한 해석으로 받아들여진다. 예고, 예언, 예표에 들어있던 미래성이 빠져 나가고 성취된 사건의 의미가 부각된다.

이때 중요한 것은 이 소식이 아니라 이 소식을 가능하게 한 실제 사건이다. 사건에서 지식이 나와야 한다. 실체나 사건이 앞서지 않는 소식은 복음이 아니라 거짓말이요 허위 정보이다. 예고, 예언, 예표는 이에 일치하는 사건이 일어나지 않을 때 영원히 가상적 정보나 엉터리 예측으로 남는다.

예수에게, 예수를 통하여, 그리고 예수와 함께 일어난 모든 일들이 복음사건이다. 즉 복음은 존재론적인 사건에서 시작되었다. 시간과 공간으로 구성되는 역사의 좌표에 하나님이 구속 사역을 행하셨으며, 그것은 하나님의 일방적 행위였다. 계획도, 진행도, 그 결과와 결과의 적용도 모두 하나님께서 하신 일이다. 인간이 받아들이거나 거부하는 것과는 관계없이 이 모든 과정이 발생했다.

복음이란 창조주 하나님께서 이렇게 역사 속에 개입하신 사건(즉, 복음 사건)을 알려주는 소식이다. 하나님의 사역을 알려주기 위하여 때로는 미리, 때로는 동시에, 때로는 잠시 후에 이 일들에 대한 정보를 제공하는 것이 복음이다. 이러한 사건이 없었다면 이 사건에 대한 지식으로서의 복음도 없다! 예수님의 오심이 없었다면 성육신에 관한 복음도 없다. 예수의 생애와 사역이 없었다면 진정한 복음은 존재할 수 없다.

우리는 복음보다는 이 복음이 지시하는 실체, 인격체 그리고 하나님의 아들로서의 예수 그리스도와 그를 통해 기이한 일을 행하신 하나님의 계획에 주목해야 한다. 예수 그리스도가 복음과 복음서를 탄생케 하신 분이시다.

2. 예수님의 복음

하나님의 구속 사역이 하나님 편에서 일방적으로 진행되기는 했지만 그 결과가 모든 사람에게 그냥 자동적으로 적용되지는 않는다. 만약 구원이 그렇게 자동적인 것이라면 하나님의 구속 사역을 사람에게 알리거나 믿음으로 수용함이 없이도 사람들은 그들의 반응 여부에 관계없이 모두 용서와 자유와 행복과 영생을 소유했을 것이다.

그러나 하나님의 은혜는 이런 것이 아니다. 하나님은 자신의 일을 사람들에게 알리심으로 이 일들에 대한 사람 편의 인격적 반응을 보고자 하셨다. 그래서 하나님은 자신의 일을 예언, 예고와 예표를 통해 사건이 일어나기 오래전부터 미리 사람들에게 알리셨다.

예수님도 자신의 생애를 통해 지상에 벌어지는 하나님의 구속 사건을 하나하나 설명해 주셨다. 사건 자체만으로는 이 사건의 의미를 제대로 알릴 수 없기 때문이다. 예수의 복음이 필요한 근본적인 이유가 바로 여기에 있다. 벌어지고 있는 일들을 사람들이 이해할 수 있도록, 그리고 감동을 받아 감사와 사랑의 응답을 표할 수 있도록 한 것이다.

예수님은 자신이 구속 사역을 집행하실 뿐 아니라 이 사역에 대해 설명하시며 가르치신 분이시다. 바꾸어 말하면 예수님은 하나님의 구속을 이루신 분이시며 동시에 하나님의 구속을 선포하신 분이시다. 복음의 내용이신 예수님이 먼저 복음을 알리신 것이다.

우리는 예수님의 이 이중(二重) 사역을 복음서의 어디에서나 읽을 수 있다. 예수님은 태어나서부터 십자가를 향하여 묵묵히 걸어가지는 않으셨다. 그는 벙어리가 아니셨다. 예수님은 수시로 입을 열어 말씀하시고 가르치시고 충고하시며 또 설교하셨다. 예언도 하셨다. 약속도 그의 삶의 한 부분이었다. 자신의 삶에 대한 설명도 하셨다.

예수의 생애와 사역은 예수 자신의 교훈을 통하여 설명되고 그 의미가 사람들에게 알려지고 전달된다.

복음을 탄생시킨 예수의 생애와 사역에 초점을 맞출 때, 예수의 모든 가르침이 자동적으로 포함된다는 사실을 잊어서는 안 된다. 예수의 말씀도 복음에 들어 있다. 예수의 가르치심이야말로 글자 그대로의 복음이다.

3. 인식과 지식

예수의 제자들은 복음의 목격자로 부름을 받은 사람들이다. 그들은 예수와 함께 있으면서 예수의 생애, 사역을 경험하고 예수님이 선포하시고 가르치실 때 그것을 들음으로써 살아 움직이는 복음의 소유자들이 되었다.

그들은 무엇을 목격하였는가? 그들은 예수의 말씀을 들었다. 예수의 생애와 사역을 보고 체험하였다. 그들 중에는 주님을 만진 사람도 있다. 목격자의 역할에는 의도적인 것보다는 비의도적인 측면이 더 강하다. 즉 그들은 예수와 함께 있었기 때문에 예수님이 하시는 일을 보게 되었고 예수의 말씀을 들을 수 있었다. 하나님의 구속 사역이 진행되던 시기에 바로 그 장소에 있었기 때문에 그들은 인간적 인식 기능을 통하여 그 모두를 체험하게 되었다.

목격자들의 감각 기능, 지성, 감정, 의지 등 한 마디로 인간적인 인식능력이 복음을 우리에게 중매하는 도구가 된다. 그러나 기독교적인 복음을 이해하기 위하여 인간의 감각 기능과 인식 능력 전 분야를 일일이 연구할 필요는 없다. 복음의 인식은 주로 "보았다"(시각)와 "들었다"(청각)와 관계되기 때문이다.

"우리가 보았다," "우리가 들었다"는 것은 요한일서에서 복음의 확실성의 근거로 제시되고 있다. 사도들의 듣는 기능이 없었다면, 보는 기능이 없었다면, 예수의 사역은 인식될 수 없었을 것이다. 그들의 귀와 눈이 복음과 접촉한 것이다.

열두 제자들은 예수의 사역과 생애의 대부분을 목격하였다. 복음에의 접촉, 복음의 인식, 기억, 전파를 위하여 예수님은 사역 초기에 제자들을 부르셨다. 예수의 제자들은 "세례 요한의 때로부터 예수님의 부활과 승천 때까지"(행 1:21-22) 발생한 복음 사역과 복음 선포의 목격자이다.

때로는 열두 제자가 아니라 몇 명만이 사건에 가담하는 경우도 있었다. 예수의 사역과 말씀을 보고 들은 사람들은 때로는 수천, 수만 명이었다. 제자들이 목격자로 등장하지 않는 사건이라 하더라도 또 다른 목격자들이 있었다. 제자들이 없었던 사건에 누군가 목격자가 있었다면 그들이 제자들과 같은 역할을 했을 것이다.

사건이나 언어는 일회적이다. 이 제한성은 예수의 복음 사역과 예수님이 선포하신 복음에도 그대로 적용된다. 구속 사역은 반복되지 않는다. 반복될 수도 없다. 복음을 전한다는 것은 따라서 같은 사건이 일어나게 하는 것을 의미하지 않는다. 하나님의 구속 사역을 재생, 재현할 수 있겠는가?

사건이 지나가면 남는 것은 (1) 발생한 사건에 대한 지식과 (2) 이 사건의 결과뿐이다. 이 중에서 구속 사건의 결과는 하나님이 하시는 일이다. 성령님이 예수의 구속 사역의 결과를 사람들에게 적용하신다. 하나님이 예수 그리스도의 사역을 근거로 사람들의 죄를 용서하시고 믿는 자들에게 용서와 구원과 영생을 주시는 것이다.

그런데, 우리가 지금 다루고자 하는 것은 발생한 복음 사건에 관한 지식으로서의 복음이다. 예수의 30여 년의 구속 사역의 결과 목격자들에게 남겨진 것은 이런 일이 있었다는 사실에 대한 지식과 그 의미이다. 이 지식은 제자들의 눈과 귀를 통하여 인식된 것이다. 복음을 전하는 것은 바로 이 지식을 전달하는 것이며, 복음을 받아들이는 것은 이 지식을 수용하는 것이다. 인식과 지식이 복음사건에 대한 정보, 즉 복음을 만드는 자료라고 말해도 좋다.

이 복음은 예수의 구속 사역이 진행되고 있을 때 그 자리에 있었던 목격자들을 통하여 만들어졌다. 제자들의 인식 능력과 그들에게 생긴 예수의 생애와 사건, 말씀에 대한 지식이 없이는 복음이 나타나거나 전달되지 않았을 것이다. 제자들은 그들의 눈과 귀를 통하여 목격했다. 그리고 목격한 결과를 그들의 지적 기능을 통하여 고스란히 보관했다. 그들은 복음 사건에 대한 지식을 일정한 기간 가지고 있었던 복음의 최초 소유자들이었다. 복음이 그들의 기억 속에, 예수님과 있었던 일들의 추억 속에 담겨져 있었다.

예수님은 자신이 하신 일을 그림으로 그리거나 비디오로 만들어 남겨두지 않으셨다. 자신의 말씀을 직접 기록하여 두지도 않으셨다. 따라서 이런 일을 알려주는 복음서를 다루며 복음의 발생과 전달 과정을 추적할 때 목격자들의 역할은 필수적이다. 이렇게 말해도 좋을 것이다. 그들은 살아 움직이는 복음서였다. 그들의 기억 속에 예수님에게서 보고 듣고 배우고 느낀 것들이 고스란히 담겨 있었기 때문이다. 따라서 복음의 전달과 전수에 있어서 목격자들의 역할은 절대적일 수밖에 없었다.

이 복음이 어떻게 보관되었는가? 즉 예수님의 복음 사역에 접촉한 제자들은 어떤 방식으로 그들이 체험하고 느낀 것을 기억하고 있었는가? 우리는 지금 말로서의 복음이 탄생하기 이전의 상태, 즉 복음 사건의 발생과 말로서의 복음의 출현 사이의 문제를 다루고 있다. 그들이 눈으로 본 사건은 그 광경이 상(像)의 형태로 기억의 창고에 보관된다. 제자들은 오랫동안 그들이 본 광경을 눈에 생생하게 기억할 수 있었다. 예수님이 하신 말씀일 경우 그 소리가 제자들의 뇌리에 새겨진다. 제자들은 예수님의 음색과 억양까지도 귀에 쟁쟁하게 기억할 수 있었을 것이다.

만약 그 사건에 목격자들의 감정적인 요소나 감각적인 요소가 개입해 있었다면 이 요소들도 상이나 소리와 함께 그대로 기억의 창고에 보관될 수 있었을 것이다. 예수의 생애와 그분의 목소리는 사라져도 그분이 하신 일과 그분의 음성에 대한 기억은 제자들의 머리에 담겨 아시아로 유럽으로 퍼져나갈 수 있었다.

바로 이 지점 즉 예수의 생애가 목격자들의 눈과 귀, 그들의 인지 및 인식 능력, 언어 이해력이나 사건에 대한 판단과 결론, 그들의 기억과 회상에서 복음이 탄생했다는 사실에서 이미 우리는 동일한 하나의 복음 사건에 대한 다양한 복음이 탄생할 가능성을 만난다.

목격자들이 여러 명이었기 때문이다. 그리고 그들의 시각과 위치

등 목격자로서의 기능이 정확하게 같지는 않았기 때문이다. 하나의 사건에 대하여도 다른 각도, 다른 위치, 다른 역할, 그리고 다른 느낌이나 이해력이 목격자의 다양성에 따라 가능하다. 그래서 복음 사건은 하나뿐이었지만 목격자들의 기능을 통해 인식된 복음은 여럿일 수 있다. 오히려 여러 목격자의 증언이 정확하게 일치한다는 것이 더 이상한 일이다. 물론 일치의 가능성이 없는 것은 아니다.

같은 현장에 있었던 사람이라도 다른 각도에서 다른 면을 보고 다른 느낌을 받을 수도 있다. 그 사건에서의 역할이 달랐고 그 사건으로 자극된 감동과 감정이 같지 않았다면 같은 사건이 남긴 상은 결코 같지 않을 것이다.

동일한 예수의 설교를 듣고 사역을 경험해도, 이를 기억하고 전달하는 언어의 모습은 목격자들의 언어와 이해력과 관련된다. 대체적으로 같은 말에 관하여는 같은 이해에 도달하는 것이 일반적이지만 늘 그렇지는 않다. 만약 목격자들이 조금 다른 어감, 조금 다른 이해력을 가지고 있었다면 같은 말도 목격자에 따라 다르게 각인될 수도 있었을 것이다.

4. 언어화

초대교회 시절에 복음의 전달에 사용된 방법은 언어 하나뿐이다. 그림이나 조각은 의사소통의 수단이 되지 못했다. 제자들이 보고 들은 것을 텔레파시로 다른 사람의 머리에 심어주는 방법도 없었다. 무엇이든지 자신이 체험하였거나 알고 있는 것을 다른 사람에게 전달하고자 하면 언어라는 수단을 사용했다.

언어를 사용하여 복음을 전달한 목격자들의 역할에 초점을 맞출 때 우리는 전달되는 복음의 내용을 그 성격에 따라 두 가지로 나누어야 한다. 하나는 사건에 관한 지식의 전달이며, 다른 하나는 언어에 관한 지식의 전달이다. 전자는 사건으로 발생한 것을 보고 기억하였다가 언어로 전하는 것을 말하고 후자는 처음부터 소리로 나타난 것을 듣고 기억하였다가 언어로 전하는 것을 말한다.

예수님이 처음부터 언어로 들려주신 것은 제자들의 머리에 음성의 형태로 기억되어 있었다. 제자들은 필요할 때 자신의 발성 기관을 사용하여 똑같은 소리를 냄으로써 다른 사람에게 전달할 수 있었다. 예수의 말씀을 자신의 음성에 담아 전달하는 것이다. 예수님이 말씀하셨을 때의 분위기와 억양, 장단, 음색 혹은 강조까지 있었던 그대로 재생하여 전달한다는 것은 불가능했겠지만, 어느 정도까지는 무리 없이 예수의 말씀을 흉내 낼 수 있었을 것이다. 이 설명은 복음서에 포함된 다른 종류의 언어부, 즉 다른 사람들의 말이나 하늘의 소리 등에도 해당하는 것이다. 소리를 듣고 기억하였다가 소리나 글로 전달하는 것은 목격자들만이 할 수 있는 일은 아니다. 목격자에게 들은 사람도 똑같은 내용을 소리나 글로 전달할 수 있다. 말에서 말로, 말에서 글로 전달하는 과정은 정확하게 듣고 정확하게 전하기만 하면 목격자가 아닌 전달자의 경우에도 목격자와 다름없이 역할할 수 있다. 따라서 이 부분에서 목격자의 기능과 역할이 독특하다고 할 수는 없다.

제자들의 두뇌에 상의 형태로 보관되어 있던 사건에 관한 지식은 어떻게 다른 사람에게 전달될 수 있었을까? 우선 다음과 같은 특징을 언급할 수 있다.

(1) 제자들이 받아들인 사건에 관한 상(像)은 제자들이 죽기까지 지워지지 않는다. 사건은 그 순간에 발생하고 사라지지만 이 사건에 관한 제자들의 기억은 변함없이 남아 있다. 그들은 언제든지 이 기억에서 과거의 사건에 대한 상을 머릿속에 떠올리고 다른 사람에게 전달한다. 우리는 이것을 회상 작용이라고 부른다.

(2) 그들의 기억은 한 장의 단편 사진과 같은 것은 아니다. 그들은 사건 전부를 직접 보았다. 즉 그들이 기억하는 상은 영화와 같이 서로 연결되어 있는 사건에 대한 상들이다. 그들은 필요에 따라 특별한 한 부분만을 회상할 수도 있고 그들이 알고 있는 사건 전체를 떠올릴 수도 있었다.

(3) 한 사건 속에서 한 인간이 체험하는 것은 전체 사건의 일부이기 때문에 목격자가 자신의 기억에 새겨진 전부를 정확하게 회상한다 하더라도, 그것이 실제로 있었던 사건 전체를 완벽하게 반영하지는 못한다. 목격자가 회상할 수 있는 최대치는 그의 기억 속에 새겨져 있는 상이요, 자신의 감각 기관을 통하여 인지한 상이다.

머릿속의 상을 그대로 전달해 주는 방법은 없다. 행동을 연출하는 것도, 그림을 그려주는 것도 제자들이 보았던 사건을 그대로 재생할 수 있는 도구가 되지 못한다. 또 제자들은 이렇게 하지도 않았다.[1]

---

1.   초대교회 시절부터 재능 있는 기독교인들이 복음서의 내용을 조각이나 그

목격자들이 복음사건을 알려주기 위하여 선택한 방법은 언어였다. 사건에서 반사된 상을 기억하고 있다가 회상하며 곧바로 언어로 바꾸지 않았다면 예수에 관한 복음은 누구에게도 전달될 수 없었을 것이다. 예수님의 생애와 사역에 대한 복음을 전함에 있어서 목격자의 역할은 언어부를 자신의 발성기관을 사용하여 전달한 것만이 아니라 사건에 관한 기억 속의 영상을 언어로 표현한 것이다.

목격자가 사건을 회상하여 언어로 표현하는 기능을 우리는 언어화 작업이라고 이름 붙일 수 있다. 그것은 한 폭의 그림을 언어로 묘사하는 것과 같은 언어로의 변환작업이다. 그 과정에서 목격자는 자신이 알고 있는 용어를 선택할 뿐만 아니라, 다른 사람들이 알 수 있도록 모두가 공용하는 일반적 용어들을 선택했어야 한다. 그렇지 않다면 언어화 과정은 별 의미가 없다.

예수의 사역을 목격한 자들의 기능이나 역할은 사건에 관한 한 아무도 대신할 수 없는 독특한 것이다. 그들은 머릿속에 새겨진 사건의 상을 스스로 언어로 바꾸는 역할을 했기 때문이다. 목격자만이 사건을 회상할 수 있으므로, 그들만이 언어화 작업을 할 수 있었다. 그렇게 예수의 제자들은 들은 것, 특히 본 것의 증인으로 살아갈 수 있었다.

여기서 우리는 하나의 복음 사건에서 다양한 모습의 복음서들이 탄생할 두 번째 가능성을 발견한다. 목격자의 의도에 따라 그가 알고

림으로 표현했던 것은 복음을 전달하기 위한 수단 중에 하나였던 것으로 이해해야 한다. 섬기기 위해 만들거나 그린 우상이라고 볼 수는 없다.

있는 전부 혹은 일부가 선택될 수 있다. 강조점을 달리하면 한 목격자에게서도 형태가 다른 증언이 나올 수 있는 것이다. 또 한 목격자가 알고 있는 전부를 표현해도 다른 목격자가 표현하는 전부와 달라질 수 있다.

이때 우리가 잊지 말아야 할 사실은 목격자의 기억에 새겨져 있는 사건에 대한 원 그림 혹은 원래의 소리가 달라지는 것은 아니라는 점이다. 이 기억의 대상인 사건 자체가 달라지는 것은 더더욱 아니다. 목격자의 기억은 달라지지 않고 그대로 남아 있다. 그것은 고의로 바꾸려고 해도 개조를 거부하는 과거의 사실, 사건에 관한 실제적 기억이다.

또 하나 잊지 말아야 할 사실은 목격자들이 증언하는 시점이 실제 사건이 일어났던 때로부터 아무리 멀어져도 목격자들은 항상 그들의 기억에서 복음을 이끌어 낸다는 사실이다. 그 기억은 목격자들이 오랫동안 달고 다닌 복음의 원형이다. 사건과 이 사건에 대한 증언 사이의 시간적 간격은 복음 증거에 어떠한 영향도 미치지 않는다. 목격자에게 있어서 사건 발생과 증언 사이의 시간은 무의미하다. 목격자는 사건이 아니라 이 사건에 대한 자신의 기억에서 증언을 끄집어내기 때문이다.

목격자가 사건에 대한 상을 언어화하거나 기억된 소리를 전달할 때에는 자신의 언어로 전달하는데, 이때 자신의 청중의 언어 세계도 고려한다. 들은 소리를 그대로 재생하거나 자신에게 친숙한 언어만을 사용하여, 기억된 상을 언어화하여 전달한다면 복음은 전달되는 데 실패하거나 방해를 받을 수 있다. 누구에게 전달하려느냐에 따라 복음은 다른 형태로 전달될 수 있다.

물론 청중이 바뀌어도 목격자의 증언이 일치할 가능성도 있다. 한 목격자의 기억 속에 새겨져 있는 것은 동일하고, 그의 언어는 청중이 바뀌어도 크게 변하지 않기 때문이다. (여러 목격자들의 여러 증언의 경우에도 일치할 가능성이 있다. 목격자가 여럿인 경우에도 그들의 기억은 동일한 사건과 동일한 말씀에 관한 기억이고, 그들의 언어도 비유사성과 함께 유사성을 가지기 때문이다.) 더구나 복음서가 보도하는 정도의 간단한 내용의 경우에는 여러 증언들에 담긴 내용과 언어가 크게 다르지 않고 일치할 가능성은 충분하다고 볼 수 있다.

5. 전달과 전수(傳受)

복음은 복음 사건의 현장에 있던 사람들에게는 주로 복음 사건에 관한 예수님의 설명, 선포를 통해 하나님의 신적 의지를 알게 되는 것과 관련된다. 그들은 복음사건의 현장에 함께 있었기 때문에 그 사건의 신적 의미를 배우는 것만으로도 충분히 하나님을 향한 그들의 태도를 표명할 수 있었다.

그러나 복음 사역의 현장에 있지 않던 사람들은 하나님의 구속 사건에 직접 접촉함으로써 예수에 대한 지식을 얻지 않고 그 구속사건에 관한 복음을 들음으로써 간접적으로 복음 사건에 접촉한다. 그것은 현장에 없던 사람이 예수의 생애와 사역에 접촉하는 유일한 방법이다.

사건에 관한 지식을 습득한다는 면에서만 살펴보면 예수를 보지 못한 사람이나 예수와 함께 같은 시대를 산 사람은 크게 다르지 않다. 예수와 함께 복음사역의 현장에 있었던 사람들도 잠시 후 그 사건이 끝난 다음부터는 이 사건에 관한 기억, 추억, 지식을 소유하고 있을 뿐이다. 다만 사건에 직접 관여했다는 사실과 그의 지식을 체험을 통하여 얻었다는 점이 다르다. 또한 목격자들의 지식의 범위는 예수의 실제 사역에 의하여 제한되지만 복음을 듣는 사람의 지식의 범위는 언어로 전해지는 정보에 의하여 제한된다는 점이 다르다.

현장에 없던 사람들도 이러한 한계 안에서 똑같이 복음 사건을 기억할 수 있다. 그들은 하나님의 구속 사역에 대한 지식을 듣고, 마치 직접 구속 사역에 직면했던 사람들과 마찬가지로, 하나님과 예수님을 향한 자신의 태도를 표명할 수 있다.

전통적인 성경관에 의하면 신약성경의 네 복음서가 신약 정경에 포함된 이유와 그 정당성, 그리고 그 권위는 우선적으로 사도성에 토대한다.[2] 사도성이란 사도들이 예수님으로부터 신약성경을 기록하라는 특별한 사명을 받았다는 것과 관련되지 않고, 그들이 예수의 생애, 그의 전 사역과 말씀의 목격자라는 것과 관련된다. 그들은 목격자이기 때문에 복음 사건의 권위 있는 증인이 될 수 있었다. 복음서는 예수의 사역 시작 시기부터 모든 것을 보고 들었던 목격자들이 직접 기록하였거나 목격자들이 보증인으로서 기록자 뒤에 서 있기 때

---

2. '속사도성'을 말하기도 하는데 그 의미는 사도성과 크게 다르지 않다. 속사도성은 그 내용을 스스로의 권위가 아니라 사도들에게 의존하고 있다는 점에서 '사도성'과 구별된다.

문에 역사적으로 믿을 만한 가치를 가졌고, (사도들은 예수 그리스도로부터
권위를 부여 받고, 그리스도는 하나님으로부터 권위를 부여받으므로) 신적 권위를 부
여받는다.

'사도성'과 '목격자임'이 깊이 연결되어 있다는 것은 성경 자체에
서도 발견된다. 가룟 유다가 죽은 다음 베드로와 다른 제자들은 결원
이 생긴 사도직을 보충하기 위하여 그 후보의 자격으로 '세례 요한의
때부터 그들과 항상 함께 다닌 것'을 제시했다(행 1:21-22). 역사성을 생
명으로 삼고, 하나님의 역사적인 구원사실을 전파하던 초대 교회는
'목격자임'을 교회 설립의 가장 중요한 기초로 생각했다.

복음서의 권위는 복음서의 내용이 목격자의 증언이라는 사실로
부터 나온다고 해도 과언이 아니다. 마태복음과 요한복음은 목격자
인 사도 마태와 사도 요한에 의해 각각 기록되었다는 이유에서 믿을
만한 것으로 인정되었다. 마가복음과 누가복음은 비록 사도에 의해
직접 기록된 것은 아니지만 사도 바울의 조수였고 후에는 베드로 사
도의 통역관이었던 마가와, 바울의 동료요 그의 주치의였던 누가가
사도들에게 직접 들은 것을 기록했다는 이유에서 그 권위를 인정받
는다.

사도성, 속사도성을 '목격자임'이란 의미에서 이해하고 이에 토
대하여 성경의 권위를 말할 때 신약성경은 많은 부분의 권위가 확립
되는 것이 사실이기는 하지만 꼭 그렇지는 않다. 내용에 따라서는 사
도들이 목격자가 아닌 경우가 있기 때문이다. 이 부분들은 사도들이
라 하더라도 다른 사람들에게 듣거나 배우는 과정을 거쳐야만 알 수
있었을 것이다. (사도들의 권위는 단지 목격자들의 권위에 불과하지 않고 그리스도로

부터 위임받는 권위이며, 그리스도는 하나님으로부터 신적 권위를 받았으므로 그리스도의 권위를 위임받은 사도들은 결국 신적 권위를 가진다. 신약성경의 신적 권위는 이러한 사도적 권위에 토대한다.)

우리가 신약성경의 권위를 확립하기 위하여 사도성이나 속사도성, 그리고 목격자임을 그 근거로 내세운다 하더라도, (목격자로서의 사도들의 증언만으로는 신약성경의 탄생을 전부 설명하지 못하며) 사람과 사람 사이의 전달 과정 즉 전하고 듣는 과정을 필수적으로 전제해야만 신약성경의 탄생을 모두 설명할 수 있다.

복음서가 보도하는 내용의 유형에 따라 사도성, 속사도성이 의미하는 복음서 저자들의 역할이 같지 않으므로 복음을 전달하는 과정도 유형별로 다르게 추적해야 한다.

1) 말씀부

복음서 저자들이 복음서에 수록되어 있는 말씀들의 목격자일 경우에는 복음서 기록 과정이 매우 간단한 도식으로 그려진다. 이 경우 저자들은 예수님이나 하나님, 혹은 어떤 사건에 등장하는 인물이 말하는 것을 듣고 (기억하고 있다가)[3] 그대로 전달했을 것이다.

그러나 이것은 어디까지나 그들이 '들은 언어'와 그들이 복음서

---

3. 복음서 형성 과정에서 우리는 이 '기억'이라는 단계를 무시해도 좋을 것이다. 만약 기억의 단계가 거론되어야 한다면 다음과 같은 경우이다. 오랜 세월을 경과하며 목격자의 기억이 흐려졌을 경우—이 경우 저자는 정확하게 옮기고 싶어도 불가능하다—또는 그가 들은 것을 정확하게 기억은 하지만 자신의 의도에 따라 임의적으로 내용을 바꾸거나 보충할 경우이다. 전자의 경우 우리가 가지고 있는 자료 중에 복음서보다 더 원초적인 자료가 없기

에 '적은 언어'가 같을 경우이다. 우리가 가지고 있는 복음서는 코이
네 헬라어로 기록되어 있고, 예수님이 말씀하시고 목격자들이 들었
을 때 사용된 언어는 대부분 아람어였을 것이기 때문에, 복음서 저자
들이 목격자라고 하더라도 '듣고 기록했다'는 간단한 도식으로는 복
음서의 탄생을 제대로 설명할 수 없다. 이 도식을 복음서의 탄생에
적용하려면 예수와 그 주변의 사람들이 모두 헬라어를 사용했다는
사실을 증명해야 한다. 아니면, 최소한 현 복음서들의 아람어 원본을
발견하고 이 원본과 헬라어 복음서들을 비교하여 헬라어 복음서들
이 아람어 원본의 번역본들임을 입증해야 한다.

　이것이 불가능하다면, 우리가 그려낼 수 있는 가장 간단한 도식
은 '듣고-번역하고-기록했다'로 표현할 수 있다. 복음서를 기록한 저
자가 목격자였다는 것은 그가 다음과 같은 작업을 했다는 의미이다.

① (예수님이 아람어로) 말씀하셨다.

② (목격자가 이것을 아람어로) 들었다.

③ (그가 기억으로부터 이 말씀들을 회상하며 코이네 헬라어로) 번역했다.

④ (그리고 이것을 코이네 헬라어로) 기록했다.

때문에 저자의 기억력의 옳고 그름, 망각에 관하여 탐구하기 위한 비교 연구
가 불가능하다. 후자의 경우 기억의 순간들보다는 복음서 저작의 순간에 초
점이 맞추어져야 하므로 더 이상 기억의 단계를 다루는 문맥에서 다룰 필요
는 없다. (공관복음서들을 서로 비교하며 서로 차이가 나는 부분에서 어느
것이 기억을 따라간 것이고 어느 것이 저자의 신학적 강조점을 따라간 것인
지 다루는 작업은 편집비평에 해당한다. 이것은 저자의 기억을 다루는 단계
에서 다루어질 필요가 없다.)

　　만약 다른 사람이 번역 작업을 했다면 '(누군가가 아람어를 코이네 헬라어로) 번역했다'를 ③의 과정에 넣어야 하고 그 앞뒤에 그에게 아람어로 들려주는 과정과 코이네 헬라어로 번역한 말씀을 저자에게 전해주는 과정을 배치해야 한다.

　　이 경우 목격자의 저술은 번역자에게 크게 의존하는 것이 되고만다. 즉 목격자가 아닌 다른 사람이 번역하고 이 번역을 복음서 저자가 빌려 사용했을 경우, '말씀' 부분을 저자가 직접 들었다는 의미가 반감된다. 이 경우에는 번역자가 목격자 못지않게 중요한 역할을하게 된다.

　　속사도성을 가졌다고 여겨지는 복음서에 수록된 '말씀'의 경우에는 한 단계가 더 늘어난다. 이 경우 복음서 기록과정은 '듣고-가르치고-배우고-번역하고-기록했다'가 된다. 번역의 과정이 저자가 아닌 다른 사람에 의해 일찍이 발생하였다고 가정할 경우에, 속사도성을 가진 복음서의 형성의 과정은 다음과 같았을 것이다.

　　① (예수님이) 말씀하셨다.
　　② (목격자들이) 들었다.
　　③ (누가 코이네 헬라어로) 번역했다.
　　④ (번역된 복음을 복음서 저자가) 들었다.
　　⑤ (복음서 저자가) 기록했다.

　　속사도성을 가진 복음서의 형성 과정과 사도성을 가진 복음서의 형성 과정의 차이는 처음 발생한 말씀과 그것을 기록하여 복음서에 수록된 말씀 사이에 전달의 과정이 최소한 한 번 더 첨가되는 것이다.[4]

복음서에 수록되어 있는 말씀 부분 중에 복음서 저자들이 어떤 방법으로든지 목격자가 될 수 없는 경우가 더러 있다. 예를 들어 예수의 출생과 관계하여 엘리사벳이나 마리아, 요셉이나 동방박사들에게 천사가 했다는 말들, 예수님이 겟세마네에서 혼자 기도하신 내용 등에 관하여 복음서 저자들이 목격자가 될 수 있을까?

복음서 저자들이 목격자가 아닌 말씀들의 경우에는 당사자들의 증언이 복음서 저자에게 전해지는 단계를 가정해야 한다. 이 경우, 위에 그려본 가장 간단한 도식에 당사자의 고백 내지 증언이라는 과정이 추가된다.

4.　최근의 신약학자들이 현 복음서의 사도성이나 속사도성을 부정하는 것은 이 과정을 보다 더 복잡한 것으로 생각하기 때문이다. 즉 예수의 생애로부터 복음서가 기록되는 시기까지 30여 년의 세월이 흘러가는 동안에 여러 명의 전하는 사람들과 배우는 사람들을 상상하거나 결론짓는다. 이러한 전달과정에서 주변 사상의 영향을 받아 그 내용에 변화가 왔거나 현 기독교적 사고로 발전했을 것이라고 주장하는 학자도 있다. 내용의 성실한 계승을 주장하는 학자들은 이 전승의 단계를 가능한 한 간단한 것으로 묘사하려고 하는데 그렇게 하면 변화나 발전, 혹은 왜곡의 가능성이 줄어들기 때문이다. 사도성이나 속사도성은 이러한 주장에 비해 이 기간 동안 복음을 목격자 한 사람이 간직, 기억하고 있던 것으로 확신함으로써 변화가 있었을 것이라는 주장에 맞서고 있다. 그러나 변화의 가능성은 사도성, 속사도성의 옹호만으로도 지켜지지 않는다. 기억이나 번역, 저술을 가장 사실적인 것으로 이해한다 하더라도 한 언어나 문장, 어떤 단어가 공기를 진동시켰던 바로 그 분위기를 만들어 내지는 못하기 때문이다.

만약 당사자가 처음부터 코이네 헬라어로 발설했다면 통역이란 과정은 삭제되어야 하지만 그럴 가능성은 희박하다. 성령께서 이것을 저자들에게 직접 일러주셨다고 하면 복음서 저자의 역할이 더 확대된다. 하지만 이 부분에서 우리는 구체적인 당사자의 증언을 배제하고 성령께서 직접 받아 적도록 증언하셨다고 전제할 수는 없다. 우리는 단지 복음서 저자가 성령의 감동으로 그렇게 적었다고 말할 수 있을 뿐이다.

위에서 살펴본 것을 참고하면 복음서의 저자가 목격자라는 진술은 복음서의 모든 내용을 저자가 책임질 수 있다는 말이 되지 못한다. 이 경우 복음서 저자는 대부분의 내용의 목격자는 되겠지만 다른 사람에게 의존했어야만 하는 내용이 복음서에 섞여 있기 때문이다. 따라서 복음서의 사도성, 속사도성을 저자가 목격자 내지 목격자 곁에 있었던 사람됨이라는 의미로 사용한다면, 복음서의 권위를 설명하기 위한 충분한 변론이 되지 못한다. 복음서 저자들이 직접 목격하지 않은 말씀(과 사건)을 목격한 자들의 증언을 토대로 복음서 저자들이 예수로부터 위임받은 사도적 권위로 채택했다는 설명을 덧붙일 때, 복음서의 권위가 변론된다.

또 형성과정에서 헬라어로 번역되는 과정을 거친 복음서에 의존하는 한, 복음서 저자들이 목격자들이었다는 것이 복음서 내용의 신실성을 보증해 주는 결정적인 역할을 하기 어렵다. 번역에는 항상 다양한 가능성이 존재하기 때문이다. 이 경우 헬라어로의 번역이 원래의 (아람어로 된) 말씀을 가장 잘 반영하고 있다는 추가적 보장이 필요하다. 원래의 말씀이 바르게 번역되었다는 근거가 확립된다면 현 복음서의 내용의 신실성을 보증할 수 있게 된다.

　　이런 이유로 복음서의 사도성, 속사도성이 단순히 복음서 저자들이 목격자임을 전제로 하는 용어라고 제한할 필요는 없다. 사도성이라는 표현은 예수님이 특별한 사명과 특별한 권한을 위임한 책임자라는 의미로 넓게 이해해야 한다. 예수님은 사도들에게 교회 설립을 명령하셨다. 그 명령에는 오는 모든 교회의 규범이 될 신약성경의 탄생도 포함되어 있었다고 보아야 할 것이다. 초대교회는 사도들의 권위를 단순히 목격자로서의 권위가 아니라 그리스도로부터 위임받은 교회 설립자로서의 권위로 받아들였다.

　　사도성이란 예수님이 복음의 사명을 주셨고 성령으로 함께 하셨다는 차원에서 설명되어야 한다.

2) 사건부

　　복음서 저자들이 예수의 생애나 사역, 어떤 사건의 목격자들이라고 할 때 이 말이 의미하는 가장 간단한 복음서 저작과정은 다음과 같다.

　　① (예수님이나 다른 사람이) 행동했다 (혹은 사건이 발생했다).

　　② (목격자가) 보았다.

　　③ (본 것 혹은 기억되어 있는 상을) 언어로 바꾸었다(언어화).

　　④ (헬라어로) 기록했다(문자화).

복음서는 독자들에게 예수의 행동이나 어떤 사건을 그 자체로나 사진과 같은 영상으로 보여주지 않는다. 복음서는 사건이나 예수의 행동에 관하여 목격자가 받아들인 영상 내지 인상을 저자의 언어로 묘사하여 알려준다. 이 언어는 그가 본 것에 관한 지식을 전달한다. 독자는 이것을 읽음으로써 저자가 전달하려고 하는 상을 재생할 수 있다.

전달되는 것은 언어뿐이기 때문에 그 언어로 어떤 영상을 재생하느냐는 것은 전적으로 청중이나 독자들에게 달려 있다. 하지만 독자들은 이 상을 마음대로 만들어내지는 못한다. 같은 단어로 독자들은 다른 형태의 옷과 다른 형태의 사물에 관한 상을 재생해도 이 작업은 항상 목격자가 전달하는 언어의 범주 안에서 수행된다.

목격자의 언어화를 통한 중재 작업이 없이는 실제 사건에 대한 상을 재생시킬 수 없다. 따라서 언어화는 사건발생과 마찬가지로 중요하다. 그래서 우리는 목격자들을 복음의 담지자라고 불렀었다. 즉 목격자인 저자는 예수의 생애와 사역, 사건들을 비추어주는 거울이 되었다. 이들의 증언이 없었다면 누구도 실제사건에 대한 어떤 지식도 얻을 수 없었을 것이다. 우리는 실제 사건의 인간적인 반영 혹은 반사를 통해서만 예수의 복음 사역에 접근하게 된다.

한 사건이나 한 행동이 한 번 언어화하여 전달되는 과정에 들어가면 이때부터는 처음부터 언어로 나타난 말씀이나 교훈과 마찬가지의 과정을 거쳐 제삼자에게 언어로 전달된다. 이것은 아람어가 헬라어로 번역될 경우라도 마찬가지이다.

목격자가 아람어로 표현을 하지 않고 처음부터 헬라어로 묘사했다면 아람어에서 헬라어로 번역한 과정을 문제 삼을 필요가 없다. 한 목격자가 그의 기억에 보관되어 있는 과거 사건의 영상을 여러 가지 언어로 반복하여 언어화할 수 있기 때문이다.

만약 각각의 목격자가 자신이 처한 새로운 상황에서 복음을 새롭게 언어화한다면 혹은 각각의 목격자가 각자의 언어로 사건을 설명한다면, 우리는 목격자들 사이에서 문자적으로 전부 일치하는 묘사를 기대하기는 어렵다. 물론 이것은 첫 단계에서의 얘기이다. 일단 그렇게 언어화된 설명은 그 다음 단계에서는 언어의 형태로 전승되었을 것이기 때문에 언제라도 서로 일치할 것을 기대할 수 있다.

저자들이 목격자가 아닐 경우에는 위의 과정에 '(언어화한 사건설명을 언어로) 전하고 받는 혹은 배우는' 과정이 첨가된다. 속사도성이란 이 과정을 한 번만 거친 세대에게 부여되는 특성이다. 그런데 대개 복음 전승이 있었다고 가정할 때에는 30여 년간 비슷한 전달 과정이 수없이 되풀이되어 반복하여 마침내 복음서에 도달했음을 전제한다. 그러나 어느 과정이든지 일단 언어로 고정된 다음에는 전달 과정을 통하여 큰 변화는 발생하지 않는다.

결정적으로 중요한 것은 누가 목격자로서 사건이나 행동을 최초로 언어화했느냐는 것이다. 전승 이론들은 전승의 시발점을 불명확하게 하지만, 목격자를 전제하는 이론은 (속)사도성이라는 이름으로 예수의 열두 사도를 시발점으로 제시한다.

복음서의 저자들이 목격자이거나 목격자에게서 들은 사람들이라고 하더라도 복음서에는 그들이 목격할 수 없었던 사건들이 포함되어 있다. 예를 들면 복음서에는 겟세마네 동산에서 기도하시는 예수의 모습이 구체적으로 묘사되어 있는데, 막상 복음서가 보도하는 상황은 아무도 그 광경을 그렇게 자세하게 관찰할 수 없었다고 믿게 한다.

캄캄한 밤에 멀리 떨어져 기도하시던 예수의 얼굴에서 핏방울처럼 방울져 떨어지는 땀방울을 꾸벅꾸벅 졸던 제자들이 무슨 수로 보았겠는가? 또한 제자들이 예수를 따라 다니기 전의 사건에 관해서는 복음서 저자들은 목격자가 아니었던 것이 확실하다.

저자들이 목격자일 수 없는 이러한 사건들에 관하여 저자들은 이미 언어화된 것을 듣고 배우고 기록하는 역할밖에 하지 못한다. 그들은 이미 언어로 바뀌어 있는 사건의 설명을 사건 당사자들이나 다른 사람에게 듣고 (기억하고 있다가) 복음서에 수록해야 했을 것이다.

따라서 목격자임이나 (속)사도성은 이러한 사건들에 관한 기술에서는 그 내용의 일차 책임자가 아니다. 목격자가 기록한 것이니까 그가 보도하는 것은 사실이요 믿을 수 있다는 명제는 복음서의 기초를 아주 안전하게 다져주는 부분도 있지만 어떤 부분에서는 그가 전혀 책임자가 아님을 알려주기도 한다.

3) 해설부

해설 부분에 관한 한 그 책임은 일차적으로 복음서 저자에게 돌려야 한다. 이것은 그가 예수의 생애와 교훈을 저술하기 위하여 사용한 문학적 틀이기 때문이다.

저자는 그의 확신에 따라 예수님을 소개한다. 이 확신은 (목격자의 경우) 예수님과의 만남이나 (목격자가 아닐 경우) 전파된 복음을 통하여 얻었을 것이다. 복음서 저자들은 저술목적을 분명히 가지고 있었는데,

이것을 최대한 살릴 수 있도록 그들의 복음서에 모양을 부여하였을
것이다.

한 역사적인 개인이 복음서 기록의 배후에 있음이 확실할 때 이
해설부는 그 신뢰할 만한 근거가 확실한 부분이 된다. 그러나 만약
개인보다는 오랫동안 이 자료들을 간직하고 전달하고 사용하던 단
체 혹은 교회가 기록의 주체였다고 한다면 해설부는 그러한 근거가
애매한 부분이 되고 만다.

그렇다고 저자를 확인하기만 하면 모든 해설부의 신빙성이 선명
해 지는 것은 아니다. 자세하게 관찰하면 해설부에도 저자가 책임을
질 수 없는 부분이 들어 있다. 예를 들면 누가는 예수의 족보를 소개
하며 '사람들이 아는 대로는'이라는 말로 시작한다. 따라서 누가가
이 족보를 비로소 작성했다고 보기는 어렵다. 그러므로 우리는 이 족
보가 어떻게 누가의 손에 들어왔는지를 물어보아야 한다.

근원을 파악하기 어려운 이런 부분들에 경우, 복음서 저자들의
역할은 언어를 통하여 그들이 전달받은 것을 복음서 기록에 사용한
것뿐이다. 그러나 그가 확신하지 않는 것을 그냥 수록했다고 보기는
어렵다.

4) 요약

복음서의 탄생과정을 우리는 이론적으로 다음과 같이 요약할 수
있다.

① 직접 본 것: 사건 발생-목격-보존(기억)-회상-언어화-(번역)-기록

② 못 본 것: 사건 발생-목격-보존(기억)-회상-언어화-(번역)-전달-들음-(번역)-기록

③ 직접 들은 것: 발설-들음-(번역)-기록

④ 못 들은 것: 발설-들음-(번역)-전달-들음-(번역)-기록

⑤ 해설부: 기록

⑥ 해설부 중 일부: 위 ②, ④의 과정

이상의 것은 복음서의 저자가 예수의 생애와 사역, 다른 부수적인 사건들의 목격자일 경우에 해당하는 가장 간결한 추론이다. 저자가 목격자로부터 들은 사람이거나 목격자로부터 상당 기간 동안 여러 사람들을 거쳐 전해져 내려오던 복음을 전달받은 사람이라면 이 과정은 훨씬 더 복잡해진다.

한 복음서의 탄생은 그 기록이 며칠 혹은 몇 달의 짧은 기간에 이루어졌다고 하더라도 대부분의 내용이 오랜 보관 내지 전승의 역사를 가지고 있음을 알 수 있다. 저자가 목격자인 경우 본인이 대부분을 관찰하였고 기억하고 있었기 때문에 이것을 전승의 역사라고 부를 수는 없을 것이다. 그는 자신의 기억으로부터 복음을 이끌어 내었기 때문이다. 하지만 이러한 경우라 하더라도 모든 부분을 저자가 목격자로서 책임지는 것은 아니다. 적지 않은 부분이 다른 사람에 의해 목격된 내용이 전달되어 기록된 것으로 볼 수 있다.

아람어를 주로 사용하는 지역에서 일어난 일들이 복음서에는 헬라어로 기록되어 있다. 따라서 마태복음, 마가복음, 누가복음의 아람어 원본을 발견하기 전까지는 번역이라는 과정을 전제하지 않을 수

없다. 이 과정은 복음서의 모든 부분에 대하여 매우 중요한 것으로 인정해야 할 것이다.

보수신학자들이 의존하는 바, 신약성경의 사도성 내지 속사도성은 이 단어들이 단지 목격자라는 의미로 사용되는 한 신약성경의 권위와 가치, 그 신실성을 보장해 주는 결정적인 개념이 되지는 못한다. 즉 전승의 과정을 무시하거나 부정하면 복음서의 탄생을 제대로 설명하지 못하게 된다. 물론 구전과 전승의 단계를 인정하더라도 이 과정을 자유주의 신학자들이 주장하듯이 비역사적인 것을 만들어내는 창작의 과정으로 이해해서는 안 되며, 원래의 내용이 주위환경의 간섭으로 쉽게 변질되는 과정으로 이해해서도 안 된다.

복음서의 최종적인 권위를 보장하는 것은 사도성, 속사도성이다. 다만 사도성을 예수의 사역과 말씀에 관한 목격자인 제자들에게 예수께서 복음 전파 사역을 위탁하시며 자신의 권위를 부여하신 특성을 뜻한다고 이해할 때 그러하다.

전달과 전수, 그리고 기록 과정에서 있을 수 있는 차이점과 일치점의 문제는 과거 250여 년의 연구를 통하여 비교적 자세하게 취급되었다. 양식비평과 편집비평을 그 대표적인 연구의 예라고 할 수 있을 것이다. 이러한 연구와 관련하여 다음과 같은 주의점이 필요하다.

(1) 우리가 관찰한 필연적 과정에 비교해 볼 때 양식비평이나 편집비평은 차이점, 일치점의 문제를 너무 단순하게 설명하려고 한다. 즉 일치점은 복사, 차이점은 전승 환경의 변화나 저자의 신학에서 찾으려고 하는 것은 너무 단순한 설명이다.

(2) 양식비평과 편집비평은 복음사건과 기록 사이의 30여 년을

아무도 책임질 수 없는 시간으로 간주하고 복음서의 내용을 허공에
내맡긴다. 전승의 과정은 어떤 부분에서는 피할 수 없는 단계였지만
아무도 책임질 수 없는 공백 기간은 아니었다.

6. 전통적 견해

초대교회 시절부터 복음서의 탄생에 관한 얘기들이 전해져 내려
오고 있다(외부적 증거). 오랫동안 신학자들은 이 전통을 받아들여 왔
다. 물론 오늘날도 의심 없이 추종하는 신학자들이 있다. 그러나 근
대로 넘어오면서 대부분의 신학자들은 이 전통적 견해를 의심스러
운 것으로 취급한다. 하지만 전통을 부정할 만한 설득력 있는 해결책
은 아직 발견되지 않았다.

180년경에 활동했던 이레니우스(Irenaeus)는 복음서가 65년과 100
년 사이에 기록되었다고 증언한다.[5] 그가 말하는 복음서란, 그가 현
복음서의 내용을 정확하게 인용한 것으로 볼 때, 정경에 포함된 공관
복음서를 지시하는 것이 틀림없다.

적지 않은 신학자들이 신약성경 중에 포함된 복음서들에 대해 저
자 미상을 주장하는데 이는 각각의 복음서들의 제목이 2세기 초에
붙은 것에 근거한 것이다. 이러한 신학자들이 마태, 마가, 누가라는

---

5. Irenaeus, *Adversus Haereses*, III.2.7. Sanders & Davies, 『공관복음서 연구』, 43
    도 이 의견에 동의한다.

이름을 사용할 때는 실제 역사적 인물을 지시한다기보다는 구별을 위하여 그렇게 할 뿐이다.

1) 마태복음

마태복음의 저자는 열두 사도 중의 하나인 마태로 알려져 있다. 그는 세리로도 알려져 있으며 레위라고도 불린다(참고, 마 9:9-13; 10:3; 막 2:14-17; 3:18; 눅 5:27-32). 그러나 마태와 레위가 동일 인물임을 입증하는 것은 쉽지 않은 과제이다.

마태복음을 마태 저작이라고 소개한 최초의 인물은 파피아스(Papias)인데 그의 글이 유세비우스의 『교회사』에 인용되었다.[6] "마태는 히브리인의 방언(= 아람어)으로 말씀들(τὰ λόγια)을 기록했다. 각 사람들이 역량을 따라 이를 번역했다."[7] 이레니우스는 마태가 복음서를 썼다고 했다.[8] 만일 파피아스가 언급한 '말씀들'이 마태복음을 가리킨다면, 우리가 가진 헬라어 마태복음은 따라서 마태가 쓴 아람어 본의 번역본이라고 할 수 있다.

기록 장소로는 시리아의 안디옥이 거론되고, 기록 연대는 68년 혹은 70년경 또는 그 이후(80년경)가 고려된다.

---

6. Eusebius, *Historia Ecclesiastica*, 3:39.16.
7. 대부분의 신학자들이 파피아스가 썼다는 '따 로기아'(τὰ λόγια)는 마태복음과는 다른 교훈집이었을 것이라고 주장한다.
8. Irenaeus, *Adversus Haereses*, III.1.

2) 마가복음

마가복음의 저자는 요한이라고도 불린 마가로 알려져 있다. 그는 베드로의 동역자였으며, 바울, 바나바와도 동행한 적이 있었는데, 후에는 바울과 함께 있었다(참고, 행 12:12-25; 13:5.15; 골 4:10.14; 벧후 5:13).

파피아스는 마가복음에 관하여 다음과 같은 증언을 남겼다. "마가는 베드로의 통역관으로서 주께서 말씀하신 바를 바른 순서는 아니었지만 기억하는 한 정확하게 기록했다." 이 증언은 유세비우스의 교회사에 인용되어 전해져 내려오고 있다.[9]

마가복음의 기록 장소로는 로마가 거론되며, 기록 연대는 약 60년 혹은 64년, 또는 67~68년경이 고려된다.

3) 누가복음

누가복음의 저자로는 바울의 동반자요 의사로 알려진 누가가 지목된다(참고, 골 4:14; 몬 24; 딤후 4:11; 행 16:10-17; 20:1-6). 그는 아마도 이방인이었을 것이다.[10]

누가복음이 기록된 장소는 불명확하다. 아마 그리스의 어느 도시인 것 같다.

누가복음의 기록 연대는 장소 추정에 따라 달라지는데 58-60년경 혹은 67년, 또는 그 이후(80년경)로 추측된다.

---

9. Eusebius, *H. E.*, 3:39.15; Justine, *Dial. Trypho*, 106; Jerome, *Anti-Marcionite Prologue;* Irenaeus, *Adv. Haer.*, 3:1.2; Tertullian, *Adv. Marc.*, 4:5.
10. Eusebius, *H. E., 3:4.6;* Jerome, *Anti-Marcionite Prologue*; Irenaeus, *Adv. Haer.,* 3:1.1; 3:14.2; Tertullian, *Adv. Marc.*, 4:5 참고.

7. 의문점들

신약성경 중 복음서의 탄생연대를 종합해보면, 복음(서)의 내용인 예수님의 생애, 사역, 죽음과 부활 사건이 있은 지 거의 한 세대가 흘러가기까지 이 복음서들 중의 어떤 복음서도 만들어지지 않았다는 사실을 알 수 있다. 또 이 복음서들은 대개가 비슷한 시기에 기록되었다는 사실도 주목할 만하다. 사람들은 몇 십 년 동안 이러한 형태의 복음서를 전혀 기록하지 않다가 갑자기 한꺼번에 기록한 것이다.

학자들에 따라 복음서의 저작 시기를 위의 것보다 앞당기는 사람도 있다. 그렇게 해도 복음사건과 복음서의 탄생사이에 시간적 간격이 사라지거나 극복되는 것은 아니다. 간격의 정도에 차이가 생길 뿐 한 세대 정도의 시간이 경과했다는 점에서는 별 이견이 없다. 그래서 복음서가 기록된 시점과 복음서가 다루는 사건 사이의 간격을 극복해야 하는 과제는 그대로 존속한다.[11]

어떤 경우라 하더라도 복음서가 기록된 시점은 이 책들이 담고 있는 내용이 예루살렘, 유대, 사마리아를 가득 채우고 그 경계선을

---

11. 예를 들어 신학자들이 복음서 이전의 문서로 추정하는 예수의 교훈집이나 Q같은 가상의 문서가 서기 40-45여 년경에 정말 있었다 하더라도, 이러한 자료의 생성 시점도 십자가사건으로부터 15-20여 년이 지난 다음이다. 물론 정경복음서의 저작 시점은 훨씬 이후로 산정된다. 전통적인 견해는 십자가 사건과 복음서 기록 사이의 간격을 30-40년 정도로 늘릴 뿐이다. 어떤 신학자들은 복음서의 탄생연대를 더 늦게 잡음으로써 이 기간을 2세대 이상으로 늘리고 싶어 한다. 어느 경우를 선택하든지 십자가사건과 복음서 기록 시기 사이의 간격을 극복하는 과제는 남게 된다.

뚫고 나와 소아시아, 유럽 그리고 당시에 세상의 중심 혹은 끝이라 불리던 로마에까지 이미 전파되고 그 결과로 수많은 교회가 곳곳에 세워진 후였다. 당시 사람들은 기록된 복음서 없이 기독교인이 될 수 있었다. 그들이 복음을 듣고 주님을 믿고 섬기는 데는 아무런 어려움이 없었다. 그러다가 갑자기 여기저기서 기록된 복음서들이 쏟아져 나왔다.

이와 관련하여 다음과 같은 두 가지 질문이 학자들에 의하여 제기되었다.

(1) 왜 복음서의 기록이 이렇게 늦어졌는가? 다른 말로 바꾸어 말하면, 왜 초대교회의 사도들과 성도들은 복음서를 바로 기록하지 않고 복음서 없이 몇 십 년을 지내다가 나중에 복음서를 기록하게 되었는가? 좀 더 일찍 복음서를 기록할 수도 있지 않았을까? 예수님을 따라 다니면서 그때그때 녹음하듯이 기록할 수도 있지 않았을까?[12]

(2) 복음서가 늦게나마 기록된 이유는 무엇일까? 처음에 기록하지 않고 복음을 전할 수 있었다면 계속 기록하지 않을 수도 있었을 것이다. 그런데 왜 모두가 비슷한 시기에 동시에 기록할 필요성을 느꼈을까?

---

12. 니코스 카잔스키의 소설 『최후의 유혹』에 보면, 마태가 밤마다 일기를 쓰듯이 예수의 하신 일과 말씀들을 정리하곤 한다. 복음서의 진실성을 옹호하는 신학자들은 이렇게까지는 하지 않았을지라도 제자들이 수첩과 같은 것을 가지고 다니면서 그때그때 중요한 것을 메모했을 것이라고 주장한다. 이러한 주장은 웁살라 학파의 신학자들에게서 시작되었다. 하지만 정말 그런 일이 있었는지에 대해서는 아무도 증명하지 못한다. 그들은 양식사학파 신학자들의 추론에 대항하여 새로운 추론을 만들어낸 것이다. 이에 대해서는 아래에서 자세하게 설명할 것이다.

이 두 질문은 복음서의 형성과정을 논리적으로 재구성하는 데 아주 중요하다. 이 질문에 대하여 다음과 같이 추측하여 답변할 수 있을 것이다.

1) 기록이 늦어진 이유

(1) 당시에는 제자들과 목격자들이 살아서 복음을 전하고 있었다. 그들은 살아있는 복음서였다.[13] 이들의 권위 있는 설명/해석을 사람들은 원하기만 하면 언제라도 들을 수 있었기 때문에 처음에는 아무도 기록의 필요성을 느끼지 못했을 것이다.

(2) 이와 더불어 당시에는 아직 교회가 몇 개 되지 않았다는 점도 지적해야 한다. 복음이 여러 곳으로 퍼져나가고 곳곳에 교회가 세워지고 있었지만 목격자들이 이들 교회의 필요를 충분히 감당할 수 있었을 것이다.

(3) 당시의 주요 지식 전달매체는 문서가 아니라 기억력과 구전에 의존하는 전승이었다. 사람들이 값비싼 양피지나 파피루스, 필기도구 등을 소유하는 것도 쉽지 않았고 이것을 매일 들고 다니며 즉각 기록하는 것도 쉽지 않았을 것이다.

(4) 당시는 책의 기록, 전달을 통한 지식의 전달보다는, 살아 활동하시는 예수님의 지도와 생생한 성령의 사역이 중요시되던 시기였을 것이다. 예수께서 승천하신 후에도 사도들은 성령님의 살아 움직

---

13. W. Barclay, *The Making of the Bible*, 2nd ed. (Edinburgh: St. Andrew, 1979), 48.

이는 도구들이었기에 기록된 복음서의 필요성을 느끼지 않았을 것이다.

(5) 초대교회는 예수께서 급속히 아마도 그들이 살아 있는 동안에 다시 오실 것을 기대하고 있었을 것이다. 그들은 책을 만들기보다는 이 내용을 가지고 사람들을 회개시키고 땅 끝까지 복음을 전파하여 교회를 세우는데 주력했다.

2) 늦게나마 기록된 이유

(1) 50년대 말로 접어들면서 사도들 및 목격자들은 줄어들기 시작했다. 그래서 그들의 기억력과 여기서 나오는 생생한 설교의 내용을 기록하고 보존할 필요성이 발생하였을 것이다. 목격자들이 세상을 떠나기 시작했다는 것은 복음서가 한 세대 후에 갑자기 여기저기서 기록되기 시작한 사실에 대하여 아마도 가장 설득력 있는 이유가 될 수 있을 것이다. 이것은 복음서가 사도성과 긴밀하게 연결되어 있다는 증거이기도 하다.[14]

(2) 교회의 급격한 증가와 발전으로 인해 날로 급증하는 복음전도자들의 수요를 채울 수가 없었을 것이다. 목격자들의 수가 점점 감소하는 상황에서 원하는 교회마다 또 필요한 곳마다 목격자들이 직접 가서 복음을 전하는 것은 점점 어려운 일이 되었을 것이다. 그래서 교회는 목격자들만을 의존하던 상황에서 탈피해야만 했을 것이고, 결과적으로 자연스럽게 복음(서)을 기록할 필요가 부상했을 것이다.

---

14. 이 점에 관하여는 Eusebius, *H. E.*, 3:24.5를 참조하라.

(3) 복음을 전파하면서 교인들은 구전전승의 한계점을 인식하기 시작했을 것이다. 구전이라는 방법은 최선을 다한다 하더라도 자료가 조금씩 변화되어 가는 것을 막을 길이 없다. 따라서 목격자들 중에 아직 살아 있는 자들이 있을 때에 자료의 원형을 보전하고자 했을 것이다.

(4) 교회는 복음의 내용을 기록하여 사용하면 선교나 교육 활동에 획기적인 도움이 된다는 것을 알게 되었을 것이다. 교회 교육은 개인 전도의 단계에서 조금씩 집단적 특성을 띠기 시작했을 것이고 그 필요를 복음을 기록한 책이 채워줄 수 있었을 것이다.

(5) 교회는 긴박한 재림의 기대가 성급한 판단임을 깨닫고 예수의 재림은 더 먼 미래에 있을 수도 있다는 사실을 인식하기 시작했을는지도 모른다. 목격자들이 없는 긴 기간 동안 계속 복음이 전파되고 교회가 세워지도록 대비하기 위하여 복음을 기록하는 것은 피할 수 없는 과제였을 것이다.

(6) 늘어나는 이단과 적대자들을 대항할 효과적인 변증자료들이 필요했을 것이다. 이와 관계하여 복음의 순수성을 지킬 수 있는 기준이 필요했을 것이다.[15]

학자들은 성경의 본문연구, 다른 복음서와의 차이점 관찰을 통하여 각 복음서가 기록되었을 법한 이유와 목적을 다양하게 추적하고

---

15. 어떤 신학자들은 갑자기 기독교 문헌들이 출현하고 정경화되는 동기를 얌니아에서의 유대교의 정경화 작업으로 꼽고 있다. 이 경우 복음서들의 기록과 정경화 작업은 전통적으로 알려져 있는 연대보다 훨씬 후가 된다. 그러나 이런 주장을 일축하는 신학자들도 있다.

그것을 자신의 학설로 제시한다. 위에서 말한 것은 아주 일반적인 요소들을 제시한 것이다.

8. 복음서 탄생 이전과 이후

복음서의 탄생은 전에 없었던, 듣도 보도 못한 것의 기록, 즉 순수한 창작이 아니라 모든 기독교인들이 알고 있었고 교회에서 계속 가르쳐지고 있었던 복음의 문서화 작업으로 이해해야 한다.

그러나 복음서 이전의 상황과 복음서 이후의 상황을 같은 것으로 취급해서는 안 된다. 비록 한 때이기는 하지만 기독교인들과 교회가 단편적으로 전해지는 복음을 토대로 하여 기독교인이 되고 교회를 설립하고 신앙생활을 영위했던 시대가 있었다.

'단편적'이란 사도들과 복음전도자들을 통해 복음을 들은 사람들은 복음서가 기록된 이후 네 복음서를 사용하는 사람들보다는 훨씬 덜 풍부한 기독론적 지식 위에서 기독교인이 되고 예수님을 믿었다는 뜻이다.

정경을 너무 강조한 나머지 복음서 이전의 시기를 과소평가해서는 안 된다. 복음서가 있기 이전에도 사람들은 복음을 들었다. 그들은 예수를 믿을 수 있었고 교인이 되었다. 그리하여 교회가 조직되었다. 그들은 아무런 어려움 없이 전도하고 교회를 세웠으며 사회에 영향을 미쳤다.

교회가 복음서를 기록한 이유는 그들의 신앙생활이 어딘가 모자

란 면이 있었기 때문은 아니었다. 우리는 이 시기를 오히려 교회의
정초가 놓이고 기독교 역사의 주춧돌이 놓이는 시기로 이해해야 할
것이다. 복음서가 없던 시절에도 교회는 부족함이 없었다.

복음서가 기록되면서 어떤 교회는—예를 들어 마태나 마가, 누가
교회 등 복음서가 탄생한 지역이나 그 주변의 교회들은—복음서의
탄생과 함께 복음서를 소유하지만, 대부분의 교회는 오랫동안 여전
히 복음서를 가지지 못했다. 모든 교회가 모든 복음서, 신약의 모든
책들을 소유하기까지는 상당한 기간이 경과해야만 했다. 이 과정은
다음과 같이 요약될 수 있다.

(1) 복음서 없이 구전 복음에 의존하던 시기는 대략 60년대 후반
까지 계속된다.

(2) 복음서가 서로 다른 지역에서 기록되었다. 그리하여 그 복음
서를 최초로 소유한 교회가 생겨났을 것이다. 학자들은 이 교회들을
편의에 따라 마태 교회, 마가 교회, 누가 교회 혹은 요한 교회라 부른
다. 교회란 용어 대신 공동체란 용어가 사용되기도 한다. 어떤 용어
든지 복음서 저자들이 활동했거나 그 복음서를 최초로 전달받았던
교회라는 의미로 이해하면 된다.

(3) 복음서는 기록되는 즉시 한 교회에서 부근의 다른 교회로 사
방으로 확산되었다. 베껴주기도 하고 베껴오기도 하는 방식으로 사
본들이 증가했다. 이 과정에서 교회를 전체적으로 관찰한다면 복음
서를 전혀 가지지 않은 교회, 한 둘을 가지게 된 교회 그리고 최종적
으로 네 복음서를 소유하게 된 교회로 구분할 수 있을 것이다.

(4) 복음서가 탄생한 지역이 다르기 때문에 복음서의 확장과정에

는 일정한 지역에 일정한 복음서가 통용되던 시기가 있었다. 예를 들어 마태가 마태복음을 기록한 후 얼마 안 되어 마태 교회를 중심으로 하는 시리아에 있는 교회들은 거의 마태복음을 소유하게 되었을 것이다. 로마 (혹은 마가) 교회를 중심으로 한 지역에서는 마가복음이 점점 넓게 퍼져 나갔을 것이다. 누가복음은 누가교회를 중심으로 한 지역에서 예배 시에 읽히고 설교되고 복사되었을 것이다.[16]

(5) 제한된 수의 목격자들이 늘어나는 교회 모두에서 활동할 수 없었고 그나마 늙어 하나 둘 세상을 떠나가는 상황에서 복음서의 급속한 확산만이 복음의 공백상태를 메워 줄 수 있었다. 그렇다면 복음서의 확산은 상당히 빠르게 진전되었을 것임을 짐작할 수 있다.

(6) 그러나 복음서가 탄생한 이후에도 복음서를 전혀 소유하지 못한 교회가 한동안 있었던 시기를 계산해야 한다.

(7) 모든 교회가 한 권 이상의 복음서를 가지게 되기까지는 어느 정도의 시간이 경과하였을 것이다.

(8) 우리가 가진 것과 같은 신약성경 전체가 수집되어 묶이게 된 것은 훨씬 후대의 일이지만, 복음서에 관한 한 1세기 말에는 대부분의 교회가 모든 복음서를 다 가지고 있었을 것이라는 증거가 여기 저기 충분히 남아 있다. 복음서들이 두 개, 세 개씩 계속 합쳐지게 되었

---

16. 이러한 전달과정은 사실 복음서의 전수과정만은 아니다. 이때에는 이미 바울서신들이 여기저기서 읽히며 확산되고 수집되는 중이었기 때문에 복음서의 이용과 전파는 훨씬 빨랐을 것이라고 추정된다. 즉 복음서는 수집되어 사용되고 있던 바울서신과 함께 서서히 한 권의 신약성경으로 되어 가는 중이었을 것이다.

을 과정을 역사적으로 추적하고 그 증거자료를 제시하는 일은 불가
능하다. 그러나 이론상으로 이런 과정이 있었다는 점을 말하기란 별
로 어려운 일이 아니다. 이 과정이 없이는 4권의 복음서나 27권의 신
약성경이 모일 수 없었을 것이기 때문이다.

(9) 신약성경의 책들이 기록, 전파, 수집되는 과정에서 교회는 그
가치에 대해 평가하기 시작하였다. 각 책에 대한 교회의 가치평가는
소위 정경이라는 이름으로 후대에 전해졌다. 즉 성경으로서의 가치
를 지니고 있다고 생각되는 책들은 점점 넓게 퍼져 나가며, 모든 교
회에서 보편적으로 사용하는 책이 되고, 그런 가치가 없다고 생각되
는 책들은 예배 시에 사용되는 책들과는 별도로 취급되거나 개인적
으로 복사되었고 점점 사장되어 갔다.

제5장
공관복음서 문제

1. 세 복음서

누가의 기록을 토대로 한다면(눅 1:1-4) 많은 사람들이 나름대로 예수에 관한 책을 저술하려고 노력했다. 그가 지시하는 사람들이 누구며 그 책들이 어떤 책인지에 관하여는 더 이상 말하고 있지 않지만, 많은 사람들이 예수에 관한 책을 이미 기록하고자 했다. 신약성경 속에 담긴 여러 복음서들과 현존하는 수많은 외경 복음서들은 누가의 기록의 사실성을 입증한다.

모든 복음서가 처음부터 똑같이 교회와 교인들의 사랑을 받은 것은 아니다. 어떤 복음서는 처음부터 예배 시에 읽히며, 설교되고 사용되었는가 하면, 어떤 복음서는 처음부터 외면당했다. 복음서의 발생과 함께 시작된 정경화 과정은 결국 현재의 네 복음서만 교회에서 낭독되거나 사용되는 것을 용납했다.

이 복음서들 가운데 첫 세 복음서는 거의 같은 어조로 일관성 있게 예수님의 사역과 교훈을 보도한다. 물론 그 나름대로의 문체, 구조, 내용상의 특징이 있지만 요한복음과 비교할 때 마태복음, 마가복음, 누가복음은 서로 공통된 점이 많다. 그래서 이 세 복음서를 '공관복음' 즉 같은 시각의 복음이라 부르며 요한복음과 구별한다.[1]

그러나 공관복음은 완전히 같은 책이 아니다. 세 복음서를 비교하며 주의 깊게 연구하면, 서로 같은 내용을 같은 시각으로 조명하고 보도하면서도 복음을 각기 특징 있게 소개하고 있음을 어렵지 않게 알 수 있다. 일치점 사이의 차이점이 쉽게 눈에 띈다. 또 차이점 사이에 공통점이 깔려 있다.

저자가 다르고, 복음서를 기록한 장소와 시기가 다르며, 복음서를 기록하게 된 의도나 이 복음서를 읽을 대상에 대한 저자의 배려가 다른 것이 이러한 차이점을 만들어 내는 원인일 수 있다. 복음서들이 가진 공통점은 복음서의 뿌리가 한 분 예수께 있다는 사실에 기인한다.

그러나 공관복음서가 일으키는 의문점은 이것보다 훨씬 더 깊고 많다. 복음서 저자들은 복음서를 기록하며 복음이 발생했던 과거나 그 당시의 일들에만 초점을 맞춘 것 같지는 않다. 다시 말하면, 각 복음서의 특징 내지 복음서 사이의 차이점은 한 편으로는 복음서 저자들의 배경과 상황, 그리고 저작 목적과 관계가 있지만, 다른 한 편으

---

1. '공관복음'이란 용어를 처음으로 사용한 사람은 아마 J. J. 그리스바흐(Griesbach, 1745-1812)일 것이다.

로는 복음서를 기록할 때 그 첫 대상으로 설정된 독자들의 상황과 당시의 현실적인 문제점과 관계가 있었을 것이다. 즉 복음서 저자들은 예수님과 관계된 과거의 사건과 교훈의 전달에만 관심이 있었던 것이 아니라 그들 시대의 교회와 신앙을 위해 이 복음을 사용하는데 지대한 관심이 있었을 것이다. 예수 그리스도는 십자가에 못 박히시고 부활·승천하신 과거에 속한 역사상의 인물일 뿐만 아니라, 복음서 저자들의 현실적, 역사적 어려움을 극복하도록 도와주시는 현실의 주님이시고, 그들의 미래를 인도하시고 보호·구원하시는 그들의 목자이셨기 때문이다.

그러나 신학자들은 이런 해결책만으로는 공관복음서들 간의 차이를 제대로 설명할 수 없다고 믿는다. 어떤 차이들이 관찰되었고 어떤 설명들이 시도되었는지 구체적으로 살펴보자.

2. 공관복음서 문제란?

공관복음서를 비교해 보면 용어의 선택, 어순, 문체, 표현방식, 자료의 배열, 사건의 순서, 복음서의 구조 등 여러 가지 면에서 형식적으로나 내용적으로 대부분 서로 일치한다. 복음서의 독자들은 누구나 마태복음에서 읽은 것을 마가복음에서 그리고 다시 누가복음에서 읽고 있다는 느낌을 받는다. 심지어 같은 단어 같은 구절을 외우듯이 읽고 있다고 생각하게 된다. 이것은 잘못된 느낌이나 오판이 아니라 공관복음서를 정확하게 읽을 때 일어나는 일이다.

같은 사건에 관한 기록들을 서로 비교해 보면 이것이 사실임을 누구나 확인할 수 있다. 예를 들면 한 사건을 설명하는 용어들이 베낀 것처럼 일치한다. 문장의 순서가 일치하는가 하면, 사건들을 소개하는 순서도 일치한다. 예수의 생애를 시간적 순서대로 따르는 것 같지 않은 경우에도 순서의 일치가 발견된다. 구약성경을 인용하는 경우에도 대개 비슷하다. 심지어는 구약 인용구가 히브리어 성경이나 70인경을 따르지 않는데도 불구하고 동일하게 나타날 때가 있다(마 3:3//막 1:2//눅 3:4; 마 15:9//막 7:7 등). 이런 일치점을 어떻게 설명하는 것이 좋을까?

세 복음서 사이에는 일치점만 있는 것이 아니다. 그 일치점들 사이에 크고 작은 차이나 무시할 수 없는 비일치성이 포함되어 있다. 한 단어만 달라질 때가 있다. 가끔 한 문장이 더 들어 있는 경우도 있고, 조화시키기 어려워 보이는 상이점이 발견되기도 한다. 다른 복음서에서 발견되지 않는 독특한 사건, 독특한 말씀이 들어 있기도 하다. 이 현상은 이미 초대교회 시절부터 관찰되었다. 세 복음서를 서로 쉽게 비교할 수 있도록 요한복음 앞에 나란히 배열했던 초대교회의 전통에서 그 증거를 엿볼 수 있다.[2] 이러한 현상을 어떻게 설명할 것인가?

---

2. 모든 번역본이나 헬라어 출판본이 마태-마가-누가의 순서로 복음서를 배열했다. 이 순서는 무라토리(Muratori) 정경에서 발견되는데 이레니우스나 오리겐도 이를 따른다. 알렉산드리아의 클레멘트(Clement)는 마태-누가-마가-요한의 순서를 받아들였으며 이것이 기록된 연대순이라고 주장하는데, 히에로니무스(Hieronymus)도 이에 동조한다. 마태-요한-누가-마가의 순서를 따르는 사본도 있다(구 라틴어판 및 D, W 등).

첫 세 복음서를 비교하여 공통점과 상이점, 혹은 일치점과 불일치점을 찾고, 그 이유나 원인을 설명하는 과제를 공관복음서 문제라고 부른다. 복음을 긍정적인 태도로 비교한다는 것은 복음서가 탄생하기 이전에는 생각할 수도 없었다. 구전시대에는 하나의 복음과 다른 복음의 문제를 가지고 교회가 씨름하던 시대였기 때문이다. 그리스도의 십자가의 복음 외에는 어떤 다른 복음도 없다고 외친 바울 사도는 이러한 시대의 모습을 보여준다.

복음서가 하나 둘, 이곳저곳에서 탄생하고, 교회가 이것을 사용하며, 그 사본이 이 교회에서 저 교회로 확산되고, 복음서가 함께 묶이면서 교회는 곧바로 공관복음서 문제에 부딪쳤다. 하나 이상의 복음서를 소유하는 교회가 늘어나고, 오래지 않아 네 복음서가 함께 묶이게 되자 교회는 복음서를 가진 기쁨을 누리는 것과 동시에 네 개의 복음서의 일치와 차이를 관찰하고 씨름하기 시작했다.

초기에는 일치점보다 차이점이 사람들의 주목을 받았을 것이다. 그들은 본래 하나의 복음을 알고 있었고, 그 하나의 복음을 생명처럼 귀중히 여겼었는데, 네 개의 복음서의 차이점 때문에 이 복음서들에 담긴 예수 그리스도의 생애와 사역을 일목요연하게 하나로 정리하는 것이 매우 어려웠을 것이다.

한 사건에 대한 보도나 예수의 한 교훈이 아예 다르거나 완전히 같게 기록되어 있다면 다른 것을 모두 종합함으로 혹은 하나만을 정리함으로 예수의 생애를 재구성할 수 있었을 것이다. 그러나 공관복음서 문제는 일치점 속의 사소한 차이점, 큰 상이점 속의 공통점으로 나타나서 네 복음서를 완벽하게 종합한다는 것은 어느 모로 보나 불

가능해 보인다.[3]

일치점, 차이점의 문제는 그렇게 단순하지 않다. 어떤 경우에 어떤 복음서들이 서로 같고 어떤 경우에 어떤 복음서들이 서로 다른가에 대한 일정한 법칙이 있는 것이 아니기 때문이다. 복음서 사이에 서로 일치하고 서로 상충되는 현상을 아직 아무도 완벽하게 설명하지 못했다.

비교 영역도 단순하지 않다. 네 복음서 사이, 세 복음서 혹은 마태복음과 마가복음, 마가복음과 누가복음, 마태복음과 누가복음 사이에서 일치와 차이를 각각 찾아야 하고, 각 복음서가 독특하게 보유한 내용도 놓치지 말아야 한다. 일치와 차이를 규명하는 것과 함께 그 이유나 원인을 찾아내는 것도 쉽지 않은 과제이다.

공관복음서 문제의 핵심은 예수의 생애는 역사상 한 번 일어난, 반복될 수 없는 일회적 사건이었으며 이 생애로 성취된 하나님의 구원사역을 선포하는 진정한 복음도 하나뿐이라는 데 있다(갈 1:6-7). 복음 혹은 구속역사가 하나라면 하나의 복음서로 충분하지 않을까? 왜 하나의 복음이 네 복음서에 수록되어 있고, 왜 종종 서로 간에 일치하지 않는가?

물론 많은 복음서들 중에 왜 하필 넷만이 채택되었느냐고 질문할 수도 있다. 왜 모든 복음서들이 다 받아들여지지 않고, 네 권의 복음서를 제외하고는 모두 거부되었는가? 교회 역사 속에서 어떤 선택의

---

3. 적지 않은 사람들이 이러한 시도를 했으나 성공한 사람은 아직도 없다고 말하는 것이 정확한 표현이다. 가위와 풀을 가지고, 아니면 컴퓨터를 가지고 작업을 한다고 하더라도 결과는 같다.

과정이 있었다는 것은 자명하다. 물론 이것은 구조적이거나 조직적인 작업이 아니라 역사적인 진행과정 속에서 자연스럽게 나타났을 것이다.

공관복음서들이 기록될 당시에 저자들이 네 권을 저술하여 묶기로 함께 의논한 다음에 제 나름대로의 특징과 의도를 따라 다른 강조점의 복음서를 쓴 것이 아니다. 그들은 한 책으로 묶기로 의논하지 않고 복음서를 기록하였다. 비록 같은 연도에 복음서들이 탄생했다고 가정하더라도 함께 모이는 것은 그 이후의 일이다.[4] 저자들은 그 복음서들이 나중에 함께 한 권의 책으로 수집될 것을 예상하지 못했을 것이다. 복음서가 모이고 공관복음서 문제를 교회가 깨닫기 시작했을 때는 이미 그 복음서들 모두가 모든 교회에서 권위 있는 복음서로 사용되던 중이었다.

교회에서 권위 있는 것으로 받아들여져 사용되던 네 복음서가 모이고 나니까 공관복음서 문제가 발견되었다. 그때는 어느 것 하나 버릴 수 없는 처지였다. 공관복음서 문제는 신약성경을 묶은 교회가 창조한 것이다. 그리고 교회사의 흐름 속에서 자연스럽게 인지된 것이다.

예수님이 행하신 사역은 단회적인 역사적 사건이었다. 그것은 돌

---

4. 마가복음이 가장 먼저 기록된 복음서라는 주장 자체를 거부할 필요는 없다. 보수적인 신학자들이 이 주장에 반발하는 것은 학자들이 마가복음 우선설과 마태와 누가가 마가복음을 이용하여 각자의 복음서를 만들었다는 가설을 결합했기 때문이다. 마가복음 우선설이 마가복음 이용설(= 자료설)을 필수적으로 전제하거나 요청하는 것은 아니다.

이키거나 수정하거나 반복될 수 없는 과거의 일이다. 복음서가 알리는 모든 내용이 그렇다. 반복될 수 없는 사건에 관한 기록들은 그 사건의 역사적 단회성 때문에 서로 다를 경우에 문제를 일으킨다. 특별히 교회가 신뢰하는 복음서 사이의 상이점은 심각한 문제를 야기한다.[5] 즉 복음서들이 서로 다르게 보도하는 부분에서—우리는 이 모든 기록을 역사적으로 정확한 기술로 믿어왔기 때문에—어느 것이 바른 기록인가를, 혹은 사실은 어떻게 진행되었는가를 질문할 수밖에 없다. 교회는 하나님의 구원사역의 역사성을 그 생명으로 삼아왔기 때문에 이 질문은 기독교의 진실성 내지 사활이 걸린 질문일 수밖에 없다.[6]

---

5. Tj. Baarda, *De betrouwbaaheid van de evangeliën* (Kampen: Kok, 1967), 9에서는 이것을 한 복음의 (혹은 복음에 관한 해석의) 복수 형태로 설명하려 한다. 그러나 이 복수형태가 역사성과 관계된 것이라면 어려운 문제는 여전히 남는다. 복수성을 인정하며 복음서를 설명한다는 것은 결국 하나의 복음을 "예수의 죽음과 부활"로 극소화하고—교리에 문제가 생기지 않는다는 안도감으로—그 이외의 요소는 다양하게 나타나도 문제 삼지 않는다는 의미이다. 기독교의 핵심 교리 이외의 내용은 이 복음을 돕는 것으로서 아무런 역사성이나 역사적 의의도 갖지 못하게 된다. 바르다는 "그것들은 서사들, 기억들, 이적서사들이라는 그들 나름대로의 방법으로 하나님의 구속사 안에서의 '예수의 위치'를 알려 주려고 할 뿐이다."(10)라고 평했다.

6. 많은 학자들이 공관복음서 문제에 부딪혀 기독교의 역사성을 부인하거나 제한하게 된 것은 이상한 일이 아니다. 역사적 발달과정을 보면 기독교의 초자연성과 신비성, 신적 기원 등을 부인 내지 부정하던 사람들이 가장 열렬하게 이 문제를 취급했고 이 자료로 교회를 공격했다는 사실도 이 공관복음서 문제의 중요성과 심각성을 알려준다. 예를 들면 김득중, 『복음서 신학』, 11-12는 공관복음에는 구레네 시몬이 예수의 십자가를 골고다까지 대신 지고 간 것으로 기록되어 있지만, 요한복음에는(19:17) 이 사람에 대한 언급이 전혀 없을 뿐 아니라 예수님이 직접 십자가를 처형장까지 나르신 것으로 기

예수의 설교나 교훈, 예수 주변의 인물들이 했던 말들은 처음부터 언어를 수단으로 하여 나타났기 때문에 언어라는 매개체를 통하여 발음되었던 그대로를 전해주는 것이 가능하다. 따라서 예수의 교훈이나 어떤 사람의 말이 복음서에 각기 다르게 기록되어 있는 경우에도 그 말씀의 역사성과 진정성에 관한 질문이 제기된다.

물론 어떤 경우 우리는 예수님이 가르침을 반복하셨거나[7] 혹은 다른 뉘앙스를 가지고 말씀하셨는데[8] 복음서 저자들이 서로 다른 기회에 말씀하신 것을 각기 기록했을 수 있다. 그들은 의논하고 서로 보며 복음서를 저작한 것이 아니기 때문에 비슷하지만 다른 말씀이 기록될 수밖에 없었다고 볼 수도 있다.

그러나 명백하게 반복이 불가능하다고 단언할 수 있는 경우도 있다. 예를 들면 예수의 수세 시에 하늘에서 들려온 음성이나, 겟세마네에서 예수님이 기도하신 것 등은 사건 자체가 단회적인 것이요 따라서 그 사건에 포함되는 하늘의 소리, 예수의 기도는 반복될 수 없는 성질의 것이다. 따라서 복음서 저자들이 동일한 사건에 나타나는

록되어 있다는 것을 예로 들며 그는 외경인 베드로 복음서와 당시의 십자가 관행이 요한복음을 지지한다고 주장한다. 그리하여 공관복음서의 내용의 역사성을 부인하며 복음서를 역사 기록이나 전기가 아니라 신앙적 간증과 설교로 격하시켰다. 그에 의하면 복음서들은 모두가 제 나름대로 신앙간증을 하고 설교로 독자들을 설득하고 있기 때문에 역사적 정확성은 하등 문제가 되지 않고 또 문제 삼아서도 안 된다고 한다.

7. 예를 들면 적지 않은 학자들은 마태복음의 주기도문과 누가복음의 주기도문을 예수님이 다른 기회에 약간 다르게 교훈하신 것으로 설명한다.

8. 예를 들면, 마 5:3의 '심령이 가난한 자는 복이 있나니'와 눅 6:20b의 '가난한 자는 복이 있나니'를 이렇게 해명하는 학자들이 있다.

동일한 소리를 소개하는 것은 당연히 서로 달라서는 안 되는 것이다.
그런데도 불구하고 약간씩이나마 다르게 기록되어 있는 현상을 어
떻게 이해해야 하는가? (물론 동일한 말씀을 어떻게 요약하느냐에 따라 상당한 차
이가 있을 수는 있다.)

　이 질문들은 성경의 가치를 설교나 간증, 혹은 인간적 문서 정도
로 취급하는 학자들에게는 사실 아무 문제거리가 되지 않는다. 인간
은 다양성 속에 살고 항상 꾸미며 과장하고 허풍을 떨기 때문에 그
정도의 차이점이나 변화는 건설적인 애교로 볼 수 있다는 것이다. 하
지만 성경이 그런 책일까? 신약성경을 하나님의 계시의 말씀으로 인
정하는 사람들에게는 공관복음서 문제는 정말 심각한 도전이 될 수
밖에 없다.

　기록된 복음서들 간의 상이점만이 아니라 일치점이 큰 문제를 일
으키는 측면도 있다. 예수의 사역, 행적, 생애 등 복음서가 보도하는
역사적 사건을 그대로 담아 후대에 고스란히 보여줄 수 있는 사진이
나 비디오와 같은 시각적 매개 수단은 그 시대에 아직 없었다.[9] 그럼

9.　현대적인 기기나 방법, 아직 고안되지 않은 미래의 방법을 다 동원한다 하
　　더라도 사건자체를 그대로 알려줄 수 있는 방법은 없다. 이런 방법들은 결
　　국 사건에 대한 정보, 지식을 전달할 뿐이다. 지식전달이라는 차원에서 현대
　　문명기기와 고대의 방법은 그 정밀성과 정도에 차이가 있을 뿐 사실의 보도,
　　진실을 알림이라는 차원에서는 크게 다르지 않다. 한 사건은 눈에 보이거나
　　귀에 들리는 요소들로만 구성되는 것이 아니라 그 사건을 만드는 내적, 외적
　　요인과 역사적, 문화적, 지리적 요소들의 종합체로 나타나기 때문이다. 심지
　　어 현대로부터 한 사람이 시간을 거슬러 올라가 예수의 시대에 도달하여 모
　　든 사건을 관찰하고 돌아온다고 하더라도 그가 본 것을 복음서와 똑같이 기
　　록해 놓지는 않을 것이다. 그는 고대인이 아니라 현대인이기 때문이다.

에도 불구하고 복음서 사이에 존재하는 엄청난 문자적 일치는 어떻게 설명할 수 있을까?

초대교회에 사용된 지식전달의 수단은 언어뿐이었다. 사건에 대한 보도는 사실 그대로를 보여주는 것이 아니라 사건을 본 사람들이 그 본 광경을 자신의 언어로 변환한 것, 즉 언어화한 정보를 전달한 것이다. 누가 이 변환작업을 했는가? 공관복음서는 이 목격자들 혹은 목격자들에게 들은 믿을 만한 사람들이 기록한 복음서이기 때문에 믿을 수 있다. 즉 목격자요 사도로 선택된 사람들에 의해 예수의 사역, 행적, 생애 등이 두뇌에 각인되었다가 이 목격자들에 의해 언어로 바뀌었다.

그렇다면 복음서의 전기적 부분은 저자들이나, 혹은 이 저자들에게 예수의 생애를 전달해 준 사람들을 통해 언어로의 변환작업을 거치기 때문에 용어, 문장, 표현양식, 구성 등에 있어서 결코 일치할 수 없었을 것이다.[10]

정통신학자들이 신봉하는 "성경영감설"은 기계적 영감이 아니라 유기적 영감임을 감안하면 복음서 저자들의 인간적 요소들과 능력이 최대한 사용되었고, 따라서 그들이 기록한 복음서는 서로 보고 베낀 것처럼 같아질 수 없음을 인정해야 한다.

---

10. 예를 들어, 수백 명의 학생들이 가을이 오는 광경을 제각기 관찰하고 200자 원고지에 옮겨 기술한다고 생각해 보라. 혹은 교수가 설교나 강의하는 모습을 묘사한다고 상상해 보라. 용어, 문체, 문장, 표현양식, 그의 구성이나 구조 등이 일치할 수 있는가? 만약 서로 일치하는 작문이 있다면 이때 내릴 수 있는 결론은 어떤 것인가?

그러나 공관복음서는 사건을 도입할 때나 상황이나 동작을 묘사할 때에도 종종 문자적 일치를 보이고 있다. 자기 나름대로의 개성을 가진, 자란 환경과 배운 언어가 다른, 구사하는 언어와 표현법이 다른 복음서 저자들이 어떻게 예수의 사역, 생애를 자구적으로 일치하게 언어로 변환, 재생할 수 있었겠는가?

3. 공관복음서 문제의 인지

위에서 공관복음서 문제는 복음서의 기록, 정경으로 인식됨, 한 책으로 묶여짐의 과정을 거치며 자연스럽게 인지된 것임을 말했다. 이것을 좀 더 자세하게 관찰하면, 공관복음서 문제가 계몽주의의 대두와 함께 등장한, 혹은 오늘날 자유주의적 성경관을 가진 학자들이 즐기는 반기독교적 내지 비기독교적 과제가 아님을 알 수 있다.

1) 마르시온(Marcion)

공관복음서 문제를 최초로 인지한 사람은—추적 가능 범위에서 말한다면—아마도 최초의 이단으로 정죄당하고 추방당한 마르시온(Marcion, 140년경)일 것이다.[11]

그의 주 관심은 구약과 신약, 구약의 (무자비한) 하나님과 신약의

---

11. 많은 학자들이 실제로 마르시온(Marcion)을 공관복음서 연구 혹은 현대 성경비평학(역사적 비평적 성경연구방법론)의 선구자로 평한다.

(사랑의) 하나님의 대조였다. 그는 이 둘 사이에 넘을 수 없는 경계선이 그어져 있음을 느꼈고, 둘을 융합하거나 조화시키기보다는 취사선택 하는 쪽으로 기울어졌다. 결국 그는 구약성경과 구약의 하나님을 비 기독교적인 것으로 배척했다. 그뿐만 아니라 그는 복음서와 바울서 신 사이에서도 내용의 모순이나 사상의 충돌을 발견하고 바울서신 과 누가복음만을 남기고, 다른 책들을 비복음적인 것 혹은 복음을 위 조한 것으로 규정하고 배척했다.

그가 주로 다룬 것은 신론과 기독론이었지만, 그 과정에서 복음 서 사이의 차이점을 지적하였다. 마르시온은 네 복음서를 알고 있었 을 뿐만 아니라 복음서들이 그 내용이나 신학사상에 있어서 심각한 차이가 있다는 사실을 감지했다. 그리고 좀 성급하기는 했지만 자기 나름대로 그 해결책을 제시했다.

그는 교회의 전통을 무시하고 유대교와의 연결성 즉 기독교의 뿌 리를 부정하였으며, 성경의 많은 부분에 대해 배타적인 태도를 취하 였고, 이 때문에 이단으로 정죄당하고 출교당했다. 그러나 그를 공관 복음서 문제에 관한 한 (부정적 의미의) 선구자라고 불러도 좋을 것이다.

2) 타티안(Tatianus)

마르시온이 추방된 지 약 30여 년 후(170년경) 타티안(Tatianus)은 디 아테싸론(Diatessaron)이라는 책을 썼다.[12] 이 책은 현존하는 사 복음서를

---

12. 이 책의 존재는 많은 문서를 통해 알려져 있었고 아람어/라틴어/구 네덜란 드어/아르메니아어 번역본도 알려져 있었는데 그 내용의 일부가 1933년 두 라 에우로포스(Dura-Europos)의 발굴로 빛을 보게 되었다.

한 복음서의 형태로 종합한 책이다. 즉 네 권의 내용을 갈기갈기 찢은 후 다시 이리저리 짜 맞추어 예수의 생애와 사역, 교훈을 연대기적으로 재구성해 놓았다. 타티안은 교회 역사상 가장 일반적으로 통용되었던 공관복음서 연구의 조화, 종합적 방법을 최초로 시도한 선구자였다.

3) 아프리카누스(Africanus)

아프리카누스(Julius Africanus)는 약 230년경에 마태복음의 족보와 누가복음의 족보를 조화시키려고 노력했다. 족보에 관한 한 상충된 것으로 보이는 문제가 마태복음과 누가복음 사이에 있음을 알았고 해결하려고 노력한 것이다.[13]

4) 암모니우스(Ammonius)

공관복음서 문제에 대한 최초의 종합적 연구가로 우리는 아마도 3세기의 암모니우스(Ammonius)를 꼽아야 할 것이다. 그는 최초로 '조화'라는 용어를 사용한 사람으로 알려져 있으며, 마태복음의 본문에 다른 복음서의 본문을 평행으로 배열하였는데 이것은 공관복음서 대조성경의 효시가 되었다. 그의 작업은 유세비우스(Eusebius)에게 이르러 꽃을 피웠다.[14]

---

13. 그의 이름은 예수의 족보를 다루는 주석에 거의 빠짐없이 언급되고 그의 주장도 자주 소개된다.

14. Eusebius, *H. E.*, 3:24.

5) 유세비우스(Eusebius)

유세비우스(Eusebius)는 스승 암모니우스의 연구를 이어받아 네 복음서를 세밀히 연구하고 그 결과로 공관복음서 비교표를 남겨 놓았다. 이것이 Kurt Aland, ed., *Novum Testamentum Graece*, 26판 (Stuttgart: Deutsche Bibelgesellschaft, 1979), 74-78 혹은 27판 (1993), 83-89 혹은 28판 (2012), 89-94에 수록되어 있다. (이것을 Nestle-Aland, 또는 NA판이라 부른다.)

그는 각 복음서의 내용을 모두 다음과 같은 열 개의 유형으로 나누었다.

Canon I: 네 복음서에 모두 기록되어 있는 내용

Canon II: 마태, 마가, 누가에만 기록되어 있는 내용

Canon III: 마태, 누가, 요한에만 기록되어 있는 내용

Canon IV: 마태, 마가, 요한에만 기록되어 있는 내용

Canon V: 마태, 누가에만 기록되어 있는 내용

Canon VI: 마태, 마가에만 기록되어 있는 내용

Canon VII: 마태, 요한에만 기록되어 있는 내용

Canon VIII: 누가, 마가에만 기록되어 있는 내용

Canon IX: 누가, 요한에만 기록되어 있는 내용

Canon X: 한 복음서에만 수록되어 있는 내용

1: 마태에만 있는 자료

2: 마가에만 있는 자료

3: 누가에만 있는 자료

4: 요한에만 있는 자료

공관복음서 본문의 각 문단에 고유 일렬번호를 아라비아 숫자로 붙이고, 그 밑에 위의 목록(Canon) 번호 중 하나를 병기하여 이 본문이 어떤 유형에 속하는 지를 비교표로 만든 것이다. 그 사용례를 아래에 들어본다.

NA 28판 91*쪽에 가면 다음과 같은 표가 있다.

CANON II, IN QUO TRES

Mt	MC	LC	Mt	MC	LC	Mt	MC	LC	Mt	MC	LC
15	6	15	94	86	97	179	99	197	251	146	255
21	0	32	94	86	146	190	105	195	253	148	204
...			...			...			...		

왼쪽 맨 윗줄의 숫자를 NA 28판에서 찾아보자. 이것은 마태복음에서는 고유번호 15, 마가복음에서는 6, 누가복음에서는 15를 찾으라는 표시인데, 이 번호가 붙어 있는 세 본문이 공통된 내용을 담은 평행 본문이라는 의미이다. 이에 해당하는 본문은 마태복음 4:1 이하, 마가복음 1:12 이하, 누가복음 4:1 이하이다.

해당 본문에 가보면 난외에 다음과 같은 숫자가 표시되어 있다.

마 4:1 옆에 15/II   막 1:12 옆에 6/II   눅 4:1 옆에 15/II

이 표시는 유세비우스 대조표의 II번 표(위 참조)로 가서 같은 란에

있는 다른 복음서의 고유번호(마 15, 막 6, 눅 15)를 찾고, 공관복음서의
본문을 서로 비교하라는 지시이다.

즉 마태복음 4:1을 읽다가 15/II라는 표시를 발견하게 되는데 이
부분은 세 복음서(마태, 마가, 누가)에 공통으로 나오는 본문으로, 비교해
보기를 원한다면 마가복음 6번, 누가복음 15번을 찾으라는 표시이
다.

6) 요약

초대교회 시대에 이미 신약성경에 네 개의 복음서가 포함되어 있
다는 사실은 단지 기쁨이나 만족감, 혹은 예수 그리스도에 대한 보다
많은 자료를 소유하게 된 것에 대한 감사만이 아니라 종종 곤혹감과
어려움을 불러일으킨다.

하나의 복음서가 아니라 네 개의 복음서를 한 정경 안에 가지게
된 후, 이 네 권이 완전하게 동일하거나 완전하게 다르지 않은 현상
을 교회는 설명하고자 씨름하게 되었다.

바르다(Tj. Baarda)는 타티안(Tatianus), 오리겐(Origen), 어거스틴(Augusti-
nus) 등을 이 문제로 고심한 대표적인 학자들로 지목했다.[15] 그러나 이
들을 비롯하여 초대교회의 모든 인물들은 공관복음서 문제를 인식
하고 해결하고자 노력했음에도 충분한 해결책을 제시하지는 못하였
다.

---

15. Tj. Baarda, *Vier=Een: Enkele bladzijden uit de geschiedenis van de harmonistiek*

4. 제안된 해결책[16]

(1) 세 복음서 사이의 일치점과 차이점은 초대교회 시대에 이미
관찰되었고, 이 문제를 해결하려는 시도도 교회의 연륜만큼 긴 역사
를 가지고 있다. 이것은 공관복음서 문제 연구가 계몽주의나 현대사
상에 의하여 시작된 것이 아니라 초기 교회와 함께 시작된 것임을 보
여준다.[17] 18세기에 와서 이 문제가 다시 신학의 최전면에 부상한 것
은 중세기를 거치는 동안 오래 잊혔던, 혹은 쉽게 지나쳤던 문제가
새롭게 부각된 것일 뿐이다.

(2) 처음부터 교회가 취한 입장은 대략 다음과 같다.

> ① 각 복음서는 예수님을 직접 목격하고 그에게서 직접 배우고 사도
> 로 보내심을 받은 목격자나, 그들의 조력자 혹은 통역으로 활동
> 했던 사람들에 의해 직접 그리고 독립적으로 기록되었다(사도
> 성).[18]

---

der Evangeliën (Kampen: Kok, 1970), 30.

16. 자세한 것은 D. Guthrie, 『공관복음 문제』, 이문장 역 (서울: 한국로고스연구
    원, 1989) 참조.
17. 이것은 한국교회(특히 보수신학적 교단)에서도 마찬가지이다. (구)평양신학
    교는 공관복음서 문제를 가르치며 그 해결책을 모색하고 있었다. 보다 편리
    한 연구를 위하여 공관복음 대조성경, 대조표 등을 출판하기도 하였다. 그러
    나 이 학교가 신사참배를 반대하며 휴교한 후, 한국의 보수신학계는 공관복
    음서 문제 연구를 거의 도외시하는 방향으로 흘러 왔다.
18. 유세비우스의 교회사는 각 복음서의 기록에 관한 파피아스의 기록을 인용

② 그들은 하나의 복음 혹은 진리(= 예수 그리스도)를 신실하게 소개하
였으므로 그들의 기록에는 서로 모순이 없다는 입장을 교회는 견
지했다. 일례로 어거스틴은 공관복음서의 연구결과를 "기록자들
은 서로 어떠한 대립도 보이지 않는다."고 주장했다.[19] 이러한 입
장에 의하면, 세 복음서(혹은 네 복음서)를 조화시키거나 종합할 때
예수의 생애와 교훈 그리고 지상사역의 구체적인 윤곽을 찾을 수
있다. 종합이란 네 개를 합치는 것을 말하며, 조화란 다른 것에 맞
추어 설명하는 것을 의미한다.

(3) 이 종합의 한 예를 우리는 타티안(Tatianus)의 디아테싸론(Diatessa-
ron, 약 주후 170년)에서 보게 된다. 이 책은 네 개의 복음서에 수록된 자
료를 하나도 버리지 않고 사건 별로 재구성하여 하나의 복음서를 만
들려고 애썼던 시도이다. 그의 종합의 일례를 들면 다음과 같다.

세베대의 아들들의 어머니(마 27:56)와 살로메(막 15:40)와 그(예수)를
갈릴리에서부터 따랐던 사람들의 부인들이 십자가에 못 박히신 분
을 보고 있었다(눅 23:49). 그 날은 예비일이었으며 안식일이 시작되
고 있었다(눅 23:54). 예비일의 저녁이 되었을 때(마 27:57), 이 날은 안
식일 전 날인데(막 15:42), 유대에 있는 한 도시인(눅 23:51) 아리맛테아
(마 27:57)에서 온, 공회의 의원인(눅 23:50) 어떤 사람(마 27:57), 그의 이

하며 복음서의 이러한 특징에 관한 외증을 제시한다.

19. A. Augustinus, *De consensu evnagelistarum,* The Nicene and Post-nicene
Fathers of the Christian Church, vol. 6 (New York: Scribner, 1903), i.vii.10.

름은 요셉이었고(마 27:57) 착하고 의로웠으며(눅 23:50) 예수의 제자
였는데 유대인들을 두려워하여 몰래 찾아왔다(요 19:38). 이 사람은(마
27:57) 하나님의 나라를 기다렸고(눅 23:51b) 그들의 판결에 찬동하지
않았었다(눅 23:51a).[20]

비슷한 경향이 종합복음서란 이름으로 오늘날에도 적지 않게 발
행된다.[21]

(4) 오리겐은 이 문제를 삼중해석법으로 해결하려고 했다. 즉 성
경은 항상 세 가지 의미를 내포하고 있고 따라서 세 가지 방법으로
성경을 해석해야 한다고 주장했다. 문자적 의미, 도덕적 의미, 영적
의미가 그것이다. 영적 의미를 추출하기 위하여 그는 알레고리(풍유)
적 해석 방법을 제시하였다. 그에 의하면 복음서들은 문자적 해석의
영역에서는 상충되는 것으로 보일 수 있으나 그 영적 의미에 있어서
는 조금도 상충되지 않는다.

공관복음서 문제와 관련하여 오리겐은 풍유라는 방법을 동원하
여 영적 해석한 후 복음서 내용을 서로 조화시키려고 한 인물이었다.
이 풍유적 해석방법은 종교 개혁 이후로 정당한 성경해석법이 아니
라 자의적이고 파괴적인 해석방법으로 배척받았다.

(5) 중세교회가 취한 태도는 어거스틴의 영향으로 인하여 조화,

---

20. H. Baarlink and others, *Bijbels handboek*, III (Kampen: Kok, 1987), 237에서
    재인용.
21. Leo Tolstoy, 『요한복음서와 도마복음서』, 염낙준 역 (서울: 홍익재, 2011)도
    이런 부류에 속한다.

종합을 극대화하는 방향으로 발전하였다. 종교개혁기 이후 공관복음서 문제가 다시 머리를 들기 시작하기 전에 발행된 대부분의 공관복음서 주석서들의 제목만 살펴봐도 종합, 조화란 방법이 간헐적으로 나타난 것이 아니고 교회사를 지배하고 있었다는 것을 한 눈에 알 수 있다.

- 'Harmonia,' 'Consonantia'(조화): Ammonius (3세기), Osiander (1537)
- 'Consensus Evangelistarum'(복음서들의 일치): Augustinus
- 'Evangelische Symponie'(복음서의 조화): Hesychius (6세기)
- 'Concordia'(연합, 동의): I. Gerson (1471)
- 'Harmonia ex tribus Euangelistis composita, Matthaeo, Marco & Luca'(세 복음서 저자, 마태, 마가, 누가로부터의 종합적 조화): J. Calvin
- 'Collatio et unio'(집합과 연합): Moninaraeus (1565)
- 'Monotessaron'(사복음서 종합): P. Crell (1566)
- 'Richtige Harmonie'(올바른 조화): Bengel (1736)

(6) 이런 용어는 한국에서 여태껏 낯설지 않다.

- 박윤선, 『공관복음』
- 박형용, 『사복음서 연구』 등

(7) 초대 교회 이후 중세, 개혁 시대를 거치면서 교회는 공관복음서 문제를 알고는 있었지만 이를 적절하게 연구하고 그 이유를 찾으

려 하기보다는 인위적인 조화, 종합의 방법으로 해결하려고만 했다. 메르켈(H. Merkel)의 결론을 참고할 필요가 있다. 그에 의하면 중세와 종교 개혁기의 주석가들은 초대 교회가 제안한 해결책에 근본적으로 새로운 것을 하나도 더한 것이 없다. 그저 어거스틴의 영향으로 조화를 최상의 접근법이라고 생각했다.[22]

(8) 18세기에 들어오면서 이러한 전통적 견해는 더 이상 설득력을 가지지 못한다. 학자들은 보다 적극적인 자세로 세 복음서의 상호관련성에 초점을 맞추었고 다양한 이론들을 발표하기에 이르렀다. 처음에 이 문제를 재조명한 많은 학자들은 성경의 권위를 비판하며 거부하기 위하여 이 문제를 끄집어내었다(G. E. Lessing, D. F. Strauss,[23] F. C. Baur 등).

그러나 모든 학자들이 처음부터 신약의 통일성, 사도성, 초자연성, 영감설 등을 모두 포기한 것은 아니다. 이것은 공관복음서 문제를 다루는 데는 성경 혹은 그 내용에 부정적인 태도가 필수적으로 요청되거나 동반되지는 않음을 보여준다.

공관복음서 문제에 집착한 학자들의 다양한 교회 배경과 신앙, 그 동기를 일단 무시한다면 다음과 같이 말할 수 있다. 이들이 다루려고 한 것은 하나님의 사역의 방법 즉 영감이 아니라, 하나님께서 사용하신 인간의 노력과 인간의 눈에 관찰될 수 있는 인간적 현상들

---

22. Helmut Merkel, *Die Pluralität der Evangelien als theologisches und exegetisches Problem in der Alten Kirche* (Bern: Peter Lang, 1978), xxvii.

23. D. F. Strauss, *Das Leben Jesu, kritisch bearbeitet,* 2 vols. (Tübingen: C. F. Osiander, 1835-36).

이었다.

(9) 오늘날까지 발표된 학설들을 간추려 보면 다음과 같이 정리할 수 있다.[24]

① 원복음서설/아람어 복음서설(G. E. Lessing,[25] J. G. Eichhorn,[26] M. Lowe, B. Flusser, W. Michaelis): 이 설에 따르면 처음에 아람어로 된 최초의 복음서가 있었고 이것이 헬라어로 번역 회람되고 있었는데 이것을 자료로 사용하여 공관복음서 저자들이 독자적으로 복음서를 썼다. 이것이 어떤 형태였을까에 관심을 집중한 학자들은 이것이 현재의 마가복음과 유사한 형태이거나 마가복음의 초고인 원마가복음일 것이라고 생각하게 되었다.

② 조각설(단편설, 초안자료설)(H. Paulus, F. Schleiermacher,[27] X. Leon-Dufour, W. L. Knox[28]): 이 설에 따르면 복음서 저자들은 예수님의 생애와 말씀에 대한 여러 단편으로 된 자료들을 사용했을 것이다.

---

24. 보다 폭 넓은 개괄은 S. Porubcan, "Form Criticism and the Synoptic Problem," *NovT* 7 (1964), 81-118 참고.

25. G. E. Lessing, *Neue Hypothese über die Evangelisten als bloss menschliche Geschichtsschreiben* (Wolfenbüttel, 1778). 우리가 가지고 있는 복음서들은 아람어로 쓰인 "나사렛인들의 복음서"를 제각기 요약, 번역한 것이라고 주장한다.

26. J. G. Eichhorn, *Historische-Kritische Einleitung in das Neue Testament*, 3 vols., (Leipzig: Weidmanischen Buchhandlung, 1780-83). 그는 원복음서에서 아홉 권의 복음서가 유래했다고 주장했다.

27. F. Schleiermacher, *Über die Schriften des Lukas* (Berlin: G. Reimer, 1817).

28. W. L. Knox, *Sources of the Synoptic Gospels, I, St. Mark*, ed. H. Chadwick (Cambridge: Cambridge University Press, 1953). 그는 마가복음서 배후에 수

③ 구전설(J. G. Herder,[29] J. K. L. Gieseler, G. Wetzel,[30] A. Wright,[31] J. W. Do-
eve, P. Gaechter, B. F. Westcott[32]): 이 설은 복음서의 존재를 인정하지
않고 복음서 저자들이 각자 구전에 의존하고 있다고 본다.

④ 상호 문서의존설: 이 설은 공관복음서 사이의 상호의존성을 주장
한다.

   i. 제롬(Hieronymus), 어거스틴(Augustinus): 마가복음은 마태복음
     의 요약이며 누가복음은 마태복음을 이용했다.[33]

   ii. 오웬(H. Owen, 1764), 그리스바흐(J. J. Griesbach),[34] 튀빙엔학파
     (Tübingen school [F. C. Baur]), 마이어(Fritzsche Meyer), 버틀러(B.
     C. Butler), 프라이(R. M. Frye), 파머(W. R. Farmer), 오처드(J. B.
     Orchard; 참조, E. P. Sanders, P. Parker): 마태복음에 누가복음이
     의존하고, 마태복음과 누가복음에 마가복음이 의존한다.

   iii. 라흐만(K. Lachmann, 1838), 홀츠만(H. J. Holzmann),[35] 바이스(B.

많은 소기록들이 있었음을 주장한다.

29. J. G. Herder, *Von der Regel der Zustimmung unserer Evangelien* (1796).
30. G. Wetzel, *Die Synoptischen Evangelien* (Sydney: Wentworth Press, 2018).
31. A. Wright, *Synopsis of the Gospel in Greek* (London: Macmillan, 1896); *The Composition of the Four Gospels* (London: Macmillan, 1890). 그는 베드로가 구전을 담당하고 있었다고 주장했다.
32. 그는 구전이 믿을만한 전승방식이었음을 강조했다.
33. 이것은 원시형태의 상호의존설이라고 부를 수 있다. 그러나 이 설은 칼빈에 의해 부정된다.
34. 1776년에 그가 이 학설을 발표한 이후 이 학설은 '그리스바흐 가설'이라고 불린다. 많지는 않지만 특히 영어권을 중심으로 아직도 많은 추종자들이 있다.
35. H. J. Holzmann, *Die synoptische Evangelien; Ihr Ursprung und geschichtlicher*

Weiss), 테일러(V. Taylor),[36] 그랜트(F. C. Grant),[37] 스트리터(B. H. Streeter),[38] 빌케(C. G. Wilke, 1938), 바이세(H. Weisse)[39]: 마가복음과 Q에 마태복음이 의존하고, 마가복음과 Q에 누가복음이 의존한다.

iv. 밀(J. Mill), 흐로티우스(H. Grotius), 벳슈타인(J. J. Wetstein), 허그 (J. L. Hug): 마태복음에 마가복음이 의존하고, 마가복음에 누가복음이 의존한다.

v. 힛치히(F. Hitzig), 폴크마르(G. Volkmar): 마가복음에 누가복음이 의존하고, 누가복음에 마태복음이 의존한다.

vi. 에반슨(E. Evanson): 누가복음에 마태복음이 의존하고, 마태복음에 마가복음이 의존한다.

vii. 푀겔(Vögel): 누가복음에 마가복음이 의존하고, 마가복음에 마태복음이 의존한다.

viii. 파러(A. Farrer), 굴더(M. Goulder): 마가복음에 마태복음이 의존한다. 마가복음과 마태복음에 누가복음이 의존한다.

ix. 버틀러(B. C. Butler): 마태복음과 마가복음에 누가복음이 의존

Character (Leipzig: Wilhelm Engelmann, 1863).

36. V. Taylor, *The Life and Ministry of Jesus* (London: Macmillan 1954).

37. F. C. Grant, *The Gospels: Their Origin and Growth* (New York: Harper & Brothers, 1957).

38. B. H. Streeter, *The Four Gospels: A Study of Origins* (London: Macmillan, 1924).

39. 마가복음과 원마가복음을 사용하여 마태복음과 누가복음이 저술되었다고 본다.

한다.

현재 대부분의 신학자들이 지지하는 설은 문서설이다(K. Lachmann [1838], H. Weisse[1938], H. J. Holtzmann, B. Weiss 등). 이 설에 의하면 마가복음과 Q 및 마태복음의 특수자료에 마태복음이 의존하며, 마가복음과 Q 및 누가복음의 특수자료에 누가복음이 의존한다.[40] 한편, 그리스바흐 가설을 추종하는 사람들도 다수 있다.

(10) 문서의 의존관계를 통해 각 복음서들 사이의 상관관계를 찾기보다는 이 복음서들이 구두전승을 거쳐 믿을 만하게 책에 수록되었다는 것을 주장함으로써 복음서로부터 바로 역사적 예수께로 넘어가려고 시도하는 사람들도 있다. 이들은 전승의 형태와 방법 등에 관심을 두고 있다. 거스리(D. Guthrie)는[41] 이러한 관심을 가장 먼저 발표한 사람으로 웨스트코트(B. F. Westcott)를 꼽는다.[42] 웨스트코트는 복음서들이 비교적 늦게 나타나는 이유를 다음과 같이 말했다.

① 가르침을 전달하는 유대인들의 방법은 체계적인 구전이었다.[43]

---

40. 스트리터(Streeter)의 주장에 의하면, 각각의 복음서와 문서의 나이는 다음과 같이 추정된다: 마가복음(Rome, 60년), Q(Anthioch, 50년), M(= 마태복음 특수자료, Jerusalem, 60년), 마태복음(85년), L(= 누가복음 특수자료, Caesarea), 원누가복음(Q+L), 누가복음(80년, 마가복음과 원누가복음을 자료로 사용함).

41. Guthrie, 『공관복음 문제』, 14-15.

42. B. F. Westcott, *An Introduction to the Study of the Gospel* (London: Macmillan, 1888).

43. Westcott, *An Introduction to the Study of the Gospel*, 167.

② 사도들은 작가들이 아니라 복음의 전파자들이었다.[44]

③ 구전은 반복되는 필요에 의해 기록되기 시작한다.[45]

④ 마가복음이 최초의 책이며 마태복음과 누가복음은 그것의 수정판이다.[46]

⑤ 교부들의 기록이 구전설을 지지한다.

(11) 이러한 구전설에 대한 많은 비평이 일어났으며, 신약학계는 구전설로부터 양식비평으로 방향을 돌린다. 그러나 구전설에 대한 양식비평의 반대는 전반적인 거부라기보다는 그 구체적인 방법에 관한 지엽적인 것이라고 볼 수 있다. 양식비평의 방법과 그것의 전제들이 무너지기 시작하면서 이 구전설이 재조명되고 웁살라(Uppsala)학파에[47] 의해 다시 살아나 리즈너(R. Riesner)[48] 등에게로 계승되어 이어진다. 이들은 모두 예수의 가르침의 방법과 그 전승에 초점을 맞추었다.[49]

---

44. Westcott, *An Introduction to the Study of the Gospel*, 168.
45. Westcott, *An Introduction to the Study of the Gospel*, 174.
46. Westcott, *An Introduction to the Study of the Gospel*, 192 이하.
47. 혹은 스칸디나비아 학파라고도 불린다. B. Gerhardsson, *Memory and Manuscript* (Grand Rapids: Eerdmans, 1961)을 그 대표작으로 꼽을 수 있다.
48. R. Riesner, *Jesus als Lehrer* (Tübingen: Mohr Siebeck, 1981).
49. 거스리(Guthrie)는 『공관복음 문제』, 19-20에서 구전설과 양식비평을 다음과 같이 비교한다. (1) 모두가 기록 이전 시대, 즉 구전전승시대를 중요시한다. (2) 구전설은 문서로 된 전통을 이용했을 가능성을 부정하는 데 비해 양식비평은 문서의 이용을 강조한다. (기록 이전 단계를 강조하게 되면 자료 가설들의 적합성에 대한 완전한 신뢰를 많이 깎아 내리게 된다.) (3) 구전설은 구전전승의 과정을 다소 애매하게 남겨 놓는다고 양식비평은 그 비과학

⑿ 많은 신약학자들은 마태복음과 누가복음이 마가복음과 Q를 사용하여 저술된 것이라는 문서설을 받아들였다.[50] 이러한 문서설의 수용과 함께 역사비평적 방법이 학계에서 사용되게 되었다. 이 연구 방법을 사용하면서 학자들은 신약성경에 대하여 새롭게 인식하게 되었다.

⒀ 신약학계에 편집비평방법론(Redactionsgeschichte)이 널리 퍼지게 되었으며, 보수적인 신약학자들도 이 방법을 사용하게 되었다. 편집비평은 불트만이 주장한 양식비평방법론(Formgeschichte)을 비판적으로 보았으며, 복음서 저자들의 편집자로서의 창조적 역할을 인정하였다.

⒁ 마지막으로 공관복음서 문제에 대한 어떤 해결책도 반대에 부딪히지 않은 것이 없다는 사실은 분명하다는[51] 충고를 잊지 말아야 한다.

성을 거론하지만 구전설을 주장하는 사람들은 과학적 연구는 불충분한 자료에 근거해서는 안 된다고 변호/공격한다.

50. E. von Dobschütz, "Matthew as Rabbi and Catechist," in *Interpretation of Matthew*, ed. by G. Stanton (Edinburgh : T. & T. Clark, 1995), 19: "1786년 스토르(Storr)는 마태가 마가에 의존했을 수도 있다는 의견을 제시했다. 이것(마가복음 우선설은 이른바 두문서설 안에서, 특히 1863년 H. J. 홀츠만(Holzmann), 1864년 K. H. 바이제커(Weizsäcker), 1872년 베른하르트 바이스(Bernhard Weiss)에 의해 수행된 바와 같이, 이는 모든 현대 연구의 기초가 된다."

51. Sanders & Davies, 『공관복음서 연구』, 169.

5. 두문서설

공관복음서 문제에 있어서는 대부분의 학자들이 마가복음이 최초로 기록된 복음서임에 동의하고, 마태복음과 누가복음은 마가복음을 사용하여 저술되었다는 마가복음서 우선설에 동의하고 있다.[52] 많은 학자들은 이 주장을 입증할 필요가 있는 단계는 이미 지났다고 생각한다. 일부 그리스바흐 가설의 추종자들이 남아 있는데 이들과의 논쟁에서 마가복음서 우선설을 증명하려는 노력을 볼 수 있다.[53]

마가복음 우선설에 대한 학자들 사이의 일치는 대략적인 큰 윤곽에서 이루어지고 있다. 그러나 세부적인 사항으로 들어가면 학자들 사이에 의견의 대립이나 불일치가 상당히 많이 존재한다. 우선 대략적인 일치점은 다음과 같다.

마가복음이 최초로 기록되었다. 마태복음 저자와 누가복음 저자는 마가복음을 알고 있었을 뿐만 아니라 적극적으로 사용했다. 그들

---

52. 마가복음이 가장 먼저 기록되었다는 주장에 놀라는 보수신학자들은 없다. 보수신학자들이 이 가설을 거부하는 가장 중요한 이유는 사도이며 목격자인 마태가 어떻게 목격자가 아닌 마가가 기록한 복음서를 이용했겠느냐에 있다. 이러한 가설이 성경의 영감과 사도적 권위에 관한 믿음을 약화시키거나 거부한다고 보기 때문이다.

53. 마가복음과 다른 복음서를 비교했을 때 마가복음 우선설은 확대, 설명, 보충 등이 이차적이라는 논리를 펴고, 마태복음 우선설은 요약, 축소, 생략 등이 이차적이라는 논리를 편다. 이러한 논증들은 다른 전제로 동일한 현상을 설명하는 방식의 차이일 뿐이다. 좀 더 분량이 많은 마태복음과 마가복음을 비교하면서 마태복음 우선설은 마태복음의 내용이 마가복음에서 줄여졌다고 생각하고, 마가복음 우선설은 마가복음이 마태복음에서 늘어났다고 판단한다.

은 마가복음 외에도 다른 자료(Q)를 함께 사용했고 또 서로 알지 못하는 독특한 자료를 가지고 있었다(SMt[마태복음 특수자료], SLc[누가복음 특수자료]).[54] 그들은 전승되어 온 자료들을 고치기도 하고 보충하기도 하는 등 그들의 상황과 목적에 따라 필요적절한 복음서를 기술했다. 편집자에 의하여 만들어진 다른 내용, 또는 같은 내용에 부여한 다른 의미나 기능 등을 전통(tradition: 마가복음, Q, SMt, SLc 등을 의미함)에 비교하여 편집(redaction)이라고 부른다. 따라서 마태복음과 누가복음은 전승과 편집의 혼합물로 취급된다.

두문서설의 근거를 학자들은 다음과 같이 제시한다.

1) 메쯔거(B. M. Metzger)[55]

(1) 마가복음 총 661절 중 606절이 마태복음 총 1068절 중 500절에 요약된 형태로 나타나며, 마가복음 총 661절 중 350절이 누가복음 총 1149절 중에 나타난다. 마태복음과 누가복음에 공통된 마가복음 자료만 해도 모두 235절이다.[56] 이 공통된 부분에서 때로는 구

---

54. S는 독일어 *Sondergut*의 약자로 그 복음서에만 수록되어 있는 독특한 자료를 뜻한다.

55. B. M. Metzger, *The New Testament: It's Background, Growth and Content* (London: Lutterworth, 1969), 80-84.

56. H. Baarlink, *Inleiding tot het Nieuwe Testament* (Kampen: Kok, 1989), 91; Baarlink, "Synoptische vraagstuk," 243-44의 분석은 약간 다르다(= Streeter, *The Four Gospels*, 159): 마태복음(전체절 = 1068; 마가복음에서 온 것 중, 공동 = 350, 독자 = 250, 합계 =600; Q에서 온 것 = 221; 독자자료에서 온 것 = 247); 누가복음(전체절 = 1149; 마가복음에서 온 것 중, 공동 = 350, 독자 = 30; 합계 380; Q에서 온 것 221; 독자자료에서 온 것 548); 마가복음(… 독

약성경 인용구까지 동일하다. (이러한 현상은 문자적 인용이 아닌 의미를 전달하
는 단축인용의 경우에도 나타난다.) 누가복음이 마가복음과 다른 경우 마태
복음이 마가복음과 일치하고, 마태복음이 마가복음과 다르면 누가복
음이 마가복음과 일치하며, 마태복음과 누가복음이 일치하는 경우에
는 마가복음과는 다르지 않다.[57] (마태복음 저자와 누가복음 저자는 마가복음을

자 자료에서 온 것 = 31); 그러나 그의 결론은 메쯔거(Metzger)의 것과 별로
다르지 않다. "우리에게 전해진 복음서들 중에 마가복음이 가장 오래된 것
이요. 마태와 누가는 이것을 주재료로 이용했다. … 이 외에 한 책이 또 동원
되었는데 이것은 주로 예수의 설교를 담고 있었던 교훈집이었다. 마태와 누
가는 이 자료로부터 많은 문단들과 조각으로 있던 예수의 말씀들을 그들의
복음서에 수록했다."

57. Baarlink, *Handboek*, III, 246는 이 평가는 본문을 큰 단락으로 나눌 때는 옳
으나 작은 부분으로 나누어 관찰할 때는 그르다고 평했다. 이러한 경우에
는 마태복음과 누가복음이 일치할 때 마가복음이 이와 다른 경우도 관찰
된다(minor agreement). 그가 제시하는 이러한 경우들은 대략 다음과 같다.
마 9:7//눅 5:24//막 2:12; 9:20//8:44//5:27; 17:22//9:29이문//9:20; 마
17:17//눅 9:41; 26:68//22:64//14:65; 26:75//22:62//14:72. 이 면에 있어서
W. G. Kümmel, 『신약정경개론』 (서울: 대한기독교출판사 1997), 46-47을
참고하라. Sanders & Davies, 『공관복음서 연구』는 이 문제를 보다 전문적으
로 분석하였다. (1) 배열에 있어서 세 복음서는 대체적으로 일치하나, 셋이
일치하지 않는 경우 마태복음과 마가복음, 누가복음과 마가복음이 일치하
며 다른 한 복음서와 일치하지 않는다. (2) 내용에 있어서 마가복음의 90%
가 마태복음에, 마가복음의 50%가 누가복음에 나타난다. 세 복음서의 공
통자료는 약 50%가 자구상의 일치를 보인다. (3) 내용에 있어서도 순서에
서 나타난 특징이 그대로 발견된다. 즉 마태복음/마가복음:누가복음, 누가
복음/마가복음:마태복음은 많이 있으나 마태복음/누가복음:마가복음은 거
의 없다(88). 즉 배열에서나 내용에 있어서 마가복음이 마태복음과 일치하
지 않으면 누가복음과 일치하고 마가복음이 누가복음과 일치하지 않으면
마태복음과 일치한다. 마태복음과 누가복음의 일치는 마가복음이 시작하는
곳에서 시작하고 끝나는 곳에서 끝난다. 이런 자료를 토대로 학자들은 "마

알았고 그것을 사용하여 작업하였다.)

(2) 마가복음의 순서는 마태복음과 누가복음 중 하나 또는 모두로
부터 지지를 받는다.

(3) 마가복음의 표현양식은 마태복음과 누가복음보다 못하다. (즉,
마태복음과 누가복음의 문장은 더욱 다듬어진 형태이다. 만일 마가복음이 마태복음의 요
약이라면 문체의 측면에서 개악된 것이다.)

(4) 마가복음에서 아주 어려운 문제를 야기하는 부분은 마태복음
과 누가복음에는 나오지 않는다. 해결하기 어려운 문제를 마태복음
과 누가복음이 생략했다고 볼 수 있다. 그러나 마가복음이 이것을 추
가했다고 보기는 어렵다.

① 마가복음 2:26에서 언급된 아비아달은 사무엘상 21:1-4이 언급하
　는 아히멜렉과 상이하여 문제를 일으킨다. 마태복음과 누가복음
　에는 아비아달이 생략되어 이 문제가 발생하지 않는다.

② 마가복음 10:19이 언급하는 "속여 취하지 말라"는 십계명의 일부
　가 아니다. 마태복음 19:16과 누가복음 18:18에는 이 구절이 없다.

가복음이 양다리를 걸치고 있다"고 말한다. 즉 마태복음과 누가복음이 서로
가까운 것보다 마가복음이 두 복음서에 더 가깝다는 것이다(89). 마태복음
과 누가복음은 마가복음에 나오지 않는 약 200구절을 가지고 있다(90). 그
런데 마가복음과 공통 내용을 다루는 부분에서는 마태복음과 누가복음은
마가복음이 현존하는 경우에만 (약간의 예외를 제외하고) 일치한다. 그러므
로 마태복음과 누가복음은 마가복음을 통하지 않고서는 전혀 무관하다고
할 수 있다(98-99). 그러나 샌더스(Sanders)와 데이비스(Davies)는 "실제로
는 마태복음과 누가복음이 일치하고 마가복음에 반대하는 부분이 약 1000
개가 된다는 사실"을 지적하며 이 문서설을 비판한다(107-115).

(5) 사도들의 실수나 무지에 대한 마가복음의 강한 표현이 마태복음, 누가복음에는 나오지 않는다.

① 마가복음 6:52(깨닫지 못하고 마음이 둔해짐); 9:32-33(말씀을 깨닫지 못하고 묻기도 무서워함)이 마태복음의 병행구절에는 없다.

② 마가복음 14:71(베드로가 저주하며 맹세함 = 마태복음 26:72)//누가복음 22:60(단순한 부인)

③ 마가복음 8:33(베드로를 책망하심 = 마태복음 16:23)이 누가복음에는 없다. (사도들의 약점을 드러내기보다는 감추고 그들의 권위를 추종하려는 것은 후대의 경향이다.)

(6) 마태복음과 누가복음에는 예수에 대한 존경심의 자연적인 발전과정이 엿보인다. 또 이 복음서들에서는 예수의 인성이 마가복음보다 더 적게 나온다.

(7) 예수의 지식의 한계성, 무지, 무능에 관한 보도가 후대에 기록된 복음서에는 나오지 않는다(막 1:45; 5:9, 30; 6:38, 48; 8:12; 9:16, 21, 33).

(8) 마태복음과 누가복음에 기록되어 있는 말씀 중 어떤 것은 마가복음에 있는 것보다 더 후대의 신학사상을 보여주는 경우가 있다.

2) 거스리(D. Guthrie)[58]

(1) 마가복음의 90%가 마태복음에 수록되어 있고, 마가복음의 50%가 누가복음에 수록되어 있다.[59]

(2) 공관복음서가 담은 내용의 순서가 거의 비슷한데 마태복음과 누가복음이 마가복음의 순서를 따른다.

(3) 문체에 있어서 마가복음이 더 원시적이다. 즉 마태복음과 누가복음이 더 다듬어져 있다. 예를 들자면, 역사적 현재형이 마가복음에 151회 나오는데 마태복음의 평행구절에는 21회, 누가복음의 평행구절에는 1회만 나온다(참조, SMt에는 72회). 마태복음, 누가복음에는 문법적 개선이 보인다. 종종 마가복음의 많은 단어들이 마태복음이나 누가복음의 평행 구절에서는 한 단어나 극소수의 단어로 표현되어 있다. 마가복음이 첨가하여 장황하게 하였을 수도 있지만 불필요한 설명을 간단하게 만드는 것도 문체를 다듬은 현상으로 볼 수 있다.

(4) 마가복음이 역사적으로 더 솔직한 면을 보인다.[60] 예를 들자면 예수의 인성에 대한 표현이 후대에 그에 대한 존경심의 증대로 인하여 사라진다. 마가복음에 나오는 예수의 한계성에 관한 많은 기록들

---

58. Guthrie, 『공관복음 문제』, 27-30.
59. 마태복음, 누가복음의 공통자료를 250절로 계산하고 통계를 냄(Guthrie, 『공관복음 문제』, 44).
60. Guthrie, 『공관복음 문제』, 29: "각 공관복음 상호 간에 문학적 의존관계를 인정한다면 마가복음이 마태복음과 누가복음에 의해 수정되었다고 가정하는 것이 그 반대의 경우보다 훨씬 더 타당하다." 마가복음의 마태복음 의존설이 더 많은 문제를 일으킨다는 것을 근거로 마가복음 우선설을 받아들이고 있다.

이 마태복음과 누가복음에서는 수정되었다고 설명된다. 마가복음 6:5은 예수께서 "이적을 행하실 수 없었다."고 기록하는데, 마태복음 13:58은 예수께서 이적을 "많이 행하실 수 없었다."고 기록한다. 그뿐만 아니라 제자들의 한계성에 관한 기록도 약화되고 있다. 마가복음 4:13은 제자들이 씨앗의 비유를 알지 못한다고 하는데, 마태복음 13:18과 누가복음 8:11에는 이러한 언급이 없다. 마가복음 4:40은 예수께서 제자들에게 "왜 믿음이 없느냐?"고 하시며 질책하신 것으로 기록하지만, 마태복음 8:26은 예수께서 제자들에게 "믿음이 작은 자들아"라고 부르시며 지적하신 것으로 기록하고, 누가복음 8:25은 "너희 믿음이 어디 있느냐"고 질문하신 것으로 기록한다.

(5) 마가복음의 설명이 가장 분명치 못하다. 마가복음 8:29은 베드로가 "당신은 그리스도이십니다."라고 했다고 기록하는데, 마태복음 16:16은 베드로가 "당신은 그리스도이시며 살아계신 하나님의 아들이십니다."라고 했다고 기록하며, 누가복음 9:20은 베드로가 "당신은 하나님의 그리스도이십니다."라고 말한 것으로 기록한다.

(6) 마가복음의 기록이 가장 생생한 현장감을 보존하고 있다.

(7) 마가복음 우선설과 누가복음이 마가복음을 사용했다는 설이 내포하고 있는 두 가지 문제점은 다음의 두 가지이다.

① 이 가설들로는 마태복음과 누가복음이 일치하며 마가복음과 다른 부분에 대한 충분한 설명이 불가능하다.

② 마가복음 6:45-8:26이 누가복음에 수록되지 않은 이유를 설명하지 못한다.

3) 래드(G. E. Ladd)[61]

(1) 마가복음의 대부분이(90%) 마태복음과 누가복음에 나온다.

(2) 마가복음이 전체적으로는 가장 짧지만 각각의 사건에 있어서는 다른 복음서보다 더 길다.

(3) 마가복음의 표현방식이 다른 복음서보다 더 어렵다.

(4) 서로 다른 순서를 보인다.

① 마태복음과 누가복음은 대개 마가복음의 순서를 따른다.

② 마태복음이나 누가복음이 마가복음과 다른 순서를 보일 경우 절대로 일치하지 않는다. 즉 어느 하나가 마가복음과 다를 경우 마태복음과 누가복음도 서로 다르다.

4) 스탠튼(G. N. Stanton)

(1) 마가복음 우선설과 Q 가설은 아주 일반적인 견해이다.[62]

(2) 1964년에 파머(W. R. Farmer)는 그리스바흐(Griesbach) 가설을 부활시키려고 했다. 이 가설은 마태복음이 최초의 복음서이며 누가복음이 이것을 사용했고 마가복음은 마태복음과 누가복음을 사용했을

---

61. G. E. Ladd, *The New Testament and Criticism* (Grand Rapids: Eerdmans, 1978), 122-26.

62. G. N. Stanton, "Introduction: Matthew's Gospel: A New Storm Centre," in *The Interpretation of Matthew*, ed. by G. N. Stanton (Philadelphia & London: SPCK and Fortress, 1983), 3.

것이라는 견해이다.[63]

(3) 리스트(J. M. Rist)에 의하면 그리스바흐 가설이나 마가복음 우선
설은 둘 다 근거 없는 것이다. 그에 의하면 마태복음과 마가복음은
전혀 서로 의존관계에 있지 않다.

6. Q 가설의 이론적 근거[64]

Q를 마태복음과 누가복음의 공통자료이며 기록된 단일 문서로
서 존재하였다고 전제하는 가설을 주장하는 사람들은 다음과 같은
근거를 제시한다.

① 마태복음과 누가복음에서만 발견되는 공통자료는 모두 221절이
다(Guthrie는 250절로 계산함). 이 가운데 50%이상이 문자적으로 일
치하고 있어서 동일문서 의존을 배제하면, 다른 어떤 가설로도
설명하기가 불가능하다.

② 이 공통자료는 마태복음과 누가복음에 수록된 순서가 거의 일치
한다.

③ 마태복음과 누가복음에는 상당수의 중복된 자료들이 있다. 이 중
복은 어떤 신학상의 이유로 설명하기보다는 마태복음과 누가복

---

63. Stanton, "Introduction: Matthew's Gospel: A New Storm Centre," 17, n.4.
64. Baarlink, *Handboek*, III, 248-49에서 인용한 것임. Guthrie, 『공관복음 문제』,
44-47 참조.

음을 위하여 사용한 자료(마가복음과 Q)에 있던 것을 삭제하지 않
고 모두 수록한데서 기인한 것으로 판단된다.

마가복음 자료	마태복음-누가복음 공통자료
막 4:21//눅 8:16	눅 11:33//마 5:15
막 4:22//눅 8:17	눅 12:2//마 10:26
막 4:25//마 13:12//눅 8:18	눅 19:26//마 25:29
막 6:8-11//눅 9:3-5	눅 10:4-5, 10-11//마 10:10-12, 14
막 8:34f.//마 16:27//눅 9:23-24	눅 14:27//마 10:38f.
막 8:38//마 16:27//눅 9:26	눅 12:9//마 10:33
막 10:11//눅 19:9	눅 16:18//마 5:32

④ 마태복음과 누가복음의 차이점 중에서 어떤 경우에는 단순히 번
역상의 차이 때문에 나타난 것이라고 할 만한 것이 있다.

    i. 마태 23:26: 잔의 속을 "깨끗이 하라"(아람어: '닥카우', ㄱ)
       누가 11:41: 안에 있는 것으로 "구제하라"(아람어: '작카우', ㅣ)
   ii. 마태 11:19b: 지혜는 그 행하는 "일"로 정당화되리라
      누가 7:35: 지혜는 그 "자녀들"로 옳다 함을 받는다.

Q자료는 주로 예수의 교훈을 담고 있는 일종의 "교훈집"이라고
간주된다. 이것은 팔레스틴에서 기록되어 유대 기독교인들 사이에
사용되었고 아람어로 기록된 것을 마태복음과 누가복음 저술을 위
해 번역하여 사용했을 것이라고 여겨진다. Q를 실제 자료로 취급하
는 신학자들은 Q의 규명에서 멈추지 않고, Q의 신학을 논하며, Q를
사용하여 기독교의 기원 내지 역사적 예수의 모습을 추적하고 있

다.[65]

7. 두문서설에 대한 비판[66]

두문서설에 대하여는 다음과 같은 비판이 제기된다.

(1) 마태복음과 누가복음이 마가복음을 이용했다면 왜 마태복음과 누가복음이 서로 일치하면서 마가복음에는 일치하지 않는 현상이 발생하는가?

(2) 두문서설은 마가복음에 등장하는 병합현상에 대해 충분히 설명할 수 없다. 마가복음의 병합현상이란 마태복음의 기사와 누가복음의 기사를 합친 것과 같은 보도가 82군데 정도 나타난다는 것이다. 예를 들면, 마 8:16//막 1:32//눅 4:40; 마 8:3//막 1:42//눅 5:13; 마 26: 69//막 14:35-36//눅 22:41-42; 혹은 마 13:10//막 4:10//눅 8:9 등이다. 이것은 마가가 마태복음과 누가복음을 통합하며 많은 부분을 삭제했다고 설명할 수 있는 현상이다.

(3) 두문서설은 복음서 탄생과정을 너무 단순하게 설명하려는 경향이 있다. 즉 복음서 사이의 차이점을 교회나 저자의 신학적 상황,

---

65. 예를 들어, B. L. Mack, 『잃어버린 복음서』, 김덕순 역 (서울: 한국기독교연구소, 1999)를 보라.
66. 안병철, 『새로운 시각으로 살펴본 공관복음문제』 (서울: 가톨릭대학출판부 1989), 36- 45를 보라. 그는 그리스바흐의 이론을 수정하여 새로운 의견을 제시한다.

신학적 관점의 차이로 설명하고, 일치점을 문서적 의존관계로만 설
명하려는 경향이 있다. 하지만 일치점과 차이점은 구전이나 기억에
의 의존으로도 설명이 된다.[67]

8. 판 브루헌의 공관복음서 문제 해결책 모색[68]

판 브루헌(Jacob van Bruggen)은 신약본문비평을 이용하여 공관복음
서 문제의 다른 돌파구를 모색하고 있다. 그는 네덜란드 캄펜신학대
학교(Theologische Universiteit van Nederlands Gereformeerde Kerken te Kampen)의 신
약학 교수로 재직하다가 지금은 은퇴하였다.

학자들은 일반적으로 알렉산드리아 본문(Alexnadrian Text)이 원래의
본문에 가깝다고 판단한다. 판 브루헌은 현 신약학계의 조류인 알렉
산드리아 본문 우위론을 거부하고 비잔틴 본문(Byzantin Text) 우월성을
주장했다.[69] 비잔틴 본문과 알렉산드리아 본문의 차이점은 우선 그

---

67. 이 외에도 통계적으로 두문서설의 문제를 잘 비판한 E. Linnemann, *Is There a Synoptic Problem?*, tr. by R. W. Yarbrough (Grand Rapids: Baker, 1992)이 참고할 만하다.

68. J. van Bruggen, *Christus op aarde* (Kampen: Kok, 1987).

69. 비잔틴(Byzantine) 계통의 사본이란 9-11세기에 그리스정교회에서 공식적으로 사용하던 헬라어 소문자 사본을 의미하며, 이 사본들에 담긴 본문은 인쇄된 본문인 공인본문(Textus Receptus)과 거의 같고 현재는 1982년에 출판된 다수본문(Majority Text)에 담긴 본문에 잘 반영되어 있다. (판 브루헌은 1982년도에 출판된 다수본문의 이론적 근거를 제공한 학자 중의 한 사람이다.) 번역본으로서는 KJV(King James Version) 등 종교개혁 시에 각국에서

길이에 있다. 알렉산드리아 본문이 상대적으로 더 짧다. 본문을 줄이려는 경향보다는 설명하고 보충하려는 것이 사람들의 일반적인 태도라고 볼 경우에는 알렉산드리아 본문이 선호된다.

그러나 비잔틴 본문을 선호하는 사람들은 반론을 제시한다. 그들은 우선 이 본문은 교회에서 대대로 사용되어 왔다고 지적한다. 교회에서 역사해 오신 성령님이 보전하신 본문이므로 선호해야 한다는 주장이다. 이들은 오히려 알렉산드리아 본문이 삭제, 축소, 요약하며 변개시켰다고 주장한다. 사탄의 앞잡이가 된 이단들이 하나님의 말씀을 감히 고치고 지웠다고 혹평하기까지 한다.

판 브루헌 교수는 자신의 견해를 뒷받침하기 위하여 파피루스 사본들과 교부들이나 속사도 교부들 등의 설교집, 변증서에 인용된 성경구절들을 제시한다. 그러나 그의 연구와 그를 추종하는 학자들의 이론은 아직 충분한 증거를 제시한 단계에 있지는 않다.

공관복음서 문제에서 비잔틴 본문의 선택이 의미하는 바는 각 복음서의 본문의 차이가 알렉산드리아 본문에서 보다 훨씬 줄어드는 것이다. 비잔틴 본문은 복음서 사이의 평행구절들에서 서로 상당히 유사하기 때문이다. 알렉산드리아 본문을 중요시하는 학자들이 공관복음서 문제에서 심각한 문제의식을 느끼는 반면에 비잔틴 본문을 사용하는 사람들은 상대적으로 문제가 덜한 것으로 판단한다. 판 브루헌에 의하면 공관복음서 문제는 학자들이 떠들어대는 것보다는

번역되어 아직까지 각국의 교회에서 권위적으로 읽히고 있는 번역성경이 이 본문을 따르고 있다. 한국에서는 이송오 목사를 중심으로 한 말씀보존학회에서 KJV를 한글로 번역(중역)하여 소개하고 있다.

훨씬 작다. 아래에 그의 주장을 정리해 본다.

① 각 복음서가 우리에게 보여주는 것은 차이점 이전에 있는 일치점
들이다. 복음서 사이에는 차이점보다 일치점들이 더 두드러지는
데 이것은 복음서들의 보도가 아주 확실한 역사적인 사실을 근거
로 가지고 있음을 보여준다. 이 일치점에 먼저 관심을 가지면 개
별적이고 상이한 신학사상 보다는 확실한 복음의 뿌리에 도달하
게 된다.[70]

② 차이점이라고 하는 것은 결국 이 큰 일치점 가운데 아주 적은 조
각들일 뿐이다. 이러한 것들이 각 복음서 저자들이 서로 다른 신
학사상 혹은 신학체계를 대변한다고 하기에는 심히 어렵다. 그
차이점이란 강조의 차이나 문체의 특징과 같은 것뿐이다. 통계학
적으로 보아도 일치점들이 차이점보다 몇 배나 더 크다.[71]

③ 예수님이 비슷한 말씀을 한 번만 말씀하셨다고 해야 할 이유가
없다. 한 복음서 저자는 풍부한 자료들을 통해서 이것을, 다른 저
자는 저것을 보도하고 있다고 말할 수 있다. 그뿐만 아니라 그 저
자들 각자가 독특한 방법으로 예수에 관하여 증거하고 있다는 점
도 놓쳐서는 안 된다.[72]

④ 그는 이상과 같은 입장에서 다음과 같은 결론을 내린다. "복음서

70. van Bruggen, *Christus op aarde*, 69.
71. van Bruggen, *Christus op aarde*, 71.
72. van Bruggen, *Christus op aarde*, 73.

들의 차이라고 하는 것은 서로를 배제하는 것은 아니다."[73]

9. 다른 해결책의 모색

1) 고려해야 할 사항들

보다 긍정적인 시각으로 공관복음서 문제에 직접 접촉하기 위해 우리가 가지고 있어야 할 관심은 어떤 것일까? 이것을 질문 형식으로 만들어 아래에 정리해 본다. 이것은 복음서의 가치를 액면 그대로 받아들이는 보수적 신앙인들의 시각에서 성경을 있는 그대로 받아들이면서 공관복음서 문제를 해결할 수 있는 어떤 가능성이 있는지를 찾아보기 위한 것이다. 우리가 이러한 가능성을 찾는 이유는 앞에서 살펴본 여러 가설들이 공관복음서에 관하여 관찰된 현상을 충분히 설명하지 못하기 때문이다.

① 공관복음서들은 어디가 어떻게 서로 다른가?

② 공관복음서들은 어디가 어떻게 서로 일치하는가?

③ 서로 일치하거나 다른 부분에 대하여 공관복음서 저자들의 책임은 어디까지인가?

④ 복음서 저자들의 작업은 긍정적인 측면에서 이해될 수는 없을까? 즉 예수의 말씀 부분의 경우 꼭 복음서 저자들의 그들이 하고

---

73. van Bruggen, *Christus op aarde*, 74.

싶은 말을 예수의 말씀처럼 위장했다고 보아야만 할까? 내러티브 부분의 경우 복음서 상호 간의 문서적 의존 관계는 성경의 권위와 가치를 과연 격하시키는 것일까?

⑤ 복음서 저자들이 책임을 질 수 없다면, 누가 책임을 져야 하는가?

⑥ 공관복음서 저술 과정에서 일어날 수 있는 일은 기독교의 변화와 변질로 설명해야만 하는가? 좀 더 긍정적으로 이 과정을 설명할 수 없을까?

⑦ 공관복음서 상호 간의 일치점, 차이점의 원인을 모두 예수께로 혹은 복음서의 등장인물(또는 복음서가 기록하는 사건 자체)에게로 돌릴 수 있는가? 즉 복음서 기록의 역사성을 있는 그대로 인정할 수 있는가?

⑧ 예수님(이나 등장인물들)에게 원인을 돌릴 수 없는 일치점이나 차이점이 있는가? 그것은 무엇인가? 그러한 일치점과 차이점이 확인되면 우리는 다시 ③, ④번의 질문으로 되돌아가서 답을 찾아야 한다.

⑨ 차이점, 일치점이 일으키는 문제가 공관복음서의 신뢰성을 파괴하는가? 즉 복음서가 보도하는 인물에 의하여 그 차이점이나 일치점이 만들어지는 것이 아니라면 복음서는 역사를 왜곡하거나 비역사적인 것을 역사적으로 보도하는 허위 문서로 간주해야 하는가? (공관복음서 문제의 최대의 어려움은 바로 기독교의 역사성에 있다. 복음서 저자들은 종종 그들이 보도하는 내용을—차이점까지도—복음서의 당사자들에게 돌리기 때문이다.)

⑩ 공관복음서는 역사적 예수를 전혀 보여주지 못하는가? 혹은 복

음서는 역사적 진실과는 완전히 무관한가?

⑪ 역사적 예수와 공관복음서의 예수 사이에 어느 정도의 간격이 있는가? 또 예수님 당시에 일어난 일들에 대한 보도는 공관복음서의 보도와 어느 정도 다른가? 공관복음서는 어느 정도가 역사적 사실인가?

⑫ 만약 역사적 예수와 공관복음서 기록 사이에 간격이 발견된다면이 간격의 원인은 무엇인가? 그리고 이 간격이 기독교와 기독교의 역사성에 치명적인 해를 가하는 것인가?

⑬ 이 간격은 필연적으로 발생할 수밖에 없는가? 아니면 우발적으로 발생한 것인가?

⑭ 이러한 간격 발생의 정당성을 찾을 수 있을까? 즉 실제사건과 복음서가 보도하는 사건 기록 사이의 간격을 어떻게 극복할 수 있을까?

2) 목격자의 역할에 관한 고려

목격자의 역할을 통해 공관복음서의 일치와 차이를 설명할 수 없을까? 그렇게 함으로써 문서적 의존관계를 이야기하지 않고 공관복음서 문제를 해결할 수는 없는가?

어떤 것을 근거로 들든지 즉 목격자의 진술에 의존하든지 문서적 의존관계에서 해결책을 찾든지 성경의 권위와 가치에는 하등 차이점이 없는 것 아닐까?

3) 성령의 역할에 관한 고려

부활·승천하신 예수님이 교회 안에서 계속 역사하신다는 점을 고려해야 한다. 초대교회는 예수의 사역이 끝난 것으로 보지 않았다. 예수님은 과거의 예수이실 뿐만 아니라 그들의 입장에서는 현재의 예수이시다. 예수의 과거의 사역, 과거의 말씀 등을 보도하는 복음은 지금 말씀하시는 성령을 통하여 연속된다는 것을 사도행전을 통하여 볼 수 있다.

교회는 복음을 우리가 생각하는 것보다는 더 자유롭게 사용할 수 있었는지도 모른다. 그들은 예수의 사역과 말씀을 사용하고 설명하고 해석하며 전달할 수 있는 정당성과 필연성을 성령님의 활동에서 찾았을 수도 있다.[74]

복음서 사이에 혹은 역사적 예수와 공관복음서의 예수 사이에 중대한 차이점이 발견되더라도 이것은 우리에게 곤혹스러운 문제를 안겨주기 보다는 교회가 예수의 사역을 어떻게 이해하고 있었는가에 대한 증언이 될 것이다. 아무도 공관복음서 문제를 두려워할 필요는 없다. 성경이 하나님의 말씀이라면 성경은 스스로를 변증할 것이다. 성경이 스스로 말하게 하라! 있는 그대로를 인정하며 사용할 수 있는 태도를 취하고 성경 그대로를 살릴 수 있는 방향으로 신학체계를 구축하라! 그것이 공관복음서 문제를 이해하는 길이며 성경을 사

---

74. J. B Green, 『어떻게 복음서를 읽을 것인가』, 정옥배 역 (서울: 한국기독학생회 출판부, 1988), 38은 이와 관련하여 복음서의 차이점 등의 문제에도 불구하고 "성경의 영감을 믿는 데 아무런 지장이 없다."고 한다. 이 문제와 관련된 예언자직의 중단 문제에 관해서는 아래의 제13장 참조.

용하는 방법이다.

10. 목격자 가설을 통한 공관복음서
상호 간의 차이점과 일치점의 설명

1) 말씀에 관한 기록의 차이점

(1) 번역 과정에서 발생하는 차이점들: 아람어권에서 발화된 말씀이 복음서에는 헬라어로 기록되어 있다. 그러므로 번역의 과정이 필수적으로 개입하였다.

① 만일 번역자가 서로 다르다면 목격자들이 직접 번역을 했다 하더라도 차이가 발생할 수 있다. 복음서 저자들이 직접 번역했어도 마찬가지이다. 사도들이 아람어로 복음을 전할 때 통역자가 이것을 헬라어로 번역했다면 이러한 과정에서 서로 다른 표현이 만들어질 가능성이 크다.

② 같은 사람이 여러 번 번역했어도 차이가 발생할 수 있다. 목격자들이 수십 년 복음을 전하며 이 번역과정을 수행했다면 그 번역이 항상 같았다고 추측할 수 있을까? 사도들이 데리고 다니던 통역자들이 고정된 번역을 만들어 두었다가 반복하거나 항상 똑같이 번역하지는 않았을 것이다.

(2) 언어의 공간적 시대적 변화, 개인에 따른 독특성으로 인한 차

이의 가능성: 복음이 복음사역의 발생지로부터 멀리 전파되어 나갈 때, 두 장소에서 사용하는 언어가 다를 수 있다. 언어는 그 지역의 인종, 역사와 지리, 문화 기후 등과 짙게 결합되어 있기 때문에 같은 언어권 안에서도 지역에 따라 독특한 언어가 사용되는 것이다. 같은 언어, 같은 단어를 사용한다고 해서 항상 같은 의미가 전달되는 것은 아니다. 또 다른 용어를 사용하면서도 동일한 의미를 전달할 수 있다.

같은 장소라 하더라도 시대의 흐름에 따라 언어가 변화한다. 과거의 언어와 그 이후의 언어는 시간적 간격이 멀어지면 멀어질수록 차이도 더 커지기 마련이다. 그래서 과거에 사용된 동일한 언어를 사용하면 이후 시대에는 다른 뜻으로 이해될 수 있다. 복음을 전파하며 이 시간적 간격을 메우려고 노력했다면 차이가 생길 수 있다.

같은 시대 같은 장소에 살았던 사람이라 하더라도 같은 언어를 다르게 이해할 수 있다. 즉 언어는 개인마다 독특한 색채를 지닐 수 있다. 또한 동일한 내용을 서로 다르게 표현할 수도 있다. 예수님이 직접 기록하지 않고 그것이 어쩌면 독특한 단어나 의미를 사용했을 지도 모르는 중개자를 통하여 전파되고 기록되었기 때문에 전달자나 기록자의 언어사용이 차이점의 요소로 작용할 수 있다. 복음서 저자들이 사용하는 언어와 언어의 의미가 독특할 수 있다. 한 언어는 사회에서 개인에게 습득되지만 자란 환경과 배경에 따라 얻게 되는 것이기 때문에 모든 사람이 모든 단어를 다 같은 의미로 사용한다고 할 수는 없을 것이다. 개인이 이해하는 언어의 의미가 다를 때 같은 것을 전달하려고 글을 쓴다 하더라도 달라질 수 있다.

복음서 저자가 복음서를 기록할 때 어떤 시대에 어떤 장소에서 어떤 전승의 과정을 거친 복음을 기록했느냐가 중요하다. 공관복음서는 같은 장소에서 같은 시대에 기록되지는 않았다. 또 예수의 복음이 이들에게 전달된 과정도 단일하지 않다. 그렇다면 차이점이란 당연한 것 아닐까?

기록자들이 문자적 일치에 신중을 기했다 하더라도 문자적 일치를 유지할 때 의미가 불명확하게 되거나 오해의 소지가 있을 때 바른 내용을 전달하기 위하여 다른 단어를 사용할 수도 있을 것이다.

(3) 예수님이 말씀하실 때부터 서로 다르게 여러 번 말씀하셨을 수도 있다. 예수님이 사람들에게 항상 새로운 가르침만 말씀하셨다는 것은 상상하기 어렵다. 현존하는 복음서만을 토대로 하면서 비슷한 내용을 달리 말씀하시지 않고 한 주제를 한 번 말씀하셨다는 식으로 공관복음서 사이의 차이점을 같은 말씀의 다양한 변이로만 취급하는 것은 옳지 않다. 비슷한 내용이 다른 기회에 다른 설교를 통하여 다른 사람들에게 주어졌을 수 있다.

(4) 목격자들의 이해의 차이 가능성: 우리가 복음서에 수록된 예수님의 말씀 기록에 접촉할 수 있는 것은 목격자들의 귀와 청각, 두뇌와 그의 기억력을 통해서이다. 목격자들의 이해력과 판단력, 그리고 언어로의 재생능력이 예수의 말씀을 전달하는 도구가 된 것이다. 이 도구가 없이는 아무도 복음서에 기록된 말씀을 듣지 못했을 것이다. 예수의 말씀을 실어 나른 도구인 목격자들이 이 말씀을 서로 다르게 이해했다면 그 다르게 이해한 것이 차이를 만들 수 있었을 것이다.

2) 말씀에 관한 기록의 일치점

(1) 예수의 말씀을 직접 들은 복음의 목격자들의 수가 그렇게 많지 않다. 복음은 이들을 통하여 전달되었기 때문에 번역의 과정을 거쳤더라도 달라질 가능성보다 일치할 가능성이 훨씬 더 높다.

(2) 복음의 선포와 가르침이 공개리에 진행되었기 때문에, 구전의 과정에서 달라질 수 있는 가능성이 극소화된다. 즉 복음을 알고 있는 사람들이 사소한 차이라도 교정하고 조절하며 원래의 말씀을 정확히 보전하고 전달할 수 있었을 것이다.

(3) 복음서가 기록될 때도 적지 않은 목격자들이 여전히 살아 있었다. 또 목격자들에게 직접 들은 사람들도 맹렬히 활동하고 있었다. 이들은 복음서의 배후에 서있다. 복음사건에 직접 참여했던 사람들이 수십 년간 같은 복음을 전하고 책으로 고정될 때까지 살아 있었다면 혹 그들이 강조점을 달리하고 설명을 추가한다고 하더라도 항상 원형에 돌아올 수 있었을 것이다. 이들이 원형의 소유자들이란 의미에서 그들의 사도성이 부각된다. 이러한 사도성의 강조로 인해 전달되는 말씀이 원형으로부터 변질될 가능성이 배제되었다.

(4) 예수님이 아람어만이 아니라 히브리어와 헬라어도 알고 계셨고 때로는 사용하셨다. 예수님이 헬라어로 발설하신 문장일 경우 원형을 보존할 가능성은 훨씬 커진다.

(5) 번역자들이 달랐을 것이기 때문에 다를 수밖에 없다는 가정은 역으로 사용될 수 있다. 오히려 동일한 번역자에게서 번역된 것이 전승되고 있었다면 번역자가 개입되어 있다는 사실이 다양성과 함께 존재하는 통일성의 이유를 어느 정도 설명할 수 있을 것이다.

(6) 기록된 문서를 사용하여 현 복음서를 만들었다는 것을 부정적으로만 보지 않는다면, 문서적 의존관계도 일치점의 가능성을 높여준다. 구전복음을 복음서의 자료로 사용하는 것이나 문서를 사용하는 것, 혹은 순수 기억에 의존하는 것은 모두 질적으로 동일한 작업이다. 또 복음서의 내용 중 일부는 명백히 목격자들의 순수 기억에서 나올 수 있는 것만은 아니므로, 문서를 통하여 복음을 전달하고 보존하려는 시도가 현존하는 복음서보다 훨씬 더 빨리 있었을 수 있다는 가능성을 구태여 막을 필요는 없다. 이러한 문서적 의존은 의존하는 자료와 이를 사용한 저술 상호 간의 일치의 가능성을 높인다. 물론 자료 사용이 저술 상호 간의 차이를 설명하는데 걸림돌이 되지는 않는다. 저술을 위한 자료의 사용이라는 것을 창조의 반대개념이나 복사, 표절 등으로 이해할 것이 아니라 조절과 확인으로 이해할 수도 있다.[75] 또한 자료이용만이 복음서 상호 간의 문자적 일치를 설명할 수 있는 것은 아니다. 동일한 사건에 관한 기록은 서로 의존하지 않고도 서로 유사할 수밖에 없다. 린네만은 그의 책의 결론으로 공관복음서 상호 간의 일치점의 이유가 단지 문서적 의존관계에 있다고 보지 않고 역사적 사건의 단일성에서 나온 것이라고 결론지었다.[76]

---

75. 복음의 목격자가 기록된 문서를 이용했다는 것을, 꼭 사도의 권위를 실추시키는 것으로 받아들일 필요는 없다. 사도는 직접 듣고 직접 보았기 때문에 문서를 사용했다 하더라도 그의 권위나 그가 남긴 복음서의 가치는 약해지지 않는다.

76. Linnemann, *Is There a Synoptic Problem?*, 70.

3) 사건에 관한 기록의 차이점

(1) 사건을 경험한다는 것은 사건 자체를 머리 속에 심는 것이 아니라 사건에 대한 지식, 즉 그 진행과정의 모든 상이 기억에 새겨지는 것이다. 그러나 목격자들이 다 같은 상을 얻는 것은 아니다. 그들이 사건에 참여하는 강도와 역할, 사건을 대하는 태도나 보는 위치, 그 사건이 가져다주는 개인적 느낌과 감동에 따라 목격자들의 머리에 새겨지는 상 자체가 달라질 수 있다. 대략적인 관찰에는 모두가 일치하는 인상을 얻는다 하더라도 엄밀하게 따져 모든 목격자, 경험자들에게 같은 상이, 심어지는 그런 사례는 없다고 보는 것이 정확할 것이다. 다르게 새겨지는 상으로부터 사건에 대한 다른 회상과 다른 설명이 얼마든지 만들어질 수 있다.

(2) 목격자는 자기의 기억에 새겨져 있는 사건에 관한 전체적인 인상, 즉 그가 처음부터 목격한 사건의 전 진행과정으로부터 대개 필요한 단편을 회상하기 때문에 목격자의 사건 설명이 여러 번 반복되면 반복될수록 그 설명은 조금씩 달라질 수 있다. 그렇다고 자신에게 새겨져 있는 사건의 전체 상을 바꾸거나 지워버리는 것은 아니다. 전체를 회상한다 하더라도 강조점의 사소한 이동으로 같은 사건을 다르게 묘사하는 것은 얼마든지 가능하다. 이것은 사건을 왜곡하는 것과는 완전히 다른 작업이다.

(3) 각 사람들에게 새겨진 상이 같지 않을 뿐더러 이러한 상을 언어로 변환할 때에도 차이점이 발생한다. 목격자들은 자신이 경험하고 본 것을 알려주려고 할 때 자신의 기억에 새겨진 상을 그대로 전달하는 것이 아니라, 그것을 언어로 바꾸어 전달한다. 이 때 그가 어

떤 언어, 어떤 단어나 표현, 문장을 사용하느냐 하는 것은 그가 전달하려고 하는 상을 전달하는 형식의 선택에 해당한다. 만약 다른 기회에 그가 다른 용어나 문장을 채택하면 사건의 설명이 달라질 수 있다. 그가 자기가 본 것을 이 사람, 저 사람에게 말했다면 한 목격자에게서도 다양한 설명이 나올 수 있다. 여러 목격자가 보고 체험한 것을 제각기 회상하고 자신의 언어로 변환한다면 차이점의 가능성은 더 커진다.

(4) 목격자에게서 사건에 관한 지식을 들을 때 우리는 상 자체를 전해 받지는 못한다. 우리가 접하는 것은 언어뿐이다. 어떤 사건에 관하여 듣는 사람은 언어로 변환된 사건에 대한 지식을 들으며 그 언어가 표현하는 상을 스스로 만들어간다. 언어는 상을 전달하는 매개체이다. 언어를 통하여 목격자에게 형성된 상이 그대로 전달되는 것이 아니라 듣는 사람들이 자기들이 알고 있는 여러 가지 개념들을 끌어 모아 각자의 상을 만들어가도록 자극하고 도와주는 것이다. 자세하고 구체적인 설명이 병행된다 하더라도 듣는 사람들이 전하는 사람과 동일한 상을 만들어낼 수는 없다. 언어로 표현하여 전달하는 과정에서 듣는 사람은 다른 상을 연상할 가능성이 생긴다.

'바다'라는 단어로 사도들이 갈릴리 바다를 연상하면서 복음을 전한다고 하자. 복음을 듣는 사람이 갈릴리 바다를 본 적이 없는 사람이라면 그는 바다라는 개념을 통해 자신이 알고 있는 다른 바다를 연상할 것이다. 요행하게도 갈릴리 바다를 본 적이 있는 사람도 이천여 년 전의 그 갈릴리 바다가 아니라 그가 살던 시대에 보았던 그 현대적 갈릴리 바다를 연상할 것이다.

사건에 관하여 진술하여 전함은 언어를 통해 사건에 관한 상을 연상케 하는 것이기 때문에 사건에 관한 설명이 목격자들에게서 멀어지면 멀어질수록 그 설명에 차이가 만들어질 가능성은 커진다. 그러나 상 자체가 근본적으로 변하는 것은 아니다. 바다는 바다이지 다른 무엇을 의미할 수는 없기 때문이다.

(5) 언어로 변환된 사건의 영상 정보는 언어로 전달되는 말씀의 경우처럼, 번역, 전승 등의 과정에서 달라질 수 있다. 영상 정보가 일단 언어로 변환된 후에는 언어화된 정보로 전달되므로, 언어를 통한 정보 전달이 겪는 과정을 다 겪게 된다.

4) 사건에 관한 기록의 일치점

(1) 사건을 목격한 사람들이 그리 많지는 않았기 때문에 사건에 관한 보도가 무한정 늘어나지는 않았다. 목격자들, 특히 사도들만이 들은 것을 전하고 본 것을 책임 있게 언어로 변환하여 전달할 수 있었다는 것은 처음부터 복음의 다양화의 길이 막혔다는 것을 의미한다.

(2) 공개리에 사람들을 가르치고 설교하고 토론하는 식으로 복음이 전파되었다는 사실은 차이의 발생을 통제하고 통일된 견해를 지속해 갈 기회가 많았음을 알려준다.

(3) 사건은 한 번 발생했다가 사라졌지만 이 사건에 대한 기억은 목격자들이 살아 있는 한 지워질 수 없었다. 복음을 전파하는 장소와 시간이 전파되는 사건의 발생지와 발생시점으로부터 아무리 멀어져도 제자들이 가는 곳에는 어제와 같은 생생한 복음사건에 대한 회상

이 있었다. 복음서를 기록하던 시기가 복음 사건이 발생한 시기로부터 몇 십 년 후였다고 해도, 계속 반복하여 수없이 복음을 전하던 목격자들의 기억 속에서는 몇 십 년의 간격은 마치 하루의 간격처럼 메워질 수 있었다.

⑷ 목격자가 목격한 것을 언어로 변환한 후에는 언어의 형태로 고정되어 계속 전승될 수 있다. 이러한 과정으로 인해 전달되어 기록된 복음서에 일치점이 나타날 수 있다.

제6장
공관복음서 형성에 미친 목격자의 역할[1]

이제 앞 장에서 언급한 목격자의 역할을 좀 더 자세히 살펴보자. 복음 사건의 목격자들이 공관복음서의 형성과정에 미쳤을 역할은 무엇인가? 이 문제에 관한 구체적인 증거들이 거의 없기 때문에 우리는 추론을 할 수밖에 없다. 그러나 이것은 가능성을 끌어 모으는 작업 이상이다. 공관복음서가 탄생하기 위하여 꼭 있었을 수밖에 없는 과정들을 추적하는 작업이다.

이 과정은 공관복음서 저술을 위한 필연적 요소이기 때문에 공관복음서의 탄생에 얽힌 제 문제들을 연구함에 있어서 중요하게 고려되어야 할 요소이다. 그러나 지난 2세기 동안 일었던 공관복음서 연구의 수많은 조류 안에서 그리 심각하게 취급되지 않았다. 그 결과

---

1. 이 부분은 같은 제목으로 『목회와 신학』 2001년 8월호에 요약되어 있다. 이 부분은 "공관복음서의 형성에 미친 목격자의 역할," 『신학지남』 259 (1999), 131-58에도 유사하게 수록되어 있다.

공관복음서 연구는 가정, 추측, 학설을 근거로 한 공중누각 건설에 그친 감이 적지 않다. 학자들이 복음사건의 목격자들에게 좀 더 많은 관심을 기울이고, 그들의 역할에 초점을 맞추었더라면 공관복음서 문제를 지금과는 상당히 다르게 설명하게 되었을 것이다.

사건의 목격자의 중요성과 그 역할을 탐구할 필요성을 살펴보기 위하여, 공관복음서 문제, 문제의 해결을 위한 시도들, 그리고 이 과정에서 밝혀진 여러 문제점들 및 앞으로의 과제들을 먼저 정리해 보도록 하자.

1. 공관복음서 문제의 현주소

1) 공관복음서 문제 연구의 약사

공관복음서(마태복음, 마가복음, 누가복음)는 서로 다른 때에 서로 다른 곳에서 서로 다른 저자에 의해 각각 기록된 것으로 인식되어 왔다. 신약성경의 첫 세 책, 즉 마태복음, 마가복음, 누가복음에 공관복음서라는 통칭이 사용되기 시작한 것은 18세기부터인데[2] 이것은 세 권의 복음서가 공통된 시각으로 예수의 생애를 소개하고 있기 때문이다.

예수의 한 생애를 알려주는 세 복음서 사이에 크고 작은 차이점

---

2. '공관복음'이란 용어를 처음으로 사용한 사람은 그리스바흐(J. J. Griesbach; 1745- 1812)로 알려져 있다.

들이 있다는 사실이 신약성경의 책들이 수집되는 과정에서 자연스럽게 인지되었다. 각 복음서가 보도하는 사건들은 하나의 복음으로서의 예수의 사역과 교훈을 알려주는 것이기 때문에 초대 교회 지도자들은 네 권의 복음서를 종합하면[3] 한 눈에 알아볼 수 있게 예수의 생애 전체를 재구성하고, 각각의 사건에 관한 보다 큰 그림을 그릴 수 있으리라고 생각하였다. 실제로 이런 작업을 시도한 사람들도 적지 않았다.[4] 그러나 이러한 종합 작업은 조화라는 방법이[5] 없이는 불가능한 것임이 곧 밝혀졌다. 초대 교회 시절 이후 18세기 후반에 이르기까지 교회 지도자들이나 신학자들이 공관복음서 문제 해결을 위해 노력한 것은 네 복음서 혹은 공관복음서의 내용들을 서로 충돌하지 않게 조화시켜 잘 설명하는 것이었다.[6]

---

3. '종합'이란 작은 조각들을 모아 큰 하나 혹은 전체를 만드는 작업을 의미한다. 복음서 간에 많은 부분들이 일치하기 때문에 복음서 사이의 차이점들이 전체의 어느 부분에 속하는 것인지를 결정하여 예수의 생애를 재구성하려고 하는 작업이 '종합'이다.
4. 그 예를 우리는 서기 170년경의 것으로 추정되는 타티안(Tatianus)의 디아테싸론(Diatessaron)에서 볼 수 있다. 타티안은 복음서 네 개의 내용을 사건별로 종합하여 하나의 종합복음서를 만들었는데 그것이 디아테싸론이다.
5. '조화'란 종합을 위하여 하나를 다른 것에 충돌하지 않도록 설명하는 방법을 말한다. 이렇게 하기 위하여 먼저 복음서 사이의 차이점을 비교하여 전체적인 그림을 그릴 수 있는 것을 선택한 후 차이점을 이 그림에 맞추어 설명하는 것이다. 이 경우 조화적 해석이 적용되는 부분은 문자가 표현하는 것과는 다른 의미로 설명된다. 우리에게 남아 있는 자료만을 토대로 하면 서기 3세기경 암모니우스(Ammonius)가 최초로 이 조화의 방법을 사용하여 복음서를 종합적으로 연구한 사람이다.
6. 이 시기에 공관복음서 문제에 가장 큰 영향을 끼친 사람들은 암모니우스, 유세비우스, 오리겐, 어거스틴 등이다. Baarda, *Vier=Een*, 30; R. H. Stein, 『공

복음서 사이의 일치점도 공관복음서 문제가 해결해야 하는 중요한 한 부분이다. 다른 사람들이 다른 시대에 다른 장소에서 각각 기록한 것이라면 같은 예수님에 관한 기록이라도 요한복음에서 읽을 수 있는 것처럼 상당히 다를 것으로 예상된다. 그런데, 공관복음서는 수록하고 있는 말씀, 사건, 내용의 배열, 용어, 문장, 심지어 문단까지 많은 부분에서 서로 일치하기 때문이다. 이 점을 설명하기 위해 적지 않은 교회 지도자들이 일찍부터 공관복음서 사이의 문서적 의존관계를 가정하였다. 예를 들면 어거스틴은 마가복음이 마태복음을 요약한 것이라고 보았다. 하지만 복음서 간의 일치점은 하나의 복음을 반영하는 당연한 것으로 생각되었기 때문에 일치점보다는 차이점에 사람들은 더 큰 관심을 가졌고 이 차이점들을 무리 없이 설명하고자 노력했다.

공관복음서 연구에 큰 변화가 나타난 것은 계몽주의와 실증주의의 영향이 교회와 그 교리를 흔들고 신학자들의 사고와 연구에 깊은 흔적들을 남기기 시작한 18세기 후반이었다. 이들은 당시 기독교 교

관복음서 문제』, 김철 역 (서울: 솔로몬, 1995), 13-19을 보라. 조화를 통한 종합적 방법이 이 시기에 복음서 연구의 주도적 흐름이었음은 학자들이 남긴 복음서 주석의 제목을 통해서도 알 수 있다. 예를 들면 어거스틴은 그의 공관복음서 주석에 *De Consensu Evangelistarum*(복음서 저자들의 일치)라는 제목을 사용했다. 조화, 동의, 일치(*Harmonia, Consonantia, Symphonie, Concordia*) 등의 용어를 책 제목으로 사용한 공관복음서 주석서를 도서관에서 발견하기란 결코 어려운 일이 아니다. 초대 교회의 방법에 대해서는 Merkel, *Die Pluralität der Evangelien als theologisches und exegetisches Problem in der Alten Kirche*을 참고하라. '조화' 혹은 이와 유사한 제목들은 18세기말까지 사용되었고 지금도 가끔 사용되고 있다.

리의 출처인 성경을 파고들었다. 그들은 성경의 초자연적 요소들, 실
증할 수 없는 종교적 체험과 이적을 부정하였다. 이를 위해 이들은
성경의 특징들을 하나 둘 날카롭게 들추어내었는데 공관복음서 사
이의 차이점과 일치점은 이들에게 더 없이 좋은 자료였다. 차이점들
은 이들에 의해 '충돌,' '상충'이란 이름을, 일치점들은 '편집,' '복사'
등의 별명을 얻게 되었다.

공관복음서 문제가 신약학계의 초점으로 등장한 이후 오늘에 이
르기까지 200여 년간 공관복음서 사이의 차이점과 일치점을 설명하
기 위해 헌신한 신학자들은 수없이 많았다. 그리고 그들이 제안한 학
설도 일일이 다 거론할 수 없을 정도로 다양하다. 제목만 열거해 본
다면 중요한 학설들은 원복음서설 혹은 아람어 복음서설,[7] 조각설 혹
은 단편 자료설,[8] 구전설,[9] 문서의존설 등이다. 문서의존설은 어느 복
음서를 최초의 복음서로 간주하느냐에 따라, 복음서 상호 간의 문서

---

7. 레싱(G. E. Lessing), 아이히호른(J. G. Eichhorn), 로베(M. Lowe), 플루서(B. Flusser), 미햐엘리스(W. Michaelis) 등이 주장한 것으로 처음에 아람어로 된 최초의 복음서가 있었고 이것이 헬라어로 번역 회람되고 있었는데 이것을 자료로 사용하여 공관복음서 저자들이 독자적으로 복음서를 썼다는 학설이다.
8. 파울루스(H. Paulus), 슐라이어마허(F. Schleiermacher), 레옹-듀퍼(X. Leon-Dufour), 건드리(R. G. Gundry), 낙스(W. L. Knox) 등이 주장한 것으로서 복음서 저자들은 예수님의 생애와 말씀에 대한 여러 단편으로 된 자료들을 이용했을 것이라는 학설이다.
9. 헤르더(G. Herder), 기슬러(J. K. L. Gieseler), 벳첼(G. Wetzel), 라이트(A. Wright), 두버(J. W. Doeve), 게히터(P. Gaechter), 웨스트코트(B. F. Westcott) 등이 주장한 것으로 복음서 저자들은 각각 독자적인 구전을 이용했다는 학설이다.

적 의존관계를 어떻게 보느냐에 따라, 각 복음서의 자료들을 무엇으로 간주하느냐에 따라 다시 수많은 가설로 갈라진다.[10] 각 학설은 때로는 나름대로의 장점을 가졌는가 하면, 때로는 엄청난 신학적 문제를 야기했다. 신학자들 모두가 동의하거나 동의할 만한 학설은 아직 발표되지 않았고, 공관복음서 문제의 연구는 세계 도처에서 끊임없이 아직도 계속되고 있다.

그러나 20세기 후반으로 들어오면서 신약학계는 대체적인 합의점에 도달했다. 공관복음서 사이의 일치점은 '문서적 의존관계'로, 공관복음서 사이의 차이점은 편집비평의 관점에서 '복음서 저자들의 신학' 혹은 '그들이 속해 있던 교회의 독특한 상황에 대한 신학적 답변'으로 설명하는 것이다. 그런데 양식비평에 강조점을 두는 신학자들은 이 차이점을 복음서가 문서화되기 이전의 구두 전승시기에 주변 세계의 영향을 받아 자연스럽게 만들어진 것으로 설명한다.[11]

현 신약학계의 주도적인 흐름은 마가복음 우선설에 근거한 문서 의존 학설이다. 신학자들은 마가복음이 최초로 기록된 복음서이며, 마태복음과 누가복음은 각각 이 마가복음을 이용하여 복음서를 저작한 결과라고 설명한다. 마태복음과 누가복음의 저술을 위해서는

---

10. A를 B가 자료로 사용하였다를 A>B로 표기하여 다양한 학설들을 대략 소개하면 다음과 같다. 마>막; 막>눅, 마>눅; 마+눅>막, 막>마<Q; 막>눅<Q, 마>눅, 막>눅>마, 눅>마>막, 눅>막>마 등. 이 문제에 관하여 안병철, 『새로운 시각으로 살펴본 공관복음문제』를 보라.

11. 초기 양식비평가들은 단순히 공관복음서 사이의 차이점을 설명하는 것으로 그치지 않고 공관복음서의 내용이 초대 교회 시절에 창조된 것으로 설명하기도 하였다.

마가복음 이외에도 다른 공통 자료가 사용되었을 것으로 신학자들
은 추정하는데, 이 가상의 자료에 그들은 Q라는 이름을 붙여 놓았
다.[12] 마가복음과 Q가 마태복음과 누가복음의 자료였다고 가정하는
가설을 보통 '두문서설'로 부른다. 마태복음과 누가복음의 저술을 위
해 마가복음과 Q 이외에 마태복음에만 등장하는 내용을 위해 사용
된 자료(M)와 누가복음에만 등장하는 내용을 위해 사용된 자료(L)가
사용되었다고 가정하는 가설은 '네문서설'이라 부른다.[13]

---

12. Q는 독일어 *Quelle*의 첫 글자이다. 마태복음과 누가복음의 공통된 내용에서
   마가복음과 공통된 내용을 뺀 나머지 부분, 즉 마가복음에는 없지만 마태복
   음과 누가복음이 공통으로 가지고 있는 내용을—이것이 같은 자료에서 왔
   을 것으로 추측하며—Q라고 이름 붙인 것이다. S. Schulz, *Q-Spruchquelle der
   Evangelisten* (Zürich: Theologischer Verlag, 1972)를 보라. Q란 가상의 문서를
   지시하는 명목상의 이름, 즉 "마태복음과 누가복음의 공통 자료에 대한 편
   리한 상징"일 뿐이다(Guthrie, 『신약서론(상)』, 143을 참고하라). Q가 구체적
   으로 무엇인지에 관해서 세부적인 면으로 들어가면 학자들은 서로 다른 소
   리를 내고 있다. Q를 기록된 문서로 보지 않고 구전의 형태로 보는 학자들
   도 있다.
13. 이것은 큰 윤곽으로 볼 때의 일치점일 뿐, 세부적인 사항으로 들어가면 다양
   한 이론이 존재한다. 즉 마태복음과 누가복음이 사용한 것으로 주장되는 마
   가복음이 지금 형태의 마가복음인지 아니면 그 이전의 원마가복음인지, Q
   의 범위는 어디까지인지, M과 L이 문서자료인지 아니면 구전 자료인지 등
   에 대하여 다양한 이론이 전개된다. 다양한 이론이 각기 다르게 전개되는
   것 때문에 공관복음서 문제에 대한 연구를 '혼란상'이라고 표현하는 학자
   들도 있다. 예를 들면, SNTS(The Society for New Testament Studies)의 공관
   복음서 문제 세미나(the Synoptic Problem Seminar)의 활동을 주목하던 웬함
   (John Wenham)은 모든 회원들이 모든 관점에서 서로 다르게 생각했기 때문
   에 1982년 이 그룹이 해체하면서 "12년 동안 한 주제에도 일치된 견해를 찾
   지 못했음"을 실토하는 것을 보고 자신의 견해를 별도로 *Redating Matthew,
   Mark and Luke*이란 제목의 책으로 출판하였다(Downers Grove: IVP, 1992).

소수의 신학자들이 두문서설이나 네문서설에 불만을 표시하며 소위 '그리스바흐 가설' 혹은 마태복음 우선설이라고 불리는 가설을 주장하고 있다. 이것은 마태복음이 최초의 복음서이고, 누가복음은 마태복음을 사용하여 저술했고, 마가복음은 앞 선 두 복음서를 자료로 사용했다는 가설이다.[14]

복음서 형성에 관한 관점은 다르지만 신학자들은 그들의 가설에 근거하여 각 양식들이 정형화된 역사적 정황을 찾고, 각 복음서의 자료와 특징을 분석하며 이에 근거하여 각 복음서의 신학, 최초 독자들의 상황, 저자의 의도를 찾는 방향으로 연구를 활발하게 계속하고 있다.

2) 소수의 반발

전 세계를 덮고 있는 신약학계의 조류, 이 절대 대세에 편승하지 않는 신학자들도 있다. 특히 한국에서는 문서설 자체에 의문을 품고 있는 신학자들이 적지 않다. 드러내 놓고 반대하는 학자들이 있는가 하면, 유보적인 입장을 취하고 학계의 추세를 지켜보는 학자들도 있다. 그 이유는 여러 가지일 수 있겠지만 중요한 몇 가지만 언급해 본다.

첫째, 18세기 말부터 문서의존설이 고개를 들기 시작했을 때 학자들이 취한 교회와 교리, 성경의 권위를 파괴하려는 공격적인 태도

---

14. 오웬(H. Owen), 그리스바흐(J. J. Griesbach), 튀빙엔학파(Tübingen school), 마이어(F. Meyer), 버틀러(B. C. Butler), 프라이(R. M. Frye), 파머(W. R. Farmer), 오처드(J. B. Orchard) 등이 주장했다.

를 잊지 못하기 때문이다. 성경의 권위를 지킴으로 교회와 교리, 기
독교적 삶을 보존, 지속시키려고 애쓰는 신학자들은 성경의 절대성,
영감성, 무오성을 방패로 붙들고 있었다.[15]

    둘째, 역사비평 방법과 그 결과로 제안된 결론들이 공관복음서
문제에 관하여 아직 만족할 만큼 충분한 설명을 제공하지 못하기 때
문이다. 그 결론들은 아직은 추측이며 가설에 지나지 않는다. 그래서
검증되지 않은 가설을 무작정 따르거나, 추측이나 가설에 의존하여
성경을 읽기보다는 초대교회 시절부터 전해져 내려오는 전통적 설
명 뒤에 숨어 있는 것이 더 안전하다고 생각하는 사람들이 있을 수밖
에 없다.[16]

---

15. 1999년 2월 24일자 기독신문에 게재된 권성수 교수의 글 "역사비평-개혁주
    의 관점에서"는 역사비평 방법이 처음 출현했던 시절의 분위기를 알려준다.
    그러나 그의 글은 기독교에 대한 악의적 비평가들이 교회를 떠나고 더 이상
    성경을 자료로 사용하지 않는 19세기 후반 이후, 특히 20세기 후반기의 역
    사비평적 방법의 전환, 이 방법을 사용하는 학자들의 관심과 태도, 성향과
    그 연구 결과들에 관한 파악은 결여하고 있다. 그의 글은 모든 신학자들을
    18세기의 단면에서 일방적으로 비방하는 듯이 보인다. 그렇지만 다른 면에
    서 보면 그는 명목상으로는 역사비평을 전체적으로 부정하는 것처럼 보이
    지만 사실은 부분적으로나마 역사비평의 장점 혹은 가능성을 인정하고 있
    다. 그렇다면 그의 글은 성경의 역사비평 방법을 통째로 거부하는 것이기보
    다는 성경의 절대성을 허무는 몇 가지 전제들, 그리고—지금은 누구에게나
    알려져 있는—역사비평 방법의 과격하고 총괄적인 적용만을 반대하는 것으
    로 보인다.
16. Lindemann, 『공관복음서 연구의 새로운 동향』, 28은 많은 학자들의 이러한
    경향을 다음과 같이 비평했다. "세부적인 면에서 제기되는 문제들이 복잡해
    지면 사람들은 문제의 해결이 전혀 불가능하다는 확언으로 돌아가 버리며,
    엄밀한 탐구 대신에 일반적인 기본 가정과 틀에 박힌 설명을 할 뿐이다."

셋째, 대부분의 학자들이 수용하고 있는 문서의존설이 공관복음서 문제에 대해 어느 정도 그럴듯한 답을 제공하기는 하지만 이 가설은 공관복음서의 역사적 진정성을 의심하게 되는 신학적 문제를 야기하기 때문이다. 이 신학적 문제에 수긍할 만한 대책이 세워지지 않는 한, 문제 하나를 풀기 위하여 더 큰 문제를 떠안을 수는 없는 것이다.[17]

위에서 제시한 첫 번째 이유는 역사비평 방법론이 처음 등장했을 때에는 아마도 옳았을 것이다. 그러나 지금은 꼭 옳다고 할 수만은 없다. 왜냐하면 공관복음서 문제를 연구하는 데 성경에 대한 이런 부정적, 공격적인 태도, 즉 성경의 무오성, 영감성의 포기가 필수적으로 요청되는 것은 아니기 때문이다. 이 점은 당시에는 전혀 밝혀지지 않았었다. 그러나 공관복음서 연구가 진행되는 과정에서, 그리고 학문의 제 영역이 서서히 교회의 권위를 벗어나는 과정에서 절로 드러난 것이었다.

오늘날 공관복음서 연구를 위해 역사비평 방법론을 사용하는 신학자들은 과거에 교회의 권위로부터 자유를 외치며 고의적으로 공관복음서 문제를 무기로 사용했던 그런 비평자들과는 다르다. 기독교 신앙에 대한 악의적인 공격자들은 더 이상 성경을 그들의 공격무기로 사용하지 않고 이제는 천문학, 지질학, 고고학, 생물학 등 다른 학문을 주 무기로 사용하고 있다. 현대에 역사비평 방법론을 사용하

---

17. C. Blomberg, *The Historical Reliability of the Gospels* (Leicester: IVP, 1987)을 보라. 이 책은 신학자들이 공관복음서 문제를 해결하려고 애쓰는 과정에서 번번이 무시되어 온 복음서의 역사적 진정성을 변호하려는 시도이다.

여 공관복음서 문제를 연구하는 신학자들 중에는 그들 나름대로 공관복음서를 더 잘 이해하고 그렇게 내려지는 결론으로 기독교인의 신앙과 삶을 고무하려는 숭고한 목적의식을 가지고 있는 학자들도 있다. 그들 중에는—나중에 자세히 거론하겠지만—공관복음을 영감된 절대 무오한 하나님의 말씀으로 믿으면서도 문서설을 받아들이는 신학자들이 적지 않다.

따라서 이렇게 말할 수 있을 것이다. 성경을 절대 무오한 영감된 말씀으로 믿는다는 것이 문서설을 외면하거나 금기시하는 이유, 또는 공관복음서 문제 자체를 아예 피해 가는 적절한 이유가 되지 못한다. 이것은 성경관이 오히려 성경연구를 방해하는 꼴이기 때문이다. 공관복음서에 관한 문서설은 18세기 구자유주의가 등장하기 훨씬 이전인 초대교회 시절부터 있던 것이다! 그 시절에는 성경의 영감을 믿으면서도 공관복음서 문서설을 가질 수 있었던 것이다.

내 생각으로는 절대적 성경관을 따르는 사람들이야말로 공관복음서 문제 연구에 정말 헌신해야 할 충분한 이유를 가진 사람들이다. 영감된 하나님의 말씀인 바로 그 복음서들 사이에 크고 작은 차이점들이 있고, 베꼈다거나 이용했다고 하는 평을 들을 정도의 일치성이 있기 때문이다. 공관복음서 문제는 초대교회 시절부터 누구도 무시할 수 없는, 특히 성경을 하나님의 무오하고 영감된 말씀으로 받아들이는 사람들이 마땅히 직면해야 할 과제이다. 공관복음서 사이의 차이점 및 일치점의 문제에 대한 고전적인 설명만으로는 성경에 대한 외부의 공격을 멎게 하고 성경의 권위를 방어하기 어렵기 때문이다.[18] 그러므로 성경을 존중하는 사람은 공관복음서 문제를 더 열심히 연구해야 한다.

공관복음서 문제에 대한 대다수 신학자들의 가설과 그들의 결론에, 그리고 이 결론에 근거한 공관복음서 본문 주해에 내가 동의하지 않는 더 큰 이유는 위 두 번째와 세 번째 이유 때문이다. 즉 공관복음서 사이의 일치점과 차이점에 대한 충분한 설명이 제공되지 않았을 뿐 아니라 해결하기 더 어려운 엄청난 문제들을 파생시켜 복음서의 권위와 가치를 흔들어 놓는다는 데 있다. 이렇게 된 원인은 공관복음서 문제의 이해에 있어서 반드시 가장 중요하게 고려되었어야 할 목격자들의 역할이 거의 혹은 전적으로 무시되었기 때문이다. 이 때문에 사건의 목격자들에 의하여 공관복음서 상호 간의 차이점과 일치점이 만들어졌을 수 있음을 간과하고 차이점과 일치점이 오로지 복음 전승의 과정이나 공관복음서의 저자들에게서 발생한 것처럼 오해하게 되었던 것이다.

신학자들이 문서설을 손쉽게 채택하는 이유는 공관복음서 문제를 설명할 적절한 방법이 달리 없다는 데 있다. 종합적 방법도 조화적 설명도 충분하지 못했다. 1700여 년간 교회 지도자들이 노력한

18. 한국에서도 공관복음서 문제는 더 이상 기독교인들만의 비밀이 아니다. 교회 밖의 사람들도 그 중 한두 개쯤 알고 있을 뿐만 아니라 성경을 절대시하는 기독교인들을 비난, 공격하여 성경의 권위를 일축하는 자료로 사용하기도 한다. 예를 들면 1998년 10월 12일(월)자 중앙일보의 "분수대"는—이 신문의 대부분의 독자들이 성경에 친숙한 사람들이 아님에도 불구하고—가룟 유다의 배반과 그의 최후에 대한 기록이 마태복음, 누가복음, 요한복음 그리고 사도행전에 각기 다르게 기록되어 있다는 것을 지적했다.

결과가 만족스럽지 못하자 갑자기 이런 방법을 포기하기에 이르렀고 이와는 전혀 다른 설명 쪽으로 옮겨간 것이다. 하지만 문서의존설 외에는 다른 대안이 없고 몇몇 문제점이 있기는 하지만 그런 대로 공관복음서 문제를 가장 잘 설명할 수 있다는 사실만으로는 그러한 문서의존설이 공관복음 탄생의 실제 역사를 가장 보여주는 가설이라는 증거가 될 수는 없다. 모든 가능한 부분들을 다 관찰하여 내려진 결론이라면 그들의 가설과, 결론에 동의하지 않을 사람은 아마 없을 것이다. 그러나 명백한, 아주 중요한 부분이 무시된 채로 주장된 문서의존설은 부실한 가설일 수밖에 없다.

문서설은 가볍지만은 않은 전제를 가지고 있다. 그것은 언어학적인 성격의 것으로서 "언어의 유사성은 유사한 자료를 나타내며 유사점이 없으면 유사한 자료가 아님을 의미한다."는 것이다.[19] 문서설은 각 복음서의 저자가 순수한 자신의 기억에 의존하여 복음서를 썼을 때에는 지금의 공관복음서가 만들어내는 것과 같은 일치점과 차이점의 현상이 발생하지 않을 것이라고 가정하고 있다. 문서적 의존관계가 없는 복음서들은—복음서 저자들이 동일한 구전을 알고 있었다고 하더라도—요한복음처럼 아주 다른 형태의 복음서들이 될 수밖에 없음을 전제하는 것이다. 이 전제들이 정말 옳은 것일까?

현대 문서설에는 학자들의 심리적 경향성도 포함되어 있다. 문서설을 가설로 받아들여 이를 증명하고자 복음서를 관찰하기 시작하면—지적 타성에 의해—누구나 점점 더 깊이 그 속으로 빠져 들어가

---

19. Guthrie, 『신약서론(상)』, 130.

관찰을 위해 사용한 가설을 사실로 확신하게 된다. 그뿐만 아니라 학자들은 종종 자신의 가설을 복음서의 모든 부분으로 확대 적용하고 싶은 유혹에 빠져든다. 그러다 보면 자신의 가설이 적용되기 어려운 본문에도 무리를 가하게 되는데, 이런 경향은 역사비평 방법에서도 자주 발견된다.

공관복음서 문제에 대한 현대적 해법, 즉 문서의존설과 역사비평 방법론은 다른 설명을 찾을 수 없다는 점 때문에 많은 학자들의 공감과 지지를 받았고 그 결과로 마치 다른 설명은 아예 있을 수 없거나 있어서는 안 되는 것으로 오해되고 있다. 즉 공관복음서 상호 간의 일치점을 "동일 자료의 복사"에 의한 결과로 설명하고, 공관복음서 상호 간의 차이점을 "초대교회의 특수한 삶의 정황"이나 "복음서 저자들의 신학"으로 설명하며, 이외의 설명은 비학문적이고 불가능하다고 여기는 신학적 거품이 신학계를 지배하고 있다. 모든 다른 가능성이 배제되어 있는 것이다.[20] 이것은 신학적 과욕이다. 공관복음서 문제의 연구가 다른 모든 가능성을 막아 버리는 쪽으로 움직여서는 안 된다. 오히려 우리는 좀 더 넓게 공관복음서 문제에 대해 우리가

---

20. 본서 제2장 각주 1에 언급한 린데만(Lindemann)의 글도 이런 조소를 함축하고 있는 것이다. 그는 신약신학계가 오랫동안 걸어온 길을 그냥 가면서 문제를 해결하는 것이 더 바람직하다는 견해를 제시하고 있다. Blomberg, *The Historical Reliability of the Gospels*, 8는 공관복음서 문제를 조화적으로 관찰하려고 하는 사람들에게 현 신약학계가 비평의 시각을 가지고 있음을 지적했다. 그는 중요한 역사적 기록에 흔히 상충되는 것처럼 보이는 부분들이 얼마든지 발견되며, 이를 조화적으로 관찰하는 것은 당연한 방법임을, 그리고 다른 사건들이 같은 사건처럼 소개되거나 같은 사건에 대한 기록이 전체 사건의 부분적 특수한 기록일 경우가 많음을 지적했다.

아직 모르는 다른 가능성의 길을 예상하며 하나하나 더듬어 갈 수 있어야 할 것이다.

나의 판단으로는 공관복음서 문제 연구사에 목격자들의 존재와 기능, 그들의 역할이 진지하게 고려된 적이 없었다. 예수의 생애 이후 약 30년간으로 계산되는 '문서로 기록되기 이전의 시기', 즉 구전의 시기에 대한 관심과 연구가 전승비평이나 양식비평의 이름으로 진행되고 있지만 학자들의 관심은 주로 전승의 방법과 주변의 상황에 집중되어 있다. 내가 관심을 가지는 부분은 복음서가 보도하는 사건의 목격자들이 전승의 발생과 전달에 과연 어떤 역할을 했느냐는 것이다. 우리가 이 부분을 좀 더 정확하게 조명할 수 있다면 위에 언급한 문서의존설의 언어학적인 전제들을 더 이상 신봉하지는 않을 수 있다.

3) 양식비평의 득과 실

공관복음서 문제 연구의 획기적인 전환점은 양식비평(Formgeschichte)의 대두였다. 공관복음서 문제를 해결하기 위한 학자들의 노력이 19세기 말 자료설, 문서의존설로 결실을 맺어 가는 동안 곧 그 연구의 한계점이 드러났다. 양식비평의 대두 이전의 자료설은 복음서 저자들의 역할을 그들에게 전해진 자료를 적당하게 배열하는 순수 편집자 정도로 인정했었는데[21] 이러한 관점에서는 복음서를 갈기갈기 쪼개어 놓을 뿐, 차이점이나 일치점에 관해 설득력 있는 설명이

---

21. Ladd, *The New Testament and the Criticism*, 162를 보라. 그는 이 역할을

불가능했기 때문이다. 그들이 할 수 있었던 최선의 것은 "아직 만족
스럽게 설명되고 있지 못한 마가복음의 초기 양식(원마가복음)을 제시
하거나 Q자료 가설의 전체 구조를 더욱 약화시킬 뿐인 Q자료의 복
합성 이론 정도가 고작이었다."고 거스리는 평했다.[22]

양식비평은 이 약점을 보완하기 위하여 복음서의 자료가 만들어
지는 시대 즉 예수의 부활 후 30여 년간의 구전시기에 관심을 가졌
고 이 자료들이 어떻게 발생하고 정형화되었는지를 설명하려 했다.
루돌프 불트만으로 대표되는 양식비평가들은 구전 전승의 시기에는
수난 기사들을 제외한 모든 내용들이 독립된 설화 및 교훈의 형태로
전해지고 있었다고 믿었기 때문에, 우선 복음서 자료들을 각 문학 양
식에 따라 분류했고, 각 자료들의 발생, 전달, 보존의 과정에 초대 교
회의 실제적 필요가 그 핵심 요인으로 작용했다고 지적했다. 학자들
에 따라 강도가 다소 다르기는 하지만 전승의 역사적 가치는 대개 부
정되었다. 초대 교회의 구체적인 삶의 정황을 찾고 그 속에서 전승의
법칙을 발견함으로써 전승의 원래 양식 혹은 역사적 예수의 모습에
도달하고자 노력한 것이 양식비평의 목적이었다.[23] 이 작업은 복음서
의 내용들 중에서 초대 교회로부터 자라났거나 덧붙여진 것으로 판
단되는 것을 하나씩 지워 가는 것이었다. 이 과정을 통해 확실한 예
수의 모습, 예수의 생애와 교훈만이 남겨질 수 있다고 믿었던 것이

'scissors-and-paste editors'(오려 붙이는 편집자)라고 표현했다.

22. Guthrie, 『신약서론(상)』, 175.

23. E. B. Redlich, *Form Criticism* (London: Duckworth, 1959), 33 이하의 "양식비
      평의 전제들"을 참고하라.

다.[24]

양식비평이 복음서 이전의 시대에 눈을 돌리고 공관복음서 문제를 복음의 발생과정에서부터 관찰하도록 학자들을 자극한 것은 양식비평의 큰 공헌이었다. 그러나 복음서의 탄생 과정에서 당연히 기대할 수 있는 사건의 목격자들의 존재와 역할,[25] 그들의 흔적을 고의적으로 배제하고,[26] 그 대신 초기 기독교 공동체의 역할과 필요를 극대화하며 복음서에 기록된 내용의 사실성 자체에 의문을 제기한 것 등은 양식비평의 약점이었다. 이 시기에 복음의 발생, 전승, 보존, 복음서의 탄생을 알려주는 자료가 극히 제한되어 있어서 양식비평가들은 대부분의 연구를 학적 기반이 되기 어려운 그들의 상상력에 의존할 수밖에 없었다.[27] 연구자의 추측과 추론이 양식비평의 유일한 무기였다. 그들은 이 무기를 사용하여 확인하기 어려운 초기 기독교 공동체의 창조적 역할을 고안해 내었고, 예수의 생애와 가르침에 관한 전승을 기독교 공동체들이 마음대로 두들겨 만들어 낸 산물로 규

24. D. Seeley, *Deconstructing the New Testament* (Leiden: E. J. Brill, 1994), 13.
25. Guthrie, 『신약서론(상)』, 213을 보라. 그는 양식비평의 약점을 "공동체의 역할에 대해서는 지나치게 강조해온 경향이 있는 반면 공식적인 전승 보존자들의 역할에는 충분한 주의를 기울이지 않았다."고 지적했다. 뿐만 아니라 이것을 초기 양식비평가들의 "최대의 오류"라고 불렀다(222).
26. D. E. Nineham, "Eye-Witness Testimony and the Gospel Tradition I," *JTS* 9 (1958), 13-25를 보라.
27. Guthrie, 『신약서론(상)』, 176을 보라. Guthrie는 188쪽에서 양식비평의 결정적인 실패 원인이 "어떻게 본래의 예수가 후기의 기독교 공동체에 의해 '채색'되었는가 혹은 그들의 관점에 맞게 '각색'되었는가"를 설명하지 못한 것이라고 지적하며 "기독교 공동체가 오히려 예수님의 진정한 가르침에 의해 '채색'되었다고 믿는 것이 훨씬 더 신빙성이 있지 않겠는가?"라고 반문했다.

정하고 말았다. 그리하여 양식비평가들은 공관복음서 사이의 일치점
및 차이점을 규명하는 것보다 더 어려운 과제 즉 복음전승의 신빙성
의 문제를 불러 일으켰던 것이다. 양식비평이 이러한 문제를 야기한
것은 복음전승 과정에서 목격자들의 역할을 배제하고 전승을 예수
에게로 연결하지 않았으며, 그들이 증명할 수 없는 초대 교회의 역할
을 과장했기 때문이다.

4) 편집비평의 득과 실

양식비평이 공관복음서 문제에 대한 해결책을 제시하지 못하고
오히려 복음서를 더 이해하기 어렵게 만들뿐 아니라 복음서의 역사
적 신빙성 자체에 의문을 제기한 것에 자극 받아 20세기 후반에 편
집비평(*Redaktionsgeschichte*)이 대두했다. 편집비평은 복음서의 저자들에
게 초점을 맞추어 각 복음서의 특징, 복음서 사이의 차이와 일치 현
상을 설명하고 그 이유를 밝히려는 연구이다.

편집비평가들은 복음서의 저자들을 단순한 편집자로 보지 않고
복음서의 실제 저자로 본다. 그들은 복음서 저자들이 그들에게 전해
진 전승을 그들의 필요에 맞게 재배열하거나 새로운 문맥에 사용하
고 혹은 필요한 수정을 가했다는 의미에서 창조적 기능을 가진 편찬
자로 규정한다.[28]

편집비평을 따르면 복음서의 내용은 전승된 것과 편집된 것(혹은

---

28. 이런 이유로 신학자들은 *Redaktor*(= editor)란 단어보다 *Komponist*(=
composer) 혹은 author를 더 선호한다. Ladd, *The New Testament and Criticism*,
162; D. Senior, *What are They Saying about Matthew* (New York/Ramsay:

편찬 요소)으로 구분된다. 공관복음서 사이의 일치점은 복음서 저자들이 그것을 전승에서 넘겨받았음을 혹은 그들이 사용했을 것으로 추측되는 자료에서 가져왔음을 알려주는 것이다. 이 전승은 개별적인 이야기나 단편적인 가르침으로 복음서에 삽입되어 있는데,[29] 역사적 예수에게로 귀속될 수 있다.[30] 공관복음 사이의 차이점들은 복음서 저자들이 나름대로 창작한 것 내지 첨가한 것이라고 설명된다. 그들은 복음전승을 기록하면서 자신의 의도대로 자료들을 배열하고 독특한 자료를 첨가하기도 했다. 따라서 차이점 내지 편집 요소들을 면밀히 분석하면 복음서 저자가 저작에 임했던 상황 즉 저작 동기, 복음서의 독자, 그 독자의 상황 등을 찾아낼 수 있고, 저작의 이유와 목적, 저자 자신의 독특한 강조점이나 신학사상을 파악할 수 있다고 주장했다.

Paulist, 1995), 2; D. E. Garland, *The Intention of Mathew 23* (Leiden: E. J. Brill, 1979), 4를 보라.

29. G. Bornkamm, "The Stilling of the Storm in Matthew," in *Tradition and Interpretation in Matthew*, ed. by G. Bornkamm, G. Barth, and H. J. Held (London: SCM, 1982), 57.

30. 예를 들어 H. D. Betz, *Studien zur Bergpredigt* (Tübingen: Mohr, 1985), 17. 양식비평과 편집비평을 함께 사용하는 신학자들은 전승을 곧바로 예수님에게로 연결하기를 거부한다. 전승의 대부분이 초대교회의 필요에 의해 새로이 만들어졌거나 원-전승이 수정되었다고 보기 때문이다. 즉 편집된 것으로부터 전승을 구분하여 확인한다고 하더라도 이 전승의 정체를 찾기 위해 양식비평을 사용해야 한다는 것이다. 이 경우 복음서에서 전승을 구분하는 것과 예수에 관한 원-전승 즉 역사적 예수의 삶과 가르침에 관한 것을 찾는 것은 다른 문제로 남는다. 역사적으로 편집비평이 양식비평으로부터 자라났지만 양식비평적 연구를 거부하는 신학자들도 있다. 이들은 대개 보수적인 경향을 지닌 편집비평 학자들로 전승을 바로 예수에게로 연결하고 싶어 한다.

하지만 편집비평이 당면한 과제는 어디까지가 전승된 내용이며 어디까지가 복음서 저자의 편집적 작업에 속하는가를 파악하는 데에 있다. 이 질문에 대한 답은 아직 완벽하게 나오지 않았다. 신학자들의 분석과 판단에 따라 상이한 답이 다양하게 발표되고 있다. "전승된 유형과 저자에 의해 만들어진 유형의 구분을 위한 믿을 만한 기준이 아직 없다."[31] 편집 작업과 전승을 구분하는 통일된 근거가 아직 마련되지 않았다면 이런 혼란된 상태에서 일단 작업을 중단하고 그 기준을 찾기 위해 다시 양식비평으로 돌아가야 하는가?

편집비평에는 두 가지 조류가 있다. 이 두 조류는 양식비평에 대해 어떤 태도를 가지느냐는 것이 결정적인 요인으로 작용한다. 양식비평적 방법을 포기하지 않고 복음서에 편집비평을 적용하는 신학자들은 편집비평을 각 복음서의 특징, 신학, 저자와 독자의 상황을 분석하는데 사용한다. 편집비평가에 의하면 복음서의 차이점들은 소위 '세 번째 삶의 정황'(복음서 저자의 삶의 정황)을 보여주는 것이다.[32] 양식비평은 전승의 법칙을 원전승과 교회의 전승을 구분하고 역사적

---

31. H. Frankemölle, "Evangelist und Gemeinde. Eine methodenkritische Besinnung(mit Beispielen aus dem Matthäusevangelium)," *Biblica* 60 (1979), 166, 178.

32. 복음서의 분석으로부터 발견할 수 있다고 주장되는 첫 번째 삶의 정황(*Sits im Leben*)은 예수의 삶의 정황을, 두 번째 삶의 정황은 예수에 관한 전승을 수집, 사용, 전달한 초대 교회의 삶의 정황을, 세 번째 삶의 정황은 전승을 복음서에 기록한 저자의 편집자적 삶의 정황을 의미한다. 이것에 관해 J. Jeremias, *The Parable of Jesus*, rev. ed. (London: Pearson, 1982), 17; W. Trilling, *Das wahre Israel* (München: Kösel, 1964), 13; G. Strecker, "The Concept of History in Matthew," in *The Interpretation of Matthew*, ed. by G. N.

예수를 발견하려는 데 사용된다. 이 경우 양식비평이 부각시킨 복음 전승의 탄생, 전달 과정, 그리고 전승의 역사적 진정성의 문제는 여전히 큰 과제로 남는다.

양식비평에 별로 관심이 없거나 명백하게 부정적인 태도를 표명하며 복음서를 이해하고 그 차이점과 일치점을 설명하는 도구로 편집비평(떤)을 사용하는 신학자들이 있다. 이들은 복음서를 전승된 내용과 복음서 저자의 편집 내지 편찬 작업으로 나누기는 하지만 전승의 배후로 돌아가 원-전승을 찾거나 역사적 예수의 모습을 재구성하려고 하지 않는다. 그들은 기록되어 있는 확실한 문서로서의 복음서를 관찰하고 필요한 답을 찾으려 하기 때문이다. 그들은 양식비평이 편찬자의 역할을 다른 기독교 공동체나 다른 신학적 기류에 대해 고의로 반발하여 전승에 반영한 것처럼 "과대 강조"하고 있다고 느낀다.[33] 편집비평가들이 관심을 가지는 것은 사실은 복음서 전체이다. 이들을 따르면 전승으로 확인되는 복음서의 부분도 "역시 편집자의 책임하에 있었다."[34] 따라서 편집부(편집 작업 내지 편집 요소)는 그가 사용한 자료나 전승의 편집 부분에만 적용되는 말이 아니라 복음서에 포

Stanton (Philadelphia: Fortress, 1983), 68-9를 보라.

33. M. J. Suggs, *Wisdom, Christology and Law in Matthew's Gospel* (Cambridge Mass.: Harvard. University Press, 1970), 33. 공관복음서 사이의 차이점에서만 복음서 저자의 신학을 추출하려는 경향에 대한 비평으로 Garland, *The Intention of Mathew 23*, 5와 K. Stendahl, "The First Gospel and the Authority of Jesus: Review of E. P. Blair's 'Jesus in the Gospel of Matthew'," *Interpretation* 14 (1962), 461을 보라.

34. Frankemölle, "Evangelist und Gemeinde. Eine methodenkritische Besinnung (mit Beispielen aus dem Matthäusevangelium)," 175.

함된 전승까지, 즉 복음서를 기록한 저자의 전 작업을 지시하는 말이 된다.[35] 그들은 복음서의 내용이 그 전체로서, 또한 그 전체에 속한 각 부분으로서 관찰되어야 한다고 믿는다.[36] 하지만 복음서 전체를 편찬자의 작업과 책임으로 돌리고 나면 예수의 말씀의 역사적 진정성, 비진정성을 구별하는 것 자체가 불가능해진다.[37]

복음서를 전체적으로 관찰하는 것 그리고 이 모두를 복음서 저자와 관련된 것으로 파악하는 것은 편집비평의 큰 공헌에 속한다. 그러나 편집비평에는 동시에 적지 않은 문제들이 발생한다. 첫째, 모든 내용을 편찬자의 책임으로 돌렸기 때문에 편집 작업에 속하는 것으로 분류된 예수님의 삶에 대한 기록이나 가르침 부분의 역사적 진정성에 대한 의문이 제기된다. 래드는 이 점을 지적하며 "신학이 역사를 삼켜버렸다."고 평했다.[38] 편집비평은 더 이상 역사적 예수나 복음서의 역사성에 대해서는 책임을 질 수 없는 위치에 와 있다.[39]

이러한 역사성의 문제는 공관복음서의 일치점, 차이점의 현상에

---

35. H. Giesen, *Christliches Handeln* (Frankfurt: Peter Lang, 1982), 19: "편집은 복음서 저자가 선본과 전통에 변화를 가한 것에 국한된 것으로 이해되어서는 안 된다. 편집은 더 많은 것을 의미한다. 그것은 복음서 저자의 전체적인 의도를 가리킨다. 그래서 우리는 이따금 복음서 저자가 왜 [전통을] 변화시키지 않고 [그대로] 받아들였는지 질문해야만 한다." Strecker, *Der Weg der Gerechtigheid*, 69도 참고하라.

36. Gissen, *Christliches Handeln*, 23-24.

37. R. S. McConnell, *Law and Prophecy in Matthew's Gospel* (Basel: Friedrich Reinhardt, 1969), 2.

38. Ladd, *The New Testament and Criticism*, 162.

39. Strecker, *Der Weg der Gerechtigheid*, 68-69와 H. Frankemölle, *Jahwe-Bund und Kirche Christi* (Münster: Aschendorff, 1974), 90을 보라.

관한 설명을 기록된 복음서에서만 찾고 그 원인을 복음서 저자들에게 모두 돌리려는 편집비평의 제한성 자체가 불러온 것이다. 만약, 차이점, 일치점의 문제를 복음서가 기록되기 이전의 어떤 시점에서 —나의 견해로는 전승의 출발점인 목격자들에게서—말할 수 있다면 아마도 편집비평의 강점을 충분히 살리면서도 역사성 문제를 야기하지 않을 수도 있었을 것이다.

5) 몇 가지 답변들

편집비평은 양식비평의 파괴적 이론을 반대하고 양식비평이 몰고 온 회오리바람 즉 복음서와 전승의 역사적 가치와 그 내용의 진정성에 의문을 제기한 어려움을 피해가려 했다. 그러나 복음서 내용을 전승과 편집으로 구분할 때 편집비평도 비슷한 문제를 어쩔 수 없이 파생시켰다. 편집비평가들이 편집 작업의 결과라고 분류한 부분이 복음서에는 예수의 말씀과 행적으로 기록되어 있는 경우가 대부분이기 때문이다. 역사성에 대한 질문은 이것이다. 복음서 저자들 자신의 작업을 예수님의 가르침, 예수의 사역으로 소개하는 것은 가능하며 또 정당한가?

이러한 질문을 피할 수 없었던 편집비평가들은 그들의 학설을 보존하면서도 어려움을 해결할 방법들을 찾았다. 아래에 이 문제에 관한 몇 가지 노력을 소개해 본다.

(1) 문서적 우선성만이 전승의 우선성을 말하는 것은 아니다. 복음서 저자의 편집문, 편집 작업은 더 오래된 전승을 반영할 수도 있

다.[40]

복음서 저자의 편집 작업이 자신에게서 나온 것이 아니라면, 그
들이 의존한 전승이란 과연 무엇인지 밝혀져야 한다. 그리고 그 전승
의 단계가 공관복음서의 일치점, 차이점을 설명할 수 있어야 할 것이
다. 목격자의 핵심적 역할을 인정하지 않는 한 편집비평은 이러한 설
명을 할 수 없다.

(2) 편집문이 이차적이라는 평가는 문서에 관한 것일 뿐 반드시
내용까지 이차적이라는 말은 아니다. 예수의 실제 말씀(*ipsissimum ver-
bum*)만이 권위적인 것이 아니라, 넓은 의미 즉 정경적인 관점에서 보
면 모든 사도적 증언이 권위적이요 규범적인 말씀이다.[41] 또한 편집
문은 편집자 자신의 목격 또는 목격자의 증언 등 신뢰할 수 있는 전
승을 활용한 결과일 수 있다.

이 경우 복음서 저자들을 통하여 새롭게 등장한 사도적 전승 즉
예수님에 대한 다양한 증언이 정당한 것인지를 말할 수 있어야 한다.
그렇지 않다면—시기만 다를 뿐—복음 전승의 많은 부분이 초대 교
회에 의해 만들어졌다고 하는 양식비평의 결론과 크게 다를 바가 없
다. 초대 교회가 주변의 상황과 문화로부터 새로운 전승을 만들어내
었다고 말하는 과격한 양식비평 이론을 수정하여, 그 전승이 예수의

---

40. Gissen, *Christliches Handeln*, 19; Frankemölle, "Evangelist und Gemeinde,"
    166.
41. H. Baarlink, ed., *Vervulling en voleinding* (Kampen: Kok, 1984), 72; "De
    wonderen van de knecht des Heren: Traditie en interpretatie van Mat. 8:16v.
    en 12:15-21," in *De knechtsgestalte van Christus*, FS voor H. N. Ridderbos
    (Kampen: Kok, 1978), 32.

생애와 가르침에 대한 사도적 증거를 반영한 것이라고 말한다면 이는 목격자의 증언의 활용을 편집문에 반영하였음을 보는 편집비평의 결론과 크게 다르지 않을 것이다.

결국 양식비평과 편집비평은 동일선상의 과제를 안고 있다. 공관복음서 사이의 (일치점이나) 차이점이 사실은 초대 교회(양식비평), 혹은 복음서 저자에게서(편집비평) 연유한 것인데도 불구하고 복음서 저자들은 정작 이것을 예수님의 것으로 돌리고 있다는 사실을 어떻게 설명하면 좋을까? 양식비평과 편집비평은 복음서 저자들이 명목상 예수의 사역과 가르침이라고 간주하고 기록하였지만 사실은 그렇지 않다는 반제를 내어놓았다. 편집비평은 복음서의 역사적 진정성을 부분적으로 거부했다. 양식비평은 복음서의 역사적 진정성을 거의 인정하지 않는다. 편집비평이나 양식비평은 복음서가 역사적 사실을 반영하지 않는 부분에서는 교회의 특수한 상황에서의 필요성 내지 저자의 신학을 반영한다고 한다. 그들은 "전승, 편집의 과정에서 진정성과 저작성은 기독교 규범에는 아무런 해도 끼치지 않는 것처럼 말함으로 위의 결점을 보완하려고 하지만 복음서의 신실성은 그 내용의 진정성과 떼어놓을 수 없이 결합되어 있다. 그렇지 않다면 위경을 거부할 이유가 없었다."[42]

---

42. Blomberg, *The Historical Reliability of the Gospels*, 37-42를 보라. 그는 편집비평을 여덟 가지로 비판하고 있다. 인용한 문장은 그의 다섯 번째 비평을 요약한 것이다. 여덟 번째 비평도 인상 깊다. 복음서 저자들이 추가한 것이나 수정한 소위 차이점들을 편집비평에서는 역사적 사실성이 없는 것으로 보지만 그렇게 한 것이 역사적 사실성을 가졌을 수도 있다.

목격자의 역할을 제대로 인식하고 이것을 통해 공관복음서 문제
를 이해하려 했다면 이런 문제는 발생하지 않았을 것이다. 그런데 이
문제를 성령론으로 해결하려는 시도가 있다. 우선 이러한 시도를 살
펴보도록 하자.

6) 성령론을 통한 이해

공관복음서 사이의 차이점과 일치점을 성령론으로 설명하려는
시도는 일찍부터 있었다. 예를 들면 칼빈은 "성령께서 (공관복음서의)
다양한 기록 형태 속에 놀랄 만한 통일성을 심어 주셨다."고 했다.[43]
성령 영감론은 역사비평 방법론을 대항하여 성경의 통일성, 무오성,
사도성 등을 지키려고 할 때 사용하는 교리로 대개 알려져 있다. 그
러나 요즈음은 역사비평 방법론을 사용하는 학자들에 의해 복음서
의 기록 과정에만이 아니라 "기록되기 이전의 복음전승의 역사"에
성령론이 적용되기도 한다.[44] 구전 과정에도 성령께서 개입하셔서 감
독하셨다는 것이다. 한 걸음 더 나아가 성령론은 "복음서 저자들이
새로운 상황의 교회를 위하여 예수의 말씀을 재해석한 것"을 설명하
는 용어로 동원되기도 한다.[45]

이를 위해 신학자들이 즐겨 인용하는 구절은 요한복음 14:26이

---

43. J. Calvin, *A Harmony of the Gospels: Matthew, Mark and Luke*, vol.1, tr. by A. W.
    Morrison, Calvin's New Testament Commentaries (Grand Rapids: Eerdmans,
    1972), xiii.

44. Ladd, *The New Testament and Criticism*, 153.

45. R. H. Stein, *Difficult Passages in the Gospels* (Grand Rapids: Baker, 1984), 49-
    50.

다. "보혜사 곧 아버지께서 내 이름으로 보내실 성령 그가 너희에게 모든 것을 가르치시고 내가 너희에게 말한 모든 것을 생각나게 하시리라."

데이비스(W. D. Davies)는 산상설교의 배경을 연구한 저서에서 성령을 통하여 교회에 지시된 것도 산상설교에 예수의 말씀으로 묘사되어 있다고 주장했다.[46] 보른캄(G. Bornkamm)도 비슷하게 주장한다. "지상의 예수님의 말씀이 부활하신 주의 말씀의 형태를 가졌을 뿐 아니라, 승귀하신 주님의 말씀이 지상의 예수님의 말씀으로 바뀌기도 했다."[47] 승귀하신 분의 말씀이란 "성령 충만했던 선지자들이나 설교자들을 통해 교회에 주신 말씀"을 뜻한다.[48] 신자들에게 지상의 예수나 승귀하신 주님은 다른 분이 아니라 같은 분이요, 그들은 예수님이 유월절 이후에도 살아 계시며 계속 활동하신다고 믿었기 때문에 성령의 말씀을 지상의 예수의 말씀과 동일시하고 마치 예수님이 지상에 계실 때 말씀하신 것처럼 묘사하는 것은 자연스러운 일이라는 것이다.

샌더스(E. P. Sanders)가 데이비스(M. Davies)와 함께 저술한 한 책에서는[49] 이 문제가 '독창성'(creativity)이란 제목하에 집중적으로 취급되어 있다. "초대교회 혹은 초대교회에 속한 어떤 사람들이 그들의 말을

---

46. W. D. Davies, *The Setting of the Sermon on the Mount* (Cambridge: Cambridge University Press, 1964), 418.

47. Bornkamm, *Jesus von Nazareth*, 16.

48. Bornkamm, *Jesus von Nazareth*, 16.

49. Sanders & Davies, *Studying the Synoptic Gospels*.

주님의 말로 소개했느냐?"는 질문에 이 책은 곧장 "그렇다"고 대답

하고[50] 그 증거를 구체적으로 제시해 놓았다. 그들은 주님께서 직접

자신들에게 말씀하시거나 성령의 영감을 받은 사람들을 통하여 말

씀하신다고 믿었다. 그래서 그들은 예수께서 공생애 때 하신 말씀이

아니더라도 그들이 나중에 하나님의 계시를 통해 받은 예수의 말씀

도 예수께서 세상에 계실 때 하신 말씀처럼 간주할 수 있었다는 것이

다.[51] 예수의 말씀을 전할 때 그 출처 즉 지상의 예수님이 하신 말씀인

지 아니면 예수께서 성령을 통하여 말씀하신 것인지를 명시하지 않

았다면 듣는 사람들은 얼마든지 성령을 통해 주신 말씀을 예수께서

땅에 계실 때 하신 말씀으로 간주할 가능성이 있다는 설명이다.

성령 영감론은 이제 더 이상 역사비평 방법론을 거부하는 신학자

들의 전유물이 아니다. 위의 설명을 보면 성령론 내지 성령 영감설이

마치 양식비평가들이나 편집비평가들이 구성해 놓은 복음전승의 과

정, 그 과정에서 있었던 것으로 주장되는 초대교회의 창조적 역할이

나 복음서 저자들의 편찬 작업을 보장하고 정당화해 주는 것처럼 보

이지 않는가! 그러나 이런 식으로 성령론을 사용한다면 정당화하지

못할 학설이 어디 있겠는가? 성령론을 방패로 삼으면 누가 그 뒤에

서 무슨 학설을 만들어 내든 감히 비평하기 어려워진다. 그러나 역사

---

50. Sanders & Davies, *Studying the Synoptic Gospels*, 138.

51. Sanders & Davies, *Studying the Synoptic Gospels*, 139. 이 주장을 뒷받침하는
    증거로 동원된 구절들은 다음과 같다. 고전 11:28; 14:3, 5; 7:10, 12; 2:9-13;
    2:15; 7:20; 고후 12:9. 샌더스(Sanders)와 데이비스(Davies)는 바울이 성령을
    받았기에 "개종자들이 자신의 권면을 주의 것과 거의 동일한 차원으로 받아
    들이기를 기대했다."고 주장한다.

성이라는 관점에서 이 문제를 조명해 보면 아무 곳에나, 특히 학적인 노력으로 더 이상 전진하기 어려운 막다른 골목에 도착했다고 느끼는 곳 어디에나 성령론을 적용하는 것은 극히 위험하다. 이렇게 하는 것은 역사비평 학자들에게만이 아니라 역사비평 방법론을 거부하는 보수신학자들이나 그것을 사용하여 성경을 연구하고 공관복음서 문제를 해결하려는 신학자들에게도 동일하게 위험하다.

양식비평에 성령론을 동원한 위의 설명은 적당하지 않다. 이러한 성령을 통해 받은 예수의 말씀을 지상의 예수의 말씀으로 간주한 예가 없을 뿐 아니라, 예언이나 영감이라는 용어가 초대교회에 항상 긍정적으로만 사용되지는 않기 때문이다.[52] 던(J. D. G. Dunn)은 초대 교회에서 어려운 문제로 부상했던 할례나 방언 등에 대한 말씀이 복음서에서 전혀 발견되지 않는다는 것을 언급하면서 선지자적 창작설을 거부했다.[53] 스타인(R. H. Stein)은 성령론 내지 성령 영감설이 공관복음서 문제에 대한 궁극적 답변을 제공할 수 없다고 지적했다. 복음서 저자들이 모두 성령의 영감을 받았음에도 불구하고 요한복음은 아주 독특하고 첫 세 복음서만 유난히 넓은 일치점 가운데 차이점들을 가지고 있기 때문이다.[54] 이 차이점들을 구체적으로 설명할 수 있는 다른 방도를 찾아보지 않을 수 없다는 지적이다.

52. Blomberg, *The Historical Reliability of the Gospels*, 30-31을 보라.
53. J. D. G. Dunn, "Prophetic 'I'-Sayings and the Jesus Tradition: The Importance of Testing Prophetic Utterances within Early Christianity," *NTS* 24 (1978), 175-198. D. Aune, *Prophecy in Early Christianity and the Ancient Mediterranean World* (Grand Rapids: Eerdmans, 1983)을 참고하라.
54. Stein, 『공관복음서 문제』, 33-34.

'영감성'과 '무오성'이라는 용어를 우리는 주로 기록된 말씀에 관하여만 사용해 왔다. 그렇지만 영감된 성경을 사용함에 있어서 우리는 성경을 기록한 기록자/저자에게 초점을 맞추기보다는 말씀을 읽고 해석하는 해석자의 능력/영성/통찰력을 중요시했다. 그 결과 성경 영감론을 믿는 신학자들 사이에도—영감설을 말하지 않는 사람들 사이 못지않게—다양한 해석, 다양한 견해, 때로는 독단적인 오해가 상존하고 있다. 통일성 있는 성경해석이 아니라 영감설을 주장하며 자신의 견해만을 고집하는 신학적 독단주의에 빠져든 것이다.

기록된 성경의 영감성과 무오성에 대하여 말한다는 것은 최종적 결과인 책만이 아니라 이것을 그 저자들, 즉 때로는 자신도 모르는 가운데 성령의 도구로 선택된 기록자들이 영감되었고 그 결과로 영감된 책들을 쓰게 되었음을 고백하는 것이다. 성경의 영감이란 성경 저자들의 용어, 경험, 그들의 이해력, 특수한 상황에서 성경을 기록하도록 받은 자극, 복음서 기록의 원인이나 동기, 그들에게 떠올랐던 역사적 사명감/목적의식, 그들의 지성, 감성, 의지, 그리고 책을 만들어내기까지의 모든 작업과정을 하나님이 사용하셨음을 의미한다. 즉 인간 편에서 그들의 열심을 가지고 책을 기록했던 그 모든 작업을 하나님이 영감하셨고 그 결과 성경이 탄생했음을 고백하는 것이다.

따라서 성경의 기록 과정에 얽힌 모든 작업을 연구하는 것은 성경을 사람들을 통해 기록하게 하신 하나님의 사역의 도구들 즉 영감된 작업 자체를 규명하는 일이 된다. 이런 작업을 포기한 채 결과물만을 영감의 실체로 파악하거나 적당한 가설을 만들어 영감론으로 덧입히는 것은 성경을 바르게 연구하는 길이 되지 못한다. 감히 이렇게 평하는 이유는 복음 전승의 과정에서 마땅히 고려되었어야 할 (하나님께서 성경 기록에 이르는 과정에서 사용하신) 목격자들의 기능과 역할이 충분히 계산되지 않았기 때문이다.

7) 방법론적 도약

공관복음서 문제의 해결을 위하여 역사를 거꾸로 거슬러 올라가며 필요한 답을 찾으려는 방법은 이미 한계에 부딪쳤다. 저작 당시의 상황과 그 이전의 역사에 대한 자료가 극소수뿐이기 때문이다. 가능한 길이라곤―양식비평이 그러했던 것처럼―한두 개의 단서를 억지로 찾아내어 상상력과 추측을 발판으로 구전의 과정과 그 법칙이라는 거대한 탑을 세우는 것이 고작일 뿐이다.

양식비평이나 편집비평이 더 이상 진전하지 못하고 복음서의 역사적 진정성 등에 관한 만만치 않은 문제들을 생산해 낼 때 게르하르츠손(B. Gerhardsson)은 방법론적 도약을 시도했다. 그는 복음서의 자료들에 대한 질문을 먼저 던지고 자료의 분석을 통해 기독교의 정체를 규명하려는 것은 방법론적으로 틀렸음을 지적했다. 신약학을 위하여 우리는 자료가 어떻게 만들어졌느냐가 아니라 초대교회의 신앙의 원-내용과 의의가 무엇이었는지를 먼저 고려해야 한다고 그는 주장했다.[55] 이것은 역사적 탐구의 문제이지 신학적 토의로 대답할 문제가 아님을 천명한 것이다.

---

55. B. Gerhardsson, *Die Anfänge der Evangelien-Tradition* (Wuppertal: R. Brockhaus, 1977), 9.

세 복음서의 종합에서 각각의 복음서로, 각각의 복음서에서 이 복음서에 사용되었을 문서적 자료로, 문서적 자료에서 그 이전 단계의 구전 전승으로, 그리고 최종적으로 구전 전승에서 역사적 예수에게로 올라가는 방법이 사실상 탐구하기 불가능하다면, 역사적인 사실에서부터 내려오며 전승의 발생과 전달, 자료의 출현 그리고 복음서의 탄생을 살피는 방법이 문제의 해결책이 될 수 있을 것이다. 게르하르츠손은 이런 관점에서 예수님의 가르침이 어떻게 믿을 만하게 전승되었는가를 연구했다.

8) 기억과 회상

복음서(혹은 복음서가 사용했을 문서로 된 자료)가 기록되기 이전에 복음서에 수록되어 있는 복음전승의 전부 혹은 일부가 일정한 기간 동안 입에서 입으로 전해지는 구전시기를 거쳤다는 것을 부정하는 학자들은 아무도 없다. 이것은 이론적으로만이 아니라 복음서 자체를 통해서도 충분히 논증할 수 있는 필수적 과정이었다. 학자들 사이에 이견이 남아 있다면 이것은 이 전승기간이 어느 정도이며 구체적으로 구전의 과정이 어떠했으며, 특히 이 시기가 양식비평이 주장한 '원전승의 변화와 고정,' 혹은 '새로운 구전의 창조'의 기간이었느냐 아니냐에 관한 것이다.

공관복음서 사이의 문서의존설을 받아들이는 학자들은 예수님의 생애와 복음서의 탄생 사이에 대략 40-45년가량이 놓여 있다고 추측한다. 그들이 주장하는 Q까지만 계산하면 이 기간은 대략 20-25년이다. 물론 문서가 탄생한 이후에도 구전은 일정 기간 동안 계속되었을 것임을 아무도 부정하지 않는다. 웬함(J. Wenham)은 공관복음서가 모두 서기 55년 이전에 기록되었다고 주장하면서 구전기간을 가능하면 줄이려고 노력하였다.[56] 서기 60년대에 복음서들이 저작되었다는 전통적인 견해를 따르면 구전의 기간은 대략 30여 년이다.

게르하르츠손과[57] 리전펠트(H. Riesenfeld)는[58] 예수의 가르침이 암기를 통하여 제자들에게 전수되었고 구전기간 동안 제자들의 기억과 회상을 통하여 바르게 전승되었다고 주장한다. 그들은 예수와 제자들 사이에 가르침과 배움의 도구로 암기법, 암기술이 사용되었을 것임을—당시의 정황 즉 유대교의 전승방법을 토대로 하여—증명하려고 노력하였다. 즉 예수님은 제자들이 잘 기억할 수 있도록 같은 말씀을 여러 번 반복하여 말씀하셨을 수 있고, 제자들은 기억술의 특별 훈련을 받은 사람들로서 계속 외웠을 뿐만 아니라 기억에 대한 보조수단으로 메모를 사용하였을 수 있다고 지적한 것이다. 그들의 주장은 이미 양식비평과 편집비평에 깊이 빠져 있었던 학자들에게 광범위한 호응을 얻지는 못했지만 이를 수용하거나 다른 방면에서 증명해 보려는 학자들도 적지 않았다. 블랭크(R. Blank)는 복음서에 기록된 것과 같은 상세한 내용들이 이미 구전 전승의 과정에 있었고 사도들에게서 시작된 것임을 논증했다.[59] 리즈너(R. Riesner)는 예수님은 가르

---

56. Wenham, *Redating Matthew, Mark and Luke*.

57. Gerhardsson, *Memory and Manuscript*.

58. H. Riesenfeld, "The Gospel Tradition and its Beginnings," *Studia Evangelica* (1959), 43-65.

59. R. Blank, *Analyse und Kritik der formgeschichtlichen Arbeiten von Martin Dibelius und Rudolf Bultmann* (Basel: Friedrich Reinhardt, 1981).

치는 메시아로서 제자들을 가르쳤을 뿐만 아니라 예수의 말씀은 대부분 시적인 문장이어서 제자들이 기억하기에 용이했을 것임을 주장하였다.[60] 이들의 주장은 복음서에 수록된 복음전승이 대부분 초대교회에 의하여 그들의 상황과 필요에 상응하도록 창안되었다고 설명한 양식비평에 정면으로 도전한 것이다.

이 이론은 적지 않은 비판을 받았다. 유대교의 교수법과 유대교 전통의 랍비 교육이 다르다는 것,[61] 랍비들의 교육방법은 예수님의 생애 시기가 아닌 서기 2세기에 발달했다는 것이[62] 주된 비평이었다. 린데만(A. Lindemann)은 이들이 "예수 전승이 유대인들의 전승 형태와 같음을 증명하기는 고사하고 오히려 다르다는 것을 강조할 뿐"이라고 비평했다.[63] 샌더스는 지금의 복음서에 수록된 것과 같은 길고 많은 내용들은 특별히 기록하지 않는다면 제대로 기억할 수 없다는 것을 지적하며 게르하르츠손을 비평했다.[64]

구전의 신빙성을 입증하려 한 학자들과 이를 비평한 학자들은 다 같은 전제를 가지고 있다. 첫째, 복음서에 수록된 내용은 그냥 기억하기에는 너무 많은 분량이라는 것, 둘째, 따라서 특별히 훈련을 받

---

60. Riesner, *Jesus als Lehrer*. R. Riesner, "Der Ursprung der Jesus-Überlieferung," *ThZ* 38 (1982), 493-513.

61. A. N. Wilder, "Form-History and the Oldest Tradition," in *Neotestamentica et Patristica*, ed. by W. C. van Unnik, (Leiden: Brill, 1962), 3-13.

62. W. D. Davies, "The Gospel Tradition," in *Neotestamentica et Patristica*, ed. by W. C. van Unnik (Leiden: Brill, 1962), 14-34.

63. Lindemann, 『공관복음서 연구의 새로운 동향』, 26-27.

64. Sanders & Davies, *Studying the Synoptic Gospels*, 141.

지 않은 사람이라면 아무도 예수님의 사역과 말씀을 그대로 전달할 수 없다는 것, 셋째, 그렇다 하더라도 암기, 기억, 회상의 방법만으로 30여 년 이상의 긴 구전 전승기간을 메우기는 어렵다는 것이다. 학자들 중 한 편은 예수님의 말씀이나 행적에 대한 전승은 제자들이 충분히 암기할 수 있는 자료들이요, 제자들은 그런 능력을 가진 사람들로서, 30년의 구전 기간 동안 전승을 잘 보존하였을 뿐만 아니라 진실되게 전달할 수 있었음을 증명하려 했고, 다른 한 편은 이 증명이 충분치 못하다고 반론하거나 한 마디로 일축하였다.

증명할 자료도 부정할 자료도 거의 없는 상황에서 구전의 기간, 과정, 방법, 신실성 및 그 범위를 확정한다는 것은 아마 불가능할 것이다.[65] 입증과 비평의 평행선은 이런 상태에서는 쉽게 사라지지 않고, 서로 일방적인 주장만을 늘어놓는 논쟁이 계속될 것이다. 즉 양식비평과 편집비평 등 역사비평 방법론을 이용하여 공관복음서 문제를 해결하려고 하는 사람들에게 이 설명은 불충분한 것으로 보인다. 그러나 복음의 신실성을 믿고 이를 증명하려는 학자들은 이 주장을 신뢰하고 있다. 이 평행선을 의식하면서도 게르하르츠손의 자극을 받아들인 사람들의 견해를 좀 더 요약해 본다.

거스리(D. Guthrie)는 게르하르츠손의 주장이 수정을 요하는 약점이 있음에도 불구하고 "그의 주장들은 초기 기독교 전승의 배경에 존재하는 다양한 요소들에 주목하도록 만들었다는 점에서 매우 귀중한

---

65. R. H. Stein, "Synoptic Problem," in *Dictionary of Jesus and the Gospel*, ed. by J. B. Green & S. McKnight (Lecester: IVP, 1992), 784-92를 보라. 그는 이 문제가 결코 해결되지 않을 것이라고 전망하고 있다.

것"으로 받아들였다.[66] 거스리에 의하면 암기는 종교 교육에서 중요
한 원리였으며 기독교의 교리 문답에서 이 암기법이 사용되지 않았
다고 생각하기는 불가능하다. 예수님이 자신이 가르친 내용을 여러
차례 (약간씩 다르게) 반복하셨을 가능성도 있다. 제자들에게는 예수의
말씀을 간직하려는 강한 동기가 있었다.[67] 그렇다면 이 사실 자체가
이미 공관복음서의 기록들 안에 보이는 차이점들을 설명해 주는 것
일 수 있다. 아래에 그의 글을 인용해 본다.[68]

> 예수님의 말씀들은 그 말씀의 본질적인 가치뿐만 아니라 그리스도
> 인들이 그들의 주님에 대하여 품고 있던 존경심 때문에 거룩한 것으
> 로 존중되었으며 이를 기억하기 위해 헌신적인 노력이 기울여졌다.
> … 그들은 자신의 말씀에 그와 같은 권위를 부여하셨던 그분의 신성
> 을 인식했으며 따라서 그분이 가르치셨던 바로 그 말씀들을 가능한
> 한 보존하려고 모든 노력을 다 쏟았을 것이다. … 예수님이 주님으로

---

66. Guthrie, 『신약서론(상)』, 210.
67. 제자들에게 예수의 말씀이나 하신 일을 유심히 관찰하고 보존 내지 기억하
   려고 하는 강한 동기가 있었을 것임에 대하여는 Gerhardsson, *Memory and
   Manuscript*, 258; *Die Anfänge der Evangelien-Tradition*, 35; Stein, 『공관복음
   서 문제』, 246을 보라.
68. Guthrie, 『신약서론(상)』, 211-12. 이것은 "전승 발전에 관한 이론 속에서의
   개인적 회상의 위치"란 제하에 서술된 것이다. 복음서의 신빙성을 변호 및
   증명하려고 쓴 Blomberg, *The Historical Reliability of the Gospels*, 24도 같은
   노선에 서 있다. 그는 예수의 제자들이 예수님의 사역 당시에 메모를 하는
   기구들을 가지고 다녔을 것이라고 주장했다. 이것을 거부할 이유도 특별히
   없다는 것이다.

인정되고 있었다는 사실을 기억할 때 초대 공동체들이 주님을 경외하여 주님 자신의 진정한 가르침과 동등한 위치에 놓일 수 있는 복음서 자료를 창작했으리라고는 상상하기 어렵다. … 이러한 이유로 구전은 결코 함부로 떠돌아다닐 수는 없었을 것이다.[69] 더욱이 성령에 감동된 사람들로서의 복음서 저자들은 그 전승의 질에 매우 민감했는데 좀 더 극단적인 양식비평가들은 이 사실에 대하여는 전혀 관심을 기울이지 않았다. … 목격자들은 당연히 자신의 회상들, 특히 예수님의 말씀들을 대략적으로 기록해 놓는 일이 가치 있는 일이라고 생각했을 것이며 이렇게 적어 놓은 기록들은 복음서들이 쓰이는데 헤아릴 수 없이 귀중한 자료를 제공해 주게 되었을 것이다.

거스리는 사도들의 역할에 한 가지를 더 추가했다. 그들이 전승의 승인과 감독 역할을 담당했을 것이라는 추측이다. 누가복음 1:2의 "말씀의 일꾼 된 자들"에 관한 설명에 이 주장이 나온다. 다시 그의 글을 인용해본다.[70]

---

69. 공관복음서의 양식비평적 연구는—거스리가 주장하는 것과 같은—복음의 신실한 전승보다는 여전히 초대 교회의 상황과 그 창조적 역할을 선호하고 있다. G. Theißen, *Lokalkolorit und Zeitgeschichte in den Evagnelien: Ein Beitrag zur Geschichte der syoptischen Tradition*, 2 Aufl., (Göttingen: Vandenhoeck u. Ruprecht, 1992)를 참고하라. 그는 구전의 존재를 인정하지만, 이 구전을 전하는 목격자들에 대해서는 아무런 말이 없다. 구전이 이 사람, 저 사람에게 마구 돌아다니며 상황에 따라 변천하는 그런 과정에 있었음을 강조하기 위하여 그는 4쪽에서 '*Wandellogien*'(돌아다니는 말씀들)이란 용어를 채택했다.

70. Guthrie, 『신약서론(상)』, 213-14.

이 말씀의 일꾼 된 자들은 전승 보존자로서의 어떤 특별한 기능을 가진 사람들인가? 누가는 이 사람들이 목격자들과 함께 이 자료를 자신과 다른 사람들에게 전해 주었다고 특별히 언급하고 있기 때문에 이 특별한 역할은 인정되었을 뿐만 아니라 공적으로 통제되었을 가능성이 매우 높은 것이다. 각 저자들은 목격자들의 보고 자료 중 자기 자신의 특수한 목적에 가장 합당한 자료들을 선택했을 것이다. 만일 두 명의 저자가 같은 목격자(혹은 목격자 집단으)로부터 동일한 사건을 받아 기록하였다면 그 기사의 용어 표현들에서까지도 상당한 정도의 일치가 기대될 수 있을 것이다. 그러한 역할은 장로들의 위치와 연결되어 생각되어 왔지만 공관복음 문제를 검토하는 데에 이 부분에 대한 고려가 거의 없었다. … 만일 이들의 역할이 인정된다면, 전승은 사도적인 집단들의 승인을 받은 정해진 양식에 의하여 전해졌으리라고 상상하는 것은 어렵지 않다. 반면 주님의 생애와 가르침에 대한 전승의 전달이 우연에 내맡겨지면서 초대 교회의 경험 가운데서 마음대로 두들겨 만들어졌으리라고 상상하는 것은 더욱더 어려운 일이다. … 눅 1장에 기록된 목격자들과 말씀의 일꾼 된 자들은 같은 그룹이며 이 그룹은 주로 사도들 혹은 사도적인 인물들로 구성되었다는 견해에 대해서는 할 이야기들이 많이 있다. 만일 이 주장이 옳다면 이는 곧 전승은 그 기본적 양식에서 사도적으로 인증 받았음을 의미하는 것이며 사도들이 그들의 세심한 감독을 소홀히 했을 때만이 수정이 일어날 수 있었음을 의미한다.

물론 그런 "소홀히 하는 일"은 없었을 것이라고 거스리는 확신한
다. 그렇다면 이렇게 질문해보자. 만일 우리가 거스리와 같은 견해를
가진 학자들을 따라 구전의 출처를 복음 사역의 당사자인 예수에게
그리고 그의 제자들에게로 돌리고, 구전이 믿음직하게 전해져 내려
와 복음서에 기록되었다고 할 때 공관복음서 문제는 해결될 수 있는
것일까?

대답은 아직 '아니다'이다. 이 점은 거스리 자신이 주저 없이 밝
히고 있다. 역시 공관복음서 문제는 그대로 남는다. "진정한 문제는
구전이 공관복음서들 사이의 유사점들을 어느 정도나 설명해 줄 수
있느냐 하는 것을 결정하는 일이다."[71] 그는 구두 전승의 신실성을 확
신하고, 이렇게 공관복음서 사이의 차이점, 일치점을 해결하려는 각
방법들이 불러일으킨 역사적 진정성의 기틀을 확고히 하면서도, 이
것이 공관복음서 문제에 대한 속 시원한 해설을 제공하지는 못함을
인정하고 있다. 이 점이 학자들이 양식비평과 편집비평을 통해 공관
복음서 문제를 해결하려는 노력을 포기하지 않는 이유이기도 하다.

그렇다면 무엇이 문제인가? 목격자들이 예수와 복음서 사이의
연결 고리 역할을 하고 있다는 것은 분명히 옳다. 그럼에도 불구하고
목격자들의 보다 적극적인 역할이 여전히 고려되지 않았다. 거스리
가 애를 썼던 것은 우리가 위에서 지적했던 구전과정의 전제, 예수의
말씀이나 행적에 관한 전승은 너무 많아서, 특별한 기술이 없이는 구
두로 전승되기 어렵다는 것에 국한되어 있다. 그는 목격자들이 예수

---

71. Guthrie, 『신약서론(상)』, 212.

의 말씀을 외우고 그대로 전해 주었음을 말하기 위해 전수의 방법으로서의 암기술, 보조 수단으로서의 메모, 전승의 승인과 감독 등을 언급하며, 이렇게 할 이유가 예수의 제자들에게 충분히 있었음을 지적함으로써 복음서의 신빙성을 회복하려고 한 것이다.

그러나 목격자들의 역할은 거스리가 이해한 것보다 훨씬 더 적극적이었다. 그들의 역할은 암기술을 배우고 보조수단을 사용하여 억지로 전승을 지켜내는 그런 것이 아니라 보다 자연스럽고 확실한 것이다. 웁살라 학파와 이에 동조하는 신학자들은 예수의 독특성과 이에 관한 제자들의 특별한 관심으로부터 복음 전승이 잘 보존되었고 복음서에 도달하기까지 잘 전수되었음을 증명하려 했다. 그러나 목격자의 역할에는 꼭 의도적인 보존, 회상, 전수의 동기가 있어야만 하는 것은 아니다. 목격자의 역할을 정확하게 파악하고 나면 암기술, 보조 수단 등으로 전승의 신빙성을 증명하려는 것이 얼마나 궁색한 방법인지를 알게 될 것이다. 목격자들은 복음서 저술 때까지 살아 있기도 하였기에, 복음 전승에서만이 아니라 복음의 탄생에서도 중추적인 역할을 했다.

2. 목격자의 기능과 복음서

1) 복음서의 가치

복음서는 처음부터 예수에 대한 증언으로서 귀중히 여겨져 왔다. 예수님이 하신 일과 말씀을 기록, 보관하고 있는 책이 복음서이다.

복음서는 복음서 저자에 대해서 알려 주기보다는 예수에 대하여 알려 준다. 복음서는 초대 교회의 삶의 정황을 알려주는 책이기 이전에 예수를 알려주는 책이다. 복음서에 새겨져 있는 초대 교회나 복음서 저자들의 흔적들은 이 복음을 전달해 주는 목적을 달성하기 위하여 어쩔 수 없이 들어온 부수적인 내용, 혹은 도구이다.[72] 물론 이러한 도구가 없었다면 복음은 전승되지 않았을 것이다. 그러나 내용을 전달하기 위하여 도구가 사용된 것이지 도구를 위해 내용이 선택된 것은 아니다.

각 복음서는 처음부터 '복음'으로 불렸다.[73] 기록된 내용 전체가

---

72. 지난 세기의 신약학계는 복음서의 내용보다는 복음서의 형식에 지나치게 치우친 감이 있다. 공관복음서 문제에 매달려 복음의 전달자 역할을 했던 초대 교회의 상황과 복음서 저자의 신학을 강조한 나머지, 복음서가 알려주는 내용 자체는 자주 무시되거나 때로는 복음서가 알려주는 것과는 전혀 다른 방향으로 해석되는 결과를 낳았다. 이것은 앞에서 게르하르츠손의 말을 인용하여 지적한 것처럼 복음서 본래의 가치를 망가뜨리는 것이다. 복음서의 역사적 진정성은 잠시 접어두고 말하더라도, 교회가 근 20세기 동안 의존하고 있는 성경의 권위를 약화시키는 역사비평의 이러한 약점 때문에 최근에는 그 발생 과정을 일단 무시하고 성경의 정경적 가치를 인정하자는 '정경적 해석학'이나 최소한 복음서를 고대의 한 통일된 문서만으로라도 취급하자는 '서사비평'(narrative criticism)이 출현하기에 이르렀다.

73. 각 복음서는 처음 일정 기간 동안 제목 없이 교회에 회람되다가 2세기 초에 "마태를 따른 (거룩한) (복음)," "마가를 따른 (거룩한) (복음)," "누가를 따른 (거룩한) (복음)"이라는 제목이 붙여졌다는 견해가 학자들에게 일반적으로 받아들여지고 있다. 그러나 이것은 학적 추측일 뿐이다. 저자가 제목에 명기되지 않은 사본은 발견된 적이 없다. '(거룩한) 복음'이라는 용어가 없는 사본이 더러 있기는 하지만 이것은 '복음'이라는 용어가 생략된 것일 뿐 다른 이름으로 복음서가 회람되었다는 의미는 아니다. 이 문제와 관련하여 R. T. France, 『마태신학』, 이한수 역 (서울: 엠마오, 1989), 67-71; M. Hengel,

복음이라는 의미이다. 이렇게 복음이라는 이름이 책 제목으로 사용
되었다는 것은 교회가 기록된 복음서를 교회의 존립 기반이 되어왔
던 복음과 구별하지 않고 동일시했다는 증거이다.

그러나 '복음'이란 용어가 처음부터 예수의 생애와 그 가르침을
지시하는 낱말은 아니었다. 구약성경에서 이 단어는 "하나님의 구원
의 소식"을 뜻한다. 가장 좁은 의미의 복음이다. 이 용어가 후대에 교
회를 통해 "예수의 생애와 말씀에 관한 소식"으로 발전한 데는 분명
기독교적인 동인이 있었다. 교회는 하나님의 구원은 다름 아닌 예수
의 생애, 사역, 그의 말씀을 통하여 성취되었다고 믿었다. 물론 이것
은 복음서에 의하면 예수님이 알려주신 것이다. 구약적 개념의 복음
에 방법론적인 질문 '어떻게'와 관련된 기독교적 답변이 첨가되어
'복음'이 "예수의 생애, 사역과 가르침에 관한 소식"을 뜻하게 된 것
이다.[74]

'복음'이란 단어의 의미가 이렇게 기독론적으로 변천하는 과정
내지 결과가 신약성경 중에서 비교적 늦게 기록된 복음서에는 잘 나
타나지 않고, 복음서보다 이른 시기에 기록된 바울서신에 더 뚜렷하
다는 사실은 흥미로운 현상이다. 바울 사도는 기독교의 핵심을 복음
으로 제시했다. 그는 복음을 부끄러워하지 않았다. 그는 그 이유를

Studies in the Gospel of Mark (London: SCM, 1985), 64-84를 참고하라.

74. '복음'이란 단어가 '복음서'로 발전하는 과정에 대해 J. P. Versteeg, *Evangelie in viervoud* (Kampen: Kok, 1980), 7-12를 보라. 최근의 연구로 H. Koester, *Ancient Christian Gospels: Their History and Development* (London: SCM, 1990)을 참고하라.

복음이야말로 모든 믿는 사람들을 구원하시는 하나님의 능력이기 때문이라고 했다(롬 1:16). 바울은 복음을 예수의 죽음을 상징하는 '십자가'로 표현하기도 했다(고전 1:18). 바울 사도가 말하는 '복음'은 "하나님이 우리를 구원하신다."는 추상적인 명제가 아니라, 좀 더 구체적으로 표현된 복음, 즉 하나님의 구원이 십자가에 못 박히시고 부활하신 예수 그리스도를 통하여 실현되었다는 기독론적 성격의 복음이었다(롬 1:3이하; 4:25; 6:3이하; 8:34; 고전 2:2).

사도행전 2장에 수록되어 있는 베드로 사도의 설교도 이런 면에서 보면 초대교회의 상황을 잘 반영하고 있다. 베드로의 설교는 예수의 십자가와 부활, 승천 그리고 이와 관련된 하나님의 구속사역에 초점이 맞추어져 있다. 이는 초기의 복음에 예수의 죽음과 부활에 관한 소식만이 포함되어 있었기 때문이 아니라, 당시의 청중들이 예수의 지상 사역에 관한 내용을 대부분 알고 있었기 때문이다.[75] 베드로의 청중은 역사적 예수에 대하여 알고 있었고 그에 관한 소문을 이미 들었다. 그들 중에는 심지어 십자가에 못 박힌 예수를 본 사람도 있었다. 이러한 상황에서 사도들은 청중이 알지 못하는 부분을 집중적으로 설교함으로 충분히 복음을 전할 수 있었던 것이다. 따라서 복음의 내용이 차츰차츰 변한 것으로 설명하는 것은 옳지 않다. 기독교적 복음에는 처음부터 '하나님의 구원이 어떤 방식으로 나타났는가'를 설명하는 예수님에 관한 모든 것이 포함되어 있었다고 보아야 한다. 시간이 흘러가고 복음이 이스라엘 지역을 벗어나 더 넓은 지역으로 퍼

---

75. 이 문제에 관한 자세한 논증은 정훈택, 『복음을 따라서』, 109-21 참고.

져나가면, 즉 예수에 관하여 잘 모르는 사람들에게로 복음이 전파되어 가면, 예수님의 죽음과 부활, 승천에 관한 소식은 예수의 생애에 관한 소식 전체에 포함되어 그 한 부분으로 전파되었다. "복음이 전파되는 곳 어디나 이 여인이 한 일도 전하여 저를 기념하도록 하라."(마 26:13; 막 14:9)는 예수의 말씀은 예수 자신과 관계된 모든 사건에 대한 소식이 곧 복음이라는 예수의 기대를 반영한다. 마가복음 1:1은 이런 의미의 아주 좋은 한 예이다. 마가는 그의 복음서를 이렇게 소개한다. "(하나님의 아들이신) 예수 그리스도의 복음의 시작이라."[76] 여기서 마가복음 전체가 '복음'으로 지시되고 있다. 이때 복음서는 글로 기록된 복음이기도 하다.

2) 목격자/증인과 복음/복음서

복음서가 '기록된 형태의 복음'이라는 우리의 결론은 복음서가 곧 목격자들의 증언을 글로 옮긴 것이라는 사실을 알려준다. 유세비우스가 전하는 복음서의 탄생에 관한 현존하는 가장 오래된 기록인 파피아스의 글은[77] 마태복음과 마태 사도를,[78] 마가복음과 베드로 사

---

76. Martin, 『신약의 초석』, 24-29는 "마가가 이 단어를 사용한 최초의 기독교인이다."고 했다. 이 구절에 대한 연구로 Lindemann, 『공관복음서 연구의 새로운 동향』, 197-244를 참고하라.

77. Eusebius, *H. E.*, III,1-7. 14-17.

78. 파피아스가 언급한 마태복음이 지금 우리가 소유하고 있는 것과 같은 것이었는지에 대해서는 많은 논란을 거듭하고 있다. 로기아(λόγια)가 과연 마태복음서를 지시하는 것인지, 지금의 마태복음을 과연 아람어에서 번역된 것으로 볼 수 있는지가 논의의 초점이다.

도의 통역이었던 마가를 연결해 놓았다. 누가복음은 그 서론에서(눅 1:2) 익명의 목격자들과 누가복음이 연결되어 있음을 밝혀 놓았다. 누가는 바울 사도의 동역자로 알려져 있기도 하다.

적지 않은 신학자들이 이 기록들의 정확성의 논의로부터 공관복음서 문제의 해결을 시도하여 두문서설 내지 네문서설로 결론을 이끌지만 나는 그러한 가설의 필요성을 느끼지는 않는다. 파피아스가 말하는 마태의 기록과 그 번역이 지금의 마태복음이든 아니든, 또 누가가 자신이 언급한 다른 문서들을 이용했든 이용하지 않았든 지금의 신학자들이 주장하는 것과 같은 문서의존설과 동일하지는 않기 때문이다. 목격자의 역할을 주목하면 공관복음서 문제는 전혀 다른 방향으로 가닥이 잡힐 수도 있을 것이다.

우리가 주목할 것은 모든 복음서가 목격자들과 연결되어 있고, 이 목격자들이 복음서 탄생에 주도적인 역할을 했다는 사실이다. 목격자/증인은 예수의 사역과 말씀에 관해 초대 교회 시절 권위적으로 말할 수 있는 자격자였다. 사도의 자격 요건 중에서도 예수의 전 사역의 목격자임은 무엇보다 우선하는 조건이었다(행 1:21-22). 목격자/증인의 기능과 역할은 제삼자에게 넘겨질 수 없는 독특한 것이다. 그들의 역할은 아무도 대신할 수 없는 독특한 것이었다.[79]

목격자들이 복음서의 저자라면 그리고 복음서가 바로 그 목격자들의 직접 증언이라면 복음서의 탄생과 예수의 생애 사이에 시간 간

---

79. A. F. J. Klijn, *Inleiding tot het Nieuwe Testament* (Utrecht/Antwerpen: Aulaboeken, 1961), 29과 각주 30을 보라.

격이 몇 십 년이 가로놓여 있다 하더라도 이 시간 간격은 복음서의 신빙성과 관련하여 큰 의미를 가지는 것이 아니다. 목격한 것과 그것의 증언 사이에는—나중에 자세히 살펴볼 것처럼—시간 간격이 전혀 없는 것이나 마찬가지이기 때문이다. 만약 복음서가 목격자의 증언을 다른 사람이 글로 옮긴 것이라면 학자들이 관심을 가질 시간 간격은 목격자가 증언한 시점에서부터 이 증언이 기록된 시점까지의 시간이지 사건의 발생으로부터 기록에 이르는 긴 시간은 아니다. 기록되기 이전에 있었던 구전 상태의 복음에 대해서도 우리는 동일한 판단을 할 수 있다. 목격자들이 그들이 목격한 것에 대해 증언할 때 목격한 내용과 그들이 증언하여 전하는 구전 복음 사이에는 시간 간격이 전혀 놓여 있지 않다.

목격자가 증언하여 복음을 전할 때 목격자와 증인은 같은 사람이다. 이때, 복음이란 다름 아닌 그들이 목격한 것에 대한 증언이다. 복음 전승에 관한 한 '목격자'와 '증인'은 같은 사람들을 지시하는 용어이다. '목격자'는 증인의 자격에, '증인'은 목격자의 역할에 초점을 맞춘 표현이다. '목격자'란—복음을 전하는 시기를 기준으로 할 때—과거에 있었던 경험과 관계하여 사용되는 용어이다. '증인'이란 과거의 경험을 토대로 복음을 전하는 행위와 관계하여 사용되는 용어이다. 예수의 사역과 말씀의 목격자/증인들을—사실은 더 많은 사람들이 이 범위에 들 수 있지만—일단 사도들이라고 제한할 때 '목격자'란 용어는 사도들의 기능을, '증인'이란 사도들의 역할을 설명하는 용어가 된다. 사도들은 예수의 사역과 가르침의 목격자였다. 사도들은 목격자였기 때문에 어디서나 예수님이 행하신 일과 가르치신 말씀에 대해 증언할 수 있었다.

한 사람에게 있어서 어떤 사건을 목격하는 것과 이 사건에 대해 증언하는 것 사이의 시차는 제로에 가까운 수준으로 줄어든다. 이것은 긴 역사적 시간을 억지로 줄이자는 얘기가 아니다. 목격자/증인의 입장에서 보면 시간이 아무리 흘러도 사건과 증언 사이의 시간을 없는 것같이 느끼게 하는 특별한 요인이 존재했다는 말일 뿐이다. 이특별한 요인은 목격자/증인의 기능과 역할에 있었다.

만약 우리의 가정이 옳다면 양식비평과 편집비평을 효과적으로 적용하기 위하여 구두 전승의 기간을 가능하면 늘리려고 하는 시도나 복음서의 역사적 진정성을 지키기 위해 이 기간을 가능하면 줄이려고 하는 노력이 모두 부질없는 일임이 자명해질 것이다. 또한 이기간에 있었던 일들을 가지고 공관복음서 사이의 일치점과 차이점을 설명하려 했던 여러 시도들도 많은 부분 수정되지 않을 수 없을 것이다.

앞에서 지적한 대로 공관복음서 연구자들은 공관복음서의 일치점과 차이점을 설명하려는 시도에서 목격자들의 역할을 피상적으로만 관찰하였기에 복음의 전승과 복음서의 탄생을 보다 철저하게 설명할 수 없었다. 이제 우리는 목격자/증인들의 기능과 역할이 정확하게 무엇이었는지를 살펴볼 것이다.

3) 목격자의 기능

고대 사회에 목격자의 기능과 관련하여 중요하게 사용된 단어는 주로 '보다'와 '듣다' 두 단어이다. 보는 것과 듣는 것은 복음 사건의

목격자에게도 아주 중요한 기능이었다. 신약성경에서 이 단어들은
예수님이 행하신 일과 가르치신 말씀을 있었던 그대로 목격하였음
을 보장하는 데 사용되었다.

베드로 사도는 베드로후서 1장 16절에서 그리스도에 관한 복음
이 꾸며낸 신화가 아님을 말하며 "우리는 목격자다(ἐπόπται)."라고 강
조했다. 그는 변화산에서 그리스도의 장엄한 광경을 직접 보고 하늘
에서 들리는 장엄한 소리를 직접 들었음을 말하여(18절) 예수에 관한
복음이 확실한 역사적 사실임을 증언한 것이다. 사도행전 4장에서
공회가 베드로와 요한에게 "예수의 이름으로 말하지도 말고 가르치
지도 말라."고 명령하자(행 4:18), 두 사도는 "우리는 보고 들은 것을(ἃ
εἴδομεν καὶ ἠκούσαμεν) 말하지 않을 수 없다."고 대답했다(행 4:20). 성령 강
림 이후 사도들이 전파한 것은 그들이 목격한 사실들에 대한 증언이
었다.

목격자로서 그들이 가지고 있었던 주요 기능은 눈으로 보는 것,
귀로 듣는 것이었다. 예수의 열두 제자들은 예수의 사역 초기에 부름
을 받아 예수님이 하시는 일, 하시는 말씀을 가장 가까운 곳에서 보
고 들은 사람들 즉 목격자들이었다. 사도행전 1:21-22은 모든 사도들
이 예수의 첫 사역에서부터 죽음과 부활, 승천까지 모든 것을 보고
들은 사람들임을 알려주며, 그러한 목격자가 더 많이 있었음을 명확
히 말해준다. 사도들이 "항상 우리와 함께 다니던 사람들 중에서" 한
사람을 사도로 보충하였음은 보충된 사람이 다른 사도들과 같은 예
수의 증인이 될 자격을 가지도록 한 것이었다.

바울 사도는 고린도전서 9:1에서 자신의 사도직과 관계하여 자

신이 예수님을 보았음(ἑόρακα)을 확인해 주었다. 그에 따르면 이런 목
격자는 열두 사도를[80] 위시하여 적어도 오백 명 이상이었다(고전 15:5-
6). 그는 부활하신 예수님이 그에게도 보였기(ὤφθη) 때문에(고전 15:8) 더
이상 교회를 핍박하지 못하게 되었다. 그는 이러한 목격으로 인해 예
수님은 다시 사셨다고 증언하는 복음 전도자가 되었다. 살아 계신 분
을 만나고 난 후 주님은 살아 계시다고 말하지 않을 수 없었기 때문
이었다. 사도행전 22:14-15에서 바울 사도는 자신의 회심 때에 아나
니아가 했던 말을 이렇게 회상했다. "하나님이 너를 택하여 너로 하
여금 자기 뜻을 알게 하시며 저 의인을 보게(ἰδεῖν) 하시고 그 입에서
나오는 음성을 듣게(ἀκοῦσαι) 하셨으니, 네가 그를 위하여 모든 사람
앞에서 너의 보고 들은 것에(ὧν ἑώρακας καὶ ἤκουσας) 증인이 되리라." 보
고 듣는 목격자의 역할은 바울에게도 중요한 기능이었다.

사도들이 예수님을 목격한 사람들임을 말하는 구절들은 수없이
많다. 위의 경우는 단지 '보다'와 '듣다'는 용어가 아주 명확하게 사
용되었고, 이것이 복음 전파와 확실하게 결합되어 있는 몇 가지 실례
들일 뿐이다. 목격자라는 관점에서 관찰한다면, 복음서 전체가 예수
의 사역을 알려줌과 동시에 이 사역의 현장에 제자들이 목격자로 함
께 있었음을 알려준다.

목격자의 기능이 가장 잘 표현되어 있는 곳은 요한일서 1:1-3이

---

80. 바울 사도가 언급한 "열두 사도들"은 가룟 유다를 빼고 대신 맛디아를 첨가
한 숫자로 보인다. 사도행전 저자도 맛디아가 선출된 이후 사도 집단을 다시
열두 사도로 계산하고 집단적으로 취급했다. "베드로와 열한 (사도들)"(행
2:14), "열두 (사도들)"(행 6:2).

다. 이 구절에서 목격자의 기능은 한편으로는 사건과, 다른 한편으로는 증언과 연결되어 있다.

요한일서의 저자는 "태초부터 있는 생명의 말씀"을 "우리가 들었다"(ὃ ἀκηκόαμεν), "우리 눈으로 보았다"(ὃ ἑωράκαμεν τοῖς ὀφθαλμοῖς ἡμῶν), "주목하고 우리들의 손으로 만졌다"(ὃ ἐθεασάμεθα καὶ αἱ χεῖρες ἡμῶν ἐψηλάφησαν)고 한다(요일 1:1). 목격자의 기능인, '보다', '듣다'가 모두 완료형으로 표현되어 있다. 본문에는 "손으로 만졌다"는 또 하나의 기능이 추가되어 있지만 '손으로 만짐' 혹은 예수님과의 '접촉'은 복음 전파에서 목격자의 기능으로서는 별 뚜렷한 역할을 가지고 있지 않다.[81] 따라서 우리가 심각하게 고려하지 않아도 좋은 기능이다. 이어지는 3절에서 다른 사람들에게 전해지는 것은 다만 "우리가 보고 들은 것"(ὃ ἑωράκαμεν καὶ ἀκηκόαμεν)임을 밝혀 놓은 것에서도 이 점은 확실해진다. 목격자가 볼 수 있었던 것은 이 생명이 먼저 "나타났기"(ἐφανερώθη) 때문이다(2절). 그래서 그는 나타난 것을 보았고(ἑωράκαμεν), 증거하며 전하

---

81. '손으로 만짐'을 목격자의 기능에 포함시키지 않는 이유는 복음서에 이 기능과 관계된 결과 즉 예수님과 접촉한 사람들의 감각적 느낌이나 촉감의 회상이 전혀 기록되어 있지 않기 때문이다. 복음서는 예수님이 병자들을 안수하여 고쳐 주신 것(막 1:31; 7:33-34 등)이나 아이들을 안수하신 것(마 19:14-15 등) 등 예수님과 사람들이 접촉했던 사역 몇 가지를 보도하고 있다. 이런 보도들은 예수의 행동과 그 결과만을 알려줄 뿐 사건 당사자가 이 행동에서 얻었을 고유한 체험이나 그 감격을 알려주지는 않는다. 부활하신 예수님이 도마를 향해 나를 만져 보라는 말씀을 하시지만 도마가 과연 예수님을 만졌는지에 대해서 복음서는 침묵한다(요 20:26-29). 사람들이 예수님과 접촉했던 사건들에 대한 전승도 목격자들의 '보고 들음'의 기능만으로 충분히 증언할 수 있는 내용들이 복음서에 기록되어 있는 것이다.

는 것이다(μαρτυροῦμεν καὶ ἀπαγγέλλομεν).

이 요한일서 서론에는 복음 사건과 목격의 기능 즉 봄, 들음이 서로 연결되어 있다. 그리고 목격자로서의 자격과 목격자의 역할 즉 복음 증언이 서로 연결되어 있다. 그러므로 우리가 앞에서 예상한 대로 복음의 전승 과정을 주목하기 전에 목격자와 복음 사건과의 관련성을 먼저 주목해야 할 이유는 명백하다.

요한 사도가 세 번씩 완료형 동사를 사용한 것은 무슨 이유일까? ―바울 사도도 위에 인용한 고린도전서 9:1에 완료형 동사 "보았다(ἑόρακα)를 사용했다.―부정과거형을 사용하지 않고 완료형을 사용한 특별한 이유가 있을까? 완료형은 과거에 있었던 어떤 움직임이―글을 당시 쓰고 있던 당시의―현재에까지 그 결과를 남겨놓은 것을 표현하는 헬라어의 표현법이다. 그렇다면 요한 사도는 과거에 그들이 보고 들은 체험의 결과가 글을 쓰던 그때까지 남아 있음을 완료형 동사에 담아 놓은 것이다. 과거의 행동 '보았다'와 '들었다'가 그들에게 남겨 놓은 결과는 무엇일까? 아마 그때의 경험이 그들에게 아직도 생생한 흔적 즉 인상을 남겨 놓았기 때문이 아닐까? 아니면 그 결과 그들이 복음을 전하는 사람들로 살고 있음을 표현한 것일까? 첫 번째 답(생생한 인상)이 두 번째 답(복음 전도자가 됨)보다 "보았다," "들었다"는 동작의 더 직접적인 결과이다. 이 완료형 동사들을 통해 사도들이 표현하려고 한 것은 그들 개인에게 남겨진 예수의 강력한 인상, 예수의 삶의 생생한 추억이라고 나는 생각한다. 즉 예수의 모습과 당시의 일들이 그들의 기억 속에 실제나 다름없이 생생하게 남겨져 있었다. 예수의 음성이 몇 십 년이 지난 후에도 여전히 그들의 기억 속에 실제나 다름없이 생생하게 울리고 있었다. 그래서 언제나 회상할 수 있었다. 이것이 목격자들의 기능인 것이다.

목격자란 어떤 사건이 끝난 후에도 그 사건에 대한 기억을 간직하고 있는 사람들이다. 사건은 흘러갔어도 기억 속에서 언제나 그 사건 바로 곁에 있는 것과 같이 느끼는 그런 사람들이 목격자이다. 그 사건에 관한 모든 요소가 그들의 두뇌 속에 각인되어 있다. 그들은 온도와 기후와 분위기와 느낌 등과 함께 눈으로 보고, 귀로 들은 것들을 계속 기억할 수밖에 없었던 사람들이다. 이것은 의도적인 암기와 기억의 문제이기 전에 자연스런 경험과 추억의 문제이다.

목격자의 기능이 '보는 것,' '듣는 것'에 있었다는 사실은 예수님이 제자들의 눈과 귀를 축복하신 한 말씀에서 보다 큰 의미를 보태게 된다. 사람들에게 비유로 말씀하신 이유를 제자들에게 알려주신 후에 예수님은 다음과 같이 그들의 눈과 귀를 축복하셨다. "너희 눈은 봄으로, 너희 귀는 들음으로 복이 있도다"(ὑμῶν δὲ μακάριοι οἱ ὀφθαλμοὶ ὅτι βλέπουσιν καὶ τὰ ὦτα ὑμῶν ὅτι ἀκούουσιν, 마 13:16//눅 10:23).[82] 예수님은 그들이 누렸던 눈으로 보고 귀로 듣는 축복을 구약시대의 선지자들과 의인들의[83] 열망에 비교하셨다. 그들은 제자들이 보는 것을 보고 싶었어도 보지 못했고, 제자들이 듣는 것을 듣고 싶었어도 듣지 못했다(마 13:17//눅 10:24). 예수님을 만나고 그분이 하시는 일들을 보고 그의 말

---

82. 마태복음과 누가복음은 약간의 차이가 있다. 눅 10:23에는 눈에 대한 내용만 있고 귀에 대한 말씀은 빠져 있다. 그러나 누가복음도 계속되는 24절의 이유 설명에는 듣는 것에 대한 내용이 들어 있다.
83. 눅 10:24에는 "의인들" 대신에 "왕들"이 기록되어 있다.

씀을 듣는 것은 엄청난 축복이었다. 선지자들이 갈망했지만 그들에게는 주어지지 않았던 축복이었다. 그리고 예수의 생애 이후의 수많은 사람들이 사모하고 부러워하지만 아무에게도 주어지지 않은 독특한 역사적인 축복이었다.

예수님은 제자들을 부르실 때 그들이 자신의 일들을 눈으로 보고, 자신의 말씀들을 귀로 듣도록 목격자로 부르셨다. 비유적으로 이렇게 말해도 좋을 것이다. 예수님은 그들의 눈을 필요로 하셨다. 그리고 그들의 귀를 필요로 하셨다. 제자들의 눈은 비디오카메라의 렌즈처럼, 제자들의 귀는 녹음기의 마이크처럼 예수님의 생애를 따라 움직이며 일어나는 일들을 머리에 담았고, 들려오는 말씀을 그들의 두뇌에 담았다. 예수의 증인이 되려면 먼저 목격자가 되어야 하기 때문에 예수님은 사역을 시작하시며 우선 제자들을 부르셨다. 그들이 복음의 증인이 되기 위하여 먼저 목격자여야 한다면, 예수님이 그들의 눈과 귀를 축복하신 것은 당연한 일이다.

보는 것과 듣는 것에 대한 비슷한 강조가 한 번 더 복음서에 기록되어 있다. 감옥에 갇힌 세례자 요한이 자신의 제자들을 예수님께 보내어 "오실 그이가 당신이십니까? 아니면 우리가 다른 분을 기다릴까요?"라고 질문했을 때 예수님은 "너희는 가서 듣고 보는 것을 전하라"고 대답하셨다(마 11:2-5//눅 7:18-22). 이 목격자들의 경우 예수의 제자들은 아니었다. 오히려 이 경우에는 예수님을 만나고, 그의 하시는 일을 보고, 그 말씀을 들은 자는 누구든지 목격자였다. 이 대답은 세례자 요한이나 그의 제자들이 안고 있던 질문에 대한 충분한 대답이 될 수 있었다. 그들이 보고 들은 것은 "소경이 보며, 앉은뱅이가 걸으며, 문둥이가 깨끗함을 받으며, 귀머거리가 들으며, 죽은 자가 살아나며, 가난한 자에게 복음이 전파되는" 그런 것 즉 예수님이 메시아임을 보여주는 증거들이었기 때문이다.

마가복음의 한 구절은 보고 듣는 목격자들의 기능과 관련하여 제자들을 향한 예수의 꾸중을 담고 있다. 바리새인들과 헤롯의[84] 누룩을 조심하라는 예수의 말씀을 들은 제자들은 빵이 없는 것을 걱정하기 시작했다. 이를 아신 예수님은 "너희는 눈이 있어도 보지 못하며 귀가 있어도 듣지 못하느냐 또 기억하지 못하느냐?"고 꾸중하셨다(막 8:18). 빵 다섯 개로 오천 명을 먹이신 것, 빵 일곱 개로 사천 명을 먹이신 것을 제자들은 보았으면서도 예수님이 빵 때문에 그런 말씀을 하셨다고 판단했기 때문이다. 예수님이 기대하신 것은 보는 것, 듣는 것 이상이다. 그것은 보는 것, 듣는 것을 통해 주어지는 깨달음이다. 즉 그런 일들을 통해 그들은 그들을 부르신 분이 누구인지, 무엇을 하는지, 그리고 왜 그렇게 하시는지 알아야 하고 이렇게 예수님이 기대하신 믿음의 길로 들어서 예수님을 의지하며 살아야 한다.

우리는 열두 사도들만이 이 축복의 시대를 경험한 것이 아님을 알고 있다. 더 많은 제자들이 있었다. 보는 눈, 듣는 귀를 가지고 예수님을 만났던 사람들만 계산한다면 복된 눈과 복된 귀를 가진 사람들은 적어도 수만 명이 넘었다.[85] 그들은 눈과 귀를 가지고 있었으며 제자들과 마찬가지로 눈을 통하여 예수의 모습과 사역을 머리에 담고

---

84. 마태복음의 평행구에는 "바리새인들과 사두개인들의 누룩"으로 기록되어 있다.

85. 예수의 주변에 같은 시간 같은 장소에 모였던 사람들에 대한 기록 중 최고

예수의 말씀을 두뇌에 간직할 수 있는 사람들이었다. 예수님을 믿은 제자들과 그렇지 못한 사람들이 예수님을 보고 그의 음성을 들음에서 차이가 나는 것은 결코 아니다.

예수님을 목격하는 것이 모든 사람에게 열려 있었고 제자들에게만 국한된 고유 특권이 아니었다면, 이 전제로부터 우리는 다음과 같은 사실을 확인할 수 있다. 예수에 관한 복음을 만들어낼 수 있고 전달할 수 있는 사람들은 제자들만이 아니었다. 제자들은 예수의 가장 가까이 있던 목격자들로서 예수에 관한 것을 가장 많이, 가장 자세하게 그리고 가장 잘 알았던 사람들이다. 그들이 복음 전파의 책임과 의무를 짊어졌기 때문에 그들에게서 연유한 복음 전승이 살아남아 우리 시대에까지 전달되었을 뿐이다. 예수의 사역과 말씀에 관한 사도들의 증언 외의 증언이 전승된 흔적은 정경 외 문서들을 통해서만이 아니라 복음서 안에서도 상당히 많이 찾아 낼 수 있다.

아래에서 우리는 그 흔적들을 추적할 것이다. 이것을 통해 우리는 복음 전승이 아무 것도 없던 세상에 갑자기 탄생한 것이 아니고 또한 복음 전승 전체가 기록된 복음서로 고정된 것도 아님을 알게 될 것이다.

치는 눅 12:1의 "무리 수만 명"(τῶν μυριάδων τοῦ ὄχλου)이다. 수천 명이 모이는 경우는 여러 번 기록되어 있다. 예를 들어 빵 다섯 개와 물고기 두 마리로 사람들을 배부르게 먹이신 사건에는 여자들과 아이들을 제외하고도 약 오천 명이 함께 했다고 한다(마 14:21; 막 6:44; 눅 9:14; 요 6:10). 또한 빵 일곱 개와 물고기 일곱 마리로는 남자들만 약 사천 명을 먹이셨다고 한다(마 15:38; 막 8:9).

4) 예수님의 목격자들

보고 들을 수 있는 기능을 가지고 예수님을 만난 사람들은 수도 없이 많다. 이 사람들은 어떻게 예수님을 만나게 되었는가? 이것은 복음서를 관찰하면 쉽게 답할 수 있는 질문이다. 예수님이 먼저 사람들을 찾아 가셨다(마 4:23; 막 1:21, 38-39; 눅 4:16, 31, 43 등).[86] 사람들이 어려운 삶에 열중하고 있을 때 예수님은 갑자기 나타난 선지자처럼 사방으로 사람들을 찾아다니시며, 사람들에게 복음을[87] 전파하시고, 가르치시고, 병자들을 고치시고 귀신을 쫓아내셨다. 사람들을 찾아가시는 예수의 사역은 먼저 고향이 포함된 갈릴리 지역에서 시작되었다. 예수님은 갈릴리 지역 중 갈릴리 바다를 중심으로 이곳저곳으로 자신이 원하시는 여러 장소로 다니시다가, 때로는 요단강을 건너가기도 하시고, 차차 범위를 넓혀 유대지역으로 그리고 이스라엘의 핵심부 예루살렘으로 가셨다. 예수의 생애는 사람들을 찾아다니시는 생애였으며, 이 사역은 예수의 생애 끝까지 계속되었다. 이렇게 여행하

---

86. 예수님이 찾아가신 사람들, 여행하신 도시 및 지명들의 예는 복음서에 너무 많아 일일이 다 열거할 필요가 없을 정도이다. 누구나 복음서를 읽기 시작하면—복음서들 간에 다소 차이가 있기는 하지만—예수님이 사람들을 찾아가셔서 예수님과의 만남이 이루어지는 사례에 대한 풍부한 자료를 얻을 수 있다. 따라서 아래에는 이런 경우에 대한 해당 성경구절들을 일일이 열거하지 않고 생략한다.

87. 예수님이 전하신 복음은 구체적인 기독론적 내용이 포함되기 이전의 복음 즉 '하나님의 구원의 때가 시작된다.'는 복음이었다. 그러나 이것은 후에 교회에서 통용되던 '예수에 관한 복음'과 전혀 무관한 것은 아니다. 만약 예수님이 자신이 하나님의 구원의 성취자로 오신 것을 이미 알고 계셨고 자신의 생애를 통하여 하나님의 구원을 자세히 밝히실 계획을 가지고 계셨다면 예수님이 전하신 복음은 예수 자신에 관한 복음의 시발점이라고 보아야 한다.

시며 예수님이 찾아가신 사람들은 헤아릴 수 없이 많았다.[88]

이 모든 사람들이 예수의 사역과 말씀의 목격자들이다. 그들도 예수님이 축복하셨던 제자들의 눈과 귀와 같은 성능의 눈과 귀를 가지고 있었다. 제자들이 보고 들은 것과 이들의 경험 사이에 차이점이 있다면 대부분의 사람들이 지극히 단편적인 일들만을 목격하고 단편적인 말씀을 들었다는 것 정도이다. 그러나 이들이 보고 들은 것을 오래 기억했고 다른 사람들에게 그들이 보고 들은 것을 때때로 얘기했으리라고 상상하는 것은 조금도 어려운 일이 아니다. 이것은 매우 자연스러운 일이었을 것이다. 그렇다면 그들이 말했을 이야기들은 제자들이 전했던 복음과 달랐다고 말할 수 있을까?

예수님을 찾아오는 사람들도 있었다. 예수의 사역이 시작된 지 얼마 지나지 않아서 곧 사람들이 예수님에게 모여들었다(마 4:24-25; 8:1; 막 1:32-33, 45; 눅 4:40, 42 등).[89] 육체적 약함과 결함, 병을 고치기 위해 오는 사람들이 있었다. 약한 사람들, 병자들, 귀신들린 사람들, 혹은

---

88. 예수님을 만난 사람들은 대략 얼마나 될까? 흥미로운 질문이지만 자세한 답을 찾기는 어렵다. 당시 예루살렘의 인구는 약 2만 5천명으로 추산된다. 팔레스타인 전체 인구는 약 50-60만 명 정도였을 것이라는 추측도 있다. 이 수치는 J. Jeremias, 『예수 시대의 예루살렘』, 한국신학연구소 번역실 역 (서울: 한국신학연구소, 1992), 267을 따른 것이다. 적어도 일 년에 한 번씩 유대인 남자들은 성전을 찾아야 한다는 당시의 유전을 따라 예루살렘으로 모여 들었을 순례객들까지 계산한다면―지중해 주변 전역의 유대인들의 당시 인구는 약 250만 명쯤으로 추산되므로―예수님을 만났을 가능성이 있는 사람들은 복음서에서 추정할 수 있는 수치보다 월등히 높아질 것이다.

89. 이하 모든 예들의 성경 구절을 생략한다. 예수님에게 찾아온 사람들의 개인적, 집단적 예는 복음서에 풍부하게 기록되어 있어서 일일이 다 증거구절들을 열거할 필요가 없다.

이런 종류의 사람들을 데리고 온 사람들도 있었다. 어떤 사람들은 예수의 가르침을 듣기 위해서 예수님을 찾아왔다. 어떤 사람들은 어린 아이들을 예수께 데리고 오기도 했다. 사람들은 갖가지 삶의 고민 혹은 율법에 관한 질문을 가지고 오기도 했다. 그런가 하면—복음서가 얘기하고 있지는 않지만—그냥 혹은 호기심에서 와보는 사람들도 있었을 것이다. 온갖 종류의 사람들이 갖은 동기에서 예수님을 찾아 모여들었다고 이 모두를 요약할 수 있을 것이다.

예수님을 찾아 나선 사람들은 그들의 목적이 성취되자 집으로 돌아가는 사람들도 있었지만—때로는 예수님이 돌려보내기도 하셨다—무리를 지어 예수님을 따라다니기도 했다. 예수의 생애가 진행됨에 따라 예수님이 찾아가시는 사람들보다 예수님을 찾아오는 사람들이 점점 더 많아졌다. 이들은 예수님이 어디를 가시든지 그의 뒤를 따르는 무리를 형성했다. 사람들이 예수님을 각기 얼마나 오래 그리고 어디서 어디까지 따라다녔는지는 확인할 길이 없지만 이런 사람들이 늘 예수 주변에 몰려 있었음은 확실하다. 예수를 따르는 사람들은 때로는 수천 명에서 때로는 수만 명에 이르렀다.

이렇게 의도적으로 예수님에게 와서 예수님을 만나게 된 사람들도 예수의 사역의 대상이었다. 뿐만 아니라—그들도 눈과 귀를 가지고 있었기에—그들은 예수의 하시는 일들을 보고 그 말씀들을 들은 예수의 목격자들이었다. 그들은 예수의 제자들 못지않은 복된 눈과 복된 귀를 가지고 있었고, 이 기관을 통해 보고 듣는 목격자의 기능을 충분히 발휘할 수 있었다. 그들은 틀림없이 그들이 보고 들은 것을 오래 기억할 수 있었을 것이고 그들의 단편적인 증언을 다른 사람

들에게 이야기할 수 있었을 것이다. 이런 의미에서—그들의 이야기
가 극히 단편적인 것으로 국한된다 하더라도—이들도 분명히 예수의
목격자/증인들이다. 현존하는 복음서에 수록된 예수에 관한 복음은
이 사람들이 전파했을지도 모르는 그런 이야기와 구별될 만한 특징
있는 내용들을 별로 가지고 있지 않다. 즉 단편적이라는 점을 제외한
다면 복음서에 수록된 이야기들은 대개 어떤 목격자라도 충분히 말
할 수 있는 그런 내용들로 가득 채워져 있다.[90]

　예수님이 찾아가신 사람들이나 예수님을 찾아 왔던 사람들, 예수
님이 지나가실 때 예수의 눈에 들어오거나 예수의 눈길을 붙잡았던
사람들은 모두 예수의 사역과 말씀의 목격자들이었다. 이들 중 예수
님을 믿은 사람들은 예수의 제자가 되었다. 예수의 사역이 진행되며
제자 집단은 점점 크게 불어났다. 이들 중 예수님에게 적대감을 갖는
사람들도 있었다. 이들은 예수의 적들로 모습을 갖추었으며 역시 점
점 크게 증가했다. 제자 집단과 적대자 집단은 갈수록 심하게 양극화
되어 갔다. 그런데 이 두 집단보다 훨씬 많은 다양한 사람들의 무리
가 복음서의 끝 부분에 이르기까지 예수의 생애와 관련하여 계속하

---

90. 복음서는 사람들에게 예수의 일과 말씀, 그 의미들을 알려 예수님을 믿게 하
　　려는 분명한 목적의식을 가지고 기록된 편향적 문서이다. 그럼에도 불구하
　　고 사건 보도, 말씀을 알리는 각 내용은 믿음의 눈에 의해 채색된 흔적이 그
　　렇게 많지 않다. 복음서 저자나 복음 전승은 있었던 사실 그대로를 보도하기
　　만 해도 예수의 능력과 하나님의 아들이심을 충분히 전할 수 있다고 믿었던
　　것으로 보인다. 이런 면에서 복음서 내용 대부분이 믿음을 가지지 않은 사람
　　이라도 사건에 접하기만 했다면 얼마든지 전할 수 있었던 그런 내용과 별로
　　다르지 않다고 보인다.

여 등장한다. 마지막 순간에 그들 중에는—유대 지도부의 선동에 따라—예수님을 못 박기를 주장하는 역할을 감당한 자들도 있다. 이런 의미에서 예수님과의 만남을 비교적 선의로 마감하고 그들의 삶의 현장으로 돌아간 사람들이나 마지막에 예수의 재판과 십자가 형장에 모여 예수님에게 적개심을 보였던 모든 사람들이 예수의 사역의 한 부분을 목격한 목격자들이었다. 이들 중에는 예수님이 십자가에서 죽으심을 목격한 자들도 있었다. 누가복음과 사도행전을 연결된 책으로 읽을 때 우리는 이 사람들이 대부분 베드로 사도의 첫 설교의 청중으로 등장함을 알 수 있다(행 2:22, 36, 37 참고).

예수의 적대자들도 사실은 예수의 생애의 목격자들이었다. 예수님이 세리들, 죄인들과 식사하실 때 바리새인들과 서기관들이 이 일을 비방한 적이 있었다(마 9:11; 막 2:13-17; 눅 5:27-39). 예수의 제자들이 안식일에 이삭을 잘라서 먹을 때(마 12:2; 막 2:23-28; 눅 6:6-11), 예수님이 안식일에 병을 고치실 때(마 12:10; 막 3:1-6; 눅 6:6-1) 무리나 제자들만이 아니라 적대자들도 함께 있었다. 예수의 적대자 중 어떤 사람이 언제 어느 곳에서 예수의 사역을 관찰하고 비난하고 있었는지 자세히 열거하는 것은 불가능하지만 예수의 목격자 중에는 적대자들도 상당수 포함되어 있었다는 것은 분명하다.

적어도 예수의 체포와 산헤드린 재판, 빌라도에게 고소하고 사형을 요구하고 십자가에 못 박아 죽일 때, 예수의 제자들이나 무리보다는 적대자들인 산헤드린의 회원들 즉 유대 지도부가 사건의 직접적인 목격자로 예수님에게 일어나는 일들 가장 가까이 있었다고 말할 수 있다. 산헤드린 회원 중 "손으로 지은 이 성전을 내가 헐고 손으로

짓지 아니한 다른 성전을 사흘에 지으리라."는 예수의 말씀을 들었다고(ἠκούσαμεν) 주장하는 사람도 있었다(막 14:58; 마 26:61; 요 2:19 참고).[91] 산 헤드린의 재판 때에는 이것이 정식 죄목으로 채택되지 않았지만 예수의 사형을 구형하도록 간접적으로 역할하였을 가능성이 크다. 마태복음 27:39-40과 마가복음 15:29은 십자가에 못 박히신 예수 앞을 지나가며 사람들이 "성전을 헐고 사흘에 짓는 자여!"하고 모욕했는데 이 사람들은 그러한 소문을 들었을 수도 있고, 아마 산헤드린을 통해 이 사실을 알았을 수도 있다. 성전에 관한 예수의 이 말씀은 공관복음서에는 어디에도 수록되어 있지 않지만 산헤드린의 한 회원이 이 말을 언급했다는 것이 흥미롭다. 이 사람들은 또한 예수님이 자신의 부활에 관해 예언하신 것도 듣고 알고 있었다(마 27:64).

예수의 적대자요 고소인이요 그 사형판결에 절대적인 몫을 감당한 사람이라고 하여 목격자의 기능이 없었다거나 그들의 증언은 무가치한 것이라고 말할 수는 없다. 그들도 보고 들은 것을 얼마든지 그대로 말할 수 있는 사람들이다. 차이점이 있었다면 그들이 목격한 것이 그들에게 어떤 결론을 가져다주었느냐에 있다. 즉 그들은 예수의 말씀을 듣고 예수의 일을 보았지만 예수님을 믿는 길에 들어서지는 않았다. 그들이 보고 들은 것 때문에 그들은 예수님을 오히려 바알세불 들린 자로, 하나님을 모독하는 자로 결론짓고 예수님을 죽음으로 내몰고 말았다. 목격 사실을 그들 나름대로 해석했던 것이다.

---

91. 마태복음에는 "내가 하나님의 성전을 헐고 사흘에 지을 수 있다."는 말씀으로 기록되어 있고 요한복음에는 "너희가 이 성전을 헐라 내가 사흘 동안에 다시 세울 것이다."로 기록되어 있다.

이 점을 제외한다면 그들이 보고 들은 것에 대하여 말하는 것 자체는
다른 사람들이 보고 들은 것을 말하는 것과 완전히 다를 수는 없을
것이다. 그런 의미에서 적대자들도 예수의 목격자들이었다.

목격자들 중 복음 전파에 가장 중요한 역할을 한 사람들은 아무
래도 예수의 제자들이다. 예수님은 자신의 사역을 시작하시며 가장
먼저 네 명의 제자들을 부르셨다(마 4:18-22//막 1:16-20; 눅 5:8-11). 이 네 명
혹은 안드레를 뺀 세 명은 그렇게 갈릴리 호숫가에서 시작하여 예수
님이 잡히시는 겟세마네 동산의 현장까지 예수님과 함께 있었다. 그
들은 예수의 초기 사역 즉 베드로의 장모를 낫게 하셨을 때(마 8:14-17//
막 1:29-34//눅 4:38-41), 문둥병자를 고치시고 중풍병자를 고치실 때 그
곳에 있었다. 야이로의 딸을 살리셨을 때 세 명의 제자들은 딸의 부
모와 함께 사건 현장에까지 갈 수 있었다(눅 8:51). 그들은 변화산에 예
수님과 함께 올라가는 특권을 누렸고(마 17:1-13//막 9:2-13//눅 9:28-36), 겟
세마네 동산에서 기도하는 예수님에게 가장 가까이 접근해 있었다
(마 26:37//막 14:33). 예수의 사역 중 이 제자들이 빠져 있는 사건은 거의
없다고 말하는 것이 간명하면서도 확실한 말일 것이다. 다른 제자들
이 예수님과 함께 가지 못하는 곳에도 그들은 늘 예수님과 함께 있었
다.

다른 여덟 명의 제자들은 네 명의 첫 제자들에 비해 다소 늦게 부
르심을 받지만 첫 네 제자들의 경우와 크게 다르지는 않았다. 열두
명의 제자들을 임명하신 이후 예수님은 이들과 함께 계셨다. 복음서
들이 각 사건들을 배열하는 순서에는 다소 차이가 있지만 열두 제자
들을 임명하신 후 이들과 동행하신 예수의 모습을 보여주는 것에서

는 차이가 없다. 이 열두 제자들은 예수의 사역 시작부터 마지막까지 대부분 사건들에 가장 가까이 있었던 목격자들이었다. 무리가 없을 때도 이들은 예수님을 보고 그 말씀을 듣는 특권을 누린다. 특히 예수의 사역이 중반기로 들어가면서 예수님은 사람들에게 비유로 말씀하시고, 무리들을 떠나시기도 하지만 이들은 늘 함께 있으며 더욱 자세하게 예수의 가르침을 들을 수 있었다(마 20:17; 막 4:10,34; 눅 9:18 등). 예수님에게 왔다 간 무리들이나 예수의 적대자들이 몇 가지 부분적인 사건을 보고 들은 것에 비해, 혹은 더 넓은 의미의 제자들이 보고 들은 것에 비해 열두 제자들은 예수의 공생애 전체를 보고 들을 수 있었다. 우리가 요한복음의 첫 부분을 끌어들이고 사도행전 1:21-22을 기준으로 삼아 말한다면, 열두 제자들은 예수님이 세례자 요한에게 세례를 받으시는 그 순간부터 십자가에 못 박히시고 부활하신 이후까지의 예수의 지상생애 모두를 그들의 눈으로 직접 보았고 그들의 귀로 그 말씀을 직접 들었던 목격자들이었다. 공관복음서가 이들과 뗄 수 없이 연결되어 있음은 당연한 일이다. 이들은 예수님을 만난 후 믿는 사람들이 되었다는 점에서 예수님을 믿도록 할 목적으로 복음을 전할 수 있는 최상의 적격자들이었다.

위에서 우리가 밝혀 낸 것은 제자들의 역할과 책임을 인정하면서도 다른 목격자들 즉 비교적 무색의 혹은 적대적인 목격자들의 존재를 무시할 수는 없다는 사실이다. 복음서를 목격자들의 증언/보도라는 점에서 말한다면, 제자들 이외의 인물들에 의하여 전해져야만 알려질 수 있는 내용들이—비록 많지는 않더라도—복음서에 수록되어 있기 때문에 다른 목격자들의 존재와 역할을 결코 간과해서는 안 된다.

복음서에 예수의 사생활이 기록되어 있지 않다는 것은 이상한 일이 아니다. 예를 들어 예수님이 혼자 기도하셨다는(마 14:23) 혹은 혼자 계셨다는(막 6:47) 기록은 있지만 그때 무슨 내용을 기도하셨으며 무엇을 하셨는지는 전혀 기록되어 있지 않다. 즉 복음서에는 목격자가 없는 일들은 하나도 수록되어 있지 않다. 다른 말로 바꾸면 복음서는 목격자들이 있었고 그래서 보고 들은 것에 대하여 다른 사람들에게 전해 줄 수 있는 그런 종류의 내용들로 채워져 있다.

목격자의 기능 즉 보는 눈, 듣는 귀를 가진 사람들은 모두 목격자가 될 수 있었다. 그들의 경험을 통해 사건에 대한 기억을 간직할 수 있으며—필요했다면—이것을 그들의 언어로 바꾸어 다른 사람에게 말할 수 있었다. 복음서는 예수님을 보고 들은 사람들이 증언한 것을 모아 놓은 것이다. 즉 복음의 배후에는 열두 제자들을 위시한 실제 목격자/증인들이 있었다. 이 글에서 목격자들의 기능과 역할을 말할 때 주로 열두 제자들을 지시하기는 하지만, 그렇다고 다른 목격자나 당사자들을 배제하는 것은 결코 아님을 잊어서는 안 된다. 아래에 이 점을 좀 더 분명하게 짚어 보려고 한다.

5) 예수님에 관한 소문

예수의 사역에 대한 다양한 성격의 목격자들이 있었음을 살펴본 위의 연구에서 남겨진 질문들이 있었다. 예수님이 사람들을 찾아가서 복음을 전하시고, 병자들을 고치시며 귀신을 쫓아내었을 때 당사자들이나 이 일의 목격자들은 어떤 반응을 나타내었을까? 복음 전승과 비교할 만한 어떤 일이 이들을 통해 일어날 수 있었을까? 다른 종류의 질문을 던져보자. 사람들이 예수님을 찾아오게 된 배경에는 무슨 일이 있었을까? 즉 병자들이 예수님에게 몰려온 이유는 무엇이었으며 이 이유 때문에 다른 사람이 아닌 예수님을 만나야 되겠다는 생각을 어떻게 갖게 되었을까? 비슷한 질문을 온갖 이유로 예수님을 찾아온 사람들에게도 던질 수 있다. 그들이 예수님을 찾아와야 하겠다고 결심한 이유는 무엇일까?

복음서는 이 모든 질문에 답할 수 있는 한 단어를 우리에게 제공한다. 그것은 '소문'이라는 단어이다. 사람들을 찾아가 병자들을 고치시고 회당에서 가르치셨던 예수의 첫 사역은 금방 소문으로 퍼져나갔을 것이다. 사람들은 예수의 소문을 듣고 예수님에게 모여들었을 것이다. 그리고 다시 새로운 소문이 퍼져나갔을 것이다. 소문은 점점 불어났을 것이다. 이런 소문의 연쇄반응은 복음서가 끝나기까지 즉 예수의 사역이 끝날 때까지 이어졌을 것이다. 이 과정은 단지 합리적 추측에 불과하지 않다. 공관복음서에는 이 과정이 비교적 자세하게 기록되어 있다.

마가복음은 예수의 수세, 시험 기사(막 1:9-13)와 첫 제자들을 부르신(14-20절) 기사에 이어 가버나움 회당에서의 첫 사역을 소개한다(21-27절). 이 첫 사역, 예수의 권위 있는 가르침과 귀신을 쫓아내심에 사람들이 놀라고 "예수님의 소문(ἀκοή)이 곧 온 갈릴리 사방에 퍼졌다"(28절). 마가는 몇 가지 일을 더 기록하며 몇 절을 건너 뛰어 "저물어 해 질 때에 사람들이 모든 병자와 귀신들린 자들을 예수께 데려왔다"(32절). 그리고 온 동네 사람들이 문 앞에 모여들었고(33절), 예수님은 그렇게 몰려 온 병자들을 다 고쳐주셨다(34절)고 보도한다. 왜 사람들이 병자들과 귀신들린 사람들을 예수님에게 데리고 왔을까? 그들은 예수의 첫 사역에 관한 소문을 들은 것이 틀림없다. 그렇다면 그 소문이란 어떤 것이었을까? 간략하게 추측해 본다면 '예수님이 귀신들린 사람에게서 귀신을 쫓아내었다고 하더라.'가 아니었을까? 이 광경을 본 사람들이 있었다면—그들이 (아직) 예수님의 제자가 아니었어도—마가복음에 기록되어 있는 간단한 치유 기사를 말하는 것은 결코 어렵지 않았을 것이다.

마가는 이후로 계속 병자들이나 사람들이 예수님을 찾아오는 기사를 소개하고 있다. 어떤 문둥병자가 예수님을 찾아와 꿇어 엎드렸다(막 1:40; 마 8:2//눅 5:12). 수일 후에 다시 가버나움에 들어가셨는데 예수님이 집에 계시다는 소식을 듣고 사람들이 모여들었다(2:1-2). 어떤 사람들이 한 중풍병자를 침대에 뉘인 채로 예수께 데려왔다(3절//마 9:2//눅 5:18). 예수님이 바닷가에 계실 때 사람들이 또 모여들었다(13절). 갈릴리, 유대, 예루살렘, 이두매, 요단강 건너편, 두로와 시돈 근처에서 많은 사람들이 예수께 왔다(3:7-8). 그들은 예수님이 하신 큰일에 대한 소문을 듣고 그렇게 몰려 나왔던 것이다.

소문이라는 주제는 다시 마가복음 6:14에 나온다. "예수의 이름이 드러났기 때문에 헤롯 왕도 예수에 관해 들었다"(//마 14:1). 헤롯 왕이 들은 것은 예수의 이름만은 아니었다. 그는 예수의 이적 사역 중 어떤 것을 들었고, 이 소문에 대한 자신의 생각을 다음처럼 말했다고 한다. "세례자 요한이 다시 살아났다. 그러므로 이런 능력이 그 속에서 작용하는 것이다." 예수님이 하신 일, 하신 말씀에 대한 단편적인

소문은 갈릴리의 심장부 왕실에까지 전파되었다. 이 소문은—마가복
음이 대체적으로 연대기적 순서를 따르고 있다고 가정한다면—마가
가 6장 이전에 기록한 사건들 즉 예수님이 초기에 하신 일에 관한 소
문이었을 것이다. 그것은 믿음이 있는 사람들만이 만들어낼 수 있는
그런 종류의 얘기가 결코 아니다. 또 믿음이 있는 사람들만이 수용할
수 있는 그런 얘기도 아니다. 정말 이런 기적적인 일들이 있었다면
누구나 말하고 들을 수 있는 평범한 소식들이다.

마태복음의 기록도 마가복음과 유사하다. 예수님이 제자들을 부
르신 기사 후 마태복음에는 예수님의 첫 사역, 가르침과 복음 전파와
병 고침이 개략적으로 소개되어 있다(4:23). 이런 일에 관한 "그의 소
문이(ἀκοή) 온 수리아에 퍼졌다"(24절). 그러자 사람들이 "모든 앓는 자,
곧 각색 병과 고통에 걸린 자, 귀신 들린 자, 간질하는 자 중풍병자들
을 데리고 왔다." 마태복음의 이 기록이 어느 정도의 기간을 요약한
것인지는 알 수 없다. 그러므로 기간에 대한 질문은 제외하고, 사건
의 진행에 대해서만 한 번 질문해 보자. 어떻게 사람들이 갑자기 이
렇게 모일 수 있었을까? 마태복음에 '소문'이라는 용어가 24절에 단
한 번 사용되었어도 예수의 초기 사역에 대한 소문이 사람들을 통해
입에서 입으로 퍼져나갔고 소문을 들은 이 사람들이 예수님께 몰려
왔을 것으로 추측할 수 있다. 하지만 이것은 막연한 추측 이상이다.
이적과 같은 이상한 일에 대해 입이 근질거려 참지 못하는 사람들이
그렇게 했을 것임을 짐작하는 것은 매우 자연스런 일이다.

예수의 사역을 소개한 마태복음은 다시 그 결과 "갈릴리와 데가
볼리와 예루살렘과 유대와 요단강 건너편에서 허다한 무리가 (예수님

올) 좇았다"(25절)고 기록한다. 마태복음은 먼저 예수의 설교를 소개하고 다음에 예수의 사역을 소개하려는 저작 계획에 따라 아직 구체적인 사례들을 열거하지는 않았다. 그러나 '예수의 사역-소문-사람들이 예수께 옴'의 연결고리는 누구도 부정할 수 없는 확실한 것이다. 예수의 사역이 연쇄적으로 소문을 일으키고 사람들이 이 소문을 듣는 대로 그들의 문제와 소원을 가지고 예수님에게 나아왔을 것이다. 복음서가 보도하는 사건들의 배후에는 발 없이도 어디나 퍼져나가는 소문의 역할이 절대적이다. 사람들에 의해 팔레스타인 전역으로 파급되었을 소문은 현 복음서에 기록되어 있는 내용과 크게 다를 이유가 없다.

마태복음에는 '소문'이라는 용어가 자주 사용되지는 않았다. 그러나 마태복음에 담긴 무언가 고민이나 문제를 안고 예수님을 찾아온 사람들의 이야기나, 길을 가시는 예수님을 향해 도움과 소원을 호소하는 사람들의 이야기에는 '예수님이 하신 일들과 말씀들'에 관한 소문이 사건의 동기로 작용하고 있었을 것이다. 소문의 존재와 역할을 부정하면 어떻게 이런 일들이 일어날 수 있었는지를 설명할 방법이 없다. 소문의 역할에 관한 가정은 마태복음 자체에 의해서도 검증된다. 마태복음의 저자는 예수님이 한 회당장의 딸을 살리신 사건(마 9:18//막 5:22//눅 8:41)을 보도한 후에 독자들에게 소문의 존재를 다시 한번 확인시켜 주었다. "이 소문이 그 지역 전체에 퍼졌다"(ἐξῆλθεν ἡ φήμη αὕτη εἰς ὅλην τὴν γῆν ἐκείνην, 마 9:26).

누가복음의 경우를 살펴보자. 누가복음은 좀 더 빨리 '소문'이라는 단어를 사용했다. (마귀에게 시험을 받으신 후) "예수님이 성령의 권능으로 갈릴리에 돌아가시니 그에 관한 소문(φήμη)이 사방에 퍼졌다"(눅 4:14). 그러나 구체적인 소문의 내용이 등장하는 것은 37절이다. 성령의 권능으로 돌아오신 예수님은 여러 회당에서 가르치시는 것으로 사역을 시작하셨다(15절). 16-30절에는 고향 나사렛의 회당에서 설교하신 사건이 기록되어 있다. 어느 안식일에 예수님은 가버나움의 한 회당에서 가르치셨는데 그 자리에 있던 더러운 귀신 들린 사람에게서 귀신을 쫓아내셨다(31-36절). 사람들은 예수의 지혜와 능력에 모두 놀랐다. 이 사건이 계기가 되어 "예수에 대한 소문(ἦχος περὶ αὐτοῦ)이 그 근처 사방으로 퍼져 나갔다"(37절). 해질 때에 소문을 들은 사람들이 온갖 종류의 병자들을 데리고 예수님께 왔고 예수님은 그들을 일일이 손을 얹어 고쳐주셨다.

4장과 5장 사이에 얼마나 되는 기간이 지났는지 모르지만 소문이 퍼져 사람들이 예수께로 몰려들었다(5:1). 누가는 예수님과 관련된 이런 저런 일들을 소개한 후 "예수에 관한 소문(ὁ λόγος περὶ αὐτοῦ)이 더욱 퍼졌고 허다한 무리들이 말씀도 듣고 자기 병도 낫기 위하여 (예수께) 모여들었다"(5:15)고 예수의 첫 사역의 결과를 요약했다. 예수의 사역이 계속되며 곧 "예수의 소문"(ὁ λόγος αὐτοῦ)은 갈릴리 지역을 벗어나 유대와 그 사방에까지 퍼졌다(7:17).

우리는 누가복음에서도 마태복음이나 마가복음과 비슷한 패턴을 발견했다. 예수의 사역이 먼저 시작되고, 예수에 대한 소문이 퍼져나가고, 이 소문을 들은 사람들이 그들의 필요에 따라 예수님을 찾았다. 예수님과의 만남은 대개 사람들이 기대하던 결과로 끝났다. 다시 이 일들이 소문으로 퍼져 나가고 더 넓은 지역으로부터 다른 사람들이 또 예수님을 찾았다. 소문을 듣고도 예수님에게 올 수 없었던 사람들은 그분이 그들의 지역에 오실 때까지 기다렸다가 그들의 소원을 말했을 것이다. 물론 예수님은 친절하게 그들의 호소에 응답하셨다. 이런 소문의 연쇄반응이 있었다는 사실은 누가복음을 통해서도 확실해진다.

예수에 관한 소문이 없었다면, 사람들이 그 소문을 듣지 못했다면, 혹은 그들에게 들리는 소문을 사실로 받아들이지 않았다면 사람들은 예수님께 모여들지 않았을 것이다. 자기 앞을 지나가시는 예수님을 향해 아무도 "도와주십시오."라고 소리치지 않았을 것이다. 따라서 이런 종류의 사람들에게 얽힌 이야기, 그들이 경험한 사건들은 —눈에 보이지 않는—소문이 있었음을 증명하는 훌륭한 자료들이다. 어느 사건이든지 예수님이 사람들이 보는 앞에서 행하신 일들은 소문이 되어 퍼져나갔다.

공관복음서는 예수님을 찾아 온 무리들이 저마다의 이유 혹은 목적을 가지고 왔음을 알려준다. 그들이 어떤 사람인지를 소개하는 저자의 글에서 우리는 그들의 이유나 목적을 즉시 눈치 챌 수 있다. 예를 들어 "한 소경이 예수님에게 왔다."는 기록에서 이미 그가 눈을 뜨기를 원한다는 사실을 짐작할 수 있다. 그렇지만 눈을 뜨고 싶은 사람이 왜 하필이면 예수님에게 와야 하는가? 저자들은 이 문제에 일일이 다 답변해 놓지 않았다. 공관복음서를 읽는 우리도 꼭 그런 서술이 있을 것을 기대하지 않는다. 각 복음서가—위에서 관찰한 것처럼—그 첫 부분에서 이미 모든 일들에 대한 암시를 심어 놓았기 때문이다. 실제 상황에서도 이런 일은 쉽게 암흑 속에 묻혀 사람들의 기억 속에서 사라지는 것이 아니라는 것을 우리는 잘 알고 있다. 발 없는 소문이 천 리를 간다는 속담처럼 예수님은 이미 병을 고치고 귀신을 쫓아내며 권위 있는 말씀을 전하시는 분으로 팔레스타인 전역의 모든 사람에게 알려져 있었다. 소문을 들은 것이다.

저자가 일일이 소문이란 단어를 사용하지 않았어도 그들을 예수님에게로 이끄는 배경은 소문이었다. 그 소문을 들을 귀를 가진 사람들이라면 그리고 그 소문을 심각하게 받아들인 사람들이라면 누구든 예수님을 찾아갈 수 있었다. 소문을 들은 사람들은 자신에게 또는 주변 사람에게 그러한 기적이 일어나기를 바라며 예수님을 찾게 되었다.

공관복음서 저자들은 가끔 한 사건을 소개할 때 소문을 '들었다'는 동사를 사용하기도 했다. 이렇게 언급한 경우는 대개 소문을 듣기 어려운 형편에 있었던 사람이었다. 예를 들면, 한 백부장이―그는 이방인이었던 까닭에 유대인의 세계에 퍼진 소문을 듣기 쉽지 않았을 것이다―"예수의 소문을 듣고(ἀκούσας δὲ περὶ τοῦ Ἰησοῦ) 유대인 친구들을 예수께 보내었다"(눅 7:3//마 8:5). 다른 한 예가 세례자 요한에게서 발견된다. 그는 "감옥에서 그리스도의 일들을 듣고"(ἀκούσας ἐν τῷ δεσμωτηρίῳ τὰ ἔργα τοῦ Χριστοῦ) 제자들을 예수께 보내었다(마 11:2). 그는 감옥에 있었기에 소문을 듣기 쉽지 않았을 것이다.

앞에서 관찰한 사람들 이외에도 복음서는 수많은 예를 우리에게 알려준다. 사람들이 귀신들린 한 사람을 데리고 왔다(마 8;16). 12년 동안 혈루증으로 고생하던 여인이 군중 속에 섞여 다가가서 예수의 옷을 만졌다(마 9:20//막 5:27//눅 8:43). 병든 자들이 병을 고치고 싶은 마음에 예수님을 찾았다. 게네사렛 주민들이 단체적으로 예수님에게 왔다(마 14:35//막 6:53-56). 그렇게 온 사람들 중에는 예수의 적대자들도 있었다. 예루살렘으로부터 온 바리새인과 서기관들도 있었다(마 15:1//막 7:1). 예수님을 시험하러 오기도 했다(마 19:3//막 10:2). 어떤 사람들은 축복을 바라고 아이들을 데리고 왔다(마 19:13//막 10:13).[92] 이 모든 사람들은 소문을 듣고 예수님을 알았고 자기 나름의 목적을 가지고 예수님을 찾은 사람들이다. 그리고 잠시 후에는 예수의 사역과 말씀의 목격자들이 되었다.

소문이란 무엇인가? 들려오는 말이 소문이다. 말은 입으로 만들어낸다. 들려오는 말은 귀로 듣는다. 공관복음서에 소문을 위하여 사용된 용어들 중 '페메'(φήμη)와 '로고스'(λόγος)는 말을 하는 사람의 입에 초점을 맞춘 단어이다. 이에 비해 '아꼬에'(ἀκοή)와 '에코스'(ἦχος)는 듣는 사람의 귀에 초점이 맞추어진 단어이다. 소문이란 그것을 말하는 사람이 있었고 듣는 사람이 있었음을 알려준다. 소문의 최초 단계에서 말하는 사람은 목격자이다. 듣는 사람은 전수받는 자이다. 최초의 단계를 떠나면 말하는 사람과 듣는 사람 모두 말로 전해진 것을 말로 전하는 전승의 단계에 포함되는 사람들이다. 전승의 단계에서는 아무리 세심한 주의를 기울여도 소문이 부풀어나거나, 과장되거나, 한 요소의 강조로 인하여 확대되거나, 새로운 요소가 첨가되는 것을 막기 어렵다. 전승 비평이 토론을 계속하고 있는 것은 바로 이

---

92. 이런 예들을 요한복음과 사도행전으로까지 확대하여 찾을 수도 있다. 예를 들어, 이방인 백부장으로 가이사랴에 살고 있었던 고넬료도 예수에 관한 것을 어느 정도 듣고 알고 있었다(행 10:7).

부분이다. 즉 전승이 그대로 전달될 수 있다고 주장하며 이를 증명하려는 학자들과 전승이란 필연적으로 변화의 과정을 거칠 수밖에 없다고 주장하는 학자들이 논쟁을 벌이고 있다. 전승의 과정에 관하여 이런 문제가 제기되면 어떤 방법으로 논쟁을 풀어갈 수 있을까? 누구나 아는 상식은 소문의 출처 즉 최초의 발설자를 찾아내는 길밖에 없다. 그리고 그들의 증언을 듣는 것이 문제를 해결하는 방법이다. 이런 작업을 우리는 사실의 확인이라고 부르며 증인으로 거론되는 사람을 우리는 목격자라고 부른다.

이 항목에서 우리가 관찰한 사람들은 처음에는 소문을 들은 사람들이지만 잠시 후에는 그 자신이 예수의 목격자가 되어 다른 소문을 만들어낸 사람들이다. 복음서가 목격자인 사도들과 관련되어 있다면 그들은 복음서 대부분의 내용을 목격한 사람들일 뿐만 아니라 복음이라는 이름으로 소문을 만들어낸 사람들이다. 지금까지 제자들의 목격자로서의 역할을 연구하기 전에 우선 우리는 소문의 출처가 된 다른 목격자들의 역할을 먼저 검토하였다.

복음서에 포함된 사건들 중 대부분의 사건들은—정말 그런 일이 있었고 목격자들이 눈과 귀를 가지고 보고 들을 수 있었다면—누구나 말할 수 있는 그런 내용으로 구성되어 있다는 사실이다. 사람들이 쉽게 들을 수 있었고 이에 자극받아 특별한 목적과 기대를 가지고 예수께로 몰려들 수 있었던 그런 소문과 크게 다른 것은 아니라는 사실이다. 그렇다면 기본적인 구도에 있어서 복음전승의 고리는 일반인들의 경우처럼 '사실-목격-소문'이든지 예수의 제자들의 경우처럼 '사실-목격-복음'이든지 큰 차이가 있는 것이 아니다. 제자들은 보통

사람들보다 좀 더 많은 것을 들었고 예수를 믿었으며 이 믿음을 사실
의 재해석에 사용했다는 점에서 차이가 날 뿐이다. 그런데 복음서에
서 제자들의 특권을 이용하여 사실을 재해석한 부분은 복음서들을
관찰해 보면 그렇게 많은 부분이 아니다.

6) 소문의 출처

소문에는 근원지가 있기 마련이다. 예수에 관한 소문의 진원지는
물론 예수의 일과 말씀을 보고 들은 목격자들이었다. 이들을 굳이 제
자들 혹은 사도들로 제한할 필요는 없다. 엄청난 일, 감격적인 말씀
을 통해 충격과 놀람과 환희를 맛본 사람들이 그들의 경험을 말하지
않고 일평생 침묵했으리라고는 누구도 상상하기 어렵다. 모든 소문
에 목격자들 내지 사건 당사자들이 소문의 진원지임이 분명하지만
공관복음은 이런 면에서도 우리에게 몇 개의 명시적인 예들을 제시
하고 있다.

예수님이 고쳐주신 한 문둥병자는—예수님이 그에게 "아무에게
도 말하지 말고 제사장에게 몸을 보여라"고 명령하셨지만—"이 일을
전파하고 소문을 내고"(ἤρξατο κηρύσσειν πολλὰ καὶ διαφημίζειν τὸν λόγον) 말았
다(막 1:45). 소문을 듣고 몰려드는 사람들 때문에 예수님은 공개적으
로 동네에 들어가시기조차 어려웠다. 예수님의 도움으로 앞을 보게
된 두 소경이—역시 예수님의 금지 명령에도 불구하고—"예수의 소
문을 온 땅에 퍼뜨렸다(διεφήμισαν αὐτόν)"(마 9:31).

말로 무엇을 알린다는 의미에서 '전파하다'(κηρύσσω)나 '알리다'
(ἀπαγγέλλω)도 '소문을 내다'(διαφημίζω)와 크게 차이가 나지 않는다. 예수

님이 귀신을 쫓아내신 사건이 있었다. 귀신이 돼지 떼에게로 들어가 돼지들이 몰사하자 "돼지를 치던 사람들이 동네에 들어가 일어난 일을 사람들에게 알렸다(ἀπήγγειλαν πάντα καὶ τὰ τῶν δαιμονιζομένων)"(마 8:33//막 5:14//눅 8:34). 동네 사람들은 그 소식을 듣고 예수님에게 몰려와 예수님의 목격자가 된다. 정신이 든 사람이 함께 있기를 청하지만 예수님은 거절하시며 친족에게 주님께서 하신 큰 일을 알리라고 하셨다. 그러나 이 사람은 돌아가서 자신의 친족에게만이 아니라 데가볼리 온 지역에 소문을 내고 다녔다(ἤρξατο κηρύσσειν ἐν τῇ Δεκαπόλει ὅσα ἐποίησεν αὐτῷ ὁ Ἰησοῦς, 막 5:20). 모든 사람들은 이 소문을 듣고 예수님을 알게 되었고 이상하게 생각했다.

마가복음 7:36은 매우 인상적인 구절이다(//눅 8:39). 귀가 열리고 말을 할 수 있게 된 사람이 예수의 금지 명령에도 불구하고—아마 말을 하게 된 기쁨에 못 이겨—있었던 일을 널리 알렸다. 마가는 "그들이 더욱더 널리 전파했다"(αὐτοὶ μᾶλλον περισσότερον ἐκήρυσσον)고 복수 대명사와 복수형 동사를 씀으로써 말을 하게 된 그 사람만이 아니라 이 일을 본 사람들 역시 소문을 퍼뜨렸음을 명백히 하고 있다.

이상은 소문을 퍼뜨렸다는 동사가 명확하게 사용된 경우일 뿐이다. 우리는 복음서가 보도하는 모든 사건의 경우에도 사람들이 소문을 퍼뜨리고 다녔다고, 그리고 목격자들 혹은 사건에 개입했던 당사자들이 그 소문의 출처였다고 똑같이 말할 수 있다. 아무 말도 하지 않고 혼자만 알고 있을 사람이 과연 있을까? 그런 일은 있을 수 없다. 수많은 사람들이 예수, 그가 하신 일들, 그가 하신 말씀들의 목격자였고 보고 들은 것, 혹은 직접 경험한 것을 전할 수 있었던 소문의 진원지였다.

오로지 예수의 제자들만이 마치 목격자들인 것처럼, 그리고 그들이 보고 들은 것에 대하여 증언함으로써 비로소 복음 전승이 만들어진 것처럼 생각하는 것은 엄청난 착각이다. 제자들이 분명 복음을 전체적으로 전할 수 있는 예수의 사역 전부의 목격자였음은 틀림없다. 그들은 믿음의 눈을 가진 사람들에게만 이해되는 천국의 비밀을 맡은 사람들이다. 그들은 나중에 예수의 사역과 말씀이 정말 무엇을 의미하는 지를 말할 수 있는 유일한 사람들이었다. 뿐만 아니라 예수님에게서 그런 책임을 위임받은 사람들이었다.

그러나 예수의 제자가 아닌 다른 사람들은 그들이 보고 들은 것에 대하여 침묵하였다거나, 전혀 말해서는 안 되었다거나, 혹은 아무것도 말할 수 없었다는 식으로 이해되어서는 안 된다. 마치 이런 사람들이 전하는 것은 헛소문이거나 복음을 오염 내지 변질하는 것이므로 복음 전승의 발생 및 과정에 조금도 고려할 만한 사람들이 아닌 것처럼 취급하는 것도 옳지 않다. 복음서에 기록된 내용들은 그 대부분이 누구든지 눈과 귀로 보고 듣기만 했으면 충분히 기억하고 전달할 수 있는 그런 내용으로 채워져 있다.

복음서의 각 사건에 등장하는 목격자 내지 당사자들은 예수의 생애 당시에 이미 복음과 유사한 소문을 만들어낸 사람들임은 의심의 여지가 없다. 예수님이 하신 일과 하신 말씀을 통해 이 땅에 하나님의 구원이 이루어졌음을 알리는 것이 복음이라면, 당시 사람들이 보고 들은 것 내지 직접 경험한 것에 대한 소문은 바로 그 복음의 일부였다고 말할 수도 있다. 예수의 사역을 직접 경험한 이 목격자들 중 일부는 후에 예수를 믿는 제자들이 되었을 것이므로,[93] 그들을 통하여 예수의 생애 시에 퍼져나간 소문은 후에 그들이 예수의 제자로서 전한 복음과 연속성이 있다고 말할 수 있을 것이다. 다만 예수의 생애가 진행 중이었기 때문에 사건이 일어나고 소문이 퍼져나가는 그 시점에서 미래에 놓여 있었던 일들이 소문의 내용으로 포함될 수는 없었다. 그리고 후에 제자들이 도달하게 될 이 모든 사건과 말씀에 관한 더 확실한 이해도 이 소문의 내용이 될 수 없었다.

제자들이 아닌 사람들도 예수의 목격자요 예수에 관한 소문의 출처라는 사실은 적어도 몇 가지 사건에서는 중요성을 지닌다. 예수의 잉태와 탄생, 이집트로의 피난과 귀환, 그리고 나사렛에서의 성장기 등에는 예수의 제자들이 목격자나 사건의 당사자가 아니기 때문이다. 예수의 재판과정에도 예수의 제자들이 목격자가 될 수 없었다. 이 사건들에 대한 기록을 위한 정보는 이들 목격자들 혹은 당사자들에게서 연유하였을 것이다. 물론 복음서에는 이들이 입을 열었다는 기록은 없다. 하지만 이들만이 알고 있는 사건이 기록되어 있다. 제자들이 함께 할 수 없었던 사건들이 기록되었고 실제로 목격자 내지 당사자들이 있었기에, 이 목격자들 내지 당사자들이 복음서 기록에

---

93. 복음서에는 누가 언제 어떻게 예수의 제자가 되었는지에 관한 자세하고 구체적인 기록이 거의 없다. 심지어 열두 제자들 중에도 이름만 언급된 사람이 태반이다. 그러나 예수의 승천을 목격한 후 초기 예루살렘 교회에 모여 있던 사람들이 120명가량이었다는 기록과(행 1:15) 기독교인임을 확실히 보장해 주는 '부활하신 주님을 목격한' 사람들이 오백여 명이었다는 기록(고전 15:6)을 감안하면 복음서가 보도하는 예수의 생애 기간 중에 예수를 만난 이 사람들이 후에 제자들이 되었음을 충분히 추측할 수 있다.

이르는 중간 과정에 연결 고리로서 역할을 했다고 볼 수 있다.

이렇게 목격자나 당사자들을 추적해 본다면, 예수의 탄생, 애굽으로의 피난과 귀환, 그리고 나사렛에서의 성장기에 관한 이야기는 요셉과 마리아가 그 출처일 수밖에 없다. 이 이야기의 일부에는 각기 다른 사람들이 목격자나 사건 당사자로 등장하기도 한다. 예를 들면 목자들, 동방박사, 헤롯 왕, 당시의 대제사장, 백성의 서기관들, 베들레헴의 사람들, 군인들, 아이를 잃은 부모들, 나사렛 주민들 등이다. 예수의 재판 과정에도 목격자들이 있었다. 군인들, 대제사장, 공회원들, 그들의 하인들, 빌라도 그리고 법정에 함께 있었던 무리들이다.

열두 제자에 속하지 않는 이들이 그들의 경험과 목격담을 소문으로 남겼을 것이라는 합리적 추측에 대한 증거는 복음서 기록 자체이다. 열두 제자가 목격할 수 없는 내용이 복음서에 기록되어 있으므로—이 내용이 하나님의 직접 계시이거나 복음서 기록자의 창작이 아니라면—다양한 목격자들이 기록된 내용에 관한 정보의 출처일 수밖에 없다.[94] 즉 그들이 입을 열어 전하지 않았다면 복음의 내용으로 복음서에 기록되는 일은 없었을 것이다.

우리가 이 점을 인정하고 나면 다음과 같은 추론이 가능해진다. 복음서의 탄생 과정에서 복음서 내용에 등장하는 인물들의 증언을

---

94. 이 글에서 의도하는 나의 목적은 재구성하기 불가능한 복음 전승의 모든 과정을 재구성하는 것이 아니라, 목격자들의 기능과 역할을 분석함으로써 공관복음서 사이의 일치점, 차이점에 관한 다른 설명 가능성을 말하려는 것이다. 어느 사건에나 목격자들이 있었고, 이들이 바로 그 사건에 관한 이야기의 출처일 가능성이 있다. 꾸며낸 이야기가 아니고 목격한 이야기라면 목격자가 그 이야기의 출처인 것은 필연적이다.

배제할 수 없다. 목격자 및 사건 당사자들의 증언이 수집되는 과정은 매우 자연스러운 과정으로서 이것을 배제하고 복음서 형성을 말할 수 없다. 그 전 과정을 추적할 수는 없지만 이 과정을 인정하지 않으면 복음서의 탄생에 관하여 공정하게 말할 수 없게 된다. 다양한 사건들에 대한 각각의 목격자들의 증언이 있었다는 사실과 이 증언들을 모으는 수집과정이 존재했음을 인정하는 것은 양식비평이 전제하는 가설과 다르다. 양식비평은 복음 전승이 마음대로 돌아다니는 시기가 있었고 그 시기 동안 초기 형태의 구전에서 시작하여 복음서에 기록된 형태에 이르기까지 전승이 제멋대로 발전했다고 가정한다. 목격자의 증언의 수집 과정이 있었음은 각각의 사건에 대한 이야기가 그 사건의 목격자들에게서 만들어졌고 이런 목격담이 복음의 큰 줄기에 덧붙여지는 과정이 있었음을 뜻하는 것일 뿐이다. 이제 이 점을 복음의 출처인 제자들을 통하여 살펴보고자 한다.

7) 복음의 출처인 제자들

공관복음서를 따르면 제자들은 예수의 수세와 시험 후에 곧바로 등장한다. 예수님은 공개적인 사역을 시작하시기 전에 가장 먼저 베드로와 안드레, 요한과 야고보를 자신의 제자로 부르셨다. 이것은 아마도 예수의 첫 사역이었다. 이 네 제자들 외에 공관복음서에 그 출발점이 뚜렷하게 기록되어 있는 사람은 마태뿐이다(마 9:9). 그는 예수의 갈릴리 사역 기간이 어느 정도 지난 후에 제자로 부름을 받았다. 잠시 후에 제자들의 수는 열둘로 불어난다. 예수님은 이들에게 사도라는 명칭을 주셨다. 더 많은 제자들이 있었지만 명확한 상을 그리기 어렵기 때문에 우리는 일단 이 열두 제자들로 관심을 축소할 것이다. 그러나 언제나 다른 제자들이 함께 더 많이 있었다는 사실을 잊지 않도록 하자.

이 제자들은 그들이 부름을 받은 그 순간부터—때로는 그들 중 몇 명이—늘 예수님과 함께 있다가 예수님이 겟세마네 동산에서 체포당하실 때 예수 곁을 떠난다. 그런데 베드로는 대제사장의 집 뜰에까지 따라갔다. 빌라도가 예수님을 재판할 당시 이들이 그곳에도 있었는지는 확실하지 않다. 그러나 예수님이 십자가에 못 박히시는 동안 사건의 현장에 있었던 제자들이 있었을 것이다. 부활하신 예수님은 제자들에게 나타나셨다. 예수의 제자들은 복음서가 알려주는—앞항의 끝에 언급한 사건들과 (예수의 수세 및) 광야에서의 시험을 제외한—거의 모든 사건과 가르침의 목격자들이었다.

제자들은 그들 편의 결정이 아니라 예수의 의도에 따라 선택되었다. 예수님이 자신의 사역을 보고 들을 목격자들을 필요로 하셨다고 볼 수 있다. 그들이 목격자가 되는 것은 예수님이 제자들을 부르신 주된 목적이었다. 예수님이 "사람을 낚는 어부로 만들리라."고 하신 약속은 이렇게 제자들이 예수님을 따르며 예수님이 하시는 일들과 주시는 교훈들을 목격하는 것으로, 그리고 이 과정에서 예수님을 믿는 자들로 변하는 단계를 거치면서 성취되어 가고 있었다. 예수의 마지막 사역 즉 십자가 위에서의 죽음과 부활이 끝났을 때 제자들은 이미 사람들을 낚는 어부가 될 준비를 마치고 있었다. 그들은 그들의 눈과 귀를 가지고 목격자의 기능을 감당한 사람들이다. 후에 그들이 목격한 것에 대해 사람들에게 말함으로써 증인의 역할을 감당한 사람들이다. 이러한 역할을 하려면 예수 가까이 지내면서 예수님이 하시는 일들을 보고, 그 말씀들을 듣는 목격자의 역할을 해야 했다.

예수에 관한 복음은 대부분 이들의 증언을 모은 것이다. 복음의 내용은 예수에 대한 제자들의 목격담이요 믿음의 눈으로 그것을 해석한 것이다. 따라서 우리는 이 제자들을 기독교 복음의 근원, 출처 혹은 복음의 창시자들이라고 부를 수 있다. 그렇다면 복음 전승은 언제 어떻게 시작되었는가? 이것을 찾아내거나 증명할 방법이 있을까?

나는 위에서 많은 목격자들이 예수에 관하여 사람들에게 말하고, 알리고, 전파하고 곳곳에 소문을 내었다는 점을, 그리고 이 소문이 복음 전승에 포함되었으며 복음서에 기록된 것과 근본적으로 같은 내용이었을 것임을 지적했다. 소문의 출처에서 제자들을 일단 제외하더라도 우리는 이미 다음과 같은 답변을 얻었다. 복음 전승은—비록 그 일부이기는 하지만—이미 예수의 생애 시에 시작되고 있었다. 소문의 실체, 그리고 그것의 목격자라는 관점에서 살펴보면 예수의 제자들이야말로 예수에 관하여 팔레스타인에 떠돌아다니던 모든 소문들의 진상을 가장 잘 알고 있던 사람들이다. 그들 스스로는 이 소문을 만들어낸 적이 없다 하더라도 그 현장에 있었기 때문에 소문의 진위를 소문을 낸 사람들보다 더 정확하게 알고 있었던 목격자들이었다.

소문의 존재를 인정하고 나면 예수의 사역 모두의 목격자였던 제자들이 예수의 생애 시에 입을 닫고 있었을 것이라고 상상하기란 어려운 일이다. 위에서 나는 예수님이 제자들의 '보는 눈과 듣는 귀'를 축복하셨음을 지적했다. 그렇다면 제자들이 적어도 그들이 목격한 것을 귀중히 여겼을 것이라고 추측할 수 있다. 기회가 있을 때마다 제자들이 그들이 본 것, 들은 것에 관해 말했을 가능성은 매우 높다.

소문을 낸 사람들이 누구인지, 이들이 제자들과 어떤 관계에 있었는 지는 몇몇의 경우를 제외하고는 거의 기록되어 있지 않다. 그러나 그 관계를 어느 정도 추측해볼 수 있지 않을까? 즉 소문의 출처인 예수 의 사역과 말씀의 목격자들 중에 적지 않은 사람들이 예수의—넓은 의미의—제자가 되었을 가능성이 있다. 무명의 제자들은 처음에는 그냥 예수님을 만나러 와서 예수님의 목격자가 된 무리 중에 있었다. 이들 중 우리는 적어도 두 명의 이름을 알고 있다. 가룟 유다의 자리 를 대체할 사도로 추천된 바사바와 맛디아였다(행 1:23). 제자들이 적 어도 일백이십 명(행 1:15) 혹은 오백 명(고전 15:6)은 되었음을 알고 있는 우리는 이들이 각각 복음서의 어디쯤에서부터 예수님을 따르고 있 었는지 물어보지 않을 수 없다. 그들은 처음에는 무리 중에 섞여 있 었다고 대답해야 할 것이다. 그러다가 어느 시점에서부터 계속적으 로 예수님을 따라 다니며 열두 제자들과 같은 믿음에 도달했기 때문 에 제자들로 불릴 수 있었을 것이다.

열두 제자들 중 그 출발점이 명확하게 기록되어 있지 않은 제자 들에게 관심을 한 번 돌려보자. 늦어도 마가복음 3:13-14(마 10:1//눅 6:13)에 기록되어 있는 어떤 산에서 그들은 예수의 제자로 인정되고 사도로 선택되었다. 그 이전의 그들의 삶에 대해서는 더 이상 아무 것도 읽을 수 없다. 그러나 처음부터 예수님을 따르던 무리들 중에서 제자들이 나왔고 그 제자들 중에서 사도가 선발되었음은 의심의 여

지가 없다. 명확하게 증명하기는 어려워도 위의 추측으로부터 우리
는 소문 내지 복음 전승과 제자들의 관계를 대충 짐작할 수 있다. 예
수에 관한 이야기는 열두 사도들이나 넓은 의미의 제자들에 의해서
도 첫 유월절 전에 시작되었다고 보는 것이 합리적 추정이다.

공관복음서에는 예수의 제자들이 예수에 관해―위에서 살펴본
것과 같은―소문을 내었거나 예수에 관한 복음 즉 예수님이 하신 일
과 가르침을 전파했다는 기록이 거의 없다. 그 이유를 우리는 다음과
같이 몇 가지로 정리할 수 있을 것이다. 첫째, 예수의 생애 기간 동안
제자들의 주된 임무는 예수님이 하신 일과 하신 말씀의 목격자로서
예수 곁에 함께 있는 것이었다.[95] 그들은 복음을 전하러 가기 전에 충
분히 준비되어야 했다. 이 목적을 위하여 제자들의 독립적인 활동은
억제되었으며 복음 전파 활동은 미래의 것으로 명령 또는 예언되었
다. 둘째, 예수의 사역이 하나님의 나라가 이 땅에 시작하도록 하는
것이며 예수님은 하나님의 구원의 소식을 전할 뿐만 아니라 그 구원
을 이루시는 분이었다. 그러나 아직 예수의 사역이 진행 중이었기 때
문에 구원의 방법론까지 덧붙여진 '예수에 관한 복음'이 전체적으로

---

95. 막 3:14에 이 점이 아주 잘 표현되어 있다. 예수님이 열두 제자들을 선택하
시고 그들에게 사도라는 명칭을 주신 목적이 첫째, "자신과 함께 있는 것"과
둘째, "전파하도록 보내는 것"(ἵνα ὦσιν μετ᾽ αὐτοῦ καὶ ἵνα ἀποστέλλῃ αὐτοὺς
κηρύσσειν) 그리고 셋째, "귀신을 쫓아내는 것"이었다. 전파하는 것, 귀신을
쫓아내는 것 전에 "함께 있는 것"을 먼저 언급하셨다는 것은 퍽 의미가 있는
말씀이다. 제자들은 예수님과 함께 있는 동안 하시는 일들을 볼 수 있었고,
하시는 말씀을 들을 수 있었다. 예수의 목격자가 되는 것 자체가 예수님이
그들을 부르신 목적이었다.

복음의 내용이 되기는 어려웠다. 셋째, 복음서는 제자들이 누구며, 무엇을 했는지를 보여주는 책이 아니라 예수에 관한 기록이다. 따라서 제자들에 관한 기록 자체가 드물고 특히 독립적인 얘기로 등장하지 않는다.

그러나 비록 부분적이라 하더라도 복음 전승이 예수의 생애 시에 제자들에 의해서도 이미 시작되었을 가능성을 시사하는 흔적들이 남아 있다. 가장 먼저 열두 제자들의 임명과 파송 기사를 관찰해 보자.

마태복음에는 열두 사도를 임명하신 기사 다음에 열두 명의 이름이 나오고 이 제자들을 보내실 때 하신 예수의 긴 설교가 이어진다. 이 설교에서 예수님은 "천국이 가까이 왔음을 전하고 병자들을 고치고 죽은 자를 살리며 문둥이를 깨끗하게 만들고 귀신을 쫓아내라."(마 10:7-8)고 명령하셨다. 이것은 엄밀하게 따지면 예수에 관한 복음이라기보다는 예수님이 전한 복음과 같은 것이다. 그러나 설교 내용을 보면 제자들이 예수의 가르침을 전파해야 할 임무를 주신 말씀이 있다. "내가 너희에게 어두운 데서 이르는 것을 광명한 데서 말하며 너희가 귓속으로 듣는 것을 집 위에서 전파하라"(마 10:27). 예수님이 가르치신 말씀이 모두 전파해야 할 내용인 것이다. 예수의 설교가 천국의 선포와 연결된 천국의 복음이라면 천국이 가까이 왔음을 전파하라는 예수의 명령에 예수 자신의 설교가 포함될 수밖에 없다는 것은 자명한 이치이다. 예수님은 또 자신과 제자들의 관계에 관해 말씀하기도 하셨다. 즉 제자들이 예수 때문에 고난을 받을 것(18절, 22절)을 예언하시고, 제자들이 사람들 앞에서 예수님을 시인하면 예수님도 하나님 앞에서 그들을 시인하실 것을 말씀하셨다(32-33절). 제자들에게 주신 명령이—예수의 이름을 언급하거나 예수에 관해서 전혀 말하지 않고—단지 "천국이 가까이 왔다"는 것을 선포하고 다니는 정도였다면 이런 일이 일어날 리는 없다. 이 말씀은 이런 사명을 주신 예수님이 알려져야 하고, 이 때문에 전파하는 사람들이 고난을 받게 될 것이라는 예수의 예상 및 예언을 충분히 반영하고 있다.

같은 기사가 마가복음에도 기록되어 있다. 마가는 제자들을 임명하신 목적이 "함께 있고, 전도도 하며 귀신을 내쫓는 권세도 가지게 하심"(막 3:14-15)에 있다고 서술해 놓았다. 누가는 "하나님의 나라를 전파하며 앓는 자를 고치게 하시려고 제자들을 보내셨다"(눅 9:2)는 설명구로 같은 기사를 시작한다. 이 열두 명의 제자들을 둘씩 내어보내신 기사가 막 6:7과 눅 9:1에 나온다. 제자들이 나가서 회개하라 전파하고 많은 귀신을 쫓아내며 많은 병자들을 고쳤는데, 그 결과 그의 이름이 알려지게 되었고(φανερὸν γὰρ ἐγένετο τὸ ὄνομα αὐτοῦ) 헤롯 왕도 예수에 관하여 알게 되었다(막 6:14//눅 9:6). 그래서 그는 죽은 세례자 요한이 살아난 것이라고 생각했다. 제자들이 예수에 관해서 전혀 말하지 않고 하나님의 나라를 전파하고 회개하라고만 외쳤다면, 그리고 예수의 이름을 언급함이 없이 받은 능력으로 병자들을 고치기만 했다면 제자들의 사역은 예수의 이름이 널리 알려지는 것과는 무관했을 것이다. 그러나 마가와 누가는 제자들의 이 사역이 예수의 이름이 널리 알려지는 데 한 몫을 단단히 했다는 식으로 기록해 놓았다. 그렇다면 그들의 사역은 예수에 관해 말하는 것을 포함하고 있었다고 추측할 수밖에 없다. 누가는 누가복음 10:1에서 70인을 내어보내는 기

사를 수록하여 그들의 사역이 예수의 이름으로 귀신을 쫓아낸 것임
을 확실히 해 놓았다. 이러한 기록은 제자들이 예수에 관하여 말하였
을 가능성을 한층 높인다.

　가이사랴 빌립보로 가는 길에서 베드로의 신앙고백이 있은 후(마
16:13-20//막 8:27-30//눅 9:18-21)와 변화산에서의 변모 사건 후(마 17:1-13//막
9:2-13//눅 9:28-36)에 예수님은 자신이 그리스도라는 사실이나 변화산
에서 본 일을 아무에게도 알리지 말라고 경고하셨다. 누가는 변화산
사건의 기술에서 예수의 명령 대신, 제자들이 아무에게도 말하지 않
았다고 기술해 놓았다. 왜 아무에게도 알리지 못하도록 하셨을까?
예수의 경고가 없었다면 제자들이 이 사건들에 대해서도 사람들에
게 말할 가능성이 있기 때문이 아니었을까? 이 특별한 내용에 관해
서만 유독 알리는 것을 금지하셨다는 사실은 한편으로는 제자들이
이것도 알릴 가능성이 있었음을 시사하고 다른 한편으로는 이 금지
하신 내용 외에는 제자들이 자유로이 전파하였음을 시사하는 것이
아니겠는가! 예수에 관한 특수한 내용의 전파 가능성을 염두에 두고
예수님이 사람들에게 알리는 것을 금지하신 사실로부터 예수에 관
한 일반적인 내용들 즉 사람들이 소문을 내고 소문을 통해서 듣고 있
었던 그런 종류의 내용은 제자들이 이미 기회 있는 대로 사람들에게
알리고 다녔다고 추론할 수 있다. 예수님도 이것을 알고 계셨기 때문
에 자신이 그리스도라는 사실은 당분간 알리지 못하도록 하셨고, 변
화산에서 있었던 일은 죽임 당하시고 부활하시기까지 전파하지 못
하도록 금하셨을 것이다.

　명확하지는 않지만 우리는 예수의 생애 시에 제자들이 분명히 예

수에 관한 복음의 한 부분을 전하고 다녔음을 보여주는 희미한 흔적
들을 찾았다. 이 과정에서 학자들이 즐겨 끄집어내는 공관복음서 문
제나 역사적 사건의 개요 등은 전혀 언급하지 않았다. 그것은 나의
목적이 목격자들의 역할을 통해 공관복음서 문제를 해결하는 가능
성을 추적하는 것이기 때문이다. 예수에 관한 소문의 존재, 소문의
출처로서의 무리, 보다 확실한 소문으로서의 복음의 출처인 제자들
을 언급하는 것으로 나의 목적이 충분히 달성될 수 있다고 보기 때문
이다.

　이제 예수에 관한 복음 전파 개시의 하한선 즉 죽음과 부활 이후
의 제자들의 복음 전파 활동으로 눈을 돌려보자. 복음서들은 예수의
생애를 보도하는데 초점을 맞추기 때문에 복음서에서 예수의 죽음
과 부활 이후의 제자들의 활동에 관하여 찾는 것은 아마 옳지 않을
것이다. 그러나 그 출발점인 예수의 예언, 예고, 암시 혹은 명령은—
앞 항목에서 관찰한 것을 포함하여—적지 않게 발견된다. 논리적 추
론을 통해서 제자들의 복음 전파 활동이 예수로부터 자극 내지 명령
받은 것임을 추론할 수 있는 내용도 다양하게 관찰할 수 있다.[96] 한

---

96. 예수께서 전파하신 복음과 예수에 관한 복음 사이의 상관관계는 신학적으
　　로 중요한 주제이며 신학자들이 여전히 몰두하고 있는 과제이다. 그러나 이
　　글에서 나는 이 주제로 빠져 들어가기를 원하지 않는다. 나의 주된 목적은
　　예수에 관한 복음과 관련된 목격자들의 기능과 역할을 찾는 것이기 때문이
　　다. 이와 같은 이유로 나는 기독교적 복음(예수에 관한 복음)이 제자들에 의
　　해서 시작되었고 이것이 예수님에게서 자극 내지 명령받은 것임을 말하는
　　정도에서 멈추었다. 이렇게 하더라도 목격자들이 공관복음서 형성에 기여
　　했을 기능과 역할은 충분히 서술할 수 있다고 믿기 때문이다.

가지 예만 들어보자. 가이사랴 빌립보로 가는 길에서 있었던 베드로 사도의 신앙고백은 아마도—제자들의 믿음이라는 관점에서 보면— 예수의 사역의 절정이라고 볼 수 있을 것이다. 예수님은 자신이 부활 하시기까지 이 내용을 전파하지 말라고 명하셨다. 이것은 부활 예언 이 사실로 이루어지면 예수님은 그리스도이시라고 선포해도 좋다는 혹은 선포해야 한다는 예수의 암시라고 볼 수 있다. 예수의 부활 이 후에 실제로 제자들이 예수님을 그리스도라고 전파하고 사람들에게 이 사실을 믿도록 권면할 때 제자들은 그들 자신이 어떻게 이 믿음에 도달하게 되었는지도 사람들에게 알리는 것이 자연스러운 일일 것이 다. 그렇다면 예수님은 자신의 부활 후에 자기 자신에 관한 복음을 널리 전파하는 임무를 제자들에게 암시하셨다고 말할 수 있다.

예수에 관한 복음을 전파하도록 명령하신 보다 분명한 말씀이 복 음서에 수록되어 있기 때문에 제자들의 활동이 미래의 것으로 다루 어지는 이런 암시나 예언을 일일이 검토할 필요는 없다고 생각된다. 경제적인 방법으로 바로 핵심 구절로 진입해 보자. 부활하신 예수님 은 제자들에게 나타나셔서 "모든 족속으로 제자를 삼아라."고 명령 하셨다(마 28:19). 제자를 삼는 방법이 분사로 명령형 동사에 연결되어 있다. 첫째, 아버지와 아들과 성령의 이름으로 세례를 주는 것, 둘째, 예수님이 제자들에게 명령하신 모든 내용을 지키도록 가르치는 것이 다. 제자들이 전해야 할 복음에는 '아들'에 관한 것도 포함되어 있 다. 하나님 아버지와 성령의 가운데 놓일 수 있는 아들로 하나님의

아들이신 예수 이외에 누구를 생각할 수 있겠는가?[97] 예수에 관하여
말하지 않는다면 어떻게 아들의 이름으로 세례를 받을 수 있겠는가?
예수님이 명령하신 말씀이 모두 전파해야 할 내용에 포함되어 있다.
누가복음의 결언은 제자들의 역할을 가장 분명하게 알려준다. "너희
는 이 일들의 증인이다"(ὑμεῖς μάρτυρες τούτων, 눅 24:48). 누가는 누가복음
의 결언부와 사도행전의 서언부를 예수의 승천 기사를 중복시킴으
로 두 책을 연결했는데, 예수의 증인으로서의 역할도 이 서언부에
'나의 증인들'(μου μάρτυρες)이라는 표현으로 중복되어 강조되어 있다(행
1:8). 이어 사도행전은 제자들이 예수의 증인으로 어떻게 활동했는지
를 비교적 소상하게 보도하고 있다. 만약 우리가 '증인,' '증거,' '증거
하다'라는 단어가 예수의 열두 제자와 관련하여 어떻게 사용되었는
지를 사도행전과 요한복음에서, 그리고 교회사에서 찾아본다면 이것
이 바로 예수님이 의도하셨던 "사람을 낚는 어부"의 역할임을 어렵
지 않게 말할 수 있을 것이다.

제자들이 예수의 증인이 되어 예수님이 하신 일들과 하신 말씀
들, 그리고 그 진정한 의미를 예루살렘에서 시작하여 땅 끝까지 증거
할 수 있었던 것은 그들이 예수의 가장 가까이에서 그들의 눈을 가지
고 보았고 그들의 귀를 가지고 들었던 목격자들이었기 때문이다. 가

---

97. 마태복음의 특징 중 하나는 예수를 하나님의 아들로 소개하는 것이다. 예
를 들어 예수님은 산헤드린 재판에서 찬송 받으실 분의 아들이냐고 묻는 말
에 "네가 말했다"고 긍정하심으로 자신을 하나님의 아들로 알려 주셨다. "네
가 말했다"를 긍정적 의미로 보는 것은 뒤이어 말씀하신 "인자가 하나님의
우편에 앉아 있는 것과 하늘의 구름을 타고 오는 것을 너희가 볼 것이다."를
통해서 긍정되며 확장되기 때문이다.

끔 그들도 본 일들을 '기억'하지 못하고[98] 때로는 '이해'하지 못하기
도 했지만—이 두 단어는 예수의 제자들을 책망하실 때 가끔 사용하
신 용어였다—이런 일들은 근본적으로 정신을 집중시켜 외우고 반복
함으로써 잊지 않거나 오래 간직하려고 애를 쓸 때에만 기억에 남아
있는 것은 아니다. 성인이 되어 목격한 일들은 특히 복음서에 기록된
것과 같은 특이한 일, 특이한 말씀들일 경우 그런 인위적인 노력을
하지 않더라도 평생 마치 어제 일처럼 기억 속에 살아 있음을 누구나
경험한다. 제자들은 그들의 목숨이 다하기까지 바로 그 기억과 함께
살았다. 그 기억에서 우러나오는 복음을 증거하고 전파하며 그리스
도의 증인으로 살았다.

목격자에게 몇십 년은 기억을 잊을 정도의 장구한 세월이 되지
못한다. 예수님을 통해 발생한 사건과 복음 증거, 예수의 실제 육성
과 제자의 입을 통한 재생 사이에는 긴 시간이 놓여 있어도, 기억과
증언 사이에는 아무런 시간간격이 놓여 있지 않다.[99]

---

98. 기억하지 못했다고 표현한 것은 그들이 앞서 경험한 일들을 깡그리 잊었다
는 의미가 아니라 경험한 일들을 새로운 상황에 적용하면서 예수의 새로운
말씀을 바로 이해하지 못했다는 의미이다(마 16:10//막 8:18을 참고하라).
반대로 새로운 사건에 과거에 경험한 일이나 과거에 들은 말씀을 적용할 때
에는 "그들이 기억했다"는 표현이 사용되었다(마 27:62; 막 11:21; 14:72; 눅
2:19; 22:61; 24:8 등을 참고하라).
99. Stein, 『공관복음서 문제』, 257을 참고하라. 각주 59에서 그는 다드(C. H.
Dodd)의 이차대전의 생생한 기억에 대한 일화를 소개하고 있는 브루스(F. F.
Bruce)의 책을 인용하고 있다.

8) 복음 전승의 과정

우리는 앞에서 복음 전승이 이미 예수의 생애와 함께 시작되었고, 곳곳으로 퍼져 나갔음을 확인했다. 이 복음 전승의 배후에는 목격자들이 있었고 사건의 당사자들이 있었다. 그중에서 가장 중요한 역할을 한 목격자들은 예수의 제자들, 특히 열두 사도들이었다. 이들은 복음이 담고 있는 대부분의 내용을 보고 들은 사람들이다. 그들은 예수님에게서 특별한 교훈을 받고 남다른 체험을 하기도 한 사람들이다. 그들은 예수의 사역, 가르침 그리고 그들의 특별한 경험을 통하여 예수를 믿게 되었던 사람들이다.

하지만 굳이 제자들을 거론해야만 복음 전승의 시작과 그 과정이 모습을 드러내는 것은 아니다. 위에서 관찰한 대로 복음서들이 담고 있는 것의 적지 않은 부분은 다른 사람들도 목격하여 알고 있었고, 그들이 또한 다른 사람들에게 전달할 수 있었던 그런 내용이다. 많은 다른 목격자들과 더 많은 수의 제자들이 있었지만 열두 제자들을 별도로 거론한 것은 복음서에서 그들의 상이 가장 명확하기 때문이다. 그리고 예수님에게서 특별한 사명을 받은 사람들이기 때문이다. 이 열두 제자들에게서 지금 우리가 가지고 있는 복음서 형태의 복음이 전승되었다.

목격, 그리고 목격담이라는 관점에서 볼 때 예수의 지상 사역 시기는 복음서가 담고 있는 일들이 발생하는 시기이며 동시에 이 일들에 관한 이야기들이 발생하는 시기였다. 이 이야기들이 여기저기 사람들의 입을 통해 퍼져 나가던 시기였다. 사건의 발생과 함께 새로운 이야기들이 덧붙여져 더 큰 이야기로 자라나던 시기였다. 작은 단편

적인 이야기와 단편적인 가르침들이 서로 모이며 예수에 관한 더 긴
이야기들 즉 지금의 복음서와 같은 형태로 형성되던 시기였다.

만약 복음서의 내용이 모두 제자들이 혹은 세 명의 핵심에 속하
는 제자들이 보고 들을 수 있었던 내용으로만 채워져 있다면 우리는
복음 전승의 과정을 예상하거나 추적함이 없이도 복음 사건에서 곧
바로 복음서의 저작자들에게로 넘어 갈 수 있었을 것이다. 앞에서 지
적한 대로 모든 일들에 대한 정보가 목격자들의 기억에 새겨져 있었
을 것이기 때문이다. 목격자가 바로 복음서의 저자가 된다면 그들은
복음 전승으로부터가 아니라 그들의 기억에서 모든 정보를 바로 이
끌어내어 복음서를 완성했을 것이다. 그런데 복음서 저자가 목격자
의 증언을 들어서 기록했다면 목격자의 기억에서 곧바로 추출되는
이야기들을 받아 적음으로 복음서를 완성할 수 있었을 것이다. 이 경
우 공관복음서 문제를 이해하기 위해서는 목격자의 위치와 역할, 번
역의 문제, 그리고 저작의 문제만 고려하면 된다. 예수의 생애가 끝
남과 동시에 목격자의 기능은 정지되고 증언의 내용도 한 묶음으로
완성되었을 것이기 때문이다.

복음 전승의 과정을 어쩔 수 없이 계산해야만 하는 것은 복음서
에 포함된 내용들의 다양성 때문이다. 몸체를 형성하는 제자들의 목
격과 증언 외에 다른 사람이 목격했어야만 하는 내용들이 복음서에
포함되어 있어서 이 부분이 몸체에 덧붙여지는 과정을 빠뜨려서는
안 되는 것이다.

몸체에 덧붙여진 작은 이야기들은 그 이야기를 전해준 그 목격자
의 기억에서는 이미 완성된 형태로 보존되어 있었을 것임을 놓쳐서

는 안 된다. 즉 복음 전승의 과정은 미완성의 이야기들이 완전한 이
야기로 자라나는 과정이라기보다는 목격자의 기억 속에 완성되어
있던 각각의 이야기들이 그 목격자의 입을 통해서 알려지고 다른 완
성된 이야기와 결합되는 과정이다.

때로는 구약성경으로부터 직접 인용되는 부분도 있다. 구약성경
의 한 구절이 복음의 한 부분과 결합되는 과정은 목격자에 의해서 혹
은 복음 전파의 책임을 지고 있었던 제자들에 의해서 아니면 복음서
저자에 의하여 수행되었을 것이다. 이런 과정이 복음 전승 과정에 포
함된다.

사건의 목격자를 복음 전승의 주체로 인정하는 것과 복음 전승
과정을 떠돌아다니던 전승이 발전하고 고정되는 것으로 보는 사이
에는 엄청난 차이가 놓여 있다. 우리는 이 모든 과정에 관하여 이론
적 가능성을 말하는 것과 이러한 가능성이 복음서 자체의 기록에 의
하여 지지받음으로써 검증된다는 것 이상으로는 정리할 수 없다. 그
러나 목격자들을 복음 전승 과정의 주체로 인정할 때 복음 전승 과정
은 결코 우연이나 주변의 환경에 맡겨지지는 않는다는 장점을 얻게
된다. 이러한 가능성을 신중하게 고려하면 책임 있는 제자들이 복음
전승의 중심 역할을 함으로써 복음서는 목격자로부터 신실하게 전
해져 내려 왔음을 초대 교회의 신도들처럼 믿을 수 있게 된다. 학적
인 토대를 거론한다면 목격자 이론은 양식비평이 증명할 수 없는 전
승과정을 내세우는 것과 별반 다를 바가 없다. 그러나 목격자 이론은
양식비평이 전승의 과정을 초대 교회 상황에 맡긴 결과 복음의 역사
적 토대를 약화시키게 되는 것에 비해 훨씬 안전한 토대를 마련할 수

있다. 즉 목격자 이론에서는 예수의 목격자가 되어 모두에게 증언의 사명을 맡아 일생을 헌신했던 주님의 제자들의 역할이 복음 전승 과정에서 움직일 수 없는 확고한 기반을 가지게 되어 복음의 역사적 토대를 확고히 한다.

3. 목격자의 역할과 공관복음서 문제

공관복음서 문제에서 목격자의 기능과 역할이 강조되면 목격자의 눈과 귀를 자극했던 사건 자체의 중요성이 부각된다. 목격담/증언이 있기 위하여서는 실제 시간들과 이 사건 속에 나오는 실제 대화 및 설교가 있어야 한다. 사건이 없이는 목격이나 이에 사용되는 기능 즉 보고 듣는 것은 모두 불필요하다.

보고 듣는 것 이전에 사건이 없었다면, 그럼에도 불구하고 마치 사건이 있었던 것처럼 누군가 복음서를 기록해 놓았다면, 복음서는 꾸며낸 이야기일 뿐이다. 사건을 논함이 없이 목격담에만 초점을 맞추는 것은 복음서의 기록을 허위 정보 즉 꾸민 이야기로 취급하는 것이다.

이것은 초대 교회의 확신과 정면으로 대립되는 태도이다. 구전 복음이나 복음서는 그것들이 보도하는 사건들이 참으로 발생하였고, 이 사건들에 대한 목격자의 증언을 통하여 전달된 결과였기에 초대 교회 때부터 권위가 있었다. 복음서 내용들의 역사적 진정성에 관한 확신은 기독교 신앙의 기본적인 전제였다. 이러한 전제 없는 기독교 신앙은 초기 기독교에 없었다.

사건에 초점을 맞출 때 우리는 목격담으로서의 복음의 제한성을 먼저 지적하지 않을 수 없다. 듣고 보는 것으로 관찰할 수 있는 것 이상으로 한 사건에 간여하는 요소는 다양하기 때문이다. 목격자가 이 사건에 접촉하는 기능도 보는 것 듣는 것 이상으로 다양하다. 따라서 듣고 보는 것을 전해 주는 것은 사건 전체의 극히 작은 한 단면일 뿐이다.

여기서 이미 공관복음서의 다양한 보도의 일치 내지 차이의 가능성이 예상되지만 우리는 한 사건을 결정하는 요소들을 관찰하는 것으로부터 차곡차곡 이 가능성을 찾아갈 것이다. 물론 이 가능성을 가지고 공관복음서 문제를 모두 해결할 수는 없다. 하지만 공관복음서 문제에 골몰하는 사람들은 누구라도 이 가능성들을 최우선적으로 고려해야만 한다.

1) 사건을 결정하는 요소들과 사건에 대한 정보

한 사건을 보도하기 위해 필요한 최소한의 요소를 사람들은 육하원칙이라고 부른다. 즉 누가, 언제, 어디서, 무엇을, 어떻게, 왜 했다고 말하는 것이다. 하지만 한 사건을 소개하는 요소로서 이것은 너무 간략하다. 사건을 결정하는 요소들은 훨씬 더 복잡하고 다양하다. 그럼에도 불구하고 복음서는 이 육하원칙마저 무시하고 더 간략하게 사건을 알려주는 경우가 비일비재하다.

'누가'를 위하여 우리는 보통 간략하게 이름만을 제시하지만 한 사건에는 '누가'와 관련하여 인격, 성품, 습성, 감정, 기분, 당시의 상태 등 더 많은 요소가 개입한다. 이 중 목격자가 알거나 관찰할 수 있는 것은 극히 그 일부분이다. 복음서에는 이 모든 요소들이 거의 보도되어 있지 않다.

'언제'를 표시하기 위하여 한 사건이 벌어진 때가 6세기 초에 디오니시우스 엑시구스(Dionusius Exiguus)에 의해 고안된 기준점 A.D.(= Anno Domini, 즉 "주님의 년도")로부터 얼마나 멀리 떨어져 있는지를 수치로 나타낸다. 날짜와 시각을 말하기도 한다. 그러나 한 사건은 과거의 일들과 뗄 수 없이 연결되고 어김없이 미래의 사건들에 그 자국을 남긴다. 사건의 진행속도도 중요한 시간적 요소이다. 복음서의 기록들은 이 시간적 요소들을 대부분 빠뜨리고 있다. 시간의 경과를 언급함이 없이 사건의 진행만을 소개한다.

'어디서'를 위하여 우리는 지명만 간략하게 제시한다. 그러나 장소와 관련된 요소들 즉 지형, 지리적 요건, 기후, 자연 환경, 당시의 분위기 등도 사건을 만들어내는데 중요한 역할을 한다. 복음서의 기록들은 이 모든 요소를 거의 소개하지 않는다. 때로는 지명도 생략하고 있다. 당시 사람들이 한 지역을 어떻게 다르게 불렀는지 또 시대에 따라 어떤 다른 이름이 새롭게 사용되었는지도 소개되지 않는다.

'무엇'으로 우리는 주체의 행동 대상을 지시한다. 대상이 물건일 경우 이것은 사건이 발생한 당시의 역사나 문화와 뗄 수 없이 연결되어 있다. 사람들이 그 대상일 경우 위의 '누가' 부분에서 관찰한 다양한 요소들도 모두 사건을 결정하는 요소들이다. 사람들이 가지고 있었던 생각이나 요구, 상태, 당시의 분위기 등 고려해야 할 사항은 헤아리기 어려울 정도로 많다. 복음서에 수록된 사건들은 이 객체에 대해서도 이름 등 대략적인 것만 언급할 뿐, 이 다양한 요소들에 대해서는 거의 아무런 힌트도 주지 않는다.

'어떻게'로 우리는 사건의 핵심만을 표현한다. 하지만 그 사건에서 있었던 움직임, 사건의 진행 양상은 일일이 다 기록할 수 없을 정도로 많고 복잡하다. 사건에 등장하는 사람들 모두의 움직임은 시간의 경과를 고려할수록 더 많아진다. 공관복음서의 보도는 간략하게 그 핵심적 움직임과 결과만을 표현하고 있다.

'왜'로 우리는 사건의 원인이나 이유를 보도한다. 사건의 원인과 이유를 만들어 내는 것은 위에서 '누가'와 관련하여 살펴본 모든 요소들이다. 사건의 객체와 관련하여 위에서 언급한 모든 요소들도 사건의 배경으로 작용한다. 그 장소의 자연환경, 사람들의 분위기가 사건 당사자들에게 영향을 미칠 수도 있다. 복음서에 기록된 사건들은 이 '왜'에 대해서도 아주 간략하게 알려줄 뿐이다.

위에서 살펴본 육하원칙과 관계된 요소들 이외에도 한 사건을 구성하는 요소들은 많이 있다. 하지만 이 정도만으로도 우리는 어렵지 않게 다음과 같은 결론에 도달할 수 있다. 한 사건은 항상 한 번으로 끝난다. 어떤 일이든지 역사상 반복되지도 않고 또 반복될 수도 없다. 비슷한 유형의 사건은 있어도 한 사건을 구성하는 모든 요소들이 동일한 그런 사건은 절대로 두 번 다시 일어나지 않는다.

역사상의 일이란 단 한 번으로 끝나고 그 후에는 이 사건에 대한 정보 즉 지식만이 남는다. 사건 자체를 옮겨오는 방법은 없다. 우리는 다만 사건에 대한 지식을 통하여 과거에 어떤 일이 있었는지를 배우게 된다. 사건에 대한 지식을 전달하는 방편으로는 사건의 모방 혹은 재현, 그림 혹은 조각 그리고 언어가 있었다.

한 사건을 다른 사람들에게 알리기 위하여 목격자는 같은 사건을 모방할 수 있다. 하지만 같은 인물이 같은 행동을 해도, 심지어 같은 장소에서 같은 대상에게 그와 같은 일이 일어나도 시간과 관계된 모든 요소들은 달라진 후이다. 사건을 동일하게 재현하는 방법은 없다. 연극, 실습, 현장검증 등은 비슷하게 흉내를 내며 사건의 중요한 요소들을 확인하고 알리는 일일 뿐, 한 사건을 정확하게 재생하는 것은 아니다. 복음 전달에는 이런 방법이 사용되지 않았다.

그림이나 조각을 통하여도 사건의 지식을 전달할 수 있다. 이런 방법을 효과적으로 사용할 수 있는 사람들은 숙련된 예술가들뿐이다. 그리거나 만드는 재능이 없거나 전문적인 훈련이 없이는 사건을 정확하게 묘사하기 어렵다. 그림이나 조각은 흉내를 내는 것보다 훨씬 더 단편적인 지식만을 제공한다. 수많은 그림을 그리거나 수많은 조각을 만들지 않고서는 움직임을 표현하지 못한다. 따라서 사건을 알려주는 방법으로서의 그림이나 조각은 금방 한계에 부딪힌다. 사건 중에 사용된 말을 재생하지 못하는 것도 그림과 조각의 약점이다. 따라서 그림이나 조각을 통해서 사건에 대한 지식을 충분하게 전달한다는 것은 어느 모로 보든지 불가능하다. 복음서가 탄생하기 전에 복음전달에 사용된 그림이나 조각은 아직 한 점도 발견되지 않았다.

말과 글은 사건에 대한 더 차디찬 지식을 제공한다. 말과 글은 의사소통의 수단이지만 사건 자체나 사건에 대한 상을 동일하게 전달하지 못한다. 따라서 언어를 통한 지식의 전달은 결코 사건을 완벽하게 알리는 방법이 되지 못한다. 그것은 사건에 대한 대략적인 개요,

즉 그 중요한 부분을 육하원칙에 따라—때로는 몇몇 요소를 생략하면서라도—묘사하고 알리는 방법이다. 그럼에도 불구하고 복음 전달에는 이 방법이 사용되었다. 목격자들은 그들이 보고 들은 것을 처음에는 소리를 사용하는 말로, 다음에는 기호를 사용하는 글로 전하며 증인의 역할을 한 것이다. 우리가 관찰하는 목격자들의 역할이란 특히 그 첫 단계로서 말을 사용하여 증언한 역할이다.

한 사건에 대한 정보를 전달한다는 면에서 관찰하면 우리는 과거보다는 훨씬 유리한 조건하에 살고 있다. 그림이 아니라 사진이나 비디오를 찍고, 소리를 모방하는 것이 아니라 녹음을 하여 과거 어느 때보다 한 사건을 좀 더 정확하게 보도할 수 있다. 월드컵 축구를 중계 방송하는 것처럼 한 동작을 여러 각도에서 촬영하거나 전체적인 상을 전달할 수도 있다. 음의 억양과 장단, 음색까지 전해줄 수 있다. 하지만 이런 현대적 기구들을 사용해도 전달하지 못하는 것도 상당히 많다. 현대에도 어떤 사건을 알려준다는 것은 결국 상과 소리라는 수단에 의해 제한될 뿐이다.

실제 사건을 구성하는 다양한 요소와 이 사건에 대한 지식/정보의 제한성에 대한 관찰은 공관복음서 문제 이해의 첫 번째 가능성을 어느 정도 시사하고 있다. 그것은 예수님이 비슷한 일을 여러 번 하셨다면 이 일들에 관한 정보는 비슷하게 될 수밖에 없다는 것이다. 사건에 대한 지식의 전달은 그 중요한 요소들에 한정되기 때문에 다소 차이가 있는 부분들이 생략되곤 한다. 그 결과로 비록 다른 사건들에 관한 정보라도 같은 사건을 알려주는 것인 양 비슷해질 가능성은 얼마든지 있는 것이다. 반대로 한 사건에 대한 정보라도—누구든

지 그 사건을 완벽하게 재생할 수 없기 때문에—다소 다르게 묘사될
수 있다. 정보가 다르다고 하여 무조건 다른 사건으로 취급하거나 비
슷한 정보는 같은 사건에 대한 것이라는 생각은 극히 위험한 발상이
다.

말씀의 전달의 경우에도 같은 가능성들을 인정할 수밖에 없다.
예수님이 동일한 말씀을 다른 여러 경우에 반복하셨을 수 있다는 가
능성이 있다.[100] 이 경우 예수께서 약간씩 다르게 말씀하셨을 수 있
다. 하지만 이 모든 말씀들이 예수님이 한 번 하신 말씀이 조금씩 다
르게 기록되었다고 보는 것은 오류이다. 동일하거나 유사한 말씀이
공관복음서에 기록되어 있다고 하여 같은 기회에 하신 말씀이라거
나 다른 말씀은 다른 기회에만 말씀하셨을 것이라고 도식화하는 것
은 사건의 전체를 알지 못하는 현 상황에서는 성급하고 적절하지 못
한 판단이다.

사건들 자체를 현대로 실어 나르는 방법이 없고 사건에 대한 것
을 알려주는 정보가 문서밖에 없기 때문에 공관복음서를 비교할 때
우리는 여러 가능성을 열어 놓아야 한다. 한편으로는 공관복음서에
실린 유사한 여러 기록들이 같은 사건에 대한 다른 기록 혹은 같은
기회에 하신 다른 말씀에 관한 것일 수 있다는 가능성을 고려해야 한
다. 다른 한편으로는 다른 사건에 대한 비슷한 기록 혹은 다른 기회
에 말씀하신 같은 내용의 말씀일 수 있다는 가능성도 고려해야 한다.

---

100. van Bruggen, *Christus op aarde*, 73은 이 가능성을 공관복음서 문제에 대한
그의 세 번째 결론으로 제시했다.

우리는 이 두 가지 가능성에 대해 항상 열려 있어야 한다. 우리는 사건에 대한 정보를 다룰 뿐이다. 사건 자체가 정보의 차이나 일치에 따라 변하거나 달라지지는 않는다. 그러므로 우리는 사건 자체와 사건에 관한 기록 사이의 여러 가지 가능성을 염두에 두어야 한다.

사건 기록에서 발생하는 여러 가지 가능성을 배제하거나 여러 가능성들 중에서 하나를 선택하는 것은 주관적 작업의 결과이다. 이러한 선택은 어디까지나 주관적 선택으로서의 결론일 뿐이다. 이 결론을 복음서 연구 작업의 전제로 삼아 복음서의 사건들을 정말 같은 사건으로 혹은 정말 다른 사건으로 취급하는 데 사용해서는 안 된다. 그것은 순환논리로 빠져드는 것이다. 주관적 결론을 전제로 삼아 결론을 사실이라고 믿고 그것을 공관복음서를 해석하는 틀로 삼으려는 유혹이 찾아올 수 있다. 그렇게 하면 작업이 편하기 때문이다. 하지만 편리함이 그러한 작업의 참됨을 정당화하지 않는다.

공관복음서를 서로 비교하면 그 결과로 차이점들보다는 광범위한 일치점들이 먼저 눈에 들어온다. 마태복음에서부터 읽어가기 시작하여 마가복음, 누가복음으로 진행해 가면 독자들은 차이점에 눈을 뜨기보다는 같은 사건을 두 번 세 번 반복해서 읽는다는 느낌 때문에 곧잘 지루함으로 빠져든다. 이것은 공관복음서 저자들이 유사한 관점에서 예수의 생애와 말씀을 기록했다는 원인 때문이기도 하지만, 더 근본적인 원인은 복음은 하나라는 데 있다. 예수의 생애가 반복될 수 없는 일회적 사건이었기 때문에 아무리 다르게 기록된다 하더라도 달라질 수 있는 한계가 엄격하게 정해져 있는 것이다. 없었던 것을 있었다고 하거나 있었던 것을 부정하는 것은 목격자/증인의

역할은 분명 아니다. 그렇다면 공관복음서 연구에 몰두하는 사람들
은 차이점보다는 이 넓은 일치점을 먼저 주목하고 이 정보가 지시하
는 역사적 사건에 관심을 가져야 할 것이다. "각 복음서가 우리에게
보여주는 것은 차이점 이전에 일치점들이다. 복음서 사이에는 차이
점보다 일치점들이 더 두드러지는데 이것은 복음서들의 보도가 아
주 확실한 역사적인 사실을 근거로 가지고 있음을 보여준다. 이 일치
점에 먼저 관심을 가지면 개별적이고 상이한 신학사상 보다는 확실
한 복음의 뿌리에 도달하게 된다."[101] 그 복음의 뿌리란 다름 아닌 예
수의 생애와 말씀이다.

공관복음서 문제 연구란 바로 이 예수의 생애와 말씀을 보도하는
큰 일치점 사이의 크고 작은 차이점들의 발생을 설명하는 것이다.

2) 목격자들의 역할(1): 인식

예수의 생애를 보고 그의 말씀을 들은 목격자들의 기능 중에서
"눈"과 "귀," 즉 보는 기능과 듣는 기능이 부각되었다는 사실을 우리
는 위에서 확인한 바 있다. 복음을 증언한 제자들이나 소문을 전파한
다른 사람들이 목격자가 될 수 있었던 가장 큰 이유는 눈과 귀를 가
지고 있었고 눈과 귀를 자극하는 빛과 소리를 인식할 수 있었기 때문
이다.

이 단순한 사실이 공관복음서 문제의 연구에 있어서는 자주 무시
되어 왔다. 하지만 목격자/증인의 역할이 복음 전승의 필수적 과정

---

101. van Bruggen, *Christus op aarde*, 69.

이라면 당연히 목격자들의 인식기능과 인식능력이 부각되어야 한다. 이것이 없이는 예수의 사역과 말씀에 관한 증언으로서의 복음은 탄생할 수 없었다.

예수의 제자들은 우선 목격자로 부름을 받은 사람들이다. 그들은 예수님과 함께 있으면서 예수의 사역을 목격하고, 예수님이 선포하시고 가르치실 때 그것을 들었다. 목격자들의 인식 기능이 없이는 그리고 예수의 사역과 말씀에 대한 지식이 없이는 복음은 만들어지지도 않았고 전달되지도 않았을 것이다.

복음 사건들을 제자들처럼 지속적으로 보고 듣지는 못했지만 그 한 단면을 부분적으로 보고 들었던 사람들에 관해서도 우리는 같은 것을 말할 수 있다. 그들은 눈이나 귀를 가지고 있었고 보이는 광경을 보거나 들려오는 소리를 들을 수 있었기에 예수의 목격자가 되었다. 그들도 예수의 생애의 한 단편에 대한 지식을 가질 수 있었고 가는 곳마다 이에 관한 소문을 퍼뜨릴 수 있었다.

목격자의 이 기능을 살펴보면 의도성보다 비의도성이 강하게 부각된다. 보는 것을 기억해 두려는 강한 동기가 작용하지 않았어도 보는 것은 가능했다. 들리는 소리를 외우고 간직하려는 강한 몸부림이 없이도 그들은 그냥 들을 수 있었다. 사건의 현장에 있었기 때문이다.

여기서 우리는 공관복음서 문제 연구와 관련하여 고려해야 할 또 하나의 가능성에 도달한다. 목격자들이 있었던 자리에 따라 한 사건은 다르게 인식될 수 있다는 가능성이다. 눈이 위치했던 각도에 따라 같은 사건이 다르게 눈에 들어올 수 있었다. 사건에 개입했던 당사자의 참여 위치와 그가 맡았던 역할에 따라 한 사건이 각기 다르게 경험되거나 인식될 수도 있었을 것이다.

이 가능성을 인정할 때 다음과 같은 점을 주의해야 한다. 한 사건을 완전하게 경험하거나 그 전체를 세부적인 것까지 일일이 다 목격하는 사람은 아무도 없다. 사건에 가까이 있을수록 전체적인 면을 보기 어렵다. 전체를 보는 사람은 세부적인 면을 놓치기 쉽다.

이런 차이의 가능성은 듣는 것에서도 조금은 말할 수 있다. 예수의 설교가 사람들에게 종종 오해를 불러 일으켰다. 그래서 예수님은 오해를 방지하기 위하여 주의를 주시거나(마 5:17; 10:34) 이해하지 못하는 것을 꾸중하신 적도 있다(마 16:9; 막 8:17). 왜 이런 현상이 일어났겠는가? 목격자들의 이해가 예수님이 말씀하시는 의도와 일치하지 않았기 때문이다. 그 이유를 우리는 두 가지로 추측할 수 있다.

첫째, 최초에 말을 한 사람이 독특한 의미를 어떤 단어에 가미하여 말할 수 있다. 예를 들면 예수님은 일반적인 용어를 사용하기도 하셨지만 비유를 사용하신 적도 있었다. 비유의 경우 말하는 사람이 의도적으로 독특한 의미를 첨가한다. 이런 종류의 독특한 의미라는 부가적인 설명이 없다면 말을 들은 목격자의 입장에서는 소리는 들어도 그 의미를 이해하기에 난감하다.

둘째, 개인에 따라서는 교육이나 성장 과정에서 어떤 단어에 독특한 의미나 개인적인 경험, 어감을 가지게 되는 경우가 흔히 있다. 이 경우 서로 일반적인 용어를 사용하고 그대로 듣는다 하더라도 목격자는 자신이 알고 있는 의미로 받아들일 수 있고 따라서 일반적인 용어를 사용한 화자의 의미가 바르게 전달되지 않는 경우가 발생하는 것이다.

그렇다면 듣는 인식능력에 우리는 귀와 청각, 신경구조에 관해서만이 아니라 각자의 언어사용과 어감, 이해력에 관한 것까지 포함하여 말해야 한다. 그러므로 공관복음서 문제와 관련하여 다음과 같은 가능성이 부각된다. 목격자들이 예수의 동일한 말씀을 듣고도 다르게 이해할 수 있었을 것이다.

우리는 목격자들의 증언을 통해서만 예수의 사역과 말씀에 관한 지식을 얻을 수 있기 때문에 이들의 인식능력은 곧 우리가 가질 수 있는 예수에 관한 지식의 틀이 되고 동시에 그 한계가 될 수밖에 없다. 따라서 복음서 사이의 차이점은 사건의 차이가 아니라 목격자의 눈의 위치, 사건에의 참여도, 언어 이해 및 사용의 차이에서 연유한 것일 수도 있다.

3) 목격자들의 역할(2): 기억과 회상

보고 듣는 지각 작용 이후에는 무슨 일이 일어날까? 눈과 귀를 통해 인식된 것은 어떻게 보관되는 것일까? 빛과 음파를 감지한 눈과 귀에서 출발하는 신경계와 대뇌의 관계 및 뇌의 작용은 아직 풀어야 할 현대 인체과학의 커다란 과제이다. 그러므로 이런 언어로 규명하기를 멈추고 일반적으로 우리가 아는 정도로만 말해 보자.

우리는 본 것을 상의 형태로 들은 것을 소리의 형태로 기억한다. 기억에 새겨진 것은—무의식적인 것이든 의식적인 것이든—우리 마음대로 고치거나 지울 수 있는 그런 것이 아니다. 얼마나 오랫동안 기억할 수 있느냐는 것은 본 것, 들은 것이 각 개인에게 남긴 인상 즉 그 사건이 뇌에 새겨진 강도에 달려 있다. 성인이 된 이후에 경험한 것은 대개 평생 그 상과 그 소리를 기억할 수 있다.

예수의 목격자들도 그런 지적 기능을 가지고 있었음이 틀림없다. 그들이 본 것, 들은 것은 그들의 두뇌에 각인되어 있었다. 예수님이 하신 일은 마치 한 편의 영화처럼 움직이는 상(像)의 형태로 기억의 창고에 보관되었다. 목격자들은 사건 자체에 대한 상을 오랫동안 생생하게 기억하고 있었을 것이다.

예수의 말씀도 목격자들의 뇌리에 새겨져 있었다. 그들은 예수의 음색과 억양, 장단과 강조점까지 그대로 귀에 쟁쟁하게 기억할 수 있었을 것이다. 만약 어떤 사건에 목격자들의 감각적인 요소나 감정적인 요소가 개입했다면 이 요소들도 함께 뇌에 새겨지고 사건들의 기억과 더불어 감각이나 감정도 회상될 수 있었을 것이다.

그렇다면 이렇게 말하는 것이 어떨까? 그 시대에도 예수의 움직임을 계속 찍은 촬영기가 있었다. 예수의 말씀이나 설교를 녹음한 녹음기가 있었다. 목격자들의 눈과 귀, 신경계통과 뇌가 바로 그런 역할을 한 것이다. 즉 목격자들은 살아 있는 촬영기요 살아 있는 녹음기였다. 그들이 보고 들은 결과는 필름이나 테이프에 새겨지듯이, 아니면 컴퓨터의 메모리칩에 저장되듯이 목격자들의 뇌에 저장되었다. 필름이나 테이프 혹은 메모리칩과 같은 역할을 한 것이 바로 목격자들의 뇌 세포였다.

예수의 활동은 한 번의 사건으로 지나가고 예수의 목소리는 한 번의 울림으로 사라졌어도 이 사실에 대한 기억은 목격자들의 뇌 세포에 담겨 있었다. 후에 그들은 이 기억으로부터 예수님이 하신 일과 하신 말씀을 회상했다. 목격자들이 증언에 나섰을 때 사건 자체로부터 복음을 이끌어 낼 수는 없었다. 그것은 이미 지나간 시간 속에 있기에 재생할 수 없었다. 그들은 사건들이 그들의 뇌에 남겨 놓은 흔적들 즉 기억으로부터 회상이란 과정을 밟아 복음을 만들어내었다. 복음의 원형이 제자들의 머리 속에 고스란히 담겨 있었다고 말할 수 있다. 그들의 증언은 항상 이 복음의 원형으로부터 나온 것이다. 이런 의미에서 목격자들은 복음의 담지자들이었다.

복음 전승의 단계에서 목격자들의 역할이 가장 중요했다. 그들은 언어로 된 형태의 복음을 만들어 낸 사람들이다. 사건이 있은 후로 어느 정도의 시간이 흐른 시점에서 증언하는 목격자들이 하는 작업은 항상 동일했다. 예수에 관한 기억으로부터 직접 복음을 끌어내는 것이었다. 따라서 사건발생의 시간과 증언의 시간 사이에는 오랜 기간이 벌어질 수 있어도, 이 사건에 대한 기억과 이것의 회상 및 증언 사이에는 전혀 시간 간격이 없다.

의문이 이는 것은—자주 신학자들이 반문해 온 것처럼—목격자들이 한 사건을 얼마나 오래 기억할 수 있었겠느냐는 것이다. 그리고 과연 목격자들이 복음서에 기록되어 있는 것과 같은 내용을 모두 기억할 수 있었겠느냐는 것이다. 이 문제를 위하여 다음과 같은 아주 일반적인 사실을 고려해야 할 것이다.

(1) 아주 강한 인상의 경우 특별한 일이 없이는 어릴 때의 일이라 하더라도 평생 기억할 수 있다. 복음서에 기록되어 전해져 온 예수님이 하셨다는 일들과 예수님이 하셨다는 말씀들은 평범하거나 일상적인 일은 아니었다. 누구라도 평생 기억할 수밖에 없었을 엄청난 일

들이었다.

(2) 성인이 되어서 목격하는 것은 별 탈이 없는 한평생 기억하는 것이 보통 사람들의 능력이다. 복음의 증인으로 부름을 받은 목격자들은 모두 성인으로 예수님을 따르기 시작했다.

(3) 자주 회상하고 다른 사람들에게 이야기하는 그런 기억은 쉽게 사라지지 않을뿐더러 날이 갈수록 생생해진다. 예수의 목격자들은 십자가 사건이 있은 후 얼마 지나지 않아서 바로 복음을 전하기 시작하여 죽을 때까지 계속했다.

(4) 복음서에 기록된 내용들은 한 사람이 목격한 것이 아니다. 따라서 한 사람의 기억 능력에만 의존한 것이 아니다. 어느 복음서를 보든지 목격자들의 목격담이 모이는 과정을 예상할 수밖에 없다. 그렇다면 이 과정이란 서로 떨어져 있던 목격담이 모이며 더 큰 하나의 복음이 되기 위해 조절되는 그런 시기로 볼 수 있지 않을까?

(5) (이런 일을 설명하기 위하여 굳이 필요하다고는 생각하지 않지만) 복음을 전하는 사람들에게 오셔서 기억과 회상을 도우시며 역사하셨던 성령의 사역도 목격자의 역할 이해에 도움이 될 수 있다.

이제 공관복음서 문제 이해를 위한 또 하나의 가능성을 정리해 보자. 복음서 사이의 일치점을 단순히 문서적 의존 관계로만 설명할 것이 아니라—앞에서 언급한 예수의 생애의 일회성으로 이 일치점을 설명한 것에 덧붙여—실제 사건에 대한 목격자들의 기억과 이 기억의 회상으로도 설명할 수 있다. 목격자들의 기억력이—앞에서 언급한 것처럼—쉽게 감퇴되거나 쉽게 수정되거나 사라지는 것이 아니라고 전제할 수 있다면, 공관복음서 문제를 연구하는 학자들이 예상하는 30-40년의 구전 기간은 목격자들에게는 없는 것이나 마찬가지이다. 구전이 이 30-40년 동안 목격자에게서 다른 사람에게로 그에게서 또 다른 사람에게로 돌아다니며 차차로 형태가 고정되고 최종적으로 복음서 저자에 의해 수집, 기록된 것이 복음서라는 증거는 어디에도 없다. 예루살렘에서 설교하던 베드로 사도가—흔히 말하는 것처럼—약 30년 후에 로마에서 설교하고 있었다면, 그는 수십 년 동안 이곳저곳으로 돌아다니면서 발전하고 개조된 전승을 인용한 것이 아니라 그가 계속 머리에 간직하고 다닌 기억으로부터 직접 이끌어 낸 것이라고 말해야 한다. 그것은 그가 30년 전에 하던 설교와 같은 내용의 복음이었음이 분명하다.

　이상은 어디까지나 한 목격자에 대해서 말할 수 있는 일치의 가능성이다. 만약 여러 명의 목격자들의 역할을 고려한다면, 위에서 언급한 증언의 차이의 가능성은 여전히 유효한 것으로 남는다. 즉 목격자들의 목격 위치, 한 사건에서의 역할과 참여도로 인한 예수의 사역을 조명하는 상의 차이는 그대로 지속될 수밖에 없었을 것이다.

　처음부터 언어로 나타난 것에 대한 증언의 경우는 약간 다른 설명이 필요하다. 어떤 단어에 관한 목격자들의 어감과 개념 이해가 공관복음서 사이의 차이의 원인이 될 수 있다는 가능성을 우리는 말했었다. 이것은 늘 자동적으로 개입하는 그런 가능성은 아니다. 목격자들이 의미에 구애받지 않고 단순히 그들의 기억에 담겨 있던 예수의 소리를 회상한다면 그것은 항상 동일할 수밖에 없다. 그러나 소리와 함께 혹은 소리보다 그 의미를 회상하려 한다면 목격자들이 가진 단어에 관한 어감, 개념 이해는 예수의 말씀을 회상할 때 차이점을 발생시킬 가능성을 안고 있다고 볼 수 있다.

4) 목격자들의 역할(3): 언어화

목격자들이 보고 들은 것을 다른 사람에게 알려주고자 하면 언어라는 수단을 사용해야만 했다. 목격자/증인은 예수의 활동 모습을 최초로 언어로 바꾼 사람들이다. 예수의 음성을 최초로 그들 자신의 언어로 반복한 사람들이다. 그들이 사용하던 언어가 아람어든 헬라어든 자신의 두뇌에 각인된 예수의 사역에 관한 상을 언어화하고 그들이 들은 예수의 말씀을 자신의 언어로 알렸기 때문에 진정한 의미에서 그들은 복음을 탄생시킨 사람들이다. 물론 이 복음의 뿌리는 예수의 사역과 말씀이라는 사실 그 자체였다.

목격자들이 언어화 작업을 하지 않았다면 복음전승은 불가능했다. 예수의 말씀을 그들의 말을 통하여 전하여주지 않았다면 예수의 말씀은 전승될 수 없었다. 그리고 그들의 말로 된 복음을 기록하여 문자화할 수도 없었다. 기록된 문서가 탄생하기 위하여 그 최초 단계에서 목격자의 증언이 있었고 증언이 있기 위하여 그들이 목격한 것을 회상하여 언어로 바꾸고 예수의 말씀을 그들의 음성으로 반복하는 작업이 있어야만 했다. 공관복음서 문제의 연구에 있어서 이것은 고려해야 하는 매우 중요한 요소일 것이다.

예수의 사역에 대한 정보를 언어로 바꾸는 이 역할은 아무도 대신할 수 없는 아주 중요한 것이다. 목격자만이 사건을 회상할 수 있으므로, 그 목격자만이 자신의 언어를 사용하여 언어화 작업을 진행할 수 있다.

언어화란 무엇이며 어떤 특성을 가지고 있는가? 예수의 사역과 말씀 이 두 가지 경우를 각각 살펴보자.

본 것에 대하여 증언한다는 것은 목격자의 기억에 새겨진 상을 언어로 바꾸는 것을 의미한다. 목격자는 필요에 따라 자신이 본 사건 전체를 회상하거나 아니면 그 부분을 떠올리며 이에 해당하는 단어들을 찾아 말로 표현한다. 전체나 부분을 회상하거나 사건의 어떤 요소를 강조하며 부각시키는 것은 목격자의 자유이다. 그러나 이 목격자의 자유에 따라 복음은 형태를 부여받는다.

언어는 상을 그대로 전달하는 방법이 아니다. 따라서 기억 속의 상을 언어로 바꿀 때 많은 변화가 일어난다. 언어로 표현할 때 목격자의 기억 속에 각인된 상의 개별성, 특수성은—특별한 설명이 없는 한—다 사라지고 일반적인 상만 전달된다. 예를 들어 '예수의 손'이라는 표현으로 목격자가 연상하고 알리려는 손은 특수한 예수만의 손이었다. 그러나 '손'은 모든 사람들에게 붙어 있는 천차만별의 손을 다 지칭하는 단어이다. '예수'라는 용어로 목격자는 그가 본 한 특수한 개인을 연상하지만 '예수'라는 고유명사는 얼굴에서 발끝까지 그 어느 것도 구체적으로 알려주지 않는다. 이렇게 상을 언어로 바꿀 때 목격자가 아는 모든 특수성, 개별성이 사라져 버린다. 그리고 모든 사람이 이해할 수 있는 일반성으로 대체된다.

언어화의 과정을 거치면서 한 사건에 대한 모든 자세한 일들이 목격자가 선택하는 용어에 따라 대략적인 정보로 바뀌어 버리는 것도 언어화의 특징이다. 목격자는 자신의 기억에 있는 모든 것을 언어로 바꿀 수는 없다. 그렇게 하려면 한 인물 예수님을 묘사하는 데만도 엄청난 분량의 설명이 나와야만 할 것이다.

한 사건 속에서 한 인간이 체험하는 것은 사건의 부분이기 때문에 목격자가 자신의 기억에 새겨진 전부를 정확하게 회상하고 그 모두의 대응어를 찾아 설명한다 하더라도, 그것은 실제로 있었던 사건 전체를 완벽하게 반영하지는 못한다. 목격자의 보도는 한 사건에 대한 특수한 시각의 목격담일 수밖에 없다.

어떤 목격자든지 자신의 기억을 한 번 언어로 바꾸는 작업을 하고 나면 그가 사용한 언어는 그 사건을 알려주는 고정된 틀이 된다. 언어화된 복음은 예수의 생애에 대한 정보를 다른 사람들에게 알려주는 도구이면서 동시에 다른 사람들이 알 수 있는 범위를 정하는 한계가 된다. 즉 복음을 받는 사람은 목격자의 언어가 표현하는 것만큼 사건을 알게 된다.

목격자는 필요할 때마다 그의 기억을 언어화할 수 있다. 그는 늘 같은 것을 얘기할 수도 있지만 사건의 다른 부분을 강조할 수도 있고 더 전체적인 면을 지시할 수도 있다. 만약 목격자가 그의 전 생애를 통해 한 번 언어화 작업을 했든지 아니면 여러 번 복음을 전하면서도 한 사건에 대해 같은 말만 되풀이했다면 한 목격자에게서 하나의 형태의 복음이 나오는 것이 가능했을 것이다. 그러나 만약 한 목격자가 여러 번 복음을 전했으며 그렇게 할 때마다 그의 기억 속에서 다른 면들을 언어화했다면 한 사람에게서 여러 다양한 복음이 만들어지는 것은 피할 수 없는 일이다. 하지만 이 경우에도 복음의 뿌리는 하나 즉 그의 기억에 있고, 그의 기억은 예수의 생애에 뿌리를 두고 있다.

예수님이 처음부터 언어로 들려주신 것을 목격자들은 음성의 형태로 기억하고 있었다. 목격자들은 필요할 때 자신의 발성기관을 사용하여 예수의 말씀을 다른 사람에게 전달했다. 예수의 말씀을 자신의 음성에 담아 전달하는 것이다. 물론 예수의 억양이나 장단, 음색을 그대로 재생할 수는 없지만 그래도 별 무리 없이 예수의 말씀을 반복할 수 있었을 것이다. 필요했다면 그들은 예수님이 사용하셨을 강조점과 어감을 거의 되살려낼 수도 있었을 것이다. 하늘에서 들려온 음성 혹은 다른 사람들이 한 말을 전할 경우에 대해서도 우리는 같은 말을 할 수 있다.

처음부터 말로 시작된 것을 목격자들이 말로 반복하는 과정에는 —모두가 모든 단어들을 당시의 일반적인 의미로만 사용하고 있었다고 가정하면—그들이 들은 음성과 자신의 목소리로 재생한 것 사이에, 혹은 그들이 들은 말의 의미와 그들이 재생한 말의 의미 사이에 별 차이점이 없었을 것이다. 누구든지 들은 것을 그대로 기억할 수 있고 그대로 자신의 목소리로 반복할 수 있기 때문이다. 그리고 이 목소리에 의미가 실려 가기 때문이다.

하지만 목격자들이 개인적으로 독특하게 이해하고 독특하게 사용했던 단어가 있었다면 어떤 일이 일어났을까? 그가 이해한 예수의 말씀을 같은 음성으로 반복할 수도 있지만 예수의 의도에 잘 부합한다고 생각하는 자신의 다른 단어로 바꾸어 말할 수도 있을 것이다. 이런 변화의 가능성은 목격자의 독특한 언어사용만이 아니라 그의 증언을 듣던 청중의 언어사용과도 연결될 수 있다. 즉 복음을 전하는 당시에 이 복음을 듣는 사람들이 어떤 단어를 독특한 의미로 이해하

는 사람들이었다면 목격자는 예수님이 사용하신 음운을 그대로 재
생할 수도 있지만—몰이해나 혼란, 혹은 오해를 방지하기 위하여—청
중이 예수의 말씀의 의도에 가장 근접해 갈 수 있는 다른 단어를 선
택할 수도 있었을 것이다.

　이제 요약해 보자. (1) 목격자 한 사람이 증언하는 경우 그의 기억
에 복음의 원형이 보존되어 있기 때문에 그의 증언은 항상 일관성을
유지할 수 있었을 것이다. 하지만 그가 항상 똑같은 말로 똑같은 면
만을 부각시켰다 말할 수 있을까? 다른 기회에 사건의 다른 면을 조
금이라도 부각시킨다면 같은 목격자에게서 다양한 증언이 만들어질
수 있다. (2) 목격자가 사용하는 언어가 계속 변해간다는 점도 고려해
야 한다. 복음을 듣는 청중들의 언어가 다를 수도 있다. 언어는 장소
와 시간에 따라 부단히 변화와 발전을 계속한다. 특히 고대에는 지역
에 따른 언어의 차이가 지금보다 훨씬 더 심했다. 목격자는 변천하는
언어와 복음을 듣는 청중의 상황에 맞추어 자신이 익힌 용어로 복음
을 전했을 것이다. 그렇다면 시대와 장소에 따라 적합한 언어를 선택
하는 과정에서 한 목격자의 입에서도 그가 기억하는 어떤 사건에 대
하여 다른 증언, 다른 설명 그리고 다른 언어 형태가 만들어지는 것
이 가능하다. (3) 이런 차이점의 가능성에도 불구하고 목격자의 기억
에 보존되어 있는 복음의 원형이 변할 수 없는 까닭에 우리는 복음이
달라진다는 표현을 쓸 수는 없을 것이다. 한 사람의 기억으로부터 다
양한 증언이 나올 수는 있어도 이 이야기들은 본질적으로 같은 얘기
일 수밖에 없다. (4) 목격자가 다를 경우 한 사건에 대한 다양한 증언
이 만들어질 수 있다는 가능성을 우리는 앞에서 자세하게 살펴보았

었다. 즉 목격자들이 모두 같은 용어를 채용하여 예수님에 관해 그들이 본 것을 증언한다 하더라도 목격의 위치, 사건에서의 역할, 참여도의 차이로 인해 만들어지는 사건의 다른 상 때문에 그들의 증언에 차이점이 개입할 가능성은 얼마든지 있다. (5) 여기에 한 목격자가 증언하는 시대와 장소 그리고 청중에 따른 용어의 차이 가능성까지 덧붙이고 나면, 한 사건에 대한 다양한 복음 전승의 가능성은 훨씬 높아질 수밖에 없다. 물론 이것은 사건 자체가 달랐거나 달라진다는 말은 아니다. 한 번 지구 표면에서 일어났던 사건은 목격자들이 어떤 위치에서 어떻게 관찰했던지 그리고 어떻게 언어로 바꾸어 전달하든지에 상관없이 조금도 변하지 않는 역사로 남아 있다. 다만 그 사건에 대한 사람들의 지식이 목격자의 언어화 한계 때문에 제한되거나 달라질 수 있을 뿐이다. (6) 언어화라는 관점에서 보면 처음부터 소리의 형태로 나타난 예수의 말씀이나 등장인물이 했던 말은 음운을 그대로 옮기는 것이 쉽고, 사건에 대한 상을 언어로 변환하여 전달하는 경우보다 차이의 가능성이 훨씬 적은 것이 사실이다. 그러나 앞에서 지적한 대로 예수님이 사용하는 단어나 표현이 목격자들이 다른 의미로 사용하고 있었거나, 이 목격자들의 증언을 듣는 청중들이 다른 의미로 사용하고 있었다면, 예수님이 의도하신 정확한 의미를 전달하기 위하여 정확한 대응어를 찾는 과정에서 다양한 표현의 가능성이 개입할 수도 있었을 것이다. 언어와 그 의미는 계속 변천하기 때문에 예수님이 말씀하신 시대로부터 복음을 전하는 시기나 장소가 멀어져 가면 복음을 증언하는 사람들 사이에 나타날 차이의 가능성 또한 커져갈 수밖에 없다.

이러한 목격자의 언어화 역할을 고려하면 공관복음서 사이에 차이점이 발생하는 가장 큰 원인은 복음서 저자들에게 있기보다는 이미 목격자들에게 있다고 볼 수 있다.

5) 전수(傳受)

공관복음서 문제의 이해에 있어서 하나 더 고려해야 할 단계가 있다. 그것은 전수의 단계이다. 이 단계는 엄밀하게 따지면 목격자만의 역할은 아니다. 그러나 전달의 책임을 진 목격자의 역할의 한 중요한 면을 부각시켜 주고 어쩌면 공관복음서 문제를 이해함에 있어서 빠뜨릴 수 없는 요소를 알려주기도 할 것이다. 우리는 최초의 전수 단계 즉 목격자가 언어화한 것을 최초로 듣는 사람의 전수에 대해서만 관찰하려고 한다.

이 전수 측면을 고려할 수밖에 없는 이유가 있다. 현재 알려져 있는 대로는—파피아스의 증언을 따르면—공관복음서 중 어느 것도 목격자가 직접 기록한 것이 아니기 때문이다. 마태복음이 마태 사도가 전한 복음을 기록한 것이라고 보면 이 복음을 전수받은 단계를 배제할 수 없다. 마가복음의 배후에 베드로 사도가 있다고는 하지만 마가는 이것을 베드로 사도에게서 전수 받아 기록할 수밖에 없었다. 누가는 그의 복음서 서론에서 목격자들에게서 들었다는 것을 언급함으로써 복음서가 탄생하기까지 전수의 단계가 있었음을 스스로 말했다.

복음서가 보도하는 개개의 사건의 경우, 이 사건에 관한 증언이 목격자에게서 복음서 저자에게 전달되기까지의 과정과 관련하여 다

룰 내용이 많다. 사도들이 목격자일 수 없는 사건이 있는가 하면 목
격자가 누구인지 찾아내기조차 어려운 사건들도 기록되어 있다. 그
러나 이 글의 목적은 목격자들의 기능과 역할을 일반적으로 분석하
며 공관복음서 문제를 이해할 수 있는 여러 가지 가능성들을 열거하
는 것이기 때문에 개개 사건들을 일일이 분석하며 목격자를 찾고 그
배후를 논하지는 않을 것이다.

  전수란 어떤 과정인가? 그것은 우선 목격자가 복음 내용을 언어
화하는 전하는 작업이다. 그리고 이렇게 언어로 표현된 목격자의 말
을 귀로 받는 작업이다. 목격자에게 복음을 배우는 것을 뜻한다. 말
로 이루어지는 전달과 전수는 목격자가 보고 들은 것을 일단 언어화
한 다음에는 그것이 기록되기까지 같은 과정을 반복한다. 이렇게 반
복되는 단계에서부터는 우리가 특별히 고려해야 할 사항이 그렇게
많지 않다. 복음을 생명과 같이 받아 예수님을 믿고 전도하며 믿는
사람들에게 알려주는 과정에서 양식비평이 전제한 것과 같은 엄청
난 변화를 기대해야만 하는 것은 아니다. 공관복음서 문제의 이해에
필요한 일치점 및 차이점의 가능성은 이미 이 단계 이전에 거의 확정
된다고 볼 수 있기 때문이다. 더욱이 공관복음서의 탄생에 있어서는
부분적인 사건에 대한 정보를 포함하더라도 여러 단계를 가정해야
만 설명할 수 있는 부분이 공관복음서에 그리 많지 않기 때문이다.

  언어로 표현된 증언이 복음의 틀로서 가능성과 제한성을 동시에
나타낼 수 있는 경우는 복음을 전수받는 사람의 경우이며 복음을 전
하는 목격자의 경우는 아니다. 언어화 작업을 한 목격자는 필요에 따
라 다른 언어를 사용할 수도 있다. 어떤 면을 부가하여 강조할 수도

있고 어떤 면을 자세하게 설명할 수도 있다. 부분적인 설명이 이해하기 어려울 것 같으면 전체적인 설명을 할 수도 있다. 목격자가 이런 자유를 누릴 수 있는 것은 사건에 대한 상이 그의 기억에 새겨져 있기 때문이다. 이에 비해 언어란 한 사건이나 사실을 전달하는 데 턱없이 부족한 도구이기 때문이다.

복음을 들음으로써 예수의 사역과 말씀을 배우는 사람은 전혀 이런 자유를 가지고 있지 않다. 목격자가 한 말은 사건과 말씀을 이해하는 그의 한계가 된다. 그에게는 목격자의 증언이 그가 알 수 있는 복음의 전체이다. 받은 사람은 그가 들은 말을 그대로 다른 사람들에게 전해 줄 수는 있어도 마음대로 수정하거나 설명하거나 삭제할 자유는 누리지 못한다. 그것은 곧 복음의 변질을 의미하기 때문이다.

필요하다면 그는 목격자의 증언을 계속 들음으로써, 묻고 답을 얻음으로써 사건에 대한 정보를 보충하거나 수정하거나 삭제할 수 있다. 그리하여 목격자는 자신의 증언을 전수받는 자가 기록하는 내용이 바르게 조정되도록 한다.

우리가 관찰해야 할 공관복음서 문제의 이해에 중요한 요소란 죽을 때까지 복음을 전하고 다닌 목격자들에게서 누가 언제 복음을 전하여 받았느냐에 따라 복음 전승에 차이가 나타날 수 있다는 점이다. 이것은 마치 사본의 복사 경로와 비슷하다. 목격자에게서 복음을 직접 들은 사람은 그것이 33년경이든지 60년경이든지 1차 전수자이다. 그러나 1차 사본들 사이의 차이점은 필사자의 오류에 의해서 들어온 것인데 비해 1차 전수자들이 들은 복음의 차이점은 한 목격자의 증언의 차이에서 연유할 수 있다는 점에서 복음 전승의 경로는 사본의 필사 경로와는 다르다. 이렇게 한 목격자로부터 각각 다른 시대에 다른 장소에서 다양한 복음 전승이 만들어질 수 있었다. 아니 복음을 전한 때가 다를 경우 며칠 후에 하는 증언도 그전의 증언과 언어 표현에 있어서 달라질 수 있다.

그러나 최초의 전수자에게서 시작되는 전승의 과정은—우리가 복음 전달자들의 신실성을 믿을 수 있다면—전승의 과정이 몇 단계 계속되든지 말로 받고 말로 전하는 것이기 때문에 일반적인 구전의 과정에 포함시켜 생각해야 할 것이다. 다양한 전수자들이 전한 것이 베낀 것과 같은 일치점을 보일 수 있는 것도 충분히 가능하다. 일단 언어로 표현된 다음에는 구전을 통해서도 그대로 전달하는 것이 불가능하지만은 않기 때문이다. 예수의 사역과 말씀이 목격자의 언어로 표현됨으로써 사건에 스며있던 모든 특수성과 개별성이 거의 정제되었기 때문에 구두 전승은 별로 달라질 이유가 없는 것이다.

다시 사건 자체로 돌아가 본다면 한 사건으로부터 다양한 복음전승이 만들어진다는 것은 전혀 이상한 일이 아니다. 반대로 여러 전수자들이 같은 복음을 가지고 있다는 것도 이해하지 못할 일이 아니다. 아울러 하나님의 구속사역이 역사상 한 번 진행된 예수의 사역과 설교를 통하여 나타난 것이므로 예수에 관한 복음을 담은 공관복음서들이 서로 일치하는 것은 당연히 기대할 만한 일이 틀림없다.

6) 통역/번역, 기록

언어화 과정에서 고려해야 할 다른 가능성의 문제는 통역 내지 번역과 연결되어 있다. 공관복음서는 헬라어로 되어 있는데 비해 이 복음을 탄생시킨 목격자들의 모국어는 아람어였기 때문이다. 목격자들이 보고 들은 예수님의 사역과 말씀을 언어화했을 때 그들이 가장 잘 사용할 수 있었던 언어는 아람어였다.

목격자들은 아람어에서 헬라어로 스스로 번역하여 복음을 전할 수도 있었고, 목격자들이 아람어로 전한 것을 통역자가 헬라어로 바꾸어 전할 수도 있었다. 이러한 번역이나 통역 과정에서 동일한 아람어 본문도 다양하게 바뀔 수 있었다.

복음이 반복하여 전해지면서 구두 전승이 형성되고 이것이 반복하여 구연되면 이것은 구전 본문으로 확정된다. 이러한 과정에서 구전 본문은 형성 경로에 따라 통일성과 다양성을 가지게 된다.

목격자들의 기억, 증언, 구두 전승, 구전 본문 및 기록된 자료를 종합하여 목격자 자신이나 목격자의 동시대인이 복음서를 기록할 때 복음서들 간에 상당한 일치가 발생하는 것은 너무도 자연스러우며, 이러한 복음서들에 서로 차이점이 존재하는 것도 매우 자연스러운 현상이다. 다만 일치점과 차이점이 구체적으로 어떤 요인에 의하여 발생하였는지 설명하는 과제는 여전히 남은 숙제이다. 그러나 이러한 설명에 목격자들의 역할은 배제되지 말아야 한다. 목격자들의 역할을 가정할 때 복음서들의 차이점과 일치점은 얼마든지 설명될 수 있기 때문이다.

제7장
"(마음이) 가난한 자는 복이 있나니":
마태복음 5:3과 누가복음 6:20b의 비교연구

1. 서론

가난이란 상쾌한 단어는 아니다. 아무도 좋아하지 않는다. 그것
이 경제적이든 정신적이든 사람들은 가난을 싫어한다. 자신의 적이
요 인류의 적이라고 생각한다. 어느 시대나 그리고 어느 곳에서나 사
람들이 원하는 것은 부자가 되는 것이다. 정신적으로도 풍요해지는
것이다. 모든 국가가 추구하는 것은 가난을 정복하고 한 걸음 더 나
아가 부요해지는 것이다. 지혜와 지식이 넘치고 희망과 자신감으로
살아가는 사람들을 우리는 존경한다. 돈을 펑펑 쓰고 명예와 권력을
손에 쥐고 흔드는 사람들이 사회를 주도한다.

그런데 예수님은 "가난한 자가 복이 있다."고 하셨다(눅 6:20b). 예
수님은 사람들이 행복해 지는 것을 원하지 않으시는 것일까? 복음은
예수의 입에서 떨어지는 날부터 이렇게 역설적이다. 사람들이 좋아

하고 희망하는 것과는 정반대로 가난한 사람들, 절망한 사람들을 축복하신 것이다. 교회가 예수의 이 말씀을 솔직하고 성실하게 받아들였다면 교회는—민중신학이나 해방신학이 주장하던 대로—마땅히 가난한 자들의 편에 서고 가난한 사람들을 위해서 존재하며 그들의 상황을 개선시키는데 주력했어야 하지 않을까?

그러나 교회는 항상 그렇게 움직이지는 않았다. 가난한 자들에 대한 관심을 잃지 않으려고 노력하면서도 세상과 마찬가지로 부와 건강과 번영과 명예와 권력을 추구했다. 잘 사는 세계를 만들기 위하여 그리고 삶의 질을 높이기 위하여 교회도 믿는 사람들도 최선을 다했다. 세계가 오늘날처럼 발전하는 데는 기독교가 톡톡히 한 몫을 했다고 말하는 것이 역사를 정확히 평가하는 것이다. 교회에는 가난한 자 만이 아니라 부자도 올 수 있었다. 권력을 가진 자와 억압을 당하는 사람들이 다 같이 예수를 믿는 교회에 속해 있었다. 고용주나 피고용인, 우는 사람과 웃는 사람들이 함께 교회에 속해 있었다.

왜 그럴 수 있었을까? 예수님은 "심령이 가난한 자가 복되다."고 하셨기 때문이다(마 5:3). 예수님이 복음을 선포하시는 순간부터 신앙은 그리고 하나님의 축복은 사람들을 외부적으로 구별하지 않고 모두에게 주어질 수 있었다. 종족의 차이, 신분의 차이, 사회적인 지위나 빈부의 차이 등은 아무런 의미가 없었다. 어른이나 아이나 남자나 여자 누구나 마음이 텅 빈, 목마른 자들은 하나님께 올 수 있었다.

하지만 이 두 말씀은 정말 무리 없이 조화될 수 있을까? 신학자들만이 아니라 모든 신자들이 자주 의문을 던진다. "마음의 가난," 즉 영적 정신적 가난(마 5:3)과 "가난," 즉 사회 경제적 가난(눅 6:20b)은 선택적이기는 쉬워도 통합되기는 어려워 보인다. 마음의 가난은 경제적 가난을 포함할 수 있지만 경제적 가난은 마음의 가난을 배제하는 개념이기 때문이다. 특히 삶의 차원에서 이 둘은 자주 신앙과 신학의 목표와 충돌하거나 반비례 관계로 나타난다.

신앙의 출발점에서는 가난한 자가 마음의 가난도 경험할지 모른다. 혹은 극심한 가난과 고통이 마지막 남은 희망을 하나님께로 향하게 할 수 있다. 그러나 예수의 축복의 선언을 듣고 그 위로를 소유하는 순간 그는 마음의 가난한 상태를 극복하고 신적 위로와 확신, 종교적 이기심이나 자존심에 사로잡힌다. 영원히 영적 가난 속에 헤매는 가난한 사람은 없다. 예수의 말씀은 신앙생활이나 교회사의 출발점에서만 효력이 있는 것인가?

신앙의 영역에서 경험하는 하나님의 축복은 현세에 그 긍정적 흔적을 남긴다. 가난이 극복되고 건강을 회복하며 현세적 부와 번영이 만들어지는 것이다. 기독교가 사회의 주도권을 쥔 중세 이후 교회는 이러한 방향으로 움직였다. 특히 개혁신학은 삶의 모든 국면에 하나님의 영광을 제창함으로써 문화와 예술, 과학의 발전에 기여했다. 가난을 위해서가 아니라 그 반대, 즉 가난을 극복하고 부와 발전을 일구어내었다. 그 결과 교회는 더 이상 가난한 사람들의 모임이 아니었다. 교회사가 이천여 년이나 진행된 지금 가난한 자들에게 주신 복음은 퇴색하고 말았는가? 아니면 지금이라도 교회는 교회사가 흘러온 것과는 역방향으로 움직여 가야 하는가?

누가 처음의 이 출발점, 육적 가난과 영적 가난에 항상 머무를 수 있는가? 주님의 축복된 상태에 항상 안주하기 위하여 신앙과 교회가 만들어낸 괄목할 만한 결과를 우리는 부정하거나 버리고 다시 원점으로 돌아가야 하는가? 콘스탄티누스 이후 교회는 잘못되었다고 말하는 사람들이 있기는 하지만 역사를 되돌릴 수는 없다. 아니 언제 시작해도 잠시 후에는 같은 결과로 귀착되고 말 것이다. 따라서 (영적) 가난을 축복된 상태로 부른 때로부터 조금만 시간이 경과하면 가난한 신자가 부유하게 되면서 자연히 같은 질문이 되풀이 될 수밖에 없다.

　마음도 가난하고 물질도 없는 기독교인들이나 교회는 현실에서 나약하기 짝이 없다는 점도 지적해야 한다. 교회가 세상을 조금도 주도하기 어렵다. 돈 없이는 교회개척도 전도도 어렵다고 한다. 사람들에게는 내보일 수 있는 신앙의 결과, 체험들이 필요하다. 이 표적들은 항상—과거보다는 더 나은—긍정적인 결과로 나타나고 사람들을 하나님이 불러 모으신다. 바로 이런 현실적 가치 때문에 교회가 더 강한 사회구조체로 발전하면 육적 가난과 영적 가난에 대한 관심은 자연히 수그러들고 교회도 부와 번영, 인류의 발전을 추구하는 대열에 가담할 수밖에 없다. 부자이면서 동시에 마음이 가난한 상태를 유지할 수 있는 번영의 신학이 등장한다. 그래서 종종 교회는 가난한 사람들의 편에 서있기보다는 통치자와 권력자와 가진 사람들을 변호하고 가난한 사람들을 위로하는 그런 곳으로 내비치기도 했다. 어떻게든 마음의 가난과 물질적 가난을 문자적으로 합쳐 개인과 교회에 적용하는 것은 기독교인들 자신에 의하여 도전을 받는다.

　더 흔한 경험은 가난한 사람들이라고 늘 마음이 가난해지지도 않고 마음이 가난한 사람이 늘 가난하지도 않다는 사실이다. 부자도 마음이 가난할 수 있다. 경건한 부자들이 얼마나 귀한 사역을 일구었는가? 가난한 사람도 마음은 누구보다 더 부유할 수 있다. 부와 번영에로의 희망을 안고 고된 오늘을 극복해 가며 사람들은 살아간다. 가난과 마음의 가난이 늘 정비례 관계에 있는 것이 아니라 때로는 충돌을 일으키기도 하고 반비례 관계로 작용할 때도 있다는 것이 예수의 비슷한 두 말씀을 통합하기 어렵게 만든다.

예수님은 사회 경제적으로 가난한 사람들을 축복하셨는가 아니면 영적 정신적 가난을 축복하셨는가? 마태복음 5:3과 누가복음 6:20b는 무리 없이 조화될 수 있는가? 이 두 말씀의 진정한 의미는 무엇일까? 우리는 이 글에서 이런 질문들을 다룰 것이다.

2. 공관복음서 문제

기독교의 정체성과 진로 그리고 그 목표를 찾는 탐구가 복잡해진 것은 비슷한 말씀이 마태복음 5:3과 누가복음 6:20b에 들어있기 때문이다. 둘을 쉽게 조화시키기 어렵다고 생각하는 신학자들은 최근에 이 문제를 공관복음서 문제에 포함하여 해결하려 한다.

1) 마태복음의 문맥

마태복음에서 "마음이 가난한 자는 복이 있나니"는 산상설교가 시작되는 팔복에 수록되어 있다.[1] 그 문맥은 아래와 같다.

① 심령이 가난한 자는 복이 있나니 천국이 저희 것임이요

② 애통하는 자는 복이 있나니 저희가 위로를 받을 것임이요

③ 온유한 자는 복이 있나니 저희가 땅을 기업으로 받을 것임이요

④ 의에 주리고 목마른 자는 복이 있나니 저희가 배부를 것임이요

⑤ 긍휼히 여기는 자는 복이 있나니 저희가 긍휼히 여김을 받을 것임
   이요

⑥ 마음이 청결한 자는 복이 있나니 저희가 하나님을 볼 것임이요

⑦ 화평케 하는 자는 복이 있나니 저희가 하나님의 아들이라 일컬음
   을 받을 것임이요

⑧ 의를 위하여 핍박을 받은 자는 복이 있나니 천국이 저희 것임이라

팔복은 앞의 네 가지와 뒤의 네 가지로 구분된다. 첫 번째로부터
네 번째까지의 복은 통상 하나님 앞에서의 인간의 일반적 상태를 묘
사한 것으로 분석된다. 즉—간략하게 해석하면—마음의 가난은 하나
님 앞에서의 영적 고갈상태로, 애통이란 절망에서 표현되는 영적 비
애로, 온유란 하나님에게만 희망을 두고 기다리는 것으로, 의란 하나
님의 의로우신 구원을 대망하는 것으로 이해하는 것이다. 네 가지는
자기 자신에게서 눈을 차츰 하나님에게로 돌리는 점층법 구조로 구

---

1. 마 5:3-10을 통상 팔복이라고 부른다. 학자들에 따라서는 11-12절을 포함시
   켜 구복이라고 부르기도 한다. 그러나 11-12절은 팔복의 확대 적용으로 구분
   하는 것이 일반적이다.

성되어 있다.

이에 비해 다섯 번째부터 마지막까지의 복은 사람들을 향한 태도로 분석된다. 즉 다른 사람을 향한 긍휼히 여김, 두 마음을 품지 않음, 화평을 위해 일함, 의로운 삶으로 인한 박해를 복되다고 하신 것으로 이해하는 것이다. 타인을 향한 마음에서 시작하여 보다 적극적 자세와 행동을 표현하는 점층법이 사용되었다.

전자를 하나님 앞에서의 영적 정신적 상태라고 부른다면 후자를 사람을 향한 윤리적 태도라고 부를 수 있다. 물론 이런 분석에 동의하지 않는 사람들도 있을 것이다. 예를 들면 앞 네 개의 복 가운데 온유나 애통을 영적인 것으로 보기보다는 사회적인 범위에 속하는 현상으로 이해할 수도 있다. 그렇다고 해서 첫 번째 복의 영적, 정신적 의미가 약화되는 것은 아니다.

가난이란 살아가는 데 있어서 꼭 있어야 할 것이 없는 상태, 즉 삶의 필수품들이 결핍된 상태를 표현하는 단어다. 가난한 자는 그것을 구걸함으로써만 겨우 해결할 수 있는 처지에 있는 사람이다. 이 단어가 영적, 정신적인 면에 사용되는 예는 드물지만 예수님은 이 단어에 '영적인 측면에서'(τῷ πνεύματι)를 첨가하여 사용하셨다. 이 표현은 한 사람이 성령에 굶주린 즉 성령을 갈급해 하는 것을 의미하는 것 같지는 않다. 그렇다면 무엇이 있어야 하고 무엇이 결핍된 상태를 의미하는가? 인간의 자존심, 희망, 삶을 위한 의욕 등이 한 사람이 살아가는데 필요한 정신적 요소라고 말할 수 있다면, 우리는 주저하지 않고 이것이 결핍된 상태 즉 극도로 낙담하고 절망에 빠진 상태, 혹은 한 인간의 영적 공허를 마음의 가난으로 지적할 수 있을 것이다. 예수님은 극도로 가난에 빠진 사람의 상태를 비유적으로 영적인 측면에 적용하셨다고 볼 수 있다. 예수님은 자기 스스로는 아무 것도 할 수 없는 그런 처지에서 막연히 하늘만 바라보는 혹은 하나님의 도움의 손길을 기다릴 수밖에 없는 그런 사람들을 복되다고 하셨다.

2) 누가복음의 문맥

누가복음에서 "가난한 자는 복이 있나니"라는 말씀은 평지설교가 시작되는 사복의 첫 번째로 수록되어 있다. 그 문맥은 다음과 같다.

① 가난한 자는 복이 있나니 하나님의 나라가 너희 것임이요[2]

② 이제 주린 자는 복이 있나니 너희가 배부름을 얻을 것임이요

③ 이제 우는 자는 복이 있나니 너희가 웃을 것임이요

④ 인자를 인하여 사람들이 너희를 미워하며 멀리하고 욕하고 너희 이름을 악하다 하여 버릴 때에는 너희에게 복이 있도다 그 날에 기뻐하고 뛰놀라 하늘에서 너희 상이 큼이라 저희 조상들이 선지

---

2. 어떤 사본에는 눅 6:20에도 마 5:3과 같이 '영적인 측면에서'($\tau\tilde{\omega}$ $\pi\nu\epsilon\acute{\upsilon}\mu\alpha\tau\iota$)가 첨가되어 있다. 시내산 사본의 이차교정자가 난외에 삽입했고 Q, Θ, f^1, f^{13} 에 속하는 소문자 사본들 등 몇 개의 사본이 본문에 이 첨가를 가지고 있다. 사본학자들은 이것이 마태복음과 병행구로 만들려 했던 후기 복사자들의 손에서 나온 것으로 판단한다. '너희들의' 대신 '그들의'를 가진 사본도 소수 발견되었다. 공관복음서 사이의 평행구에서는 이런 동일화 경향에서 만들어진 사본상의 차이가 자주 발견된다.

자들에게 이와 같이 하였느니라[3]

① 그러나 화 있을진저 너희 부요한 자여 너희는 너희의 위로를 이
  미 받았다

② 화 있을진저 너희 이제 배부른 자여 너희는 주리리로다

③ 화 있을진저 너희 이제 웃는 자여 너희가 애통하며 울리로다

④ 모든 사람이 너희를 칭찬하면 화가 있도다 저희 조상들이 거짓
  선지자들에게 이와 같이 하였느니라

네 가지 복과 네 가지 화의 선언이 대조적으로, 그리고 반의적 반복법으로 결합되어 있다. 앞의 네 가지 복의 선언은 모두 사회, 경제적인 측면과 관련된 것으로 어렵지 않게 이해할 수 있다. 즉 가난이란 정말 먹을 것, 입을 것이 없어 구걸을 해야 할 정도의 가난을 의미한다. 뒤에 이어 나오는 주린 자들, 우는 자들이라는 용어와 같은 수위의 표현이다. 이 두 번째와 세 번째 복에는 '이제'(νῦν)라는 단어가 첨가되어 그런 상태가 예수님이 이 말씀을 하시던 그 당시의 급박한 상황임을 표현하고 있다. 뒤의 화의 선언에서 예수님은 내용적으로 앞의 복의 선언에 등장한 상태의 정확한 반대어들(부자, 배부름, 웃음, 칭찬)을 사용하셨다. 이 반어적 반복법이 6:20의 가난의 의미를 물질적 가난 이외의 것으로 해석할 가능성을 다시 한번 가로 막는다.

누가복음의 이 문맥에서 예수님은 먹을 것, 입을 것이 없어 구걸

---

3. 마태복음에는 이 구절과 평행구가 아홉 번째 복으로 기록되어 있다.

을 해야 할 정도의 사람들, 지금 그렇게 고통당하고 눈물이 마를 날
이 없는 가련한 사람들을 축복하시며 천국이 그들의 것이 된다고 선
언하셨다고 보인다. 누가가 비유적인 용어로 사용하였을 수 있으나
이 경우에도 비유를 위한 도구로 구체적인 사회 경제적인 용어를 사
용하셨음이 분명하다.

3) 요약

마태복음 5:3과 누가복음 6:20b는 같은 말씀으로 취급하기에는
쉽지 않은 면이 있다.

(1) 이 말씀이 마태복음에서는 산상설교(마 5-7장)에 수록된 팔복의
첫 번째로 나오고 누가복음에서는 평지설교(눅 6:20-49)에 수록된 사
복의 첫 번째로 나온다. 이 두 설교는 기본구조는 비슷하나 완전히
같은 것은 아니다.[4]

---

4. 산상설교와 평지설교는 복의 선언으로 설교가 시작되고(마 5:3-10; 눅
6:20b-21), 지혜로운 자와 어리석은 자(즉 집짓는 자)의 비유로 끝난다(마
7:24-27; 눅 6:47-49). 예수로 인하여 핍박을 받는 자들에 대한 복의 선언
(마 5:11-12; 눅 6:22-23), 비판하지 말 것(마 7:1-5; 눅 6:37-42), 거짓 선지
자에 관한 경고(마 7:15-20; 눅 6:43-44), '주여, 주여'하는 자에 대한 경고
(마 7:21-23; 눅 6:47-49)가 같은 순서로 수록되어 있고, 순서는 다소 다르
지만 복수에 관한 말씀(마 5:38-42; 눅 6:29-30), 사랑에 관한 교훈(마 5:43-
48; 눅 6:27-28; 32-36), 황금률(마 7:12; 눅 6:31)이 두 설교에 다 포함되어
있다. 누가복음의 평지설교에는 네 가지 화의 선언(눅 6:24-26)이 첨가되어
있다. 평지설교에 나오는 선한 사람과 선한 일에 대한 말씀(눅 6:45)은 산상
설교에는 없고 비슷한 말씀이 마 12:35에 발견된다. 산상설교에 나오는 소
금과 빛의 비유(마 5:13-16)는 눅 14:35-35에, 율법의 성취(마 5:17-20)는 눅
16:17에, 살인에 대한 말씀(마 5:21-26)은 눅 12: 57-59에, 이혼에 관한 말씀

(2) 마태복음의 팔복은 그 자체가 점층법적인 구조를 갖는 것으로 그치는데 비해 누가복음의 사복은 점층법 구조로 되어 있으면서 동시에 다른 네 개의 화의 선언과 대조를 이룬다.

(3) 마태복음의 팔복은 영적 내지 정신적 면을 다루는 네 개의 복(마음의 가난, 애통, 온유, 의에 주리고 목마름)과 윤리적인 태도를 다루는 네 개의 복(긍휼, 마음의 청결, 화평케 함, 의를 위한 핍박)으로 구성되어 있으나 누가복음의 사복은 사회적 경제적인 면을 다루는 것처럼 보인다(가난, 주림, 옮, 핍박). 누가복음의 사회적 분위기는 뒤에 연이어 나오는 네 가지 화의 선언에서(부요함, 배부름, 웃음, 칭찬) 다시 한번 확인된다.

(4) 가난한 사람들 앞에서 예수님은 누가복음과 같이 가난한 사람들을 축복하시고, 무엇을 좀 가진 사람들 앞에서는—혹은 부자들이 섞여 있는 상황에서는—마음이 가난한 사람들을 축복하셨다는 식의 편의주의적 해석과 적용은 예수님을 일관성 없는 기회주의자로 만들 위험성이 있다. 예수님을 일관성 있는 분으로 이해하고 설명하는 것이 더 어렵지만 더 설득력 있는 설명일 것이다.

(마 5:31-32)은 눅 16:18에, 주기도문(마 6:9-15)은 눅 11:1-4에, 보물을 천국에 쌓으라는 명령(마 6:19-21)은 눅 12:33-34에, 몸과 등불의 비유(마 6:22-23)는 눅 11:34-36에, 두 주인에 관한 교훈(마 6:24)은 눅 16:13, 그리고 염려에 대한 교훈(마 6:25-34)은 눅 12:22-32에, 기도에 관한 교훈(마 7:7-11)은 눅 11:9-13에 같거나 비슷한 형태로 수록되어 있다. 팔복 중의 다섯 가지, 간음에 대한 교훈(마 5:27-30), 맹세에 관한 교훈(마 5:33-37), 구제와 기도에 관한 교훈(마 6:1-8), 금식에 관한 교훈(마 6:16-18), 거룩한 것에 관한 교훈(마 7:5) 등은 누가복음에서 발견되지 않는다. 산상설교와 평지설교의 장소적 배경도 잘 일치하지 않는다(마 5:1-2; 눅 6:20).

3. 현대적 경향

마태복음, 마가복음, 누가복음 이 세 복음서는 오래전부터 공관복음이라고 불리어왔다. 예수의 사역과 말씀을 거의 비슷한 시각으로 묘사해 놓았기 때문이다. 다른 저자에 의해 독창적으로 기록된 것이라면 쉽게 일치하기 어려운 사건의 기록에 있어서도 용어의 선택이나 문장의 구성, 문단의 형식, 혹은 사건의 기록순서 등이 놀랄 정도로 마치 서로 베낀 것처럼 일치하고 있다. 그러면서도 크고 작은 차이들이 이곳저곳에서도 발견된다. 등장하는 인물들이 한 말이나 예수의 교훈이 같은 것이라면 시대가 웬만큼 지나도 달라지기 어려운데 복음서 사이에는 적지 않은 부분이 자주 다르게 표현되어 있다. 때로는 사상이 어긋나는 것처럼 보이기도 한다. 예수 시대의 사용어가 주로 아람어인데 복음서가 코이네헬라어로 기록된 것은 번역의 과정이 있었음을 추정케 하는 데 그럼에도 불구하고 전혀 다르지도 않고 완전히 같지도 않다. 우리가 연구하는 두 구절도 이런 관점에서 조망된다.

서로 다른 저자들이 다른 상황에서 독자적인 목적으로 하나님의 영감을 받아 기록했기 때문에 일점일획도 틀림이 없다는 고전적 성경(형성)관은 17세기 이후 개신교 신학자들 스스로의 자발적인 공격으로 거의 유명무실해지고 복음서들은 역사적 예수를 보여줄 수 없는 설교집이나 영웅전 정도의 문서로 전락하고 말았다. 공관복음서 사이의 일치점 및 차이점의 문제가 과대 포장되어 기독교의 기반을 흔드는 괴물로 등장한 것이다. 사람들은 저마다의 역사적 예수를 자신의 언어로 색칠하여 복음서의 자리를 대신하게 되었다.

공관복음서 문제를 취급하는 신학자들은 20세기 후반으로 들어오면서 놀라운 일치점에 도달했다. 마태복음, 마가복음, 누가복음 사이의 문서적 의존 관계를 돌파구로 찾은 것이다. 현존하는 복음서 중에서는 마가복음이 최초의 복음서요 마태복음과 누가복음은 이 마가복음을 이용하여 저술된 복음서들이라는 설명이 등장하였다. 마태복음과 누가복음의 저술과정에서 마가복음 이외의 다른 하나의 문서를 사용하였다고 추측되었다. 이 문서는 예수의 말씀을 주로 수록해 놓은 어록집으로 지금은 남아 있지 않지만 신학자들은 이를 Q라고 이름 지어 불렀다.

스트렉커(G. Strecker)의 추론을 따르면 예수의 복 선언이 원래 Q에는 누가복음에 기록된 것과 비슷한 형태로 가난한 자, 굶주린 자, 우는 자에 대한 축복, 이 세 개가 붙어서 들어 있었다. 이것을 이용하여 마태복음의 저자는 윤리성을 강조하는 복을 덧붙이고 각 복을 변형시켜 지금과 같은 팔복을 만들었다.[5] 우리가 연구하는 가난한 자에 대한 예수의 원래의 축복은 누가복음에 수록되어 전해진 대로 물질이 없어서 가난하고 굶주리고 우는 "고난당하는 자들에게" 하나님의 나라와 축복을 약속하신 것이었는데[6] 마태복음의 저자는 이 원래의

---

5.   G, Strecker, *Die Bergpredigt: Ein exegetischer Commentar* (Göttingen: Vandenhoek & Ruprecht, 1985), 30-35.

6.   Strecker, *Die Bergpredigt*, 30. 스트렉커(Strecker)는 이런 분위기가 Q에 어울리는 것이라고 함으로써 역사적 예수가 의도하신 것으로 암시하고 있다. 같은 저자의 "Die Makarismen der Bergpredigt," in *Eschaton und Historie* (Göttingen: Vandenhoeck & Ruprecht, 1979), 116-17도 참고하라. 그는 마태

말씀에 '심령에'(τῷ πνεύματι)를 덧붙여서 바리새인들과 서기관들의 교만과 자기만족에 대조되는 겸손한 자를 축복하는 영적 정신적 복의 선언으로 변형시켰다는 것이다.[7] 이러한 견해는 불행하게도 최근의 신약학계의 일반적인 공리처럼 인정되고 있다. 다만 누가복음도 신학적 의도에 따라 전승에 손질을 가하여 보충했는가와 마태복음의 경우에 전승을 변형시킨 신학적 의도가 달리 더 있는지 또 이러한 전승이나 변형이 예수의 원-의도를 반영할 수 있는지에 대한 답에서 학자들 간에 다소 상이한 견해가 발표될 뿐이다.

누가복음은 일반적으로 단체보다는 개인에게, 영적 정신적 분위기보다는 사회 경제적인 분위기에 더 강조점을 두고 있는 것으로 여겨진다. 이런 맥락에서 보면 예수의 원-말씀은 그것이 '심령에'라는 부사구를 가지고 있지 않더라도—예수 당시의 분위기와 반바리새적 경향을 보이는—영적 정신적 축복일 가능성이 더 큰데 누가는 사회 경제적인 측면을 강조한 것이 된다.[8] 이에 비해 마태복음은 '심령에'를 첨가함으로써 예수의 원-의도를 더 잘 살리고 그 유동적 의미를 고정하고 있다고 분석되기도 한다.[9] 그러나 이러한 견해를 표명하는 사람들은 극소수에 지나지 않는다.

사도가 "심령에"를 더한 신학적 의도를 원-자료의 영성화 혹은 윤리화로 설명하고 있다.

7. Strecker, *Die Bergpredigt*, 31-32.

8. W. C. Allen, *Matthew*, ICC (Edinburgh: T. & T. Clark, 1912), 39를 참조하라. 그는 누가복음의 복을 마태복음의 복처럼 해석할 것을 제안했다.

9. A. M. Hunter, *Design for the Life; The Sermon on the Mount* (London: SCM 1978), 35는 마태가 예수의 원-의도대로 바르게 해석하고 있다고 주장했다.

신학적 토론의 장에서 우리가 위에서 던진 질문은 이미 일방적인 경기로 끝난 감이 있다. 예수의 말씀을 "가난한 자들에 대한 축복"으로 규정하며 이를 반대하는 해석을 일축하는 것이다. 물론 이 문제에 대한 토론이 완전히 종결된 것은 아니다. 비록 마태복음에 의하여 예수의 축복이 새로운 각도로 발전하였다고 가정하더라도 초대교회부터 영적 가난을 복된 것으로 이해하고 적용해 왔기 때문에 이것이 교회를 탄생시킨 예수와 무관하다고 전제할 수는 없다. 극단주의자들은 기독교 이전의 예수를 찾고 기독교의 방향을 그 방향으로 수정해야 한다고 주장하고 있기는 하지만 이러한 주장은 교회를 발생시킨 예수의 모습이 교회와 완전히 달라야만 한다는 극단적인 전제를 당연시하고 있다.

4. 구약배경을 통한 통합

사태가 이렇게 발전해 오기 전에는—물론 아직도 비슷한 견해가 남아 있기는 하지만—가난과 영적 가난을 통합하기 위하여 구약적 배경을 동원하곤 했다.[10]

---

10. G. E. P. Cox, *Saint Matthew* (London: SCM, 1952), 45는 이런 관점의 구약 성구로 시 9:18; 37:14; 사 66:2을 제시했다. 이와 관련하여 가난한 자의 구약적 배경과 그 발전과정에 대한 논의로 E. Schweizer, *Das Evangelium nach Matthäus*, NTD 2 (Göttingen: Vandenhoeck & Ruprecht, 1981), 49를 참조하라.

구약성경에서 가난한 자들은 특별히 하나님의 보호를 받는 사람들로 자주 언급되었다. '가난한 사람들'(아나빔)은 그들의 가난 속에서라도 특별히 하나님을 믿고 바라고, 하나님의 도움을 기대하는 경건한 사람들의 대명사로 사용되기도 했다. 가난이 이유가 되기도 했지만 그들의 영적 상태가 전면에 부상한 것이다.

신구약 중간기에도 비슷한 분위기가 연출되었다. 외세의 통치 하에서 율법은 점점 지키기 어려운 것이 되었다. 대제사장권과 제사제도마저 유린하는 이방통치자들 아래서 그래도 하나님의 율법을 그대로 지키기를 원하는 사람들은 자연히 억압을 받고 가난하게 살 수밖에 없었다. 정통 대제사장가문의 후예들은 유대사회를 떠나 광야로 들어가 그들만의 공동체를 만들었다. 바리새인들은 율법을 지키기 위하여 다른 사람들이 간섭하지 않는 자유업을 주로 선택했다. 가난하다는 것은 이런 상황에서는 더 이상 수치가 아니었다. 그리하여 '가난한 사람'은 구약의 맥락을 이어가는 경건한 사람들의 표제어로 활용될 수 있었다. 그것은 가난한 상태 자체를 표시하기보다는 가난을 만들어내는 상황, 그 상황에 굴복하지 않고 가난하게 살면서도 하나님만을 바라고 의지하고자 하는 경건한 정신을 표시한 것이다.

가난에 대한 예수의 축복은 이렇게 내용면에서 그리고 형식면에서 구약적 배경을 갖고 있기 때문에 누가복음의 '가난'을 사회경제적 현상에 국한된 것으로 파악해서는 안 되고 영적 가난을 포함하는 표현으로 이해해야 한다. 이런 관점에서 리더보스(H. N. Ridderbos)는 다음과 같이 주석했다. "마음이 가난한 자들이란 이 세상에서 억압당하는 사람들, 뒤로 밀려나는 사람들, 아무도 알아주지 않는 사람들 그러나 세상적인 방법으로는 대항하지 않고 하나님이 개입하셔서 그들을 구원해 주시기를 기다리는 사람들을 지시한다."[11]

이 통합적인 방법은 그럴듯하긴 하지만 마태복음과 누가복음의 문맥으로 돌아가 보면 두 구절을 다 약화시키고 있다는 비판을 면키 어렵다. 통합하기 어려운 점 때문에 둘을 중간에서 만날 수 있도록 양비론적 발상을 만들어낸 것이다. 각 구절의 특징을 그대로 살리고 싶은 사람들에게는 통합적 해석이 만족스럽지 않을 것이다.

5. 가난 자체?

위의 해석들은 모두 (영적) '가난'이 무엇인가에 초점을 맞추었다는 면에서 공통점이 있다. 가난을 규명하고 그 가난한 상태 자체를 복된 것으로 선언했다고 보는 해석이다. 하지만 예수님은 정말 가난한 상태 자체를 축복하신 것일까?

가난은 성경 어디에서도 바람직한 이상적 상태로 묘사되고 있지 않다. 오히려 가난은 극복되어야 할 상태요 극복하도록 모두가 도와주어야 할 상황이다. 구약성경은 부와 번영과 명예와 권력을 하나님의 축복으로 묘사하고 있지 않은가? 신약성경에서도 마찬가지이다. 가난은 그것이 영적이든 경제적이든 이상적 상태라기보다는 영적

---

11. H. N. Ridderbos, *Het evangelie naar Mattheus, 1, Korte Verklaring der Heilige Schrift* (Kampen: Kok, 1941), 89.

사회적 현상일 뿐이다. 그 자체가 아니라 그것이 이유가 되어 다른 것을 얻을 수 있기 때문에 가난한 상태에 빠진 사람들이 복되다고 일 컬어진다.

예수님은 이것을 각 복의 두 번째 연에서 이유를 밝히는 접속사 '왜냐하면'(ὅτι)으로 표현하셨다. 예수의 말씀을 좀 더 실감나게 번역해 보자. "복 되도다, 심령이 가난한 자들이여! 왜냐하면 천국이 그들의 것이기 때문이다"(마 5:3). 가난 자체가 복된 것이라기보다는 가난한 것이 혹은 영적으로 가난한 것이 동기나 이유가 되어 천국(하나님의 나라)을 소유하게 될 것이므로 복되다는 말씀이다. '왜냐하면'은 복된 이유, 혹은 복된 조건을 선포하신 문장임을 알려준다.

이외에도 가난 자체가 복된 상태가 될 수 없음을 아래에 몇 가지로 지적해 보자. 가난 자체가 최상의 길, 축복받는 유일한 상태라면 삶과 역사는 완전히 정체될 수밖에 없다. 우리 모두의 길은 오직 가난해지기 위하여 살아가는 것이 될 것이기 때문이다. 가난해지기 위하여 할 수 있는 일은 아무 것도 없다. 가난을 향한 역사는 아무 것도 하지 않으면 된다. 노력하지 않고 일하지 않으면 되는 것이다. 혹은 배우지 않고 생각하지 않고 비참과 공포와 절망에 머물러 있기만 하면 된다.

이런 대답은 관심의 대상을 굳이 기독교의 울타리 안으로 축소하지 않더라도 쉽게 얻을 수 있다. 청렴과 결백, 무념과 무상을 미덕으로 생각해 왔던 사람들은 한국에서도 한 둘이 아니었다. 그러나 실제로 가난을 축복이라고 생각하는 사람들은 아무도 없다. 현실을 살펴보면 기독교 세계이든지 비기독교인의 세계이든지 가난을 좋다고 말하는 것은 포기에서 나오는 절규에 가깝다. 아무리 노력해도 손에 쥘 수 없음을, 잠시 가져도 놓고 갈 수밖에 없음을 한탄하는 시한부 인생의 자조 섞인 한탄에 가깝다. 재물을 영원히 소유할 수는 없기 때문에 포기하거나 재물보다 더 나은 것을 기대한다면, 가난 자체를 복된 상태로 이해하는 것은 아니다.

기독교인도 교회도 사실은 가난이 아니라 분명 부와 건강과 번영과 행복을 추구하고 있다. 세상을 정복하는 것을 하나님이 주신 삶의 과제로 경청하고 순종하는 곳에는 항상 발전이 있기 마련이다. 이렇게 질문해 보자. 교회는 과연 항상 가난한 상태에 있는가? 계속 가난해지기 위하여 노력하는가? 그렇지 않았다. 예수님을 믿는 복음의 종들도—그것이 미래의 것이든 현재의 것이든—부와 명예와 권력을 추구하고 있다. 이 세상에서 자신이 추구하는 것을 포기한 사람도—자신의 것은 하늘에 쌓는 것으로 계산하며—자신의 삶을 다른 사람들의 부와 건강과 번영, 행복을 위해서 바치고 있다. 만약 예수의 말씀을 가난 자체에 대한 축복으로 받아들였다면 다른 사람들의 건강과 부와 행복을 빌고 기도하는 것마저 포기하고, 또 누구나가 그렇게 포기하도록 권해야 하지 않겠는가? 하나님의 위로를 경험하고 축복을 찬송하며 영생을 감사하는 사람들의 영혼은 이미 부유해진 것이다. 그 때문에 그 동기를 제공하는 (영적) 가난을 복되다고 하신 것 아닐까?

우리는 가난해지는 것이 아니라 오히려 그 반대방향을 복음의 당연한 결과로 인식하고 있다. 복음이 들어가는 곳에는 가난과 문맹이 퇴치되고 발전이 있었다. 각성이 있었고 인권의 회복과 번영이 있었

다. 우리는 이런 것들을 가난에 위배되는 것으로 부끄러워하지 않고
진보라고 생각한다. 축복이라고 부른다. 복음을 받아들인 결과라고
선전하며 자랑한다. 그러므로 복음을 받아들이라고 권하기도 한다.

어느 한 시대에 가난 자체를 목표로 삼는 기독교인들이 활약하던
시절이 있었다. 예수께서 가난한 자들을 축복하셨기 때문에 그들은
소유 자체를 죄악시하기도 하였다. 하나님께 헌신하고 완전해지기를
소원하는 사람들은 자발적으로 소유를 버리고 가난을 선택했다. 그
들은 아무 소유도 없이 구걸행각을 하며 전도하고 전국을 유람하곤
했다. 그러나 과연 예수님은 가난 자체를 축복하시고 부, 물질 자체
를 저주하셨는가? 우리는 이제 다시 본문으로 돌아갈 필요가 있다.

6. 성급한 판단

브루헌(J. van Bruggen)은 상기한 바와 같은 공관복음서 문제 해결을
위한 학자들의 가설들을 성급한 판단이라고 불렀다.[12] 몇 안 되는 자
료로 너무 큰 결론을 서둘러서 내리고 있다는 의미이다. 다른 한편으
로는 두문서설만이 가능한 대답이 아니라는 의미이기도 하다. 필자
도 그의 의견에 공감하는 바이다.

(마음이) 가난한 자에 대한 예수의 말씀을 두문서설로 해결하는 것

---

12. J. van Bruggen, *Wie maakt de Bijbel; Over afsluiting en gezag van het Oude en Nieuwe Testament* (Kampen: Kok, 1986), 98-112.

은 다음의 몇 가지를 성급하게 가정하고 있다.

(1) '예수의 말씀을 적은 한 어록이 있었다.' 이 어록은 아직 가설적으로 존재할 뿐, 혹은 성경연구의 결론의 제안일 뿐, 그 실체가 조금도 확인되지 않았다. 즉 어록집은 아직은 가설로서의 가치밖에 없다. 이것을 근거로 연구를 진행하는 것은 가설 위에 전개하는 사상누각밖에 되지 못한다.

(2) '마태복음이나 누가복음이 마가복음과 Q를 사용했을 것이다.' 이것도 공관복음서 비교연구의 한 결론이지 공리는 아니다. 불확실한 한 추론을 근거로 주석 작업을 하는 것은 극히 위험하다. 가정이 무너지면 그 위에서 진행된 결론도 무너지기 때문이다. 입증되지 않은 가설을 근거로 하여 공관복음서를 주해하는 것은 주해의 신빙성을 떨어뜨린다.

(3) '마태복음과 누가복음은 예수의 말씀을 그대로 전하지 않고 신학적 목적으로 예수의 말씀을 변경시켰다.' 그런데 복음서 저자들은 기록하는 말씀을 예수의 말씀이라고 소개한다. 이러한 저자들의 주장이 확실한가? 현대 학자들의 주장이 확실한가? 복음서 저자들이 전하는 그대로가 예수의 말씀이라거나 그들이 그 의미를 바로 이해한 것이라고 할 수 없을까? 편집적 의도라는 것도 복음서 저자들이 예수의 말씀을 정확하게 이해하여 편집하였다고 볼 수 있지 않은가?

(4) '예수님은 비슷한 말씀 비슷한 설교를 한 번만 하셨을 것이다.' 이렇게 삼 년 동안 설교하신 예수님이 매번 다른 설교만 하셨다고 가정할 이유가 있을까? 예수님을 따라다니던 청중들이 계속 달라

지고 새로운 사람들이 예수님을 찾아왔으며 예수님은 그들에게도 설교하셨다는 점을 감안하면 한 주제로 한 번만 설교하셔야 한다는 것은 지나친 제한이다. 비슷한 설교를 조금씩 다르게 말씀하셨다면 누가 말렸을까? 복음서에 수록된 예수의 말씀이나 설교는 하루에 다 반복할 수 있을 정도의 소량이다. 예수님이 비슷한 설교를 여러 번 하셨을 가능성은 한 번만 말씀하셨을 가능성 못지않게 크다. 마태복음은 마태복음대로 누가복음은 누가복음대로 두 말씀을 예수의 설교로 소개한다는 사실만이 분명한 것이다. 유사한 설교들 뒤에 예수의 설교가 단 한 개 존재한다고 보아야 할 필연성은 없다.

공관복음서 문제 해결을 위해 우리가 고려해야 할 사항은 구전설이나 문서의존설이 가정하는 것보다 훨씬 더 많고 복잡하다. 우리의 주된 관심이 예수의 설교의 한 부분인 축복의 선언에 있으므로 다음과 같은 몇 가지 설명만 첨가해 본다. 이것은 같은 말씀이라 하더라도 달라질 수 있는 가능성을 찾아본 것이다.

(1) 언어는 그 장단과 억양, 상황에 따라 그 소리를 단순히 글로 적는 것 이상을 의미할 수 있다. 글에는 억양이나 음의 장단이나 고저와 같은 표현, 말하는 사람의 표정을 적을 수 없기 때문이다. 그 정확한 의미를 우리는 복음서 저자의 글에 의존할 수밖에 없다. 듣는 사람에 따라 의미가 다르게 이해되었을 가능성은 없을까? 이 경우 예수님이 정확하게 의도하신 것을 찾는 방법은 예수의 육성을 재생하는 것밖에 없다. 그렇다 하더라도 언어는 이중의 의미를 가지는 것이 가능하다. 한 사람의 의도를 그대로 전달할 수 있는 글은 어디에도 없다. 우리는 발화자의 의도와 이를 옮긴 글을 읽은 독자의 이해

사이의 대략적 일치로 만족할 뿐이다.

(2) 언어는 장소와 시간에 따라 변화한다. 예수님이 한 번 하신 말씀은 변하지 않아도 그것을 재생하는 언어는 늘 유동적 변화의 과정에 있다. 시대가 달라지고 장소가 달라짐에 따라 그리고 복음을 듣는 사람들의 언어상황이 달라짐에 따라 예수님이 한 번 말씀하신 역사적 교훈을 본래의 의미 그대로 전달하기 위해서는 다른 단어 다른 표현이 채용되는 것이 훨씬 더 효과적일 때가 있다.

(3) 한 언어에서 다른 언어로 번역될 때는 이 의미의 차이가 더 커진다. 그래서 원의미를 찾고자 하는 노력이 복음서를 고대 아람어로 재번역하는 시도로까지 나타나지 않았는가? 이를 위하여 누가 헬라어로 번역하였는지, 그 번역의 시대가 언제인지, 그 번역의 장소는 어디인지 연구해야 할 수도 있다. 통신이 발달하지 않은 고대 세계는 지금처럼 언어의 울타리와 간격이 좁아져 있던 시대는 아니었을 수 있다.

학자들이 두문서설을 말할 때 이런 가능성까지 다 관찰하지는 않았다. 또한 우리는 복음서에 기록된 약간씩 차이 나는 말씀들이 모두 예수님이 따로 다른 때에 하신 말씀일 수 있다는 또 다른 가능성도 염두에 두어야 한다. 이런 면을 감안하여 칼빈(J. Calvin)은 예수의 여러 설교로부터 각 저자들이 각각 그 내용들을 발췌하여 기록했을 것이라고 보았다.[13] 위에 언급한 브루헌(J. van Bruggen)은 예수의 보다 큰 설교로부터 마태복음은 마태복음대로 누가복음은 누가복음대로 각각

---

13. Calvin, *A Harmony of the Gospels*, 108.

의 관점과 강조점에 따라 요약적으로 설교를 소개한 것이라고 주장
했다.[14] 물론 하나의 가정일 뿐이다. 그러나 이런 가정은 이유 없이 배
제되지 말아야 하고 진지하게 고려해야 하는 가능성이다. 이 가능성
은 이론적 설명력이 있을 뿐 아니라, 복음서 저자들을 거짓보도자로
만들지 않고 또 공관복음서 본문을 서로 조화시킬 필요 없이 따로따
로 있는 그대로 주석할 수 있게 하는 장점도 가진다.

7. 상황적 이해

우리가 위에서 길게 논의한 것은 산상설교와 평지설교를 사실에
대한 기록으로 취급하면서 복음서 저자들이 설정해 준 예수님이 설
교를 하셨다는 상황하에서 (마음이) 가난한 자에 대한 말씀들을 이해
하기 위함이었다. 산상설교와 평지설교는 쉽게 동일시할 수 있는 설
교가 아니라는 것이 상황연구에서도 밝혀진다. 설교의 배경이 다르
고 그 대상이 다르다. 예수의 사역 중—복음서가 알려주는 대로 순서
를 계산해 본다면—설교를 하신 그 시점이 같지 않다. 산상설교는 예
수님의 사역 초기에 위치해 있는데 반해 평지설교는 초기에서 중기
로 넘어가는 시점쯤에 위치해 있다. 따라서 설교의 내용이 비슷하면
서도 다소 다르다는 것은 문제를 발생시키기보다는 예수의 사역과
말씀에 대한 보다 폭넓은 이해를 제공한다. 설교의 상황과 설교의 내

---

14.   J. van Bruggen, *Mattheüs: Het evangelie voor Israël* (Kampen: Kok, 1990), 85.

용을 종합해 보면 묘하게도 두 복음서 사이에는 차이점보다는 공통
점이 더 크게 부각된다는 것을 배울 수 있다.

1) 마태복음과 산상설교

마태복음의 저자는 예수의 사역을 소개하기 시작하면서 무엇보
다도 먼저 네 제자들을 부르신 사건을 소개했다(마 4:17-22). 네 명의 최
초 제자들을 데리고 예수님은 갈릴리에서 사역을 시작하셨다. 회당
에서 가르치시며 천국 복음을 전파하시고 약한 사람들과 병자들을
고쳐주셨다. 사람들이 소문을 듣고 예수님을 만나러 갈릴리와 데가
볼리와 예루살렘과 유대, 그리고 요단강 건너편에서 쏟아져 나왔다.
마태복음의 저자는 이 광경을 "허다한 무리가 따랐다."고 기록했다.
예수님은 무리를 보시고 산으로 올라가셨다(5:1). 산으로 올라가신 이
유는 무리를 피해서 도망치기 위해서가 아니라 설교를 효과적으로
하시기 위한 적당한 장소로 산을 고르신 것이다. 예수님은 무리들이
보기 쉬운 조금 높은 장소에 자리를 잡고 앉으셨을 것이다. 아마 사
람들은 그 주변의 평평한 곳을 골라 앉았는지도 모른다. 학자들 중에
는 이들이 끝까지 서서 설교를 들었을 것이라고 상상하는 사람들도
있다. 그러자—아마 네 명의—제자들이 예수님께 가까이 다가왔다.
그리고 예수의 설교가 시작되었다. 마태복음의 저자는 이 광경을 감
격적으로 표현하기 위하여 (오래 기다리던 그 역사적 순간이 드디어) 예수께서
입을 여심으로 시작되었다고 기록했다. 이 무리들은 설교가 끝나기
까지 그곳에 있었다. 설교가 끝나자 그들은 예수의 권위적인 가르침
에 감복해서 탄성을 질렀다. 그리고 예수님은 산에서 내려오신다(마

8:1). 물론 제자들과 무리들이 따른다.

그 첫 말씀이 "복 되도다 마음이 가난한 자들이여 왜냐하면 천국
이 그들의 것이기 때문이다."였다. 예수의 이 말씀은 삼인칭 표현법
으로 되어 있다.[15] 삼인칭 표현법의 효과는 모여서 설교를 듣는 사람
들을 자동적으로 다 지시하지 않고 그중에 적격자들을 제한하는 것
이다. 즉 모여 있는 사람들에게 어떤 조건을 제시하고 이 조건에 해
당하는 사람들에게만 말씀의 내용이 적용되도록 하는 표현법이다.
예수의 말씀은 이런 의미가 된다. 여러분 중에 마음이 가난한 사람이
있다면 그 사람들은 복 있는 사람입니다. 즉 모여 있는 모두가 복된
사람으로 언급되지 않았다. 그들 중 마음이 가난한 사람들만이 복 있
는 사람이라는 선언인 셈이다.

마음이 가난한 사람들이 복되다고 선언하신 이유는 "천국이 그
들의 것이기 때문이다." 만약 천국이 그들의 것이 되지 않는다면 마
음의 가난은 별 의미가 없다. 천국이 무엇을 의미하며 어떻게 그들의
것이 되는지 그리고 그 시점이 과연 어디인지 따지는 것은 또 한바탕
의 긴 토의가 될 것이다. 그러나 일단 마태복음 문맥 안에서—신약성
경 전체를 거론해도 결론은 같다—결론만 적어 본다면 다음과 같다.

산상설교 전체는 예수님이 선포하신 천국의 복음이었다. 천국이

---

15. 공관복음서 문제를 다루는 학자들은 다시 예수의 원래의 설교가 이인칭 표
현법이었는지 삼인칭 표현법이었는지를 토론하고 있지만 아직 결정적인 제
안은 누구도 만들어내지 못했다. 천국과 하나님의 나라라는 용어에 있어서
는 많은 학자들이 유대적 관습을 반영하는 '하늘들의 나라'가 예수님이 사
용하셨을 표현이었을 것이라고 추측한다.

가까이 왔다는 선언을 하시면서 그 복음의 내용을 산상설교의 형태로 소개한 것이다. 가까이 왔다는 예수의 선언은 산상설교에서 현재형으로 바뀐다. 물론 그 최종적 완성 국면은 아직 미래의 것으로 남아 있지만 천국은 예수의 사역과 함께 이미 시작된 측면이 있는 것으로 말해진다. 예수님은 그 천국의 왕으로서 모세가 산에서 하나님의 계명을 받아 이스라엘 백성에게 전달한 것 이상으로—예수님은 율법의 수여자로서—산상설교를 선포하셨다. 산상설교는 오신 천국의 왕의 왕국선포이다. 팔복의 각 둘째 연에 다양하게 표현되어 있는 미래적 이유들은 예수로 말미암아 곧 충족될 것이다. 그리고 이 약속대로 충족되었다. 예수님은 사람들에게 천국을 가져오신 분이요 애통하는 자를 위로하시는 분이시요 주린 배를 채워주시는 분이시다.

어떻게 천국을 소유하는가? 삼인칭 표현법은 모인 무리 중 일부분을 그 범위에서 제외하고 일부분만 포함시킨다. 마음이 가난한 자들이 천국을 소유하게 될 것이다. 사람들은 소문을 듣고 예수님에게 모여들었다. 호기심을 가지고 온 사람도 있었는지 모른다. 그러나 그들 중 변화하는 세상에 염증을 느끼며 실망하고 낙망한 사람들, 그래서 이제는 싸울 기력도 없이 항거하거나 하나님의 율법을 글자 그대로 지켜 의인으로 살아갈 기력조차 없어서 다만 하나님만을 바라보는 그런 "마음이 가난한 자들"이 있었다면 그들은 하나님의 아들이신 예수에게서 그 해답을 얻을 것이다. 아니 이미 천국을 발견하기 시작한 자들도 있었을 것이다. 천국의 왕이 오셔서 자신을 따르며 하나님의 도움을 고대하는 사람들에게 '하나님의 통치와 구속'올 약속하신다. 우리는 예수의 이 설교와 말씀이 예수의 사역과 그 당시의 상황을 강조하고 있다는 사실을 등한히 할 수 없다.

천국은 예수를 믿고 따르는 이외의 방법으로는 누구에게도 주어지지 않는다는 것이 마태복음과 신약성경의 교훈이다. 결국 예수의 축복의 선언은 하나님을 바라던 텅 빈 마음을 가진 사람들에게 그들이 따라나선 바로 그 예수님이 그들의 공허한 마음을 천국(의 축복)으로 채워주신다는 선언이었다. 복된 사람은 결과적으로 다름 아닌 예수의 제자들이다. 그 이외의 다른 복된 사람은 어디에도 없다. 이런 의미에서 팔복(의 첫 번째 복)은 천국의 백성을 불러 모으시는 예수의 천국복음인 것이다. 누가 예수의 제자인가에 주안점이 있다. 예수님에게 왔으나 예수님을 발견하지 못한 사람은 아무것도 아니다. 마음이 가난한 사람들이 있었다 하더라도 예수님에게 나오지 않고 예수님을 통하여 천국을 경험하지 못한다면 그들은 복된 사람이 아니다. 산상설교는 그런 의미에서 제자들의 자격과 정체와 권한 그리고 의무를 규정하는 설교이다.

2) 누가복음과 평지설교

누가복음에는 평지설교가 나오기 전에 예수의 사역과 교훈이 비교적 자세하게—마태복음보다는 더 많이—기록되어 있다. 특히 사람들이 예수의 제자가 될 수 있는 더 많은 기회에 관하여, 그리고 예수의 더 많은 교훈에 관하여 기록되어 있다. 네 제자를 부르신 사건 후에 세리 레위(마태)를 부르신 사건이 누가복음 5장에 수록되어 있으며 6:12에서 예수님은 산에서 기도하신 후에 열두 사도를 임명하신다. 산에서 내려오셔서 평지에 서시자 "제자들의 허다한 무리와" 다른 사람들이 예수 주변에 몰려와 있었다(6:17).

평지설교가 시작되는 시점은 산상설교의 시점보다 예수의 사역이 한창 진행 중인 상황을 보여준다. 이미 열두 제자들의 임명이 끝난 후였다. 그 외에도 더 많은—넓은 의미의—제자들이 있었다. 예수님은 "눈을 들어 제자들을 보시고"(6:20a) 평지설교를 시작하신다. 모든 사람들이—산상설교와 비슷하게—설교가 끝날 때까지 남아 있지만, 평지설교는 근본적으로 예수의 제자들에게 하신 설교로 상황이 설정되어 있다.

설교는 이렇게 시작된다. "복 되도다. 가난한 사람들이여! 천국이 너희들의 것이기 때문이다." 예수의 선언은—산상설교의 팔복과는 달리—이인칭 표현법으로 되어 있다. 이인칭 표현법의 효과는 이 설교를 듣는 사람들 (혹은 청중으로 소개된) 모두를 직접 지시하며, 그 내용을 그들에게 직접 적용하는 것이다. 삼인칭 표현법과 같은 청중 중에 어떤 조건을 가진 사람만을 가리키는 제한적 기능은 없다. 청중 모두가 축복의 말씀을 듣는 대상이며 동시에 그 내용이 적용되는 대상이다. 누가는 이 설교를 예수님이 제자들을 보시고 하신 설교로 묘사함으로써 예수의 제자들을 그 축복의 대상, "너희"로 삼는다. 즉 복되다고 선언되는 가난한 사람들은 다름 아닌 제자들이다.

예수의 사역 초기에 소문을 듣고 호기심을 가지고 온 사람들은 대개 가난한 사람들, 병자들, 귀신들린 사람들, 억압당하는 사람들이었다. 유대 사회에서 멸시의 대상이었던 세리들과 죄인들도 있었다(눅 5:29). 이 예수님을 따르는 가난한 사람들이 잠시 후에 제자들이 되었다. 열두 제자를 별도로 살펴도 상황은 크게 호전되지 않는다. 열두 제자들은 예수의 부름을 받은 사람들이다. 그들은 주님을 따르기 위하여 그들의 고향과 가족과 직업을 떠날 것을 요청받았고 그들은 그렇게 했다. 별로 버릴 것도 없었지만 어떻든 예수님을 따라 다니는 그들에게는 아무 가진 것이 없었다. 그들은 예수님을 따라 다니는 것 때문에 가정도, 삶의 수단도 다 뒤로 할 수밖에 없었다. 어느 날, 그들이 밀밭을 지나가다 배가 고프게 되자 밀 이삭을 손으로 잘라 비벼 먹었다(눅 6:1). 잠시 후에 이렇게 예수님을 따라 다니던 사람들 중에서 열두 제자들이 임명된다. 그리고 제자들의 허다한 무리에게 예수님이 설교를 하신다. 평지설교를 들었다는 "너희"를 가난한 자들, 우는 자들, 배고파하는 자들로 예수님이 묘사하신 것은 당시 제자들의 가난한 실제 상황과 크게 다르지 않다.

예수님이 그들을 복되다고 하신 이유는 가난 때문이 아니었다. 배고파하고 우는 것 때문이 아니었다. 물론 부자들이나 웃는 자들, 배부른 자들은 쉽게 예수님에게 오지 않았겠지만 예수님이 이 억압받고 가난한 자들을 복되다고 축복하신 이유는 다른 데 즉 예수님을 따라나선 그리고 예수님을 믿고 있는 그들에게 하나님의 나라가 주어질 것이라는 데 있었다. 예수로 말미암아 하나님의 나라가 말씀을 듣는 그 순간 이미 그들에게 임하기 시작하고 있었다고 볼 수도 있다. 하나님의 나라가 "너희"에게 주어지지 않는다면 그들의 가난은 아무런 의미가 없다. 가난이나 마음의 가난이나 그 상태 자체를 축복하는 것은 신약성경이 아니다. 복음도 아니다. 복음은 하나뿐이다. (마음이) 가난한 사람에게 하나님의 나라가 주어진다는 약속이요 선언이다.

하나님의 나라는 천국과 다른 표현이지만 결국은 같은 것을 지시한다. 학자들은 천국이 유대인들에게 이해하기 쉬운 용어인 반면에 '하나님의 나라'는—아마 누가복음의 최초의 독자들로 추측되는—이방인들이 이해하기 쉬운 용어임을 일찌감치 인식했다. 공관복음서 사이의 평행구절들을 비교해 보면 동일한 말씀이 마태복음에는 '천국'으로 마가복음이나 누가복음에는 '신국'(하나님 나라)으로 표현되어 있는 예를 종종 볼 수 있다.

누가복음에서 하나님의 나라는 어떻게 사람들의 것이 된다고 하는가? 누가복음에서도—특수하게 사도들을 지칭하든 아니면 넓은 의미의 제자를 지칭하든—예수님을 믿는 사람들 이외에는 누구에게도 하나님의 나라는 주어진다고 하지 않는다. 그리고 예수님을 믿고 따르는 것 이외에 예수의 제자가 되거나 하나님의 나라의 백성이 되는 별다른 방법은 어디에도 기록되어 있지 않다. 하나님의 나라가 가난한 자들의 것이 되는 것은 그 나라의 왕이신 예수님을 통해서이다. 즉 예수님을 믿는 사람들에게 하나님의 통치가 현재적으로 실현된다. 예수님이 시작하게 하신 하나님의 구속사적 통치는 누가복음에서도 예수를 믿는 예수의 제자들에게만 주어진다. 예수를 따라 나섬으로서 모든 것을 버리고 가난한 자로 불리는 그들에게 예수님은 하나님의 나라를 주시는 왕이 되신다.

가난한 자에 대한 누가복음의 복의 선언도 마태복음에서의 마음의 가난에 대한 축복과 마찬가지로 예수의 제자들을 향하신 것이다.

8. 결론

마음이 가난한 자와 가난한 자가 누구인지를 단어와 그 내용을 따라 찾을 때, 이 둘은 서로 화해할 수 없는 길을 가는 말씀처럼 보인다. 이런 식으로 해석하면, 예수님이 누구를 축복하셨는지, 예수님을 믿는 그리스도인이나 교회가 어떻게 예수의 말씀에 부합하는 길을 갈 수 있는지 막연하기만 하다. 그러나 각각의 문맥과 문맥이 제시하는 그 역사적 상황을 살펴본 결과 예수의 말씀은 가난한 상태나 마음의 가난 자체가 아니라 그러한 상태에 있는 자가 (그러한 상태에 있기 때문에, 또는 그러한 상태에 있음에도 불구하고) 메시아로 오신 예수에게 인도되고 믿음으로 그의 제자가 될 때 받는 복을 선언함이 밝혀졌다.

복음은 가난한 것이나 마음이 가난한 것 자체를 이상적 상태로 규정하지 않았다. 물론 부에 대한 경고가 무가치하다는 말은 아니다. 다만 마음의 가난이나 가난이 부보다는 더 쉽게 하나님께 나아올 동기나 자극제를 제공한다는 것, 그리하여 예수의 부름을 따라나선 사람들이 예수에게서 하나님의 나라와 능력을 발견하게 된다는 것, 그렇게 가난이 혹은 마음의 가난이 주님에게 가는 지름길이 된다는 것을 알게 된다. 이런 의미에서 물질적 부와 인간의 자만심, 자존심은 하나님에게 가는 길을 가난이나 절망보다는 더 쉽게 가로막을 수 있는 약점을 지니고 있다. (그래서 가난한 자가 가난에도 불구하고 복될 수 있음은 오직 하나님의 통치가 가져오는 구원 때문이다.) 그렇다고 부자가 하나님의 나라에 들어가지 못하는 것은 아니다. 부자라도 그 부가 자극제가 되어 (또는 그의 부에도 불구하고) 예수를 찾게 되고 그에게서 하나님의 나라를 경험한다면 결국 신약적 관점에서, 마태복음이나 누가복음의 관점에서 복된 사람임이 틀림없다. (부자에게 부 자체는 복됨의 원인일 수 없다. 부자는 그의 부에도 불구하고 하나님 나라와 무관하다면 불행할 수 있다.)

　복음이라는 이름으로 전해진 예수의 말씀은 특수한 인간이나 한 인간의 특수한 상황을 절대시하거나 이상향으로 규정하는 것이 아니다. 복음은 인간의 불행한 상황에도 불구하고 복된 이유가 무엇인지 알려주는 것이다. 메시아를 통해서 오는 하나님 나라가 복의 원인이다. 이 메시아를 알아보고 그를 믿고 따르는 것은 복된 것이다. 이런 의미에서 마태복음이 기록하는 마음이 가난한 자에 대한 축복이나 누가복음이 기록하는 가난한 자에 대한 축복은 서로 충돌하지 않는 말씀이며, 신약성경이 전하는 전체적인 복음에도 부합한다.

제8장
복음서의 상황적 요소[1]

1. 서론

1) 상황성과 보편성

(1) 복음서는 기록된 시기와 장소가 다르다. 대상으로 한 독자가 유대인이기도 하고 이방인이기도 하다. 저자나 독자들이 사용한 헬라어의 문체나 특성이 다르다. 또한 독자들이 살아온 역사가 다르고 그들이 속한 사회의 문화가 다르다. 이러한 특수성이 복음서의 상황성을 형성한다. 복음서 해석을 위해서는 이 상황성에 관한 이해가 필요하다.

(2) 복음 사건(복음서 내용) 자체도 역사성을 가진다. 예수님이 사역하신 시기와 장소는 서기 30년경의 이스라엘 땅이었다. 이 시대의

---

1. 이 장은 강의안에는 제목만 나열되어 있던 것인데, 편집자가 저자의 의도를 추측하여 내용을 채워 완성한 것이다—편집자 주.

이스라엘 땅은 독특한 역사적 상황, 문화적 환경, 언어적 환경을 가졌다. 당시 이스라엘 땅은 로마의 영향력이 매우 강하였으며, 헬라 문화가 상당히 깊이 침투하였고 아람어와 함께 헬라어도 사용되었다.

(3) 복음서와 복음 사건이 한 시대와 관련된 특수한 역사적 배경을 가지기 때문에 복음서에 담긴 신학적 내용까지 한 시대와만 관련된 것으로서 모든 시대에 적용될 수 있는 보편성이 없다고 볼 수는 없다. 보편적 진리가 특수한 역사적 상황이라는 그릇에 담겼다고 볼 수 있다. 이러한 보편성을 제대로 파악하기 위해서는 특수한 상황이라는 그릇을 면밀히 파악해야 한다. 역사적 상황을 오해하면 복음서 본문이 전달하는 보편적 의도를 곡해하게 된다.

2) 바른 이해를 위하여

(1) 상황윤리와의 구별: 복음서와 복음 사건의 상황성에 관한 강조는 복음서 본문 주해를 위한 역사적 배경 연구의 필요성을 강조하는 것이다. 이것은 상황윤리를 주장하는 것이 아니다. 상황윤리는 보편적 규범을 부정하지만, 역사적 배경을 통해 복음서 본문을 주해하는 관점은 이러한 주해를 통하여 복음서가 전달하는 보편적 규범에 도달하고자 하는 목표를 가진다.

(2) 상황신학과의 구별: 역사적 배경 연구를 강조하는 해석은 교회(종교)개혁자들, 특히 칼빈이 사용한 주석방법이었다. 이것은 정통신학의 성경 해석 방법이었다. 그러므로 이것은 시대 상황에 따라 조변석개하는 상황신학을 하자는 입장은 아니다. 오히려 정통신학의

전통을 계승 발전시키자는 것이다.

(3) 상황적 요소가 묻어 있는 복음서: 복음서에는 상황적 요소가 담겨 있다. 복음서는 1세기 이스라엘 땅에서 발생한 사건을 기록하였으며, 1세기에 유대인들이 사용한 헬라어로 기록되었다. 이러한 상황적 요소를 모르고 복음서를 읽고 해석하면 복음서에 담겨 있는 보편적 요소를 파악하지 못하게 된다. 우리 시대에 적용될 수 있는 보편성 있는 저자의 의도를 파악하기 위해서 우리는 상황적 요소 파악에 심혈을 기울여야 한다. 이것을 역사적 해석이라 부른다.

3) 원형으로서의 복음서

(1) 기록된 원형: 우리에게 남아 있는 것은 복음서이다. 우리는 이 복음서로부터 출발하여 예수를 파악하는 길로 나아간다. 그런데 복음서 연구는 최소치의 추구와 최대치의 추구 두 가지 길로 나누어진다.

(2) 최소치?: 우리는 복음서 연구를 통하여 예수께 나아가는 과정에서 최소치를 추구하는 길을 택하기도 한다. 이 길은 역사적 예수를 파악하기 위해 의심할 수 있는 모든 것을 배제하고 의심할 수 없는 역사적 사실을 찾아내는 길이다. 이것은 역사비평의 길이다. 이러한 길은 앞에서 제시한 역사적 해석의 길과는 다른 길이다.

복음사건의 상황성(예수의 활동 무대와 시대), 목격자의 상황성(목격자가 목격한 장소와 시간, 목격자의 교육 수준 등의 특수성), 증인/저자의 상황성(목격자가 증언을 한 시대와 장소, 복음서 저자가 복음서를 기록한 시대 및 장소와 관련된 특수성)을 고려하면 복음서 전체를 받아들이면서 복음서를 연구할 수 있다.

복음서의 특수성을 대립과 충돌, 모순으로 이해하며 배제하는 역사비평의 길이 유일한 길이 될 수는 없다.

(3) 최대치?: 복음서 본문 전체를 받아들이면서 연구하는 방법에는 전통적인 역사적 해석 외에도 양식비평이나 편집비평, 서사비평 등도 있다. 이러한 방법은 역사비평과는 달리 본문 전체를 버리지 않고 연구한다는 장점이 있다. 그러나 이 현대적인 연구 방법도 약점을 가지고 있음을 인식하고 활용해야 한다.

양식비평은 복음서가 복음서를 산출한 교회의 상황을 반영한다는 가정을 가진다. 물론 복음서에는 그러한 특수성이 반영되어 있겠지만, 그러한 특수성이 복음서를 창조한 것은 아니다. 복음서는 복음 사건이 원인이 되어 목격자들이 이를 증언하였고 이러한 증언이 기록된 것이라는 측면을 부정할 수 없다.

편집비평은 복음서 저자의 편집한 부분에 저자의 의도나 상황에 관한 단서가 담겨 있다고 본다. 물론 저자의 의도는 복음서에 담겨 있다. 그러나 그 의도가 복음 사건을 왜곡한 것이거나 창조한 것은 아니다. 복음서 저자는 목격자로서 기록을 하거나, 그들 시대에 아직 살아 있던 목격자들의 직접 증언에 토대하여 기록한 자들인데, 그 기록에 복음 사건에 대한 바른 해석을 담아 전하고자 한 사람들이다.

서사비평은 복음서 본문을 자료와 편집으로 나누는 편집비평 작업을 하지 않고 본문을 문학적 통일체로 간주하고 읽으며 해석한다. 이러한 방법은 편집비평만으로는 얻을 수 없는 통찰을 얻게 한다. 그러나 서사비평 방법만으로는 역사적 특수성 속에서 기록된 역사적 작품으로서의 복음서를 온전히 해석할 수 없으므로, 이 방법은 역사

적 해석과 함께 병행하여 사용되어야 하며, 역사적 해석 방법을 대체
하는 배타적 해석 방법이 되어서는 안 된다.

2. 복음 사건의 상황성

1) 논리적 근거

하나님은 복음을 계시하실 때 역사를 사용하셨다. 하나님의 도구
는 인간의 사색으로 만들어진 철학이 아니라 역사적 사건을 통한 계
시였다. 인간이 눈으로 보고 귀로 듣고 손으로 만질 수 있는 역사적
사건을 통하여 하나님은 자신을 계시하셨다.

2) 유대인 예수

성부 하나님과 함께 계시던 로고스 하나님의 성육신을 통하여 복
음 사건은 역사 속에 전개되었다. 로고스 하나님은 유대인 예수로 1
세기 이스라엘 땅에 오셨고, 주로 아람어로 유대인과 소통하셨다. 이
시대에 유대인으로 오신 예수님은 랍비들과는 히브리어로, 이방인과
는 헬라어로 말씀하실 기회도 가지셨을 것이다.

유대인으로 로마제국의 반식민지 상태에 있는 땅에 오신 예수님
은 로마제국과 관련된 조공 세금 납부에 관하여 질문을 받기도 하셨
듯이 당시의 역사적 상황을 피할 수 없었다. 예수님은 결국 로마제국
에 반역을 선동할 위험인물이라는 누명을 쓰고 사형을 당했다.

유대인으로서 오신 예수님은 당시 유대인들의 문화 속에서 옷술

이 달린 정통 유대인의 복장을 하고 다니셨으나, 유대인들의 전통이 율법을 제대로 적용하지 않는 부분에서는 과감하게 반대하며 그들과 충돌했다. 유대인들의 금식 전통이나 안식일 준수 전통, 고르반 전통, 식사 전에 손 씻는 전통 등은 예수님에 의해 비판받았다. 이러한 사건들은 유대 문화적 특수성과 예수의 충돌을 통하여 예수께서 전하시는 보편적 의도를 계시한다.

복음서는 예수를 하나님의 아들로 소개한다. '하나님의 아들'이라는 용어도 당시 유대인들이 사용한 특수한 언어이다. 이 용어는 구약성경에서 천사나 하나님의 백성, 이스라엘의 왕을 가리키기도 하였으나, 당시 유대인들이 종말에 와서 하나님의 백성을 구원할 메시아를 가리키기 위해 사용한 특수한 용어였다. 당시 유대인들의 독특한 언어 사용을 파악하지 못하면 이 특수한 표현에 담긴 보편적 의미에 도달할 수 없다.

예수는 목수로서 긴 생애를 보내셨다. 복음을 전하는 공생애는 매우 짧았다. 목수로서 사신 예수의 생애는 예수께서 세상에 성육신하신 것이 단지 복음을 전하는 것이 아니라 많은 사람들이 세상을 사는 그 길을 몸소 체휼하시며 걸어가신 진정한 성육신의 길이었다. 그리고 마침내 로마의 사형수로서 누명을 쓰고 죽임을 당하신 길은 세상에서 가장 낮은 자리까지 내려가신 성육신 중의 성육신이었다. 더구나 십자가에 못 박힌 것은 신명기 말씀에 따라 하나님의 저주를 받는 비참한 길이었다. 그러나 하나님께서 부활을 통해 모든 것을 역전시키셨다. 이 복음 사건 속에 세상을 구원하시는 하나님의 사랑이 계시되었다.

3) 아브라함과 그 자손

역사를 통해 계시하신 방식은 구약성경에 이미 발견된다. 하나님은 아브라함을 부르셔서 새로운 민족을 형성하시고자 하신다. 하나님은 아브라함에게 하늘의 별과 같이 많은 자손을 약속하신다. 이 약속 속에는 이방인들까지 구원하시려는 하나님의 계획이 담겨 있다. 하나님은 이 약속을 역사 속에서 성취해 나가신다. 유대인들은 아브라함의 자손이라는 선민의식을 가지고 이방인을 향한 하나님의 계획을 망각하였지만 하나님은 예수님을 통하여 성령님을 통하여 이 약속을 성취해 가신다.

4) 상황성을 뛰어넘으려는 시도

복음서는 유대인 선민사상을 극복하고 유대인과 유대 문화 속에 복음을 가두지 않으려는 모습을 보인다.

(1) 누가복음의 족보: 누가복음의 족보는 마태복음과는 달리 아담과 하나님에게 거슬러 올라가는 보편주의적 모습을 보인다. 이러한 족보에는 유대주의적 상황성을 극복하는 모습이 담겨 있다.

(2) 요한복음 서론: 요한복음은 나사렛 예수를 1세기 이스라엘 땅에서 사신 인물로만 묘사하지 않고, 태초부터 계신 로고스 하나님이 육신을 입고 오신 분으로 묘사한다. 이러한 관점은 예수님의 사역과 가르침에서 상황성을 뛰어 넘는 보편성이 있음을 보게 한다.

(3) 요한복음의 기독론: 요한복음은 예수님을 하나님의 아들 메시아로 소개할 뿐 아니라 로고스의 성육신으로 소개한다. 요한복음이 소개하는 예수는 인간으로서 메시아에 그치지 않고 아버지 하나님

과 하나이신(속성이 동일하신) 신적인 메시아이다.

3. 목격자의 상황성

1) 열두 제자들

열두 제자들은 주로 갈릴리 사람들이었고, 어부, 세리 등 다양한 직업을 가졌었던 사람들이다. 그래서 그들은 다양한 관점과 관심에서 예수의 사역을 관찰할 수 있었고 다양한 역할을 할 수 있었다. 이들 가운데 핵심 그룹이었던 베드로, 야고보, 요한은 변화산 사건, 겟세마네 동산에서의 예수의 기도 등을 목격한 자들로서 역할을 할 수 있었다.

2) 열두 제자 외

예수의 열두 제자 외에도 많은 목격자들이 있었다. 마리아와 요셉은 예수의 어린 시절에 관한 목격자였다. 예수께 나아와 치유 받은 병자들, 예수의 가르침을 들은 무리들은 예수의 공생애에 관한 목격자들이었다. 이들은 모두 1세기 이스라엘 땅 또는 그 주변에 살았던 사람들이었다.

3) 부정적 목격자들

예수의 목격자 가운데는 헤롯, 빌라도, 유대 지도자들 등 예수님께 적대적인 목격자들도 있었다. 이들도 한 시대의 인물들로서 상황성을 배제할 수 없는 인물들이었다.

4. 증인/저자의 상황성

1) 복음 현장에서의 언어화와 청중을 위한 배려

목격자들이 복음 사건을 증언하는 상황은 특별한 시간적, 공간적 좌표를 가진다. 증언을 하는 장소에 따라 아람어, 헬라어 등 언어가 선택되고 증언을 듣는 사람에 따라 적절한 표현이 선택된다. 때로는 이방인 청중을 위해 추가적 설명이 필요할 때도 있었을 것이다.

2) 복음서 저자의 상황성

복음서 저자는 복음 사건의 증언을 수집하여 저술하였을 것이다. 복음서 저자가 목격자로서 증언을 해온 사람이라면 저자 자신의 증언은 기억과 연관되어 있는 생생한 자료이다. 복음서 저자는 자신이 기록하는 복음서를 읽을 독자들에 따라 언어를 선택한다. 헬라어가 복음서의 언어로 선택된 것은 이 복음서들이 이방인들과 헬라어를 사용하는 디아스포라 유대인들을 독자로 염두에 둔 것임을 보여준다. 그러나 복음서 저자들은 유대인으로서 유대인이 익숙한 유대인들의 표현 방식, 구약 성경 본문에 관한 지식을 활용하면서 복음서를 기록했다. 이러한 특수성을 파악하지 못하면 저자가 전달하는 지식에 접근할 수 없게 된다. 상황적 특수성을 극복하지 못하면 저자가 전달하는 보편적 진리에 도달할 수 없게 된다.

5. 결론: 우리의 상황성

복음서를 연구하는 현대 독자들도 상황성을 가진 존재이다. 어떤 연구자든지 자신이 속한 시대, 나라 속에서 역사적, 문화적, 언어적 특수성을 가지고 복음서를 읽게 된다. 이것을 극복하는 노력을 하지 않으면 복음서의 메시지는 연구자의 상황성에 의해 오해될 수 있다.

복음서가 전하는 보편적 메시지를 역사적 해석을 통해 파악한 후에, 이 메시지를 우리의 시대, 우리의 사회, 우리의 교회에 적용하기 위해서는 우리 시대의 특수성, 우리 사회의 특수성, 우리 교회의 특수성을 잘 파악하고 적용해야 한다. 그리하여 복음서의 의도가 제대로 적용되도록 해야 한다. 이것은 마치 선교사가 문화가 다른 지역에 가서 복음이 오해되지 않고 제대로 전달되도록 하기 위해 선교지의 문화를 이해하고자 노력하는 것과 흡사하다. 복음서를 읽는 우리는 어디에 있든지 그곳이 선교사를 파송하는 나라일지라도 선교지이다. 현대 그리스도인은 1세기 이스라엘 땅에서 살던 유대인이 아니다. 그러므로 시간적, 공간적 간격을 메꾸어 바르게 적용하기 위해서는 우리 시대의 상황성도 파악해야 한다. 그래야 우리 시대에 복음서의 메시지가 제대로 전달되게 할 수 있다. 이러한 과정에서 우리는 우리 시대, 우리 사회에 적절한 언어를 선택하게 된다.

이러한 과제는 공관복음서 저자들도 피할 수 없었던 과제이다. 그러므로 공관복음서가 동일하면서도 다른 부분들 중에 상당 부분은 이러한 과제 수행의 결과로 이해될 수 있을 것이다.

복음서가 가진 특징이란 다른 복음서와의 비교를 통하여 파악한 상대적인 것이다. 따라서 이것은 설명하기에 따라 특징이 아니라고도 할 수 있다. 우리가 특징이라는 것을 "일반적인 것"으로 고정하고 이 특징이 없는 다른 복음서를 독특하다고 할 수도 있기 때문이다.

1. 마태복음

마태복음은 초대교회 시절부터 교회가 가장 애용하던 복음서이다. 초대 교부들의 설교집이나 변증서들을 보면 다른 어떤 복음서보다 더 많은 구절들이 마태복음서에서 인용되었다. 또한 다른 어떤 복음서보다 더 많은 주석서들이 현존하고 있다. 이것은 마태복음의 간결한 형태가 인용하기 쉬웠던 점도 있지만 그 내용이 교회에서 사용하기에 아주 적합하였거나 널리 알려져 있었기 때문일 것이다. 또한 교회의 특징, 교회의 모체가 되었던 유대교와의 차이점과 연속성 그리고 구약 시대와 신약 시대의 연결에 마태복음은 더없이 좋은 복음서였기 때문일 것이다.

1) 마태복음의 저자에 관하여

첫 복음서의 저자는 열두 사도 중의 하나인 마태로 알려져 있다. 그는 세리였는데 히브리식 이름은 레위였다(마 9:9-10; 10:3; 막 2:14; 3:18; 눅 5:27-29; 6:15; 행 1:13).

마태복음이 기록된 장소로는 시리아의 안디옥이 거론되고 기록 년대는 68년경 혹은 70년경이라고 간주되기도 한다. 예루살렘이 멸망하기 이전에 사도들과 초대 기독교인들은 예루살렘을 떠났고 안디옥이 교회의 새로운 거점으로 부상했는데 여기서 마태복음이 기록되었을 수 있다.

2) 마태복음의 주제

마태복음은 유대인들이 관심을 가지고 있었던 주제들을 많이 취급하고 있다. 유대인들의 최대 관심사였던 '오신다고 한 메시아'로 예수님을 소개한다. 예수님은 다윗의 후예로 오신 '하나님 나라의 왕'으로서 자신의 백성을 모으시고, 그들을 위해 십자가 수난을 당하신다. 이 주제는 예수의 사역의 본질이었기에 마태복음의 최전면에 부각되는 것은 당연한 일이다.

마태복음의 또 하나의 주제는 메시아의 백성이다. 이스라엘은 예수님을 왕으로 인정하기를 거부하고 그를 십자가에 못 박았다. 예수의 생애가 진행되는 동안 예수께서도 이스라엘을 거부하시고 새로운 백성을 끌어 모으신다. 그를 믿고 따르는 제자들을 통하여 새로운 나라를 세우신다. 예수님은 이스라엘이라는 지상의 한 민족 한 나라가 아니라 이제 모든 민족에게서 그를 믿는 사람들을 불러 모으시며 영적인 나라 즉 하나님의 나라를 이 땅에 시작케 하셨다. 예수님은 이 나라의 왕이시다. 우리는 마태복음의 주제를 '하나님 나라의 왕으로 오신 예수 그리스도와 그의 백성인 교회'라고 할 수 있다.

3) 마태복음의 구조

마태복음은 대체적으로 예수의 생애를 연대기 순으로 따르고 있다. 마태복음은 예수의 족보로 시작하여(1:1-17) 부활하신 예수의 전도명령으로 끝난다(28:16-20). 족보와 관련하여 예수의 탄생과 탄생 시의 사건들이 덧붙여져 있고(1:18-2:23), 전도명령은 예수의 죽음에 얽힌 이야기들(26:47-27:66)과 부활사건(28:1-15)의 기록에 이어 나온다. 그러므로 탄생과 죽음, 부활 사이에 있었던 사건들의 기록도 대략 시간적인 순서를 따른다고 추측할 수 있다.

마태복음의 구조에는 다른 하나의 흐름이 있다. 주제를 중심으로 조직된 구조이다. 주제를 따르는 마태복음의 구조는 조각난 격언이나 교훈의 형태, 혹은 대화체의 말씀 이외에 마태복음에 수록되어 있는 예수의 긴 설교를 주목할 때 어렵지 않게 파악된다. 13장 안에, 그리고 23장과 24장 사이에 설교가 잠깐 중단되는 것을 무시하고 계산하며, 각 설교가 끝난 후에 부가된 문장 "예수께서 이 말씀(비유)들을 (명하시기를) 마치셨을 때 … 일이 있었다"(7:28; 11:1; 13:53; 19:1; 26:1)를 일종의 형식구로 간주한다면 마태복음에 나오는 설교는 모두 다섯 개이다.

이 설교들은 다섯 가지 주제를 따라 조직되었다. 이 다섯 가지는 '제자의 자격'(5-7장: 산상설교), '사도의 직무'(10장: 파송설교), '천국의 비밀'(13장: 비유설교), '교회의 질서'(18장: 교회설교), '심판과 종말'(23-25장: 종말설교)이다. 이 주제들은 뒤이어 나오는 사건기록 부분에서도 대체로 반복된다.

마태복음의 전체 내용의 구조는 다음과 같이 분해될 수 있다.

  1. 그리스도의 출현(1:1-4:25)

    1) 그리스도의 출생(1:1-2:23)

      ① 그리스도의 족보(1:1-17)

      ② 그리스도의 출생(1:18-25)

      ③ 동방박사들의 방문(2:1-12)

      ④ 헤롯의 유아살해와 이집트로의 피난(2:13-18)

      ⑤ 귀향(2:19-23)

    2) 사역의 준비(3:1-4:25)

      ① 세례자 요한의 출현(3:1-12)

      ② 예수의 수세(3:13-17)

      ③ 그리스도의 시험(4:1-11)

      ④ 그리스도의 첫 사역, 네 제자를 부르심(4:12-25)

2. 그리스도의 사역개시, 활동과 가르침(5:1-9:35)

  1) 산상설교(5:1-7:27)

    ① 천국의 사람들(5:1-10)

    ② 빛과 소금(5:11-16)

    ③ 율법의 완성자 예수(5:17-20)

    ④ 여섯 반제(5:21-48)

      a. 살인에 관하여(5:21-26)

      b. 간음에 관하여(5:27-30)

      c. 이혼에 관하여(5:31-32)

      d. 맹세에 관하여(5:33-37)

      e. 보복에 관하여(5:38-42)

      f. 원수 사랑에 관하여(5:43-48)

    ⑤ 의의 실천 방법(6:1-18)

      a. 구제에 관하여(6:1-4)

      b. 기도에 관하여(6:5-8)

      c. 기도의 모범: 주기도문(6:9-15)

      d. 금식에 관하여(6:16-18)

    ⑥ 물질과 염려에 관한 교훈(6:19-34)

    ⑦ 삶의 원리(7:1-12)

      a. 비판에 관하여(7:1-5)

      b. 개와 돼지의 비유(7:6)

      c. 구하라, 찾으라, 두드리라(7:7-12)

⑧ 생명의 길(7:13-27)

　　a. 좁은 문, 좁은 길(7:13-14)

　　b. 나무와 그 열매(7:15-20)

　　c. 천국에 들어갈 사람(7:21-27)

2) 첫 활동(8:1-9:35)

　① 첫 번째 이야기(8:1-17)

　　a. 문둥병자를 낮게 하심(8:1-4)

　　b. 백부장의 하인을 고치심(8:5-13)

　　c. 베드로의 장모를 낮게 하심(8:14-17)

　② 예수를 따름에 관하여(8:18-22)

　③ 두 번째 이야기(8:23-9:8)

　　a. 풍랑을 잔잔케 하심(8:23-27)

　　b. 귀신들린 사람을 온전케 하심(8:28-34)

　　c. 중풍병자를 낮게 하심(9:1-8)

　④ 마태를 부르신 후 세리들, 죄인들과 함께 식사하심(9:9-17)

　⑤ 세 번째 이야기(9:18-34)

　　a. 회당장의 딸을 살리시고

　　　혈루병 걸린 여인을 고치심(9:18-25)

　　b. 두 소경을 보게 하심(9:26-31)

　　c. 벙어리 귀신 들린 자를 고치심(9:32-34)

　⑥ 요약(9:35)

3. 제자들과 함께 하는 사역(9:36-12:50)

1) 파송설교(9:36-11:1)

    ① 열두 사도의 임명(9:36-10:4)

    ② 제자들의 의무(10:5-15)

    ③ 사도들의 미래(10:16-23)

    ④ 제자들이 가져야 할 각오(10:24-33)

    ⑤ 제자 됨에 관하여(10:34-11:1)

2) 적대적인 분위기에서의 사역(11:2-30)

    ① 세례자 요한의 질문과 대답(11:2-15)

    ② 악한 세대에 대한 비유(11:16-19)

    ③ 회개하지 않는 마을에 대한 심판의 선고(11:20-24)

    ④ 예수님의 부르심(11:25-30)

3) 고난이 시작됨(12:1-50)

    ① 안식일 논쟁(12:1-8)

    ② 한쪽 손 마른 자를 고치심과 그 결과(12:9-21)

    ③ 바알세불 논쟁(12:22-37)

    ④ 요나의 표적(12:38-45)

    ⑤ 예수의 진정한 가족들(12:46-50)

4. 천국의 비밀(13:1-17:27)

1) 천국 비유(13:1-52)

    ① 씨 뿌리는 비유(13:1-9, 18-23)

    ② 비유를 말씀하신 이유(13:10-17, 34-35)

    ③ 밭의 가라지 비유(13:24-30, 36-43)

④ 겨자씨와 누룩의 비유(13:31-33)

⑤ 밭에 감춰진 보화와 진주의 비유(13:44-46)

⑥ 그물 비유(13:47-50)

⑦ 천국의 제자 된 서기관(13:51-52)

2) 공개적인 반대와 천국의 확증(13:53-17:27)

① 고향에서 배척받으심(13:53-58)

② 세례자 요한의 말로(14:1-12)

③ 오병이어의 기적(14:13-21)

④ 물 위로 걸으심(14:22-33)

⑤ 게네사렛 사역(14:34-36)

⑥ 정결예식에 대한 논쟁(15:1-20)

⑦ 가나안 여인의 딸을 고치심(15:21-28)

⑧ 사람들에게 자비를 베푸심(15:29-31)

⑨ 사천 명을 먹이심(15:32-39)

⑩ 바리새인과 사두개인의 시험(16:1-4)

⑪ 바리새인들과 사두개인들의 누룩에 관한 경고(16:5-12)

⑫ 빌립보 도상에서의 질문과 베드로의 신앙고백(16:13-20)

⑬ 고난과 죽음: 부활에 대한 첫 번째 예고(16:21-28)

⑭ 변화산에서(17:1-8)

⑮ 엘리야에 관하여(17:9-13)

⑯ 귀신 들린 소년을 고치심(17:14-21)

⑰ 고난과 죽음에 대한 두 번째 예고(17:22-23)

⑱ 성전세에 관하여(17:24-27)

5. 왕이신 그리스도와 그의 백성(18:1-22:46)

　　1) 교회 설교(18:1-35)

　　　　① 천국에서 큰 자(18:1-5)

　　　　② "실수하게 하면 …"(18:6-10)

　　　　③ 잃은 양의 비유(18:12-14)

　　　　④ 교회의 권한과 교회에 주신 약속(18:15-20)

　　　　⑤ 일만 달란트 빚진 자 비유(18:21-35)

　　2) 제자의 생활에 관한 교훈(19:1-20:34)

　　　　① 이혼과 결혼에 관하여(19:1-12)

　　　　② 아이들을 축복하심(19:13-15)

　　　　③ 부자 청년의 질문과 답변, 이로 인한 주님의 교훈(19:16-26)

　　　　④ 예수님을 따름과 그 결과에 대하여(19:27-30)

　　　　⑤ 포도원 품꾼의 비유(20:1-16)

　　　　⑥ 고난, 죽음, 부활에 대한 세 번째 예고(20:17-19)

　　　　⑦ 요한과 야고보의 어머니의 청원과 대답(20:20-23)

　　　　⑧ 섬기는 생활(20:24-28)

　　　　⑨ 여리고 부근에서 두 소경을 고치심(20:29-34)

　　3) 거룩한 성에서(21:1-27)

　　　　① 예루살렘 입성(21:1-11)

　　　　② 성전 청결(21:12-17)

　　　　③ 무화과나무를 저주하심(21:18-22)

　　　　④ 예수의 권위에 대한 질문(21:23-27)

③ 가룟 유다의 배신(26:14-16)

④ 최후의 만찬(26:17-30)

⑤ 제자들의 도망과 베드로의 배신을 예언하심(26:31-35)

⑥ 겟세마네 동산에서의 기도(26:36-46)

⑦ 그리스도께서 체포되심(26:47-56)

⑧ 공회의 재판(26:57-68)

⑨ 베드로가 예수님을 모른다고 함(26:69-75)

⑩ 산헤드린의 결정과 가룟 유다의 자살(27:1-10)

⑪ 빌라도의 재판(27:11-26)

⑫ 그리스도의 고난(27:27-31)

⑬ 십자가에 못 박혀 죽으심(27:32-56)

⑭ 장사 지냄(27:57-66)

7. 부활하신 그리스도(28:1-20)

   1) 그리스도의 부활(28:1-10)

   2) 거짓말의 유포(28:11-15)

   3) 그리스도의 선언, 명령과 약속(28:16-20)

4) 마태복음의 내용상의 특징

마태복음의 내용상의 특징은 다음과 같다.

(1) 마태복음은 역사적 사실을 잘 보여주는 부분이 많다. 이것은 예수의 최초의 사역이 유대인들을 대상으로 진행되었던 것처럼 마태복음이 동일한 유대민족을 대상으로 하여 기록되었기 때문으로

판단된다. 마태복음이 유대인 혹은 유대 기독교인을 그 대상으로 하지만, 마가복음과 누가복음은 이방인이나 이방 기독교인들을 대상으로 한 것으로 보인다. 거스리(D. Guthrie)는 이것과 관련하여 "만일 M 자료가 따로 존재했었다면 그것의 가장 두드러진 특징은 유대적 요소에 관한 강조가 될 것이다"고 했다.[1] 이러한 유대적 요소에는 마태복음의 반바리새적 성격도 포함된다. 이에 관한 몇 가지 예를 들어보자.

① 마태 26:17//마가 14:12//누가 22:7: 마태복음에는 무교절이 설명 없이 언급되었으나 마가복음에는 "유월절의 양 잡는 날"로 누가복음에는 "양을 잡을 무교절일(無酵節日)"로 소개되어 있다. 이러한 방식의 표현은 마태복음을 받은 사람들은 무교절을 이미 알고 있어서 더 이상의 설명이 필요치 않은 사람들이었다는 증거가 아닌가? 마가복음과 누가복음의 독자들은 이 용어에 익숙하지 않은 것 같다.

② 마태 7:11//누가 11:13: 마태복음에서는 하나님이 "좋은 것"을 주시지 않겠느냐고 묻는 반면 누가복음에서는 "성령"을 주시지 않겠느냐고 질문한다. "좋은 것"이라는 표현을 유대인들은 아마 구약시대부터 내려오는 전통에 의하여 "하나님이 주시는 최상의 선물"이란 의미로 받아들일 수 있었을 것이다. 하지만 이방인들에게는 오해를 피하기 위해서 이것을 구체적으로 설명해야만 하지

않았을까?[2]

③ 마태 15:1-2//마가 7:3-5: 정결예식에 관한 질문에서 마가복음은
긴 설명을 덧붙이고 있다. 마태복음에서는 독자들이 이미 이것을
알고 있다고 간주하기 때문에 설명 없이 일어난 문제만을 취급하
고 있다.

④ 마태 24:20//마가 13:18: 도망하는 일이 마태복음에는 "겨울이나
안식일"이 되지 않도록 기도하라고 권하셨고 마가복음에는 "겨
울"에 일어나지 않도록 기도하라고 권하신 것으로 기록되어 있
다. 안식일은 유대인에게 항상 가장 중요한 날이지만 이방인들에
게는 구약성경을 그대로 지키도록 전해주기 전에는 별 의미가 없
는 날이다. 페어스떼이흐(J. P. Versteeg)는 시대적으로도 이것을 구
별하려고 한다. 즉 마가복음이 기록될 때는 독자들이 달라졌을
뿐만 아니라 이미 안식일의 의미가 사라진 후라고 한다.[3]

(2) 마태복음에는 유대적인 생활풍습과 팔레스타인식의 장소적,

---

2. Versteeg, *Evangelie in viervoud*, 13. 그는 이 구절을 사 52:7과의 관계에서 설
    명하고 있다. "'좋은 것'이란 모든 종류의 좋은 것이 아니라 예언된 구원시
    대의 좋은 것을 의미한다. 구원시대의 좋은 것이란 다름 아닌 성령을 일컫는
    다. 누가는 그의 독자들을 위하여 구약적 표현인 '좋은 것'을 자세히 설명하
    고 있다. 이 설명은 누가에게는 필수적인 것이었다. 왜냐하면 그들은 이 표
    현 '좋은 것'의 구약적 배경을 이해하지 못했기 때문이다." 여기서부터 그는
    두 개의 결론을 이끌어 낸다. 마태복음은 유대인을 위하여 기록되었고 누가
    복음은 이방인을 위하여 기록되었다.
3. Versteeg, *Evangelie in viervoud*, 16.

시대적 (상황)특색이 곳곳에 그대로 남아 있다.[4] 그리하여 시대, 장소 등의 배경이 원형대로 보존되고 있다고 말할 수 있다. 그런데 누가복음//마가복음에는 헬라, 로마식의 색채, 상황을 보여주는 변화가 일어났다고 보인다.

① 마태 23:27//누가 11:44: 무덤을 소개하는 데 있어서 마태복음은 바위에 판 무덤이, 그리고 그것을 미화하기 위하여 석회칠을 한 것이 언급된다. 이것은 팔레스타인에서 볼 수 있는 무덤형태이다. 이에 반하여 누가복음에서는 땅바닥에 판 무덤이 등장한다. 이 무덤을 보기 좋게 꾸미기 위하여 회칠을 하는 것이 아니라(할 수 없다) 흙을 덮고 그 위에 잔디를 심는다(평토장한 무덤). 이러한 장례풍습은 유대지역에서 발견되지 않는다. 이것은 헬라/로마시대의 풍습으로써 아직도 유럽에 그대로 남아 있다.

② 마태 7:24-27//누가 6:47-49: 두 기초에 관한 비유가 제시되는 방식에 약간의 차이가 있다. 집을 짓는 방법이 다르다. 마태복음에서는 바위 위에 집을 세우는 것과 모래 위에 집을 세우는 것이 대조되는 반면에 누가복음에서는 땅을 파고 바위 위에 기초를 놓는 것과 주초가 없음이 대조된다. 마태복음의 위기상황은 비가 심하게 와서 홍수를 일으키고 집을 위협하는 것으로 그려진 데 반해 누가복음에서는 강이 범람하여 홍수가 일어나는 것으로 묘사되

---

4.   유대인의 풍속과 습관을 위해 다음 구절을 참고할 것. 마 23:5; 5:19; 23:15; 23:6-7; 5:33-36; 23:16-22; 25:1-12; 15:1-6; 22:24.

고 있다.[5] 이것은 이스라엘 땅의 자연 환경과 다른 이방 지역의 자연 환경의 차이와 관련이 있다고 보인다.

(3) 마태복음은 어느 복음서보다도 깊이 있게 예수님과 율법의 관계를 다룬다. 그 예로 마태복음 5-7장(산상설교)을, 특히 5:17-20을 꼽을 수 있다. "내가 율법이나 선지자들을 폐하러 온 줄로 생각하지 말라 폐하러 온 것이 아니요 완전케 하러 왔다." 다른 복음서에는 이 부분과 비교할 만한 구절이 없다. 마태복음이 율법과 제자들의 관계를 다루는 것도 독특하다. 여기서도 우리는 마태복음의 강한 유대적 색채를 느낄 수 있다. 유대인들에게 예수님이 메시아로 소개된다면 그 메시아와 율법과의 관계가 다루어지는 것은 너무나 자연스럽다. 하지만 만약 복음이 율법을 알지 못하는 이방인의 세계로 퍼져 나가면 이 주제는 상당히 약화된다. 마태복음의 이러한 유대적 특성은 우리에게 남아 있는 고대문서를 통해서도 어느 정도 증명된다. 유세비우스가 인용한 파피아스의 글에는 "마태는 (주님의) 교훈(logia)을 히브리어로 기록했고 각자가 할 수 있는 대로 이것을 번역했다."는 문구가 있다.[6] 이레니우스도 비슷한 기록을 남겼다. "마태는 히브리인 중에서 그들 자신의 언어로 복음서를 기록했다."[7]

---

5. 참조, Versteeg, *Evangelie in viervoud*, 14-15: "마태는 팔레스틴의 상황에서 누가는 헬라세계에서 훨씬 더 이해하기 쉬운 그러한 상황에서 집을 세우는 것을 묘사하고 있다."

6. *Historia Ecclesiastica*, III,39,16. 참조, V,10,3.

7. *Adversus Haeresis*, III,1,1.

(4) 마태복음은 율법 자체에도 깊은 관심을 보인다. 마태복음 5:21-48에서는 예수의 교훈이 율법(또는 유대인들의 율법 해석)과 대조되며 설명되고 있다. 이에 반하여 누가복음 6:27-36에서는 예수의 교훈이 이러한 비교나 대조 없이 독립적으로 등장한다. 마태복음과 같은 형식의 대조표현은 율법이 최고의 규범적 가치를 지니고 있던 사회에는 필수적이었다고 생각된다. 반면에 율법에 그러한 가치를 부여하지 않는 사회에서는 예수의 권위와 함께 그의 말씀이 권위적인 것으로 전해져도 아무런 문제가 없다.

(5) 많은 학자들은 주장하기를 마태복음이 예수를 모세처럼 묘사한 목적은 그를 모세와 같은 율법의 부여자로 소개하기 위함이었다고 한다. 이들은 마태복음의 예수를 "제2의 모세"로 부르고 이러한 작업을 모세 모형론(Moses typology)이라 명명했다.[8] 이것의 증거로 자주 언급되는 구절은 다음과 같다.

① 마태 17:1-8//마가 9:2-8//누가 9:28-36a: 유독 마태복음 17:2은 예수의 옷만이 아니라 그의 "얼굴도 해 같이 빛났다."고 했는데 이것은 마태복음이 예수를 출애굽기 34:29-35의 (얼굴에 광채가 나서 사람들이 감히 바로 바라볼 수 없었던) 모세와 같이 소개하려 했기 때문이라고 볼 수 있다.

② 마태복음 17:3(//눅 9:30)에서 모세를 먼저 언급하고 엘리야의 이

---

8.   Versteeg, *Evangelie in viervoud*, 18-20도 이것을 따르고 있다. 자세한 것은 B. W. Bacon, *Studies in Matthew* (London: H. Holdt, 1930)을 참고하라. 이것에 관한 비판으로는 Davies, *The Setting of the Sermon on the Mount* 참고.

름을 말한 것도 모세 모형론을 담고 있다고 보인다. 마가복음에
는 엘리야-모세의 순서로 나온다.

③ 마태복음 17:5에 "빛나는 구름"이 와서 그들을 덮은 것도 모세 모
형론으로 간주된다. 마가 9:7//누가 9:34에는 "구름"만 언급된다.

하지만 모세 모형론만으로는 마태복음의 예수를 충분히 표현할
수 없다. 마태복음이 묘사하는 예수의 모습은 모세 모형론을 포함하
면서 이것을 능가한다. 마태복음에서 예수님은 모세와 같은 "율법을
하나님으로부터 받은 자"처럼 등장하지 않고 모세에게 율법을 주신
하나님처럼 "율법 수여자"로 등장하신다. 예수님은 하나님의 역할을
하시는 분으로 묘사된다.

(6) "하늘들의 나라"(מלכות שמים)라는 표현도 유대세계에서 사용되
던 용어이다. 유대인들은 하나님의 이름을 직접 사용하는 것을 불경
스럽게 여겨 '하늘'을 그 대용어로 사용했다. 이 용어는 마태복음에
서 32번 나오는데, '하나님의 나라'는 12:28; 19:24; 21:31, 43에서만
사용되었다. 마가복음에서도 이 두 가지 표현이 혼용되었지만, '하나
님 나라'라는 표현을 주로 사용하였다. 누가복음에서는 오직 '하나님
의 나라'만 사용되었다.

(7) 가르치는 선생으로서의 예수의 모습이 마태복음에 강하게 부
각되어 있다. 그의 교훈은 율법의 완성으로서 제자들의 삶의 규범으
로 제시되었다(마 7:21-27; 28:18-20).

(8) 마태복음은 예수님을 유대인들이 기다리던 이스라엘의 메시
아로 소개한다. 구약 예언의 성취에 관한 인용구("이루어지도록 하기 위하

여 …")와 성취에 관한 진술("… 이루어졌다")이 마태복음의 특징임을 부정하는 학자는 아무도 없다. 마가복음에는 성취에 관한 이러한 내용이 15:14, 49에만 나오고,[9] 누가복음에는 예수의 죽음과 부활에 관계하여 구약의 성취가 등장하며,[10] 요한복음에는 예수의 고난에 초점이 맞추어지면서 동시에 대부분 시편이 인용되는데 비해[11] 마태복음에서는 훨씬 많은 곳에서 구약 예언의 성취를 말한다(예: 마 2:15//호 11:1). 이것은 예수와 이스라엘의 관계를 규정하기 위한 것이라고 평가할 수 있다. 즉 예수를 유대인들이 기다리던 메시아로 소개하는 것이 다른 어떤 복음서보다 더 강하게 나타난다.[12]

(9) 마태복음은 예수와 이스라엘의 관계에 초점을 맞춘다.

① 마태복음은 예수님이 이스라엘을 위하여 오셨다고 한다. 마태복음 15:24에서 예수님은 이스라엘의 잃어버린 양 이외에는 보냄을 받지 않았다고 한다. 마태복음 10:5-6에서 예수님은 제자들에게 이방인들의 길로 가지 말고 이스라엘 집의 잃어버린 양에게로 가라고 권하신다.

② 그런데 유대인들은 예수님을 (그들의 메시아로 인정하기를) 거부했다.

---

9. 본문비평의 결과에 따라 막 15:28도 이러한 표현을 가진다고 볼 수 있다.
10. 눅 4:17-21; 18:31; 22:37; 24:27, 47.
11. 마태복음에서 시편을 인용하는 구절은 불과 한 구절뿐이다.
12. 구약 인용구의 다소를 가지고 이런 유대적 분위기를 논할 수는 없다. 누가복음에는 인용구가 109개, 사도행전에는 133개나 나오기 때문이다. 이 점을 들어 K. W. Clark, "The Gentile Bias in Matthew," *JBL* 66 (1947), 168은 마태복음의 유대 배경설을 부정한다.

마태복음 2:1-12에서 유대인들은 예수에 대해 부정적인 반응을 보인다. 그들은 놀라고, 경배도 하지 않고, 가지도 않으며, 관심도 없었다. 헤롯만이 관심을 가지고 있었다. 마태복음 28:11-15은 이 방인들이 두 번이나 소식을 전하였다고 기록한다. 유대인은 이것을 긍정적으로 받아들이기를 거부한다. 이들이 부활소식을 접하게 되었다는 기록도 마태복음에서만 발견된다. 또한 마태복음만이 유대인들 중에 퍼져 있던 악의적인 소문을 언급한다(마 28:15).

③ 예수님도 이스라엘을 거부하신다. 마태복음 11:20-24에서 예수님은 유대 도시들을 저주하시며, 마태복음 23장에서 예수님은 유대 지도자들과 성전을 저주하신다.

(10) 이스라엘의 실패와 함께 새로운 공동체로서 교회의 설립에 초점이 맞추어진다.

① 복음서 중에 오직 마태복음에만 '에클레시아'(교회)라는 단어가 사용되었다. 마태복음 16:18은 "이 반석 위에 내 교회를 세우리라."고 하고, 마태복음 18:17은 "너희를 듣지 않거든 교회에 고하라."고 한다. 예수님이 정말 이 단어를 말씀하셨는지에 관하여는 아직도 많은 말들이 있지만 어떻든 마태복음에 이 단어가 등장하며 이 단어가 복음서에 등장하는 것이 독특한 것은 사실이다.

② 특히 마태 21:42-43//마가 12:10-11//누가 20:17을 비교해 보면 이러한 독특성이 드러난다. 세 복음서가 모두 불성실한 청지기의 비유를 보도하고 있다. 또 이 비유 후에 모두 시편 118:22-23을 인

용한다. "건축자들의 버린 돌이 모퉁이 돌이 되었나니 이는 주로
말미암아 된 것이요 우리 눈에 기이하도다." 그런데 마태복음은
21:43에서 "하나님의 나라를 너희는 빼앗기고 그 나라의 열매 맺
는 백성이 받으리라."를 더 가지고 있다. 이 구절은 마태복음의
가장 큰 차이 중의 하나로 꼽히는 유명한 구절이다.

(11) 이 교회(새로운 하나님의 백성)는 유대인들만이 아니라 이방인들에
게서 부름받는 사람들로 구성된다. 마태복음은 특히 이방인의 구원
에 많은 관심을 보이고 있다. 이것을 우리는 마태복음의 선교적 관심
이라고도 부를 수 있을 것이다.

① 마태복음 8:11-12은 동서로부터 많은 사람들이 와서 아브라함과
  이삭과 야곱과 함께 상에 앉을 것이라고 한다.
② 예수의 족보에 등장하는 네 여인(룻, 다말, 라합, 우리야의 아내)는 이
  방인들이다. 많은 믿음의 여인들이 있었는데도 불구하고 이방인
  들을, 그것도 여인들을 예수의 거룩한 족보에서 거론하고 있다.
  이것은 이방 선교의 정당성을 지적하기 위한 것으로 보인다.
③ 이방인인 동방박사들이 언급되고 이들이 예루살렘의 거민들, 당
  시의 유대 지도자들, 그리고 헤롯왕과 좋은 대조를 이루는 것도
  이방 선교 주제를 가진다.
④ 마태복음 13:24-30의 알곡과 쭉정이의 비유에서 알곡이 뿌려진
  것은 바로 온 세계였다. 이것도 이방 선교 주제와 관련된다고 보
  인다.

⑤ 마태복음 28:11-15은 예수의 부활과 관계하여 두 번씩이나 이방
인들이 그 소식을 유대인 지도자들에게 전하였음을 기록한다.

⑥ 마태복음 28:18-20은 이방 선교를 명한다. 이스라엘을 선교 대상
인 모든 민족들에 포함된 것으로 보느냐 아니면 배제된 것으로
보느냐는 질문이 남을 뿐이다.

⑦ 마태복음 12:18-21은 이사야 42:1-4을 인용하며 이방 선교 주제를
전달한다.

(12) 예수의 왕적 권위를 부각시키는 것도 마태복음의 특징이다.
마태복음은 이스라엘의 역사적 족장들과 왕들의 이름을 소개함으로
써 처음부터 장엄한 분위기로 시작된다. 그 42개의 이름 끝에 예수님
을 소개함으로써 예수님은 새로운 시대를 시작하시는 왕으로 소개
된다. 동방의 박사들은 예수를 왕으로 경배를 한다. 적지 않은 비유
들이 예수께서 왕이심을 강조한다. 십자가에 못 박히실 때도 그는 유
대인의 왕으로 못 박히셨다. 복음서의 마지막에 수록되어 있는 "하늘
과 땅의 모든 권세가 다 나에게 주어졌다."는 예수의 선언은 자신이
온 우주의 왕이시라는 선언에 해당한다. 왕이신 예수님은 영원히 그
를 믿는 사람들 즉 교회와 함께 하실 것이다. 이스라엘은 예수의 왕
적 권위를 부정했지만 진정한 의미에서 예수의 권위는 계속되고 있
다. "왕권과 관계하여 공관복음서를 비교해 보면 마태는 그의 왕권을
강조하고 있다."[13]

13.　Versteeg, *Evangelie in viervoud*, 14.

2. 마가복음

마태복음과는 달리 마가복음은 한 마디로 인기 없는 복음서였다. 마가복음에 대한 주석서도 별로 저술되지 않았고 고대 설교집이나 서간문, 변증서들은 마가복음을 거의 인용하지도 않았다. 마가복음은 마태복음의 그늘에 가려져 있었다. 그것은 다음과 같은 이유 때문이었을 것이다. 마가복음의 내용 대부분이 마태복음이나 누가복음에도 나온다. 특히 마태복음과 비교할 때 마가복음의 거의 모든 내용이 마태복음에 다 들어있다. 이런 이유로 초대 교회 시절부터 사람들은 마가복음을 마태복음의 요약이라고 불러왔다. 그러나 각 사건의 내용을 비교해 보면 마가복음에 수록된 이야기가 다른 복음서의 이야기보다 더 길다. 그래서 신학자들은 마가복음을 더 이상 마태복음의 요약으로 인정하지 않는다.

1) 마가복음의 저자에 관하여

마가복음의 저자는 요한이라고도 불린 마가로 간주된다(행 12:12-25; 13:5; 15:37-39; 골 4:10; 딤후 4:11; 몬 24; 벧후 5:13).

사도행전을 따르면 마가는 처음에 예루살렘에 살고 있었다. 예루살렘 교회는 그의 집을 모임의 장소로 사용했다. 그는 바나바의 생질로서 후에 시리아 안디옥으로 갔으며 이곳에서 바울과 바나바와 함께 1차 전도 여행을 다녔으나 알려지지 않은 이유로 이들과 결별하였다. 이것이 화근이 되어 바울과 바나바가 다투게 되었고 그들은 따로 전도여행을 떠나는데 마가는 바나바와 함께 구브로(사이프러스)로

갔다. 바울 사도가 골로새서와 빌레몬서를 기록할 때 그는 바울 사도
와 함께 있었으며 후에는 베드로 사도와 함께 로마에 있었다.

　　마가는 복음 사건들을 모두 직접 목격한 사람은 아니다. 그러나
그는 베드로 사도의 통역자로 활동하였다. 그가 전한 복음은 베드로
사도에게서 나온 것이라는 점에서 그가 기록한 복음서는 처음부터
권위 있는 것으로 받아들여졌다.

　　마가복음의 기록 연대는 빠르게는 서기 55년경으로부터 늦게는
서기 60년 혹은 64년경 또는 그 이후로 의견이 분분하다. 정확한 연
대는 아무도 알지 못한다.

　　마가복음이 기록된 장소는 로마시로 추측되어 왔다. 로마는 예수
의 사역 당시 지중해 연안을 장악하고 있던 제국의 이름이면서 그 발
생지이며 중심지였던 도시의 이름이었다. "예루살렘과 온 유대와 사
마리아와 땅 끝까지 이르러 내 증인이 되라."고 당부하신 예수의 말
씀을 따라 사도들은 복음을 전하면서 로마시를 그 최종적인 목표점
중에 하나로 보았다. 복음은 예수께서 십자가형을 당하신지 20년이
지나지 않아서 로마시로 들어갔고 그곳에 교회가 세워졌으며 잠시
후에는 이곳이 기독교의 중심지가 된다. 이 로마에서 베드로 사도는
서기 64년에 순교자가 되었다.

2) 마가복음의 주제

　　마가복음은 예수의 설교나 교훈보다는 예수의 사역을 중점적으
로 보도한다. 물론 마가복음도 예수의 가르침을 소개하지만, 예수의
사역이라는 맥락 속에서 소개된다. 이런 면에서 신학자들은 마가복

음을 '활동의 복음서'라 부른다. 마가는 예수의 사역에 초점을 맞추어서 그의 사역의 정점인 십자가 고난을 유난히 부각시킨다.

마가복음의 주제는 예수의 고난에 있다. 즉 인류를 구원하러 오신 메시아는 십자가에서 참혹하게 죽으심으로 이 사역을 수행하셨다는 것이다. 고난을 받으시고 죽임을 당하신 메시아 예수가 마가복음의 주제이다.

3) 마가복음의 구조

마가복음의 구조는 마태복음에 비해 비교적 단순하다. 그 이유는 마태복음이 예수의 활동에 초점을 맞추었기 때문이다. 따라서 마가복음은 다른 복음서보다 더 강하게 예수의 사역을 연대기적으로 소개하고 있다.

고난을 당하시고 십자가를 지시는 예수의 메시아적 사역을 부각시키기 위해 마가복음은 예수에 대한 사람들의 반대와 적대적 행위를 일찍부터 소개한다. 또한 마가복음에는 예수의 인간으로서의 모습이 다른 복음서보다 더 많이 기록되어 있다. 그래서 하나님의 아들이신 예수의 고통이 훨씬 더 강하게 느껴진다. 마가복음의 모든 내용이 예수의 죽음을 정점으로 정리되어 있다고 할 수 있을 것이다.

마가복음은 이 복음서에 관한 아주 간략한 소개로 시작된다. "하나님의 아들이신 예수 그리스도의 복음의 시작"(1:1). 이 소개가 끝나기가 무섭게 세례 요한의 사역을 소개하고 예수의 수세와 시험 기사를 간략하게 실었다(1:2-13). 갈릴리 지역과 그 부근에서의 사역이 1:14-9:50에 나오고 유대지역에서의 사역(10:1-13:37)에 이어 예수의 수난과 죽음, 부활이 기록되어 있다(14:1-16:8). 많은 사본들이 16:9-20을 가지고 있지 않기 때문에 대부분의 신학자들이 마가복음은 부활의 기사로 끝난다고 판단한다. 이 부분을 가진 사본과 가지지 않은 사본 이외에 두 가지 형태의 사본이 더 존재한다. 소위 짧은 결론부가 16:8에 덧붙어 있는 사본들과 이 짧은 결론부와 16:9-20을 함께 가지고 있는 사본들이다.

마가복음의 내용은 다음처럼 구조 분석될 수 있다.

1. 서언(1:1-13)

　　1) 제목(1:1)

　　2) 세례 요한의 사역(1:2-8)

　　3) 예수의 수세(1:9-11)

　　4) 시험받으심(1:12-13)

2. 갈릴리 지방과 그 부근에서의 사역(1:14-9:50)

　　1) 첫 사역(1:14-35)

　　　　① 사역의 개시(1:14-15)

　　　　② 첫 제자들을 부르심(1:16-20)

　　　　③ 귀신을 쫓아내심(1:21-28)

　　　　④ 베드로의 장모를 고치심(1:29-31)

　　　　⑤ 예수께 오는 모든 사람들을 낫게 하심(1:32-39)

　　　　⑥ 문둥병자를 고치심(1:40-45)

　　2) 논쟁 사역과 적대세력의 등장(2:1-3:35)

① 중풍병자를 고쳐주심(2:1-12)

② 레위(마태)를 부르시고 함께 식사하심(2:13-17)

③ 금식에 관한 논쟁(2:18-22)

④ 안식일 논쟁(2:23-28)

⑤ 안식일에 손 마른 사람을 고치심(3:1-6)

⑥ 갈릴리 바닷가에서의 사역(3:7-12)

⑦ 열두 제자 임명(3:13-19)

⑧ 바알세불 논쟁(3:20-30)

⑨ 예수의 진정한 가족들(3:31-35)

3) 비유로 가르치심(4:1-34)

① 씨 뿌리는 자의 비유(4:1-20)

② 등불의 비유(4:21-25)

③ 몰래 자라나는 씨의 비유(4:26-29)

④ 겨자씨의 비유(4:30-34)

4) 제자들과 함께하는 사역(4:35-6:56)

① 풍랑을 잠잠케 하심(4:35-41)

② 군대 귀신을 쫓아내심(5:1-20)

③ 야이로의 딸을 살리심(5:21-24; 35-43)

④ 혈루증을 고쳐주심(5:25-34)

⑤ 고향에서 배척당하심(6:1-6)

⑥ 열두 제자를 전도하도록 보내심(6:7-13)

⑦ 세례자 요한의 죽음(6:14-29)

⑧ 열두 제자들의 귀환(6:30-31)

⑨ 오천 명을 먹이심(6:32-44)

⑩ 바다 위로 걸으심(6:45-52)

⑪ 게네사렛 사역(6:53-56)

5) 확산되는 논쟁과 깊어지는 신앙(7:1-9:50)

① 결례에 관한 논쟁(7:1-13)

② 사람을 더럽히는 것(7:14-23)

③ 수로보니게 여인의 딸을 고쳐주심(7:24-30)

④ 귀 먹고 어눌한 자를 고쳐주심(7:31-37)

⑤ 사천 명을 먹이심(8:1-10)

⑥ 표적 요구에 대한 답변(8:11-13)

⑦ 바리새인과 헤롯의 누룩(8:14-21)

⑧ 소경을 보게 하심(8:22-26)

⑨ 베드로의 신앙고백(8:27-30)

⑩ 고난, 죽음과 부활에 대한 첫 번째 예고(8:31-33)

⑪ 예수를 따르는 자들의 각오와 미래(8:34-9:1)

⑫ 변화산 사건(9:2-8)

⑬ 엘리야에 관한 가르침(9:9-13)

⑭ 귀신 들린 소년을 고치심(9:14-29)

⑮ 고난, 죽음과 부활에 대한 두 번째 예고(9:30-32)

⑯ 큰 자에 대한 토론과 예수님의 충고(9:33-37)

⑰ 그리스도의 사람들(9:38-50)

3. 유대 지역에서의 사역(10:1-13:37)

1) 예루살렘으로 가는 길에서의 사역(10:1-52)

　① 이혼에 관하여(10:1-12)

　② 어린아이들을 축복하심(10:13-16)

　③ 부자 청년과의 대화(10:17-22)

　④ 부자와 하나님의 나라 그리고 제자들(10:23-31)

　⑤ 고난, 죽음과 부활에 대한 세 번째 예고(10:32-34)

　⑥ 야고보와 요한의 부탁에 대한 예수님의 대답(10:35-45)

　⑦ 바디매오를 낫게 하심(10:46-52)

2) 예루살렘과 그 주변에서의 사역(11:1-13:37)

　① 승리의 입성(11:1-11)

　② 무화과나무를 저주하심(11:12-14)

　③ 성전 청결 사건(11:15-19)

　④ 기도에 관한 교훈(11:20-26)

　⑤ 성전에서의 논쟁(11:27-12:44)

　　a. 권세에 관한 질문과 예수의 역질문(11:27-33)

　　b. 포도원의 비유(12:1-12)

　　c. 세금에 관하여(12:13-17)

　　d. 부활에 관하여(12:18-27)

　　e. 가장 큰 계명에 관하여(12:28-34)

　　f. 그리스도와 다윗(12:35-37)

　　g. 서기관들에 대한 책망(12:38-40)

　　h. 과부의 헌금(12:41-44)

　⑥ 감람산 설교(13:1-37)

4. 그리스도의 수난, 죽음과 부활(14:1-16:8)

    1) 예수를 죽이려는 음모(14:1-2)

    2) 마리아가 예수님께 향유를 부음(14:3-9)

    3) 가룟 유다의 배반 계획(14:10-11)

    4) 최후의 만찬(14:12-26)

    5) 예수의 부탁과 베드로의 부인 예언(14:27-31)

    6) 겟세마네 동산에서의 기도(14:32-42)

    7) 체포(14:43-50)

    8) 이불을 두른 청년(14:51-52)

    9) 산헤드린의 심문(14:53-65)

    10) 베드로가 예수를 부인함(14:66-72)

    11) 빌라도의 심문과 바나바의 석방(15:1-15)

    12) 고난 받으심(15:16-20)

    13) 십자가에 못 박히심(15:21-41)

    14) 장사(15:42-47)

    15) 부활(16:1-8)

    [16) 부활 후의 사건(16:9-20)]

4) 마가복음의 내용상의 특징

마가복음은 다음과 같은 특징을 가진다.

(1) 마가복음은 교회 초기로부터 폭넓게 받아들여졌으나 교부들이나 신학자들에 의해 인용되거나 주석되지는 않았다. 그 이유에 대해 마틴(R. P. Martin)은 그 내용의 대부분이 마태복음이나 누가복음에

나오기 때문이라고 하였다.[14]

(2) 베드로가 좀 뚜렷하게 부각된다.

① 마가복음 1:35-36은 "시몬과 및 그와 함께 있는 자들이 예수님의 뒤를 따라가 만나서"라고 하는데, 평행구절인 누가복음 4:42은 "무리가 찾다가 만나서"라고 한다. 마가복음은 시몬을 특별히 언급한다.

② 마가복음 11:20-21에서는 예수님이 저주하신 무화과나무가 마른 것을 보고 "베드로가 생각이 나서" 예수께 질문을 하는데, 마태복음 21:20에서는 "제자들이 이상히 여겨" 질문을 던진다.

③ 마태 28:7//누가 24:6-7에서는 예수님이 부활하신 후 천사들이 여인들에게 나타나 제자들에게 이 소식을 전하라고 말하는데 마가복음 16:7에는 베드로의 이름이 특별히 언급되고 있다.

하지만 이 정도의 자료를 가지고 마가복음 배후에 베드로가 있음이 확실하게 증명된다고 볼 수는 없다.[15] 그러나 이러한 특징이 전통이 전해주는 외적 증거와 결합한다면 베드로 사도가 마가복음 배후에 있음이 좀 더 분명해진다. 외적 증거는 우선 유세비우스(Eusebius)의

---

14. Martin, 『신약의 초석』, 229.

15. Versteeg, *Evangelie in viervoud*, 40-41은 마가복음이 여러 가지로 베드로의 위치를 강조 내지는 부각하고 있는 증거를 꼽고 있는데 사실은 다른 복음서에도 같은 강조점을 읽을 수 있다. 때로는 다른 복음서가 베드로의 모습을 더 부각시키는 경우도 발견된다(참조, 마 14:28-31; 16:17-19).

글에 인용된 파피아스(Papias)의 글이다. "베드로의 통역이었던 마가는 그가 기억할 수 있는 대로 예수님이 행하시거나 말씀하신 것을 자세히 기록했다."[16] 이레니우스도 마가는 베드로에 의해 전파된 것을 우리에게 글로 전해주었다고 한다.[17]

(3) 마가복음에는 라틴어의 단어들이 헬라문자로 음역되어 여기저기 나타난다. 말(*modius*, 4:21), 군대(*legio*, 5:9, 15), 시위병(*speculator*, 6:27), 데나리온(*denarius*, 6:37), 주발(*sextarius*, 7:4), 세금(*census*, 12:14), 채찍질(*flagellum*, 15:15), 백부장(*centurio*, 15:39, 44, 45) 등이 그러한 경우이다(참조, 12:42; 15:16).

이와 함께 유대 색채가 마태복음과 비교할 때 많이 감소되었음을 알 수 있는데 이것은 마가복음과 로마시를 연결하는 전통을 어느 정도는 뒷받침하는 것이라고 생각된다. 그러나 라틴어 단어들이 자주 사용되었다는 것만을 가지고 마가복음이 로마시에서 기록되었다고 하는 것은 성급한 결론이다. 왜냐하면 로마가 지중해 연안을 통일한 이후 로마 문화의 유입으로 인하여 새로운 라틴어 단어들이, 특히 번역할 만한 적당한 단어가 없는 라틴어 어휘들이 지중해 연안의 모든 언어권에 영향을 미쳤기 때문이다. 따라서 라틴어 단어의 등장이 로마시에서 저술된 증거라고 볼 수는 없다. 마가복음에는 라틴어 단어들이 좀 더 많이 발견된다고 말할 수 있을 뿐이다.

---

16. *Historia Ecclesiastica*, III,39,15. 참조, III,39,1-15; V,8,2; VI,14,5; 25,5; II,14,6; 15,1.
17. *Adversus Haereses*, III,1,1. 참조, 벧전 5:13에서 마가를 '나의 아들'이라고 부른다.

다음의 두 경우는 마가복음의 라틴어 사용을 잘 보여준다.

① 헌금궤에 한 과부가 헌금하는 것을 보도하면서 누가복음 21:2은
   단순히 그 과부가 두 렙돈을 넣었다고 하는데 마가복음 12:42은
   렙돈(lepta)이라는 헬라동전을 고드란트(quadrans)라는 로마 돈으로
   환산하여 설명하고 있다. 이것은 마가복음의 독자들이 고드란트
   가 사용되고 있던 혹은 고드란트라는 화폐의 가치로 충분히 다른
   것의 가치를 설명할 수 있는 지역에 살고 있었다고 보게 한다. 그
   런데 이러한 지역이 반드시 로마시에 국한된다고 볼 수는 없다.

② 마가복음 15:16은 '아울레'라는 헬라어를 브라이도리온(praitorion)
   이라는 라틴어로 설명하고 있다. 마태복음 27:27은 단순히 브라
   이도리온(관정)이라고만 소개한다. 이것은 브라이도리온이라는
   라틴어로 설명이 필요한 지역의 독자들을 위해 마가복음이 저술
   되었다는 증거이다. 그러나 그러한 지역이 로마시에 국한된다고
   볼 수는 없다.

③ 마가복음 15:21은 구레네 시몬을 알렉산더와 루포의 아버지라고
   소개하고 있는데 로마서 16:13에 루포의 이름이 나온다. 만약 이
   두 사람을 동일인이라고 할 수 있다면 구레네 시몬을 왜 이렇게
   소개하고 있는지 이해할 수 있다. 마가복음의 독자들에게 알렉산
   더와 루포가 알려져 있었을 것이기 때문에 마가복음에 이들의 이
   름이 나왔다면 마가복음의 독자들은 로마에 있었다고 볼 수 있
   다. 그러나 로마서에서 언급된 루포가 마가복음에서 언급되는 루
   포와 동일인물이라고 확정할 수는 없다.

(4) 마가복음에는 아람어의 흔적이 많이 남아 있다(고르반, 달리다굼, 에바다, 엘로이 등). 학자들은 이것을 마가복음이 아직 생생한 팔레스타인 땅의 상황을 보여주는 자료들을 보존하고 있는 증거로 간주하고 마가복음 우선설을 주장한다. 마가복음이 기록된 장소나 최초의 독자들이 살고 있었던 지역이 라틴어를 사용하는 이방 지역이었다고 볼 때, 그들이 알지도 못하는 아람어를 되살려 놓았다고 볼 수는 없으므로, 이 아람어들은 원형의 보존이라고만 설명할 수 있기 때문이다.

(5) 고난받는 인자의 모습에 초점이 맞추어져 있다. 마가복음은 1/3 이상을,[18] 즉 이 복음서의 가장 많은 지면을 예수의 마지막 고난을 기술하는 데 사용했다. 수난 기사는 마가복음 11:1부터 나온다. 그러나 이에 대한 예언은 이미 마가복음 8:31에서 시작된다. 예수님은 그의 생애 초기부터 고난과 함께 걸어가시는 것으로 묘사되었다(2:1-3:6 특히 2:16, 20; 3:6; 3:19, 20-35). 페어스떼이흐(Versteeg)는 예수의 고난이 마가복음의 강조점임을 다음과 같이 주장한다.

마가복음에서 예수의 고난은 독특한 강조점을 가진다. 마가는 다른 복음서 저자와는 달리 예수의 고난을 붙들고 씨름하였다. … 마가에 의하여 복음 이야기들은 분명하게 예수의 고난이라는 관점에서 조명된다. 물론 그도 수많은 주제들을 다루지만 이 모든 주제들은 예수

---

18. J. Bowman, *The Gospel of Mark: The New Christian Jewish Passover Haggada* (Leiden: Leiden University Press, 1965), 312. 바우만(J. Bowman)은 8분의 3으로 계산했다.

의 고난이라는 하나의 중심 주제를 통하여 제한되고 있다. 즉 예수의
말씀과 사역이 그의 고난과의 관계에서 기록되어 있다.[19]

마가복음에서는 '인자'(그 사람의 아들)라는 칭호도 주로 이 문맥에
서 사용되었다. 인자라는 칭호는 전통적으로 (a) 그의 지상생애의 비
참상 (b) 그의 마지막 고난 (c) 그의 재림과 관계하여 사용된 것으로
분석되는데 아래의 표는 마가복음의 특징을 잘 보여준다.

　① 지상생애: 막 2:10// 마 9:6// 눅 5:24;

　　　　　　 막 2:27// 마 12:8// 눅 6:5;

　　　　　　 마 8:20// 눅 9:58;

　　　　　　 마 11:19// 눅 7:34;

　　　　　　 마 12:32// 눅 12:10;

　　　　　　 마 13:37;

　　　　　　 마 16:13;

　　　　　　　　　　 눅 6:22;

　　　　　　　　　　 눅 19:10;

　　　　　　　　　　 눅 22:48

　② 수난: 　 막 8:31// 　　 눅 9:22;

　　　　　 막 9:9// 마 17:9;

　　　　　 막 9:12// 마 17:12;

19. Versteeg, *Evangelie in viervoud*, 44.

　　　　　　막 9:31//　마 17:22//　눅 9:44;

　　　　　　막 10:33//　마 20:18//　눅 18:31;

　　　　　　막 10:45//　마 20:28;

　　　　　　막 14:21//　마 26:24//　눅 22:22;

　　　　　　막 14:41//　마 26:45;

　　　　　　　　　　　마 12:40//　눅 11:30

③ 재림:　　막 8:38//　마 16:27//　눅 9:26;

　　　　　　막 14:62//　마 24:30//　눅 21:27;

　　　　　　　　　　　마 10:23;

　　　　　　　　　　　마 13:41;

　　　　　　　　　　　마 16:28;

　　　　　　　　　　　마 19:28;

　　　　　　　　　　　마 24:27//　눅 17:24;

　　　　　　　　　　　마 24:30;

　　　　　　　　　　　마 24:37//　눅 17:26;

　　　　　　　　　　　마 24:39;

　　　　　　　　　　　마 24:44//　눅 12:40;

　　　　　　　　　　　마 25:31;

　　　　　　　　　　　　　　　　눅 12:8;

　　　　　　　　　　　　　　　　눅 17:22;

　　　　　　　　　　　　　　　　눅 17:30;

　　　　　　　　　　　　　　　　눅 18:8;

　　　　　　　　　　　　　　　　눅 21:36

위의 표에서 알 수 있는 것은 '인자'는 고난받는 예수를 위하여
마가복음이 선호한 칭호라는 점이다. 이러한 선호는 마가복음에 독
특한 색채를 제공한다.[20] 마태복음과 누가복음에는 세 가지 내용이
두루 나오지만 누가복음은 수난부분이 다소 약하고 마가복음에서는
수난에 초점이 맞추어져 있다.

(6) 예수의 인성에 대한 솔직한 표현들이 많이 나온다(8:11-13; 9:30;
14:65; 8:31이하; 9:12; 10:32-34, 45; 6:5, 6; 13:32; 15:31). 어떤 신학자들은 마가
복음의 이러한 특징은 기독론이 확립되기 이전의 자료를 포함하고
있다는 증거로 간주한다.

① 마가 1:40//마태 8:1-4//누가 5:12-16: 마가복음은 나병환자의 치
   유 시 "연민의 정에 차 있는" 혹은 격분한 예수님의 모습을 묘사
   한다.

② 마가 3:1-6//마태 12:9-14//누가 6:6-11: 한쪽 손 마른 사람을 고
   치신 사건에서 예수님은 바리새인들이 "마음의 완고한 것"을 탄
   식하시며 노기 띤 얼굴로 쳐다보셨다고 묘사한다.

③ 마가 9:33-37//마태 18:1-5//누가 9:46-48: 예수님은 "길에서 무
   슨 일로 다투었느냐"고 제자들에게 질문하신다. 이것은 예수께서
   모든 것을 다 아신다는 관점이 아니라 예수의 인간적인 모습과
   관련된다.

④ 마가복음 9:36; 10:16에서 예수님은 어린이를 포옹하셨다고 묘

---

20. 대개의 신학자들은 재림-인자의 연결 배경을 단 7:13-14에서 찾고 고난-인
    자의 결합배경을 사 53장에서 찾으려 한다.

사된다.

⑤ 마가 10:13-16//마태 19:13-15//누가 18:15-17: 마가복음에서는 아이들이 오는 것을 제자들이 방해하자 예수님이 분개하셨음이 묘사된다.

⑥ 마가 10:17-22//마태 19:16-22//누가 18:18-23: 마가복음에서는 예수께서 부자청년을 사랑하셨음(대견스러워하심)이 묘사된다.

(7) 마가복음에는 제자들의 인간적인 모습을 적나라하게 기록한다.

① 제자들이 두려움에 떨었다는 것을 마가복음만이 기록하고 있다(막 1:27; 10:24. 32; 9:15; 16:5.6).

② 마가복음은 예수의 수난예고에 제자들이 놀라고 두려워했다고 기록한다(막 10:32-34//마 20:17-19//눅 18:31-34).

③ 마가복음은 빈 무덤을 목격하고 여인들이 무서워하였다고 기록한다(막 16:1-8//마 28:1-8//눅 24:1-9).

(8) 마가복음에서는 메시아직과 고난의 필연적 관계가 부각된다(9:12). 즉 마가복음의 기독론은 고난받는 메시아가 그 핵심이다. 마가복음에 따르면 예수님은 고난받는 종으로서만 많은 사람을 구원하는 메시아일 수 있다. 물론 이 고난의 배후에 승리자의 모습이 언제나 역력히 나타난다.

(9) 많은 학자들은 마가복음의 가장 큰 특징이 메시아 비밀이라고 생각한다.

① 브레데(W. Wrede)의 메시아 비밀 가설에 의하면 예수님은 그의 지상사역 시에 아무에게도 메시아로 알려지지 않으셨고, 예수 자신도 자신을 그렇게 알리시지 않으셨다.

② 이 가설에 의하면, 예수님을 메시아로 믿는 신앙은 십자가에 못박혀 죽은 예수님이 부활하였다고 믿는 신앙에서 자라났다(행 2:36, 바울서신).

③ 이 가설에 의하면, 예수의 제자들은 부활 신앙으로 예수의 생애를 재해석하기 시작했다. 그래서 초대교회에 예수에 관한 두 가지 믿음(예수님을 메시아가 아닌 분으로 믿는 믿음과 메시아로 믿는 믿음)이 공존하게 되었는데, 예수를 메시아로 믿는 믿음은 메시아적이지 않았던 예수의 공생애를 재구성하는 역할을 한다.

④ 이 때 문제가 된 것은 예수에 대한 원래의 믿음, 즉 그들 중에 거하시던 지상의 예수님을 비메시아적으로 믿는 것을 어떻게 해소하느냐 하는 것이었다.

⑤ 이 가설은 이 어려움을 풀기 위하여 마가에 의해서 창안된 것이 소위 메시아 비밀이라고 본다. (이것이 마가의 창안물이냐 아니면 그가 물려받은 전통의 하나인가에서 학자들 사이에 서로 다른 의견이 제시되기도 한다.)

⑥ 이 가설에 의하면 메시아 비밀은 다음과 같다. 예수님이 메시아이신 것이 사실은 그의 생애에 아주 적은 특수한 사람들의 단체에 이미 알려져 있었다. 예수님은 자신이 메시아임을 그의 제자들에게 나타내셨으면서도 다른 사람에게는 비밀로 감추도록 명

령하셨다. 그의 제자들은 그를 메시아로 확신하고 따르면서도 명
령에 따라 다른 사람들에게 알릴 수 없었으며 따라서 다른 사람
들이 그를 메시아로 믿지 못했었다.

⑦ 이 가설에 의하면, 예수님은 이 메시아 비밀 지킴의 한계를 그의
부활 때까지로 지정하셨다(막 9:9 참고). 그리하여 예수님이 부활
하신 지금에야 예수의 계획에 따라 비로소 그가 진정한 메시아이
심을 전파하기 시작하게 된 것이다.

⑧ 메시아 비밀 가설이란 예수를 메시아로 믿지 않고 있던 그 당시
의 유대인들에게 예수님이 메시아이심을 알리고 왜 예수를 만난
사람들이 아무도 그를 메시아로 믿지 않았는가에 대하여 변명하
기 위하여 마가, 혹은 다른 제자들이 창안한 것이라는 설명이다.

⑨ 처음에 이 학설이 나올 때는 마가의 역할을 그리 강조하지는 않
았다. 즉 마가에게 도달한 자료들은 이미 그렇게 변해 있었다고
생각했다. 메시아 비밀 가설은 몇몇 소수의 사람들에 의하여 고
안된 것이 아니라 초대교회로부터의 전통이라고 주장했다. 마가
는 이 전통을 받아들여 독자적으로 이 면을 좀 더 강하게 만들었
다고 여겨졌다. 그런데 최근에 마가에게 좀 더 많은 창조성이 부
여되었다. 즉 마가 자신이 이 작업을 수행했다는 것이다. 그렇다
면 마가는 그에게 전해진 전승들을 모아 예수님이 메시아이심을
증명하며 예수님을 메시아로 믿지 않는 믿음에 대하여 메시아로
믿는 믿음을 변호하기 위하여 마가복음을 쓴 사람이 된다. 예수
님이 메시아이심이 알려지는 것을 금하는 침묵명령들은 과거에
는 전승 자료로 보았으나 이제는 마가의 편집 결과로 보게 되었

다.[21]

⑩ 학자들에 따라서 메시아 비밀 가설을 다른 복음서에 확대 적용하
기도 한다.

⑽ 메시아 비밀 가설 비평

① 예수님이 메시아가 아니라는 믿음을 초기 그리스도인들이 가졌
다는 증거자료가 하나도 없다. 그런 전승이 있었다는 흔적조차
없다. 따라서 메시아 비밀 가설은 외증이 없는 순수가설일 뿐이
다. 하지만 이렇게 논증하는 것은 효과적인 공격이 되지 못한다.
천 수백 년 동안 기독교 세력권에서 살아오던 사람들이 그러한
비기독교적인 문서를 남겨놓았을 리가 만무하다고 반박을 받게
되기 때문이다.

② 예수의 생애 시에 그를 이미 메시아로 믿었다는 기록이 복음서
여기 저기에 남아 있다. 그러나 그러한 구절들이 메시아이심을
주장하기 위해 복음서 저자들이 추가한 것이라고 반박을 받을 수
있다.

③ 마가복음 6:14에 보면 예수님을 가리켜 "세례자 요한이 살아난

---

21. 이렇게 해석되는 구절들은 다음과 같다. 막 9:9(변화산상에서 보고 들은
것 알림을 금지하심); 8:30(베드로의 고백 후 자신이 그리스도요 하나님
의 아들이심을 알리지 못하도록 하심); 1:34; 3:11, 12(귀신들에게 금지 명
령); 1:44(문둥병자를 고치신 후의 금지명령); 7:36(귀 먹고 벙어리 된 귀신);
8:26(벳새다에서 소경을 고치신 일); 5:43(야이로의 딸을 살리심).

것이 아니냐?"라고 생각한 사람들이 있었다. 이 외에도 예수님을 별나게 생각한 흔적들이 여기 저기 남아 있는데 이러한 것은 메시아 비밀을 말하는 구절들에서도 발견된다. 즉 예수님을 메시아라고 믿는 것은 부활을 믿는 신앙에 의하여 비로소 만들어진 것은 아니다. 부활이란 그런 획기적인 분기점이 아니라 예수에 관한 믿음을 확증한 역사적 사건으로 보아야 한다. 그러나 이러한 논증은 복음서의 기록 자체를 의심하는 자들에게 복음서의 기록을 전제로 사용하는 것이므로 설득력이 없다.

④ 만약 이 메시아 비밀이 사실이라면 마가는 끝까지 이것을 견지해야 하는데 그렇지 못하다. 마가복음에는 예수의 침묵명령에도 불구하고 사람들이 외치고 다녔으며, 그래서 예수의 소문이 (그 소문이 내포하는 예수님이 메시아라는 믿음도) 여기저기 퍼져나가는 것을 여전히 말하고 있다. 메시아 비밀 가설은 이러한 구절을 설명하지 못하므로 설명력이 없다. 이처럼 설명력이 없는 가설은 폐기되어야 한다.

(11) 마가복음에는 확실히 두 가지 경향의 긴장이 있다. 이 긴장은 사람들이 예수님께 보인 상반된 태도와만 관련된 것이 아니라 예수 자신의 태도와도 관련된다. 즉 예수님이 자신이 메시아이심을 알고 계시고 그렇게 사람들에게 알리시는 것과(8:29; 14:62) 자신의 입으로 부정하시거나 소극적인 태도를 보이시는 것 그리고 사람들에게 널리 알리지 말 것을 요청하시는 것 사이의 긴장이다. 마가는 예수님이 메시아이심이 알려지지 않도록 침묵을 명령하셨음을 여러 구절에서

강조한다.[22]

그러나 이 같은 긴장은 예수의 메시아관이 그 당시의 유대인들의 메시아관과 전혀 다른 종류의 것이요 전혀 다른 방식으로 이루어지는 것이었기 때문에 발생한 것으로 설명될 수 있다.[23]

예수 주위의 사람들은 왕적 메시아를 기대했다. (메시아 사상과) 고난받는 하나님의 종(사 53장)과의 결합은 그들에게는 아직도 여전히 생각할 수 없는 것이었다. 그의 기적적인 사역들이 그를 메시아로 믿는 믿음을 일으킬 때(8:27-29), 이것은 예수님을 그들이 기대하던 군사적 메시아로 간주하게 하였다. 고난받는 메시아 사상은 아직 그들에게 감추어져 있었다. 그래서 예수님은 제자들이 예수님을 메시아라고 고백하였을 때 이에 관해 침묵하도록 명령하시거나(8:30), 메시아에게 기대된 기적을 행하신 후 치유된 자에게 치유된 사실을 비밀로 하도록 하신다. 이것은 유대인들에게 오해를 불러일으킬지도 모르는 상태에서 예수님이 메시아로 알려지는 것을 피하시기 위함이라고 볼 수 있다.

유대인들이 가지고 있었던 군사적 메시아 대망사상은 예수에 의하면 수정되어야 하는데 그들은 이러한 기대를 가지고 예수님을 재고 있었다. 그들이 그들의 견해를 따라 예수님이 군사적 메시아이신가 생각할 때 예수님은 이것을 부정하신다. 그러나 예수님이 메시아이심 자체는 결코 부정하시지 않으셨다. 그러므로 예수님은 유대인

---

22. Baarlink, *Inleiding tot het Nieuwe Testament*, 123. 왜 마가가 이 점을 강조하게 되었는가에 대해서는 학자들의 의견이 서로 엇갈린다.

23. Versteeg, *Evangelie in viervoud*, 55.

들의 메시아 사상을 교정하신 후에 자신이 메시아이심을 알리고자 하셨다고 볼 수 있다. 예수님은 자신이 메시아이심을 시인하실 경우에는 자신이 군사적 메시아가 아니며 다른 종류의 메시아이심을 추가 설명을 통해 알리셨다(8:29-31; 14:61-62).

예수님이 메시아이심을 알리면서도 숨기는 마가복음의 긴장은 마가나 초대교회로부터 나온 것이 아니라 유대인들의 군사적 메시아 사상을 거부하시는 예수님에게서 나온 것이라고 볼 수 있다. 이렇게 볼 때 마가복음 본문이 훨씬 더 잘 설명된다.

3. 누가복음

누가는 복음서들 중에서 유일하게 저작에 관한 서론을 첨부했다. 이 서론에서 그의 복음서의 출처와 수신자, 저술 목적 등을 밝히고 있다.

이 서론과 사도행전의 서론을 비교해 보면 두 책이 동일한 사람에 의해서 저술되었으며 동일한 사람에게 보내졌음을 알 수 있다. 우리가 가지고 있는 신약성경에는 요한복음에 의하여 서로 격리되어 있기는 하지만 이 복음서는 사도행전과 함께 읽을 때 그 내용과 특징이 더 분명하게 나타난다.

누가복음은 신약성경의 책들 중에서 가장 긴 책이다. 사도행전과 함께 합친 분량은 신약성경의 1/4에 해당한다. 누가의 헬라어 문장은 상당히 훌륭하고 아름다운 것으로 알려져 있다.

1) 누가복음의 저자

누가복음의 저자는 바울의 동료이며 의사인 누가로 알려져 있다. 그는 유대인은 아니었을 수 있다. 누가복음에는 이 책의 저자에 관한 별다른 암시가 남아 있지 않지만 사도행전의 저자가 몇몇 곳에서 '우리'라는 복수형 대명사를 사용하여 바울 사도의 전도 사역을 기술한 점으로 미루어 보아(행 16:10-17; 20:5-15; 21:1-18; 27:1-28:16) 저자는 바울 사도의 전도여행의 동반자였음을 알 수 있고, 바울서신을 통해 누가일 수밖에 없다는 사실을 알 수 있다(참고: 골 4:14; 몬 24; 딤후 4:11).

사도행전에 의하면 바울 사도가 환상을 보고 마케도니아로 항해했을 때 누가는 드로아에서부터 전도대열에 합류하여 빌립보까지 함께 갔다. 그는 빌립보에서 바울 사도와 여러 날 함께 있었으나 바울이 체포된 후 헤어졌다. 3차 전도여행의 끝에 바울 사도가 예루살렘으로 가기 위하여 빌립보를 들렀을 때 누가는 바울과 다시 합류하여 예루살렘에까지 간다. 바울 사도가 감옥 생활을 끝내고 로마로 호송될 때 누가는 바울과 함께 배를 탔고 함께 파선을 겪었고 로마에까지 함께 갔다. 바울 사도는 그를 "사랑을 받는 의사 누가"라고 불렀다.

누가복음의 독자는 데오빌로라는 사람이었다. 데오빌로는 '각하'라고 불린 것으로 보아 로마인으로서 총독 이상의 고위직에 있었던 인물로 추측된다. 데오빌로는 복음을 단편적으로 들었으나 아직 믿음의 길에 들어서지 못했던 것으로 보인다. 그렇지 않으면 그는 믿음의 길에는 들어섰지만 그가 들은 많은 것에 대하여 의심을 가지고 있었거나 좀 더 알고 싶어 하였던 것으로 보인다. 누가는 복음 사건을 순서대로 기록하여 보냄으로써 데오빌로가 들었던 것이 확실함을 알려주려는 목적을 가지고 있었다.

누가는 복음의 목격자는 아니었다. 그는 "말씀의 목격자요 그 일 군들로부터" 복음을 들은 사람이었다. 그럼에도 불구하고 그가 써 보 내는 내용을 '우리 중에 이루어진 사실들'이라고 부르는 것을 고려하 면 복음서를 쓸 당시 그는 교회에 속해 있는 사람이었으며 오래 전에 있었던 일들을 목격한 사람들과 한 묶음으로 '우리'라고 부를 수 있 을 정도의 위치에 있었음을 알 수 있다. 누가가 사도들의 조력자였으 며 그가 쓴 복음서는 모두 그들에게 직접 들은 것이라는 면에서 누가 복음은 그 권위와 가치를 처음부터 인정받았다.

2) 누가복음의 주제

누가복음은 예수의 사역을 소개하면서도 왕으로서의 예수 그리 스도나 그리스도의 백성으로서의 교회의 탄생 혹은 기독교의 발생 과 같은 집단체적 성격에 초점을 맞추지 않고 개인의 죄와 고통, 비 참상 혹은 죄인을 사랑하고 부르시며 용서하시는 예수의 사역에 초 점을 맞추고 있다. 따라서 누가복음의 주제는 죄인을 사랑하시고 용 서하시는 예수 그리스도라고 말할 수 있을 것이다.

이런 개인에게 임하는 그리스도의 은총과 사랑을 강조한 이유는 아마도 서문에서 밝힌 것처럼 데오빌로라는 개인에게 복음의 확실 성을 알려주어 그를 (확실한) 기독교인으로 불러들이려는 의도(또는 그 의 믿음의 근거를 확실히 알려주려는 의도)와 관련된 것으로 보인다.

3) 누가복음의 구조

누가가 서문에서 복음 사건을 '차례대로' 써 보내겠다고 한 것을, 모든 사건이나 말씀들을 시간적인 순서대로 조금의 오차도 없이 기록하겠다는 뜻으로는 볼 수는 없다. 누가복음은 다른 복음서와 비교해 보면 큰 윤곽에서는 예수의 생애를 연대기 순으로 기술하는 방식에서 별 차이가 없다. 그러나 사건의 개개 기록이나 예수의 말씀의 보도에서는 다른 복음서와 차이가 있음이 명백하다. 이러한 차이는 시간적 순서대로 사건을 나열하려는 의도와 관련된다. 그러나 누가복음도 복음서를 저자의 의도와 목적에 필요한 대로 주제별로 정리를 한 측면이 있다고 보인다.

누가복음의 구조에 중요한 역할을 하는 것은 지역성이다. 어느 지역에서 있었던 일인가, 이 복음이 어디에서 발생하여 어디까지 어떻게 전해지고 있는가 하는 측면이 고려된다. 사도행전에서 누가는 이러한 암시를 담고 있는 예수의 명령을 먼저 수록해 두었다. "너희는 예루살렘과 온 유대와 사마리아와 땅 끝까지 이르러 내 증인이 되라."고 하신 주님의 말씀대로 복음은 예루살렘에서 시작하여 땅 끝까지 진군해 갔다는 것이 사도행전의 구조이다.

누가복음은 예루살렘에서 시작한다. 서론부는 예루살렘에서 거행된 예수의 정결예식과 12살 때의 성전방문으로 일단락된다(1:1-2:52). 예수의 실제사역은 사역의 준비(3:1-4:13) 후에 갈릴리 지역에서 시작하여(4:14-9:50) 예루살렘으로 가는 길로 이어지고(9:51-19:27), 예루살렘에서의 사역으로 끝난다(19:28-24:53). 누가복음은 예수의 승천 기사를 포함하고 있는 유일한 복음서이다.

물론 이러한 지역성은 예수의 사역의 성격을 반영하므로 어느 복음서에서나 확연하다. 하지만 누가복음에서는 이 지역성이 다른 복음서에 비해 좀 더 강조되고 있고 누가복음의 대체적인 구조를 결정하고 있다.

누가복음의 내용은 다음처럼 구조 분석될 수 있다.

1. 서론부(1:1-2:52)

　　1) 서문(1:1-4)

　　2) 세례자 요한의 출생 예고와 임신(1:5-25)

　　3) 예수의 탄생 예고(1:26-38)

　　4) 마리아의 엘리사벳 방문(1:39-56)

　　5) 세례자 요한의 출생과 성장(1:57-80)

　　6) 그리스도의 탄생(2:1-40)

　　　　① 역사적 배경(2:1-5)

　　　　② 탄생(2:6-7)

　　　　③ 목자들의 방문(2:8-20)

　　　　④ 할례와 작명(2:21)

　　　　⑤ 예루살렘에서 정결예식, 성장(2:22-40)

　　7) 소년 예수의 성전 방문(2:41-52)

2. 사역의 준비(3:1-4:13)

　　1) 세례자 요한의 사역(3:1-20)

　　　　① 배경(3:1-2)

　　　　② 세례 사역(3:3-6)

③ 설교 사역(3:7-14)

④ 예수의 사역 예고(3:15-17)

⑤ 헤롯을 책망하다 투옥됨(3:18-20)

2) 예수의 수세(3:21-22)

3) 예수의 족보(3:23-38)

4) 시험받으심(4:1-13)

3. 갈릴리 사역(4:14-9:50)

1) 사역 개시(4:14-15)

2) 나사렛에서의 설교와 배척당하심(4:16-30)

3) 가버나움에서의 사역(4:31-44)

① 귀신을 쫓아내심(4:31-37)

② 베드로의 장모를 고치심(4:38-39)

③ 다른 사역들(4:40-42)

4) 다른 동네에서의 사역(4:43-44)

5) 게네사렛 호숫가 설교 후의 이적과 첫 제자들을 부르심(5:1-11)

6) 문둥병자를 고치심(5:12-16)

7) 중풍병자를 고치심(5:17-26)

8) 레위(마태)를 부르시고 함께 식사하심(5:27-32)

9) 금식에 관한 토론(5:33-39)

10) 안식일의 사역(6:1-11)

① 제자들이 이삭을 잘라 먹음과 논쟁(6:1-5)

② 한 쪽 손 마른 사람을 고치심(6:6-11)

11) 열두 사도 임명(6:12-16)

12) 평지 설교(6:17-49)

    ① 배경(6:17-20a)

    ② 네 가지 복과 네 가지 화(6:20b-26)

    ③ 사랑과 용서에 대하여(6:27-38)

    ④ 바른 지도자(6:39-42)

    ⑤ 나무와 열매의 교훈(6:43-45)

    ⑥ 집 짓는 자의 비유(6:46-49)

13) 백부장의 하인을 고치심(7:1-10)

14) 나인성 과부의 죽은 아들을 살리심(7:11-17)

15) 세례자 요한의 질문과 예수님의 답변(7:18-35)

16) 향유를 부은 여인(7:36-50)

17) 요약(8:1-3)

18) 씨 뿌리는 자의 비유와 해석, 비유로 가르치시는 이유(8:4-15)

19) 등불의 비유(8:16-18)

20) 예수의 가족과 영적 가족(8:19-21)

21) 풍랑을 잔잔케 하심(8:22-25)

22) 거라사 광인을 구원하심(8:26-39)

23) 야이로의 딸을 살리시고 혈루병 여인을 고쳐 주심(8:40-56)

24) 열두 제자를 전도하도록 보내심(9:1-6)

25) 분봉왕 헤롯에게 예수님이 알려짐(9:7-9)

26) 제자들의 귀환과 오병이어의 기적(9:10-17)

27) 베드로의 신앙고백 후 자신의 고난, 죽음과 부활을

18) 허리가 구부러진 여인을 고치심(13:10-17)

19) 하나님의 나라에 대한 비유(13:18-21)

20) 좁은 문의 비유(13:22-30)

21) 헤롯의 음모와 예루살렘에 대한 애가(13:31-35)

22) 고창병 든 사람을 고치심(14:1-6)

23) 겸손에 관한 비유(14:7-11)

24) 가난한 자를 초청할 것을 가르치심(14:12-14)

25) 큰 잔치의 비유(14:15-24)

26) 모든 소유를 버리고 따를 것을 가르치심(14:25-35)

27) 죄인의 용서에 대한 비유(15:1-32)

　　① 잃어버린 양의 비유(15:1-7)

　　② 잃어버린 드라크마의 비유(15:8-10)

　　③ 탕자의 비유(15:11-32)

28) 불의한 청지기의 비유(16:1-13)

29) 바리새인들을 책망하심(16:14-18)

30) 부자와 나사로의 비유(16:19-31)

31) 제자들의 책임과 의무를 가르치심(17:1-10)

32) 열 명의 문둥병자를 고치심(17:11-19)

33) 하나님 나라의 임함에 관하여(17:20-37)

34) 낙망하지 말고 기도할 것을 가르치심(18:1-8)

35) 의인의 기도와 죄인의 기도(18:9-14)

36) 어린아이들을 영접하심(18:15-17)

37) 부자 청년의 질문과 답변(18:18-30)

10) 희롱(22:63-65)

11) 산헤드린의 재판(22:66-71)

12) 빌라도의 첫 번째 심문(23:1-5)

13) 헤롯 안티파스의 심문(23:6-12)

14) 빌라도의 두 번째 심문(23:13-25)

15) 십자가에 못 박히심(23:26-38)

16) 회개한 한 강도(23:39-43)

17) 죽으심(23:44-49)

18) 장사(23:50-56)

19) 부활하심(24:1-12)

20) 엠마오로 가는 두 제자에게 나타나심(24:13-35)

21) 예루살렘에 나타나심(24:36-43)

22) 고난에 대하여 가르치심(24:44-49)

23) 승천(24:50-53)

4) 누가복음의 내용상의 특징

누가복음은 다음과 같은 특징들을 가진다.

(1) 누가복음에는 당시의 의학용어나 의학적 표현이 많이 발견된다.

① 누가 4:38///마가 1:30/마태 8:14: 마태복음과 마가복음은 베드로의 장모가 열병에 걸려 누워 있었다고 기록한 데 반해 누가복음은 "중한 열(병)에 붙들린지라."라고 좀 더 자세하게 표현했다.

② 누가 5:12//마가 1:40//마태 8:2: 마태복음과 마가복음은 문둥병
자라는 점을 기록하는데 그쳤지만 누가복음은 그의 전신에 이 문
둥병이 덮여 있었다고 좀 더 자세하게 묘사했다.

③ 누가 8:43-44//마가 5:25-26, 29: 마가복음은 "그 여자의 피의 근
원이 즉시 말랐다."고 기록했으나 누가복음은 "그 여자의 피의 흐
름이 그쳤다."고 기록했다.

마태복음은 병의 상태보다는 병명을 기술하는 것으로 그치고 있
으나 누가복음은 주로 병의 상태를 기록했다. 이러한 특징은 누가복
음의 저자가 누가 의사였다는 이레니우스의 기록과 아주 잘 어울린
다.[24]

(2) 누가복음은 가르치는 사람을 의미하는 교사 혹은 선생(διδάσ-
καλος)만이 아니라 선구자를 의미하는 스승(ἐπιστάτης)이라는 용어를 종
종 사용하고 있다(5:5; 8:24, 45; 9:33, 49; 17:13). 이는 선생을 가르치는 자
보다는 선구자로 생각하는 의료계의 관습 때문이 아니었을까?

(3) 저자와 독자의 로마, 헬라적 배경이 엿보인다. 누가복음 6:29
은 "겉옷을 달라고 하면 속옷까지도 주라."고 하는데 마태복음 5:39-
40은 "속옷을 달라고 하면 겉옷까지도 주라."고 한다. 겉옷과 속옷의
순서가 도치되어 있다. 그러나 유대인들의 사회에서는 겉옷을 달라
고 소송할 수 없었음을 감안하고 로마세계의 제도는 이와 동일하지

---

24. 이 누가에 관하여는 행 16:10-17; 20:5-21; 27:2-28:16; 골 4:14; 딤후 4:11; 골
    4:11을 참고하라.

않았음을 감안하면 전달되는 의미는 변하지 않았음을 알 수 있다. 예수님은 한 가지를 달라고 강제하면 요구하지 않은 것까지 자발적으로 더 주라고 말씀하셨다. 이 말씀은 앞, 뒤의 문맥과도 아주 잘 통한다. 이 문제를 관습의 차이로 이해하지 않고 복음서 저자들이 이 말씀을 기록하면서 염두에 두고 있었던 상황의 차이로 해석하려는 학자도 있다. 즉 마태복음의 예수는 법정문제를 다루고 있고 누가복음의 예수는 강도를 만난 사람을 다루고 계시다는 설명이다.

(4) 누가복음은 저술의 목적과 복음서의 성격을 서론에 자세하게 언급한다. 누가는 일차적으로 데오빌로 개인에게 이 복음서를 썼다고 할 수 있지만 나아가 보다 넓은 범위의 사람들을 염두에 두고 있었음을 부정할 필요는 없다.

(5) 저자나 독자가 다 같이 기독교의 제2세대라는 것을 알 수 있다. 학자들은 누가복음 21:20-24(//마태 24:15, 21-22//마가 13:14, 19-20)에 예루살렘의 멸망이 다른 복음서보다 비교적 자세하다는 점을 들어 누가복음의 기록이 예루살렘의 멸망을 경험한 사람이 회상적으로 예수의 예언을 수록했다고 주장하기도 한다(참조, 눅 19:43-44). 그러나 이렇게 이 부분을 해석한다면 다른 복음서의 기록도 마찬가지로 해석할 수 있다. 누가복음의 저자와 독자가 기독교 제2세대에 속한다는 것은 이러한 방법이 아니라도 그 서론을 통하여 밝혀진다.

(6) 누가복음은 서론에서 이 복음서 저술을 위하여 검토한 (그리하여 사용한) 자료를 언급하고 있다.

(7) 누가복음에는 많은 찬송들이 포함되어 있는데 이 찬송들은 유대역사를 잘 알지 못하는 사람들에게 유대역사와 유대인들의 민족

의식 등을 소개하는 역할을 한다. 이 찬송들에는 옛 언약과 새 언약
사이의 구속사역의 연속성을 보여주는 측면도 있다.

① 마리아의 노래(1:46-55)

② 사가랴의 노래(1:68-79)

③ 대영광송(2:14)

④ 시몬의 찬송(2:29-32)

(8) 누가복음은 하나님의 구속사역, 즉 예수의 사역을 역사적으로
기술하며 연대표 상에 고정시키려 한다. 이렇게 함에 있어서 그는 역
사 속에 벌어진 하나님의 구원사역에 초점을 맞추고 그 당시의 일반
역사와 비교하게 한다(예, 2:1-2; 3:1-2). 이러한 과정에서 복음의 보편성
이 강조된다(2:1, 31; 3:1, 2, 38; 24:47). "누가는 이 세상의 시대를 선교시대
로 간주하고 있다. 바로 이렇게 역사를 하나님의 구속계획이 실현되
는 선교시대로 보는 견해는 누가복음의 특징이라고 해야 한다."[25]

(9) 누가복음에서는 하나님의 구속계획을 따른 예수의 사역의 필
연성이 강조되고 있다(24:7, 25-27, 44-49). 예수의 고난과 죽음도 이러한
관점에서 말해지는데 누가복음에서는 이 필연성이 예수의 죽음과
부활 후에도 계속된다(이 점은 사도행전에 그대로 이어지고 있다).

(10) 누가는 이러한 관점을 구속사관으로 전개시키고 있는데 이 구
속사관은 성령의 활동 양상을 기준으로 세 시기로 구분된다. 세 시기

25. Versteeg, *Evangelie in viervoud*, 70.

사이에는 연속성만이 아니라 불연속성도 발견되는데 그 세 시기란
다음과 같이 구분된다.

① 첫 번째 시기는 선지자들을 통한 성령의 활동시기인데, 이 시기
   는 세례자 요한의 등장으로 끝난다.

② 두 번째 시기는 핵심이 되는 시기인데, 성령의 사역이 예수께 집
   중된 시기이다.

③ 세 번째 시기는 교회를 통하여 성령이 활동하시는 시기이다.

(11) 누가복음에서는 사도행전에서처럼 성령의 사역이 강조되고
있다. 누가복음에는 성령이 17회 언급되었다(마태 12회, 마가 6회).

① 예수 그리스도는 성령의 사역의 대상일 뿐만 아니라(눅 4:1//마
   4:1//막 1:12; 눅 1:35//마 1:18) 주체이기도 하다. 누가복음 24:49은
   "내가 나의 아버지께서 약속하신 것을 보내리라."라는 예수의 말
   씀을 통하여 예수님이 성령을 보내시는 분이기도 함을 알려준다.

② 성령과 능력이 연결되어 있다.

③ 성령과 기도가 서로 연결되어 있다(3:21; 6:12; 9:18, 28).[26]

④ 성령과 하나님의 나라가 연결되어 있다. 즉 누가복음의 관점을
   따르면, "성령이 있는 곳에 하나님의 나라가 있다."[27]

---

26. 기도는 하나님의 사역에 대한 적극적 응답이다. S. S. Smalley, "Spirit,
    Kingdom and Prayer in Luke-Acts," *NovT* 15 (1973), 59- 71을 참고할 것.

27. J. Dunn, "Spirit and the Kingdom," *ExpT* 80 (1970-71), 39.

(12) 누가복음은 기도에 특별한 관심을 보인다. 예수님이 기도하시는 모습이 모두 아홉 번 기록되어 있는데 이 중 일곱 번은 다른 복음서에 나오지 않는 것이다. 예수님은 수세 시에(3:21) 기적을 행하신 다음에(5:15-16), 사도들을 임명하시기 전에(6:12), 베드로의 고백을 들으시기 전에(9:18), 변화하실 때에(9:29), 칠십 인이 전도여행에서 돌아왔을 때(10:17-21), 기도를 가르치시기 전에(11:1), 잡히시기 전에(22:39-46), 그리고 십자가에 못 박히셨을 때 기도하셨다.

그뿐만 아니라 기도의 명령도 다른 복음서에서보다 더 강조되어 있다. 기도에 관한 두 비유도 누가복음에만 독특하게 수록되어 있다(11:5 이하; 18:1-8). 제자들에게 시험에 빠지지 않도록 기도하라고 하신 명령도 특색이 있는 것이다(22:46).

(13) 누가복음은 미천한 자들이나 가난한 자들 등 사회적 소외 그룹에 관한 높은 관심을 보이고 이러한 측면에 관한 내용을 많이 포함한다. 그래서 누가복음은 가난한 자들의 복음서라고 불리기도 한다.

① 가난한 자: 누가복음 1:52-53; 6:20b(참조, 마 5:3); 12:16-21; 16:1-8, 19-31은 가난한 자에 관해서 다룬다.

② 목동들: 누가복음 2:8-20은 사회적 소외 그룹인 목동들을 언급한다.

③ 죄인: 누가복음 7:36-50(죄인인 한 여자); 19:1-10(세리 삭개오); 22:61(예수님이 자신을 부인하신 베드로를 쳐다보심); 23:24a(십자가에서 죄 용서를 위한 기도); 23:39-43(못 박힌 한 강도: 이 기사는 다른 복음서와

의 심각한 비교를 요구하는 구절임. 참조, 마태 27:44//마가 15:32b)은 죄인
에 관한 예수님의 관심을 묘사한다.

④ 사마리아인: 누가복음 10:30-35(선한 사마리아인의 비유); 17:11-
19(감사하러 돌아온 한 문둥병자)은 유대인에게 소외당하는 사마리아
인에 관하여 다룬다.

⑤ 여인들: 누가복음 7:11-17(나인성 과부); 8:3(요한나와 수산나); 10:38-
42(마리아와 마르다); 13:10-17(귀신들린 한 여인); 15:8-10(10실링을 잃
은 여인); 18:1-8(과부의 청원)은 당시 소외 계층에 속하는 여인들에
관하여 다룬다.

⑥ 누가복음에는 부자, 권력자, 재물 등에 관한 경계도 발견된다(눅
6:24-25).

(14) 예수님을 믿는 자들의 공동체로서의 교회(마태복음의 특징이었다)
에 대한 것보다 개인적인 신앙생활이 강조되어 있다. 이러한 누가복
음의 특징은 누가복음이 기록될 당시에 기독교인들을 박해하던 이
유와 무관한 것 같지 않다. 예를 들어 기독교인들은 아이들을 죽여
피를 마시는 야만인들이요 극히 미신적이라는 이유로 박해를 받았
었는데, 누가는 기독교가 사실은 개인 한 사람 한 사람을 귀히 여기
며 특히 소외된 사람들을 사랑하는 박애정신을 가지고 있다는 것을
보임으로써 기독교 신앙을 변증했던 듯하다.

(15) 누가복음은 이방인들의 구원을 특징 있게 묘사한다. 누가복음
의 가장 큰 특징 중의 하나는 기독교의 보편성이다. 즉 인종이나 민
족, 혹은 사회적 계층의 구분 없이 누구에게나 하나님의 은총은 임하

는 것이며 예수의 구속사역은 모든 사람들을 위한 것임이 누가복음 전체에 흐르고 있다(눅 2:14; 2:30-32; 3:4-6//마 3:3//막 1:3; 눅 13:29; 눅 23:47//마 27:54//막 15:39 등). 예수의 구속사역과 구속의 복음은 세상의 모든 사람들을 포용하는 것이다. 물론 이러한 보편성은 믿음과 무관하게 모든 사람이 구원받는다는 만인구원설을 의미하지는 않는다.

제10장
복음서를 어떻게 설교할 것인가?

1. 서론

적지 않은 사람들이 성경 중에서 가장 설교하기 쉬운 부분이 복음서일 것이라고 생각한다.

구약성경의 한 부분을 설교하려 할 때 사람들은 이것을 통해 어떻게 기독교적 복음을 전달할 수 있을까 고민한다. 바울서신에 대해 설교할 때에는 기독교의 전체 교리 체계에서의 바울서신에 담긴 내용의 위치, 다른 신학적 주제와의 상관관계가 고민거리이다. 그런데 복음서의 한 부분을 설교하려 할 때는 이런 신중한 태도가 대개 결여된다. 설교하기를 원하는 주제를 찾아 해당 본문을 적당하게 잘라내어 윤곽을 잡고 살을 붙이면 훌륭한 한 편의 설교가 탄생한다고 믿기도 한다.

이런 안일한 작업의 배후에는 복음서에 오늘날에도 그대로 적용할 수 있는 내용이 담겨 있다는 생각이 놓여 있다. 예를 들면 예수의 치유사역이 현대의 능력 있는 전도자들의 치유사역에 비교되거나 모방된다. 복음서에 담긴 모든 사건들이 그대로 재현될 수 있다거나, 좀 더 강력하게 재현되어야만 한다고 선전하기도 한다. 예수의 모든 말씀을 남김없이 문자적으로 지킬 것을 강요한다.

이러한 태도는 복음서에 대한 오해에서 비롯된 것이다. 사실상 복음서야말로 성경에서 설교하기에 가장 어려운 부분이다. 그러면서도 조금도 등한히 할 수 없는 가장 중요한 부분이다. 단적으로 이렇게 말할 수 있다. 이천여 년 기독교 역사의 지평선 위로 수없이 부상하고 명멸했던 기독교 이단 집단들의 상당수가 복음서의 오해 내지 곡해에 그 뿌리를 두고 있다.

이 장에서 우리는 복음서들을 바로 이해하고 바로 설교하기 위해 어떤 작업이 요청되는지를 밝히고자 한다.

2. 복음서는 어떤 책인가?

복음서가 탄생하기 전에 복음이 있었다. 복음이란 무엇인가? 복음이란 예수님이 하신 사역과 생애, 그의 가르침, 그리고 이 모두에 결합되어 있는 하나님의 구속의지를 설명하는 것이다. 복음서란 말로 전해지던 예수님에 관한 이 복음이 책으로 만들어진 것이다.

복음이 있기 전에 예수의 사역이 있었다. 예수의 설교가 있었고 이 모두를 포함하는 예수의 생애가 있었다. 우리는 복음의 시작을 직접적으로는 예수의 탄생으로, 간접적으로는 멀리 구약시대의 예언이나 혹은 더 멀리 올라가 하나님의 영원한 구속의 계획(의지)으로 잡아야 할 것이다. 복음이란 이 모두를 말로 알려주는 언어적 정보이며, 복음서는 이러한 정보를 글로 알리는 책이다.

기독교 신앙의 핵심은 정보나 지식 혹은 이것을 다른 말로 채색한 교리가 아니라, 이 정보가 생겨나게 한 사건에 있다. 이러한 사건이 있었기에 이 사건을 알려주는 정보 곧 복음이 탄생한다. 그리고 이것을 글로 기록했을 때 복음서가 탄생했다.

복음서를 가지고 설교한다는 것은 복음서에 기록되어 있는 이 과거의 일들을 알리고 설명하는 것이다. 그렇게 함으로써 이 모든 사건을 계획하시고 성취하신 살아계신 하나님을 사람들이 믿고 사랑하도록 권하는 것이다. 하나님의 계획에 의하여 인류를 구원하시려고 먼 과거에 이 세상에 오셔 활동하시다가 마침내 십자가에서 처형당하심으로써 우리의 죄를 대속하신 예수의 일들을 알려주는 것이다. 그리하여 사람들이 그 예수를 믿고 사랑하게 하며, 지금도 살아계신 그 예수를 주님으로 모시고 그 다스리심에 복종하며 살아가도록 하는 것이다. 그러므로 복음서를 설교한다는 것은 복음을 전하는 것과 크게 다르지 않다.

복음서를 설교하기 위하여 복음의 특성을 이해하는 것이 필수적이며, 복음의 특성을 이해하기 위하여 구속사건의 역사성과 예수의 특수성을 이해하는 것이 필수적이다. 복음서를 바로 설교하려면 최소한 아래에 지적하는 세 단계의 역사적 상황과 특수성의 이해가 불가피하다.

3. 구속사역의 역사성

복음은 하나뿐이다. 다른 복음은 없다. 복음은 예수의 생애를 통한 하나님의 사역을 알려주는 것이다. 따라서 복음은 그 시대 그 당시의 역사적 정황과 뗄 수 없이 관련되어 있다. 예수에 의한 구속사역이 인류 역사의 한 단편으로 나타났기 때문이다.

예수님이 인류를 구원하시기 위하여 사람이 되셨을 때, 그는 현대인의 모습이 아니라 그 당시의 유대인의 모습으로 세상에 찾아 오셨다. 그러므로 설교에서 청중들이 쉽게 연상할 수 있도록 예수님을 한국인으로 그리거나 백인 혹은 흑인의 모습으로 그리는 것은 이런 설교가 청중들에게 아무리 친밀감과 남다른 감동을 불러일으킨다 하더라도 잘못된 것이다. 설교자들이 기대하는 감동 때문에 예수님의 역사성이 희미해지고 그 구속사역의 본 의미가 퇴색되게 해서는 안 된다.

복음서가 담고 있는 것은 사람들에게 종교적 감동을 주기 위하여 아무렇게나 각색하여 사용할 수 있는 그런 이야기가 아니라 과거에 있었던 역사적 사실을 알려주는 예수에 대한 증언이다. 복음서를 설교하며 예수의 모습을 설교자가 원하는 대로 옷 입히고 무대로 내보내 연출하도록 하거나, 예수님이 하신 일들을 우리 시대의 관점으로 읽어내고 설명하려는 것은 모두 잘못하는 것이다. 그것은 복음을 변질시키는 것이다. 복음서 이해에 필요한 모든 질문을 우리는 우선 이천여 년 전의 유대 상황에서 제기하고 대답해야 한다. 그 역사성에 치중하여 복음서 본문을 관찰해야 한다. 좋은 설교는 복음서가 소개하는 예수의 모습을 가장 잘 설명하는 것이다. 설교가 주는 감동 이전에 전달되는 내용의 정확성이 중요하다. 복음서의 현대적 적용성 문제는 과거와 현대, 복음서의 상황과 우리의 상황을 연결할 수 있는 근거를 충분히 확립한 다음에라야 할 수 있는 일이다.

예수의 삶과 행동이 모두 그 당시의 문화적, 사회적 제 요소들과 결합되어 있다는 것은 단지 복음을 담은 시대적 그릇에만 적용되는 것은 아니다. 그 그릇에 담겨 있는 구원의 소식, 예수의 사역, 예수의 설교도 모두 같은 특징을 지녔다. 예수님은 당시의 통용어를 사용하셔서 당시에 실제로 살고 있었던 사람들에게 하늘의 진리를 알리시고 설교하셨다. 복음서에서 배우는 하나님의 뜻은—그것이 어느 시대 어느 장소의 사람들에게나 다 해당하는 것이라 하더라도—우선 이천여 년 전에 설교하셨던 예수의 목소리에 담겨 당시에 유대인들이 사용한 언어인 아람어로 주어졌다. 그것은 현대의 우리에게 주어진 것이기 이전에 당시의 사람들에게 주신 것이었다.

복음서를 설교한다는 것은 예수의 설교의 현대적 의미와 현대적 효과를 찾는 것이기 전에 당시에 살았던 유대인들에게 예수님이 알리고자 하셨던 그 복음을 바르게 파악하여 설명하는 것을 뜻한다. 과거의 예수의 의도와 목표가 있었고 이것을 파악하는 것이 정말 중요하다. 그 다음 단계에서 우리는 예수의 설교의 현대 적용으로 눈을 돌리고 관심을 가질 수 있을 것이다. 복음의 현대적 의미는 그 원-의미 위에서만 바르게 살아날 수 있다. 설교의 효과와 현대적 적용에만 관심을 두는 것은 결코 순수한 복음 전파가 아니다. 그것은 복음을 변질시킨 것이요 강조점을 예수님께 두지 않고 사람들에게 두는 것이다.

구속사역의 역사성에서 복음서를 이해하고 설교하기 시작하는 것은 복음과 관계하여 등장하는 모든 인물들과 그들이 만들어내는 사건들을 한 번 있었던 그리고 두 번 다시 반복되지 않고 또 모방할 수도 없는 것으로 고정시키자는 제안이다. 복음서에는 비유 속의 인물들을 제외하고는 단 한 명의 가공인물도 등장하지 않는다. 단 하나의 가상적 상황도 설정되어 있지 않다. 따라서 복음서의 인물들을 무작정 모든 시대를 초월하는 긍정적, 부정적 이상형으로 제시하는 것은 옳지 않다.

예수님은 예수님이실 뿐 명동의 예수도, 청계천의 예수도 아니다. 이런 표현은 문학가들이 예수의 이름을 상징화한 것인데 상징화의 뒤에 따르는 그 엄청난 부작용은 예수의 실제 모습이 사라져가고 실제 예수마저 상징적 예수로 이해될 수 있다는 것이다. 설교자는 무슨 일이 있어도 이런 위험을 피해야 한다. 제자들은 제자들일 뿐 다른 어떤 사람들이 아니다. 예수님은 한 분뿐이시다. 바리새인들이나 서기관들 등 예수의 적대자들은 그 시대에 그 사명을 다하고 사라졌다. 한국사회에 비슷한 유형의 사람이 있을 수 있어도 복음서에 나오는 바리새인들이나 서기관들과 동일하지는 않다. 아무나 666과 동일시될 수 있는 것이 아니다. 숫자와 문자를 동일하게 사용하는 언어는 헬라어와 히브리어뿐이다. 한글에서 혹은 영어에서 문자를 숫자로 환원하는 것은 성경을 해석하는 것이 아니라 성경을 가지고 장난을 치는 것이다.

복음서가 소개하는 일들을 우리는 우선 그 시대에만 일어났던 일로 고정할 수 있어야 한다. 그 속에 복음서가 우리에게까지 이야기하려는 것이 있기 때문이다. 우리의 현재가 그리고 현실이 아무리 중요하고 급해도, 과거의 사실을 변경하거나 곡해하는 것을 정당화할 수는 없다.

4. 복음의 역사성

복음서에 등장하는 모든 인물들의 역사적 모습을 먼저 인정하는 것은 복음을 이해하는 데 특히 중요하다. 이들이 구속사역의 목격자들이었고 이 사건을 알리는 복음을 탄생시킨 장본인들이기 때문이다.

예수의 구속사역을 후대에 알려줄 다른 매개체나 방법은 고안되지 않았다. 예수의 사역을 알려주는 것은 제자들의 증언뿐이다. 제자들의 증언이라는 거울을 통하여 우리는 과거에 무슨 일이 있었으며 왜 그런 일이 일어나야 했는지 알 수 있다.

목격자들의 모든 감각기관, 인식기능 그리고 이것을 재생시키는 기억능력과 언어능력 등이 복음을 탄생시킨 도구이다. 그들의 눈이 없었다면, 또 그들의 귀가 없었다면 우리는 지금과 같은 복음을 듣지 못했을 것이다. 그들의 지성과 감성과 영적 통찰력, 하나님의 계시를 수용할 수 있는 능력 등이 하나님의 구속사역을 우리에게 알리는 하나님의 도구로 활용된 것이다.

눈에 뚜렷이 보이는 하나님이 사용하신 이 인격적 도구들을 굳이 외면하고, 성령님의 감화와 감동만을 강조하며 복음서의 영적 의미를 캐려는 것은 설교자의 태도가 아니라 자신의 신학적 사색으로 복음서를 다시 쓰는 것과 같은 행위이다. 복음은 우리가 만드는 것이 아니다. 설교자가 쓰거나 각색하는 것이 아니다. 설교자는 전해들은 복음을 다른 사람들에게 전해주기 위하여 자신이 받은 복음에 충실해야 한다. 따라서 복음서의 내용을 파악하는데 우선적으로 노력을 기울여야 한다. 복음은 이천여 년 전에 살았던 사람들의 인격적, 사회적, 문화적 틀 속에 예수의 구속사역을 담아 전달되었고 복음서에 기록되었다. 복음을 우리 시대에 적용하려면 우리는 복음사건이 그 시대의 역사 속에서 가지는 의미를 먼저 정확하게 파악해야 한다.

이것은 무엇을 의미하는가? 복음서에서 우리는 예수의 육성이 아니라 그 소리를 들은 제자들이 그들의 음성에 담아준 예수의 말씀을 듣는다. 복음을 전해준 사람들이 솔직하고 성실하게 이 일을 수행하지 않았다면 아무도 복음서에서 예수님의 하신 일, 하신 말씀을 만나지 못한다. 그러므로 목격자들과 전달자들의 공헌을 무시하고 복음이 하늘에서 바로 우리에게 떨어진 것처럼 간주하고 설교하거나 해석하는 것은 옳지 않다.

복음은 예수의 말씀이며 동시에 목격자들의 말이다. 복음서는 예수의 사역과 생애를 보여주는 책이며 동시에 그것을 본 목격자들의 인상과 기억을 보여주는 책이다. 우리는 복음서를 통하여 예수를 배우는 일에 성령만이 아니라 목격자들에게도 의존하고 있다.

설교자들은 복음서의 이야기를 자신의 언어로 재구성하며 서술함에 있어서 어떤 일이 있어도 복음서의 모습을 파괴, 말살하거나 왜곡하여서는 안될 것이다. 그것은 현대의 얘기가 아니라 과거의 이야기이다. 복음 이야기는 아무 때나 아무에게나 적용할 수 있도록 구부릴 수 있는 것이 아니라 고정된 변하지 않는 사건에 대한 증언으로서의 이야기이다. 복음서 설교는 복음서의 이야기들을 현대의 언어로 각색하고 허황된 이야기로 발전시키는 것이 아니라 복음서가 가진 역사적 의미를 파악하여 그대로 전달하는 것이어야 한다. 그렇게 하는 중에 목격자들이 알려주려고 하는 예수의 사역과 말씀에 담긴 의도가 그대로 전해질 수 있다.

5. 복음서의 역사성

사건이 발생하고 그것에 대한 이야기인 복음이 만들어지는 과정과 전달되는 과정은 단순하지 않다. 복음서가 보도하는 모든 내용을 한 사람이 다 목격한다는 것은 불가능했을 것임은 어렵지 않게 알 수 있다. 어떤 사건은 당사자 이외에 목격자가 없었던 사건이다. 복음서에 담긴 이야기들이 어떻게 복음서에 들어왔는가도 질문해 보아야 한다. 마리아에게 나타났던 천사의 이야기가 어떻게 마태복음의 저자에게 알려지고 마태복음에 수록되었을까? 예수님이 잡히시던 날 밤에 혼자서 멀리 꿇어 엎드려 기도하신 내용이 어떻게 공관복음서 저자들에게 알려졌고 복음서에 들어오게 되었을까?

복음서에 대한 바람직한 설교에 대해 말하면서 이런 문제를 장황하게 늘어놓을 수는 없으므로 결론적인 과정만 지적해 보자. 예수에 대한 이야기 즉 복음이 개개의 사건의 목격자들에 의해 만들어지고 이것이 큰 묶음으로 모이며 사도들에 의해서, 또한 다른 제자들에 의해서 사방으로 전파되다가 필요에 의하여 책으로 기록되었다. 적지 않은 복음서들이 만들어졌지만 교회에 받아들여진 책은 우리가 소유하고 있는 네 복음서뿐이다.

복음서의 탄생은 예수의 사역이 끝난 후 빠른 것은 30여 년 늦은 것은 60여 년이 지나서였다. 이 시간 간격은 목격자들의 기억이 흐려지고, 사건이 망각의 장막 뒤로 사라진 시기가 아니라, 반대로 복음이 널리 알려지고, 계속적으로 증언되고, 그 결과 교회가 곳곳에 세워진 시기이다. 이 시기에는 다양한 사람들의 증언이 수집되면서 조정되었을 것이다. 그러므로 복음서의 기록은 창작이나, 사라진 복음 이야기들을 재구성한 것이 아니라 사도들이 전하던 복음을 체계적으로 정리한 것이다.

복음서를 이해하고 바르게 설교하기 위하여 (최소한) 이 세 번째 단계에 관심을 기울이지 않으면 안 된다. 말로 단편적으로만 전해졌던 복음을 30여 년 혹은 60여 년이 지나서 비로소 기록했다는 것은 복음서의 탄생에 관한 의미심장한 역사를 알려주기 때문이다. 즉 복음서가 기록된 이유와 목적이 있었다. 그 이유란 복음서 탄생 이전의 상황과 관계되며 목적이란 복음서 탄생 이후에 있기를 원하는 의도와 관계된다.

복음서 저자들은 그들이 들은 복음을 마구잡이로 복사하지는 않았다. 예수의 말씀을 격언집처럼 메모하지도 않았다. 우리에게 남겨진 복음서는 뚜렷한 작품의 모습을 가지고 있다. 예수의 생애를 대략

연대기적으로 따르고 있으며 예수의 말씀이 주제별로, 때로는 사건과 관계하여 치밀하게 조직되어 배열되어 있다. 그러므로 복음서를 기록한 사람들은 진정한 저자로서 자료를 모으고 배열하며 예수의 사역과 말씀, 그리고 그 의미를 전달하려고 했다고 볼 수 있다.

　복음서를 바로 이해하기 위하여 우리는 복음서 저자들의 역사적 작업과 복음서의 역사성을 인정하고 복음서의 역사적 의미를 파악하는 역사적 해석을 해야 한다. 하나님은 복음서 저자들에게 복음서 내용을 받아 적게 하시지 않았다. 하나님은 복음서 저자들이 역사적 과정을 통하여 복음서를 저술하도록 하셨다. 하나님이 복음서 저자들을 영감하실 때 그들의 모든 작업과정과 방법까지 영감하셨다고 보아야 할 것이다(유기적 영감설). 복음서가 가지고 있는 구조와 문맥이 보여주는 본래적 의미를 떠나서 설교하는 것은 바른 설교가 될 수 없으며 복음서를 파괴하는 것이다. 복음이 우리에게는 복음서를 통해서만 전해졌기 때문에 복음서를 왜곡하면 결국 복음을 변형하는 것이 된다. 이것은 예수의 사역을 왜곡하는 것이다.

　복음서가 기록되기까지 발생하였을 번역 과정도 간과해서는 안 된다. 예수님은 주로 아람어로 말씀하셨을 텐데, 복음서는 헬라어로 기록되어 남아 있기 때문이다. 예수의 사역을 목격한 사람들의 모국어도 아람어였기 때문에 그들의 증언은 주로 아람어로 이루어졌을 것이다. 본 것을 복음으로 전하는 과정에서 목격자가 헬라어로 번역하여 증언했을 수도 있다. 목격자가 아람어로 전한 복음을 통역자들이 헬라어로 변환하였다면 목격자의 기억력에 보존되어 있던 예수님이 하신 일의 영상과 그들의 뇌리에 남아 있던 예수의 육성과 그들의 아람어로 재생한 복음, 그리고 이 아람어를 듣고 헬라어로 바꾼 통역자들의 이해와 헬라어 구사를 통과하는 과정이 복음서 기록까지 발생한 과정에 포함된다.

성경 기록에 사용된 헬라어는 시대를 초월하고 장소의 벽을 언제든지 넘나들 수 있는 신비한 언어가 아니라 복음 전파자들이 실제로 사용했던 오래전의 고대어였다. 성경헬라어는 지금의 그리스 사람에게도 고대어이다. 복음을 전해야 한다는 다급한 마음에서 복음서를 모든 현대어로 번역하였지만 번역성경을 절대화하는 것은 우상을 만드는 것과 같다. 번역성경에만 의존하여 설교할 때 설교자가 최선을 다한다 하더라도 잘못될 수 있기 때문이다. 어느 번역이라도 번역서로서의 한계는 언어의 한계와 같다.

번역성경을 사용하는 설교자는 복음서를 현대어로 번역해준 사람들에게 큰 빚을 지게 된다. 번역성경이 바른 번역이라면 걱정할 것이 없다. 그러나 언어가 변하고 나면 이전의 바른 번역이 더 이상 바른 번역의 역할을 못할 때가 있다. 번역자들이 선택의 기로에서는 자신의 주관적 판단을 따른다는 점을 감안하면 잘못된 번역이 언제라도 번역성경에 들어올 가능성이 있음을 잊지 말아야 한다. 정확한 이해를 위해서는 헬라어 복음서로 돌아가야 한다. 그곳에서 설교자는 또 다른 사람들에게 빚을 지고 있다. 신약성서 헬라어를 연구하는 언어학자들이다.

복음의 원-의미를 찾기 위하여 당시의 언어를 이해하기 위한 노력이 있어야 한다. 언어의 일반적인 의미만이 아니라 예수님과 복음서 저자들이 개인적으로 사용한 특수한 용법과 특수한 의미를 파악해야 한다. 설교자가 이 점을 알고 번역성경을 사용하는 것과 이 사실을 외면하는 것은 설교를 아주 다르게 만든다. 한국전쟁 직후에 한국교회와 사회를 열광의 도가니로 몰아가다 슬며시 사라진 전도관의 신학은 우스꽝스럽게도 한글 구역성경을 토대로 하고 있었다. 번역성경을 기준으로 삼는 것은 이처럼 위험하다.

하나님의 사역이 인간 세계에서 벌어졌고 인간 목격자에 의해 관찰되고 복음이 만들어지며, 이 복음을 통하여 하나님이 인간을 구원하시고, 계속 이 일을 하시려고 책으로 기록하게 하셨다면 이 모든 작업을 이해하고 설교에 적절하게 사용하는 것이 복음서를 바르게 설교하는 길이다. 그런데 설교를 준비할 때 헬라어 사전을 찾는 것은 인본주의적이라고 생각하는 설교자들이 있다. 그들은 설교는 헬라어 사전에서 나오는 것이 아니라는 태도를 취한다. 나는 또한 한국어 사전을 옆에 두고 설교를 작성하는 것을 비판하는 설교자를 본 적이 있다. 그가 설교를 준비하는 방법은 항상 이러했다. 복음서를 읽고 깊이 묵상하며 기도하고 설교를 적어 나간다. 그러나 그것은 복음서를 설교한다기보다는 자신의 이야기, 자신의 생각을 설교로 위장하여 선포하는 엄청난 범죄행위일지도 모른다. 복음서를 설교하는 사람이 사람들에게 그리스도를 심어주지 못하고 멋있는 생각과 기발한 발상, 감동적인 이야기를 가지고 자신의 사상을 전하며, 설교하는 자신을 청중에게 심어주고 있다면 그것은 복음서를 설교하는 것이 결코 아닐 것이다.

6. 예수님의 독특성

복음서를 설교하려 할 때 우선 우리가 인정해야 할 것은 나사렛 예수의 특수성이다. 그는 하나님의 영원한 아들로서 신성을 고스란히 가지신 분이시면서 인간의 육체를 입으셨다. 그래서 예수의 말씀은 인간의 말씀이면서 동시에 하나님의 말씀이다. 예수님이 행하신 일들은 인간의 일이며 동시에 하나님이 하신 일이다. 예수님을 본 사람은 하나님을 본 사람이라고 하지 않으셨던가? 예수님을 만진 사람들은 하나님을 만진 사람들이요, 예수님을 따른 사람들은 하나님을 따른 사람들이다. 예수님 앞에 무릎을 꿇고 죄를 회개한 사람은 곧 하나님께 와서 하나님께 회개한 사람이다. 복음서는 사람들이 예수님을 만난 것을 하나님께로 가는 길로만 보지 않고 예수님을 신앙의 대상이요 하나님 자신으로 소개하고 있다.

우리는 설교를 통하여 예수의 이 독특성과 예수님을 만난 사람들이 전하는 특별한 의미, 즉 복음서가 보여주는 상황이 신과 인간의 조우라는 엄청난 사건이라는 점을 충분히 살리고 있는가?

예를 들어보자. 복음서에는 예수의 많은 치유사건이 기록되어 있다. 우리 주변에서 적지 않은 능력의 종들이 비슷한 일을, 때로는 예수의 약속을 따라 예수님이 하신 일보다 더 큰 일을 성령의 능력으로 행한다고 한다. 기적과 성령의 은사에 치중하는 설교자들은 예수의 사역을 그들의 사역의 근거로 삼는다. 하지만 이것은 복음서를 오용하는 것이다. 예수님이 하신 일과 사람들이 행하는 치유사역이나 기적은 근본적으로 다르다. 예수님이 하신 일은 하나님이 친히 하신 일이다. 사도들이나 복음전도자들이 행하는 일은 사람이 하는 일이다. 하나님이 사람들을 통하여 하시는 일이다. 하나님이 직접 고치시는 것과 인간을 통하여 고치시는 것은 결과나 효과는 동일하게 나타난다고 하더라도 그 의미가 결코 같다고 할 수는 없다. 현대의 치유사역과 복음서에 기록되어 있는 예수님이 하신 일이 다르다는 사실을 간과하면, 첫째, 예수의 특수성이 가려지고, 둘째, 사람들의 일이 과대평가될 수밖에 없다. 자연히 능력 있는 사역자가 인간과 하나님 사이에 들어오게 된다. 치유와 성령의 활동에 치중하는 설교가 복음서의 특수성을 제대로 살리지 못할 때 성령의 사람들에 의하여 예수의 사역이 퇴색되고 능력을 행하는 사람들이 예수의 자리를 대신하게 될 위험이 있다.

다른 예를 들어 보자. 예수님은 자신이 십자가를 지신 것처럼 제자들에게 자기의 십자가를 지고 저를 따를 것을 명령하셨다. 교회가 탄생한 이후 자신의 십자가를 지고 혹은 예수님을 위하여 혹은 다른 사람을 위하여 고난을 당한 사람들이 수도 없이 많은 것이 사실이다. 하지만 예수의 십자가와 사람들의 십자가는 근본적으로 다르다. 모든 사람의 죄를 대속하신 예수의 십자가와 자기의 십자가, 혹은 예수님을 위한 고난이나 다른 사람들을 위한 고난을 동일시하는 것은 대속과 새 언약 체결을 위한 예수의 십자가에 대한 엄청난 모독이 된다. 예수님이 가신 길과 사람들이 가는 길은 완전히 동일하지는 않다.

복음서가 보도하는 사건에서 사람들이 예수님과 관계하는 것을 윤리적인 면에서 관찰하고 설교할 것이 아니라 신앙적, 종교적 차원에서 이해하고 설교해야 한다. 이런 예가 복음서에 수록되어 있다. 어떤 여인이 예수의 머리에 값진 향유를 부었을 때 이것은 단순한 도덕적 선행이 아니었다. 그것은 인간으로 오신 예수님을 섬기는 행위 즉 신앙의 행위였다. 제자들은 가난한 자들을 돕는 선행보다 못한 것으로 판단하고 여인을 꾸중했지만 그것은 기름의 허비가 아니라 예수의 장례를 준비하는 행위였으며, 예수를 그리스도(기름 부음 받은 자)로 고백하는 신앙적 행위였다.

복음서를 설교할 때 우리는 예수의 특수성, 즉 그가 하나님의 아들이심과 그분이 인간의 육체를 가지고 계셨음을 우선 보여줄 수 있어야 한다. 복음서에서 배워야 할 것은 사람들이 어떻게 예수님을 만남으로 하나님을 만나게 되었고, 예수의 입에서 하나님의 말씀을 들었으며, 예수님을 섬기고 따름으로 하나님을 섬기게 되었는가 하는 것이다. 예수님이 육체를 가지신 까닭에 하나님의 나라는 그런 모습으로 이 세상에 형체를 드러내었다.

7. 복음서에 등장하는 인물의 특수성

예수님만이 아니라 복음서에 등장하는 다른 모든 사람들도 그 시대에 그 장소에 살았던 특수한 사람들이다. 베드로 사도는 이천여 년 전의 인물이다. 그가 예수님을 만난 것이다. 그 만남은 신체를 가지고 직접 대하는 만남이었다. 베드로는 인간으로 오신 예수님을 만나 그분에게 부름을 받고 사도가 되었다. 베드로에게 일어난 사건은 그가 베드로였기 때문에 일어난 것이지 다른 사람에게 동일하게 일어날 수 있는 일은 아니었다. 우리는 복음서를 설교할 때에 복음서에 등장하는 이 역사적 인물의 특수성을 조금도 파괴해서는 안 된다. 베드로와 관련된 사건이 오늘날에 적용될 수 있는 것은 이 사건의 특수성 속에 현대에 적용할 수 있는 보편성이 담겨 있기 때문이다. 베드로에게 일어난 모든 사건과 모든 말씀이 그 특수성 그대로 문자적으로 현대에 적용될 수 있는 것은 아니다. 따라서 복음서의 설교는 우선 복음서를 역사적 배경을 통하여 해석하는 것이어야 하고 현대에 적용될 수 있는 보편적 의미를 찾아서 우리 시대에 적용해야 한다.

예를 들어보자. 예수의 탄생에 즈음하여 천사가 마리아나 요셉에게 나타나 한 말씀이 있었다. 그것은 그 시대에 살고 있었던 마리아와 요셉에게만 해당되는 명령이지 우리에게 직접 말씀하신 것은 결코 아니다. 일반적으로 적용할 수 있는 것은 마리아와 요셉이 하나님의 뜻에 순종하고 구속사역의 한 부분을 담당한 것처럼 우리도 하나님의 뜻에 순종하며 살아가야 한다는 교훈이다. 마리아와 요셉의 순종은 나사렛 예수의 탄생을 가능케 한 역사적 사건이었다.

도마의 예를 들어보자. 그는 부활하신 예수님을 보면서도 믿지 못했다. 예수님은 그에게 손가락을 못 자국에 넣어보며 옆구리의 창자국도 확인하도록 명령하셨다. 이것도 역사적 사건이었다. 부활하신 예수님을 보면서도 믿지 못한 것은 도마와 다른 제자들의 문제였다. 우리도 도마처럼 부활하신 예수님을 신체적으로 확인해야 한다고 적용할 필요는 없다. 이 본문은 부활하신 예수님을 의심하라는 명령으로 적용되어서도 안 된다. 이 본문에는 의심해야 한다는 당위성을 말하고 있지도 않다. 우리 모두가 그 못 자국을 만지고 창 자국에 손을 밀어 넣어 보아야만 믿는 사람이 되라는 것을 뜻하지도 않는다. 도마에게 그런 행동을 요구하신 것은 특수성이다. 이 사건을 통해서 복음서가 우리에게 알리는 것은 예수의 부활은 명백한 육체적 부활이었다는 사실이다. 그런 예수님을 만나지 않고도 못 자국을 만져보지 않고도 예수님이 다시 사셨음을 믿도록 증언하는 것이 복음서의 역할이다. 도마는 다시 태어나지 않는 역사적 인물이다. 그러나 그 사건 속에 오늘날 우리에게도 적용되는 보편성이 담겨 있다. 이 사건은 부활하신 예수님을 알려준다. 설교는 바로 이 특수한 사건 속에 들어 있는 보편적 진리를 전하는 것이다.

이렇게 볼 때 우리가 복음서를 설교할 때 강조해야 할 것은 신앙인의 모형 혹은 신앙인의 모범으로서의 사도들이 아니다. 사도들은 예수를 보고 예수의 설교와 말씀을 듣고 예수와 함께 약 삼 년간을 동행했던 역사적 인물이다. 사도들에게 발생한 사건은 오늘날 우리에게 그대로 반복되는 것은 아니다. 그들은 복음을 전하여 기독교회를 설립하는 특별한 임무를 부여받았던 사람들이다. 그러므로 아무리 우리의 신앙생활과 유형이 비슷하다 하더라도 복음서에 수록된 사도들 이야기는 교회가 설립되는 과정에서 있었던 특별한 임무를 부여받은 특별한 사람들의 이야기로 남겨 놓아야 한다. 교회가 설립된 이후 교회가 지리적, 시대적으로 확장되어 가는 과정에서 일어나는 일들과는 분명 다른 측면이 있는 사건들이다.

사도들에게만 주신 특별한 말씀들이 복음서에는 수록되어 있다는 점도 잊지 말아야 한다. 예수님이 사도들을 부르신 "나를 따르라."

는 말씀은 예수의 입에서 나온 육성이었다. 우리는 아무도 그렇게 예수의 부름을 받지는 않는다. 사도들에게 "이방인의 길로도 가지 말라."고 말씀하신 적이 있었다. 그것은 제자들이 들었던 실제 말씀이었다. 이런 특수한 말씀들을 문자적으로 현대의 사람들에게 적용하려고 하는 것은 복음서의 역사성을 무시하는 것이다.

　사도들은 발로 걸어가시는 예수님을 따르기 위하여 배를 타고 갈 수 없었다. 그래서 갈릴리 해변에서 배를 버리고 예수님을 따랐다. 집을 지고 갈 수 없었기에 집을 떠나야 했다. 그들만 부름을 받았기 때문에 부모와 자녀와 형제, 친구들을 떠나야만 했다. 그리고 그들은 예수님이 가시는 길을 그대로 밟고 걸었다. 산으로 가시면 산으로, 도시로 가시면 도시로, 바다로 가시면 배를 타고 바다로 그들은 예수님을 실제로 따랐던 사람들이었다. 지금은 아무도 이렇게 예수님을 따르지는 못한다. 예수님이 승천하신 다음에는 사도들조차도 이전처럼 예수님을 따를 수는 없었다. 이 역사적 특수성을 무시하면 언제라도 이단이 만들어질 수 있다. 예수님이 발로 걸어 앞서가지 않으시는 상황에서 집을 팔고 가족을 떠나 예수님을 따르라고 설교하는 것은 오류이다. 예수께서 앞에서 걸어가지 않으시는데 과연 어디로 가는 것이 예수님을 따르는 길인가? 이단 집단은 그들의 집단에 속하여 이단 교주를 따르는 것을 예수님을 따르는 것과 동일시할 수밖에 없다. 이것은 사도들이 예수님을 따른 사건과 같은 의미를 가진 것이 아니며, 복음서를 바르게 적용한 것이 아니다.

8. 복음서 시대의 상황성과 우리 시대의 상황성

복음서 시대의 상황과 우리 시대의 상황은 모든 것을 단순히 동일시하거나 시대를 오가며 모든 것을 적용하기에는 어려운 몇 가지 차이점이 있다.

(1) 복음서는 예수의 신체적 삶과 사역을 보여주는데 비해, 우리 시대의 예수님은 성령으로 우리를 찾아오시고 성령으로 우리를 다스리신다.

복음서가 우리에게 보여주는 것은 예수님이 우리와 같은 인간의 모습으로 오셔서 사시고 활동하셨던 시대의 특수한 상황, 특수한 사건들이다. 그 사건은 하나님이 지구상에 행하신 특별한 일로서 다시는 반복되지 않는다. 예수님이 십자가에 처형당하시는 사건은 반복되지 않는다. 제자들이 예수의 부름을 듣고 예수님을 따라 팔레스타인의 이곳저곳을 거닐던 사건도 다시 반복되지 않는다. 예수의 승천이 있은 다음에는 누구도 사도들이 예수님을 만났던 방식으로 예수님을 만나지 못한다. 우리는 성령으로 우리를 찾아오시는 예수님을 만나고 예수님을 믿게 된다. 따라서 복음서를 설교하며 사도들이 예수님을 만났던 것처럼 만나자고 적용하는 것은 어리석은 것이다.

복음서에서 우리가 우리 시대에 적용해야 할 것은 사도들이 (육체로 오신) 예수님을 만나는 것처럼 (성령으로 오시는) 예수님을 만난다는 그 "만남"의 공통성이다. 따라서 만남을 강조할 수는 있지만 복음서에서 읽는 것과 같은 유형의 만남을 설교해서는 안 된다. 역으로 오늘날 성령으로 우리를 찾아오시는 예수님을 만난다는 점을 우리 시대에 강조하면서 그것을 복음서에서도 그대로 읽어내려고 해서는 안 된다. 같은 예수님이시지만 인간으로 지상에 계실 때의 예수의 모습 및 방식과 승천하신 후 하나님의 우편에서 이 세상을 다스리시는 때의 모습 및 방식을 우리는 엄연히 다른 것으로 구분해야 한다.

우리가 믿는 예수님은 이천여 년 전에 이 세상에 오셨으며 그 이후 계속하여 이 세상과 교회를 다스려 오셨고 지금 우리 시대에 우리가 살고 있는 곳에도 찾아오시며 우리를 부르시고 믿는 자들에게 오셔서 영원히 떠나지 않으시는 영원한 주님이시다. 복음서는 예수님이 부활하신 다음에도 여전히 제자들과 함께 계실 것이라는 미래의 약속도 가지고 있지만 주로 과거의 사건을 알려주는 책이다. 따라서 복음서에 기록된 예수의 모든 말씀과 사역을 그대로 우리 시대에 적용하려 할 때는 엄청난 과오를 범하게 된다. 복음서를 설교하는 사람들은 이 특수한 사건과 이 사건을 보도하는 복음서에서 교회의 출발점을 배우고 그 사건들 속에 들어있는 오늘날에도 적용되는 일반적인 진리들을 우리 시대에 적용하려고 해야 한다.

(2) 복음서는 예수의 구속사역이 진행되는 과정의 사건들을 보도하고 있는데 비해 우리는 그 모든 사건이 완결되고 그 효과가 적용되는 시점에 살고 있다. 이해를 돕기 위하여 그 기준선을 예수의 죽음과 부활로 잡아본다. 복음서에 수록된 내용은 주로 예수의 십자가와 죽음, 부활이 있기 이전의 사건들이었다. 우리는 죽음과 부활 그리고 승천 등 예수의 구속사역이 마무리된 후 시대에 살고 있다. 과정에서 일어나는 일과 사건이 완결된 후 그 효과가 적용되는 과정에서 일어나는 일들은 같지 않다. 구속사역이 진행 중인 때 예수님을 따른 사

람들과 그 모두가 완성된 다음에 예수님을 따르는 사람들의 상황을 동일시해서는 안 된다. 이것이 복음서의 이야기나 교훈들을 문자적으로 우리 시대에 적용할 수 없는 또 하나의 이유이다.

예수의 제자들은 그들이 예수님을 잘 모르는 가운데서 예수님을 만났다. 예수님을 따르는 가운데 예수님이 어떤 분이신지 하나씩 배우며 계속 예수님을 따랐다. 그들은 배우는 과정에 있었기 때문에 시행착오와 실수와 실패, 그리고 오해가 적지 않았지만 그들은 예수님을 사랑했고 예수님을 떠나지 않았다. 그들은 예수님을 완전히 다 알지는 못해도 예수님을 믿고 따랐다. 예수님이 십자가형을 당하시고, 부활의 아침이 오고 부활하신 주님을 만나는 과정을 통해 그들은 예수님이 어떠한 메시아이신지 점점 더 배우게 되었다. 그들의 신앙과 삶은 예수님에게 뗄 수 없이 결합되어 있었다.

그러나 우리 시대에는 예수를 따르는 길이 이렇게 되지는 않는다. 우리는 우선 복음서를 읽으며 또는 복음서 설교를 들으며 예수님이 어떤 분이신가를 배운다. 이 배움의 내용에는 예수의 탄생으로부터 죽음과 부활, 승천, 그리고 계속적인 왕으로서의 다스리심까지 모두 포함된다. 이렇게 예수님에 대하여 배우는 과정에서 예수님에 대한 태도 표명을 하게 된다. 예수님을 믿음으로 받아들이고 예수님과의 인격적 관계로 들어간다. 그러나 영으로 찾아오시는 예수님과의 만남 그리고 그분과의 인격적 관계는 복음서에 등장하는 사도들의 경우와는 달리 성령을 통한 영적인 관계이다.

복음서를 설교한다는 것은 복음 사건의 진행 과정에 관하여 설교함이다. 예수의 사역이 완결되기 전에 만났던 사람들에 대해 설교하는 것이다. 따라서 예수의 사역이 완결된 후인 우리 시대로의 적용은 아주 조심스럽게 해야 한다.

예를 들면, 적지 않은 설교자들이 예루살렘으로 올라가시면서 자신의 고난을 예고하시는 예수님에게 "그렇게 하지 마시기를" 충고하는 베드로의 모습을 불신이나 실패로 설교하며 성도들을 경고한다. 하지만 예수님을 믿고 사랑하는 베드로 사도가 예수의 예고를 들으면서 "주님 어서 예루살렘으로 올라가 우리를 위해 고난을 당하시고 십자가를 지심으로 우리를 구원해 주십시오."하며 눈물짓는 것은 정말 가능한 일일까? 예수님을 붙잡는 베드로의 모습이 예수님을 향한 베드로의 사랑과 믿음을 더 잘 보여준다고 설교하는 것이 더 정확한 것이 아닐까? 그는 예수님을 위해 자기 나름대로 최선을 다해 충언을 했지만 잘못될 수 있었고 오히려 사탄의 이용을 당할 수 있었다.

9. 결론

복음서를 설교한다는 것은 성경의 어떤 다른 부분을 설교할 경우와 마찬가지로 어려운 일이다. 그러나 복음서 설교는 모든 설교자에게 가장 중요한 과제이다. 복음서를 설교한다는 것은 곧 복음을 전하는 것이기 때문이다.

우리는 복음서를 설교할 때, 복음서가 가지고 있는 상황적 요소를 파악하여 복음을 바르게 이해하고 그 내용을 우리 시대에 바르게 적용하여 살릴 수 있도록 우리 시대의 상황적 요소를 백분 사용하여야 한다.

이 제안은 다음의 세 가지를 모두 함축하는 말이다. (1) 예수님의 생애와 사역, 그의 가르침을 이해하기 위하여 그 시대를 바르게 알아야 한다. (2) 복음을 이해하기 위하여 예수의 사역을 보고 듣고 증언하는 사람들의 삶의 상황을 고려해야 한다. (3) 복음서를 이해하기 위하여 복음서를 기록한 사람들의 상황을 파악해야 한다.

역사 현장에 나타나고 주어진 하나님의 구속사역을 사람들에게 실어 나르기 위하여 우리 시대의 상황성을 분석할 필요가 있다. 그리고 그중에서 복음서의 얘기를 가장 잘, 감동 있게 재생시킬 수 있는 도구들을 찾아 설교에 이용하여야 한다.

예를 들어 보자. 마태복음 5:40에 다음과 같은 말씀이 수록되어 있다. "또 너를 송사하여 속옷을 가지고자 하는 자에게 겉옷까지도 가지게 하라." 예수님은 무엇을 명령하려고 하셨을까? 누구든지 속옷과 겉옷을 주기만 하면 예수의 명령을 따르는 것일까? 예수 당시의 상황과 우리 시대의 상황을 동일시하는 설교자라면 당연히 그렇게 할 것이다. 예수의 교훈은 하나를 달라는 사람에게 하나 더 주라는 말씀처럼 보인다. 길을 가다가 추위에 떠는 가난한 사람에게 자신의 겉옷을 벗어주고 주님의 말씀대로 했다고 기뻐하는 사람들을 가끔 만날 수 있다. 이 말씀은 과연 이러한 경우에만 해당하는 교훈일까?

이 말씀을 바르게 이해하기 위해서 예수 당시의 옷의 기능과 가치를 살펴보아야 한다. 이천여 년 전의 세계에서 사람들은 많은 것을 가지고 살지 못했다. 옷이란 오늘의 세상과는 달리 당시로서는 귀중한 재산 목록에 속하는 것이었다. 지중해 연안에서 사람들은 대개 한 겹의 옷을 걸치고 살았다. 속옷과 겉옷을 입을 정도면 그래도 부자에 속했다. 집에 옷을 쌓아두는 사람들은 별로 없었다. 속옷과 겉옷을 주고 나면 남는 것은 하나도 없게 되는 시절이었다. 속옷과 겉옷의 가치상의 차이를 아는 것도 중요하다. 유대사회는 겉옷을 더 중요시 하던 사회였다.

가치의 차이에만 신경을 쓰면 예수의 말씀은 싼 옷을 빼앗아 가 려는 사람에게 더 비싼 것이라도 줄 수 있어야 한다는 의미가 된다. 그런데 우리의 머릿속에는 현대 상황에서 우리가 알고 있는 옷의 가 치와 역할이 있기 때문에 예수의 말씀은 여러 옷 중에서 한두 개를 나누어줄 수 있는 자비심을 요구하는 정도로 오해될 수도 있다. 우리 시대에 이 당시의 옷과 같은 가치를 지녔던 재산을 찾아보면 자동차 에 비교할 수 있을 것이다. 예수님은 이렇게 말씀하신 셈이다. 티코 를 빼앗아 가려는 사람에게 쏘나타도 가져가게 하라.

얼마나 우스꽝스럽고 불가능하게 들리는가? 옷에 대한 예수의 말씀을 들었을 때 당시의 사람들에게는 분명 이렇게 불가능한 것으 로 들렸을 것이다. 그렇지 않다면 즉 예수의 말씀을 우리 시대의 시 각으로 이해하는 정도였다면 수십 벌의 옷 중에서 한두 개를 가난한 사람들에게 나누어주라는 말씀에 아무도 충격을 받지 않았을 것이 다.

우리 시대와 복음서 사이의 이런 간격을 극복하는 것이 설교자의 작업이다. 복음서를 그 시대의 문맥에서 정확하게 이해하는 것이 필 요하다. 그리고 그 이해를 오늘의 청중들에게 바르게 전달하기 위하

여 우리 시대를 정확하게 분석하고 그 모든 도구들을 사용할 수 있어
야 한다.

제11장
마가복음을 어떻게 설교할 것인가?

1. 서론

마가복음은 네 복음서 중의 하나이다. 이러한 정의(definition)는 이미 마가복음의 성격과 내용뿐만 아니라 설교자들에게 필요한 여러 가지 일반적 지시와 제한을 알려준다.

마가복음은 복음서로서 예수의 생애, 행적과 말씀, 그리고 그 의미를 알려주는 책이다. 따라서 마가복음의 설교자들은 현대의 청중들이 예수의 생애, 예수의 사역과 가르침을 잘 배우고 그 의미들을 깨닫고 받아들일 수 있도록 설교해야 한다. 특히 마가복음이 알려주는 예수의 모습을 전하여 그 예수를 믿도록 설교해야 한다.

각각의 복음서는 예수의 생애의 한 단면을 보여주는 것이므로 설교자들은 네 복음서를 종합하거나 조화시킴으로써 예수의 생애와 가르침에 대한 더 크고 완전한 상에 접근할 수 있다고 믿어왔다. 과거에는 모든 설교자들이 그렇게 생각했다. 기독교인들이 거의 이천 년 동안 복음서에 대하여 그렇게 생각하여 왔으므로 마가복음을 설교할 때, 마가복음을 예수에 대한 정확한 정보 전달 도구 중에 하나로 이해하고 그렇게 사용하는 것은 기독교의 오랜 전통이라고 보아야 할 것이다. 이러한 전통은 성도들에게 아직도 유효하고 정당한 것이다.

'성도'들에게 유효하다고 제한한 이유는 신학자들에게는 그렇지 않기 때문이다. 18세기 중엽부터 신학자들에게는 마가복음에 관한 전혀 다른 의견이 등장했다. 그들은 마가복음을 여러 복음서들 중의 하나로 이해하고 다른 복음서들과 함께 다루며 종합하고 조화시키는 작업을 부정적으로 평가하게 되었다.

물론 마가복음이 복음서 중에 하나임을 부정하는 사람은 아무도 없다. 그러나 신학자들은 마가복음을 다른 복음서들과 구별하여 독자적으로 연구해야 한다고 생각하게 되었다. 뿐만 아니라 마가복음이 예수에 대한 더 정확하고 더 원초적인 자료를 제공하고 있다고 믿게 되었다. 그렇다면 이제 마가복음을 어떻게 설교하는 것이 정당하고 필요한 일일까?

나는 최근의 공관복음서 문제의 연구 결과로 등장한 마가복음 우선설에 근거하여 마가복음을 설교해야 한다고 주장하고자 하지 않는다. 마가복음 우선설을 따라 설교하는 구체적인 방향과 방안을 제안하는 것은 더더구나 아니다. 물론 이전에 해오던 대로 복음서들을 종합하고 조화시키는 전통적인 방법으로 마가복음을 설교하자고 주장하는 것도 아니다.

한편으로, 나는 신학자들이 공관복음서 문제의 해결책으로 추론했거나 그들의 신학 작업의 전제로 삼고 있는 공관복음서 가설에 근거한 설교들은 의미 없는 일임을 지적하고 싶다. 그것은 가설일 뿐이며, 더구나 공관복음서의 일치와 비일치 현상을 다 설명하지도 못하는 가설이기 때문이다.

다른 한편으로, 나는 마가복음을 다른 복음서에 조화시켜 짜 맞추는 식으로 주석하며 설교하는 전통적인 작업도 부적절하다고 지적하고자 한다. 그것이 교회가 이천여 년 동안 해온 작업이요 우리도 결국 같은 방법으로 더 큰 예수의 상을 찾는 길로 접어들어야 하겠지만 그전에 설교자로서 해야 할 일이 있음을 지적하려는 것이다.

마가복음을 독립된 복음서로서 그 자체로 읽는 것, 그리고 마가복음의 전체 문맥에서 읽어 가는 것, 그렇게 완전한 하나의 복음서로 설교하는 것이 필요하고 중요하다. 우리는 마가복음에서 한 역사적 인물인 마가가 기록하여 전하는 예수에 대한 증언을 만난다. 그는 베드로의 통역관이었기에 그가 우리에게 전하는 내용 대부분은 목격자요 증인인 베드로 사도에게서 왔을 것이다.

복음은 예수에 대한 생생한 증언이다. 복음서는 그것을 문자화하고 책으로 출판한 것이다. 그렇다면 마가복음은, 그리고 마가복음을 본문으로 삼는 설교는 모두 예수에 대한 증언이어야 한다. 마가가 복음서 기록을 통하여 했던 역할을 설교자들이 계속하여 감당하는 것이다.

2. 마가복음에 대한 평가

복음서들이 탄생한 직후 즉 초대교회 시절에 살았던 기독교 지도자들은 그들의 필요에 의해 작성한 여러 서신들, 설교, 변증서, 교리 설명 등에 마가복음을 거의 인용하지 않았다. 마가복음은 다른 세 복음서와 비교할 때 한 마디로 인기 없는 복음서였다고 말할 수 있다.

물론 마가복음이 정경으로서의 가치를 인정받지 못했거나, 다소 질이 떨어지는 것으로 비쳤기 때문은 아닐 것이다. 마가복음의 대부분의 내용이 마태복음 혹은 누가복음에 들어 있어서 사람들은 마가복음보다는 내용이 더 풍부한 마태복음이나 누가복음에서 즐겨 인용했을 것이다.

이런 분위기에서 마가복음은 18세기가 될 때까지 누구에 의해서도 그 독자적인 가치를 인정받지 못했다. 처음부터 한 권의 책으로 존재했지만 다른 복음서들에 가려진 복음서였다.

18세기 중엽부터 유럽에서 활발하게 전개된 공관복음서 연구는 이 상황을 역전시켰다. 학자들은 공관복음서의 모든 내용들을 주도면밀하게 비교 검토한 다음에 마가복음이 오히려 마태복음과 누가복음보다 먼저 기록되었으며 다른 복음서에 뼈대와 내용을 제공했다는 결론을 내렸다.

현재 대부분의 신약학자들이 공리처럼 받아들이고 있는 마가복음 우선설을 간략하게 요약해 본다.

(1) 마가복음은 신약성경에 담긴 네 개의 복음서들 중에서 최초로 기록된 복음서이다.

(2) 마태복음과 누가복음은 마가복음을 자료로 이용하였다. 공관복음서 사이의 문자적 일치나 유사성은 이 때문이다.

(3) 마태복음과 누가복음은 마가복음의 내용을 그대로 넘겨받아 기본적 틀로 사용하였다.

(4) 신학자들은 마태복음과 누가복음의 저술 작업이 마가복음을 사용하여 창조적으로 복음서를 저술한 작업이라고 여겼다. 즉 마치 새로운 책을 쓰는 것과 같은 태도로 마가복음의 자료들을 다른 자료들과 함께 사용하며 그들의 신학적 관점에 따라 혹은 교회의 신학과 신앙에 따라 이리저리 바꾼 그런 것이었다고 간주했다.

이러한 관점에서는 마가복음이 예수의 생애와 사역에 관하여 다른 어떤 복음서보다 더 오래되고 원형에 가까운 자료를 가지고 있다고 말할 수 있을 것이다. 따라서 공관복음서 문제의 취급과 함께 고조된 역사적 예수에 대한 연구에서 마가복음이 아주 중요한 자료로 사용되는 것은 당연한 결과였다.

그런데 이런 연구에 몰두하는 신학자들은 마가복음 전체를 예수에 대한 역사적인 보도로 믿지는 않는다. 그들은 마가복음의 어느 부분에서나 역사적 예수와 정말 관련된 것인지 아닌지의 토론을 벌이고 역사적 진정성이 있는 것으로 판단되는 부분에서만 역사적 예수의 흔적을 찾을 수 있다고 간주한다. 그들에 따르면, 마가복음도 마태복음/누가복음 못지않게 초대교회의 역사적 상황과 신학적 사고/작업의 영향을 받은 책이다.

그들의 관점처럼 마가가 예수님이 전한 복음을 예수에 관한 복음으로 바꾸는 작업을 마가복음 저술을 통하여 했다면 기독교적 색채를 벗겨내고 원복음을 찾아내는 것이 필요하게 된다. 설교자들이 해야 할 일도 예수님을 그리스도로 소개하는 마가복음에서 그의 신학, 교회의 신앙을 과감히 벗겨내고 기독교로 변질되기 이전의 예수를 전파하는 것이 되어야 할 것이다.

이러한 관점에서 보면 마가복음은 더 이상 복음서가 아니다. 복음을 전해주는 책이 아니라 복음을 변질시킨 책이다. 우리는 이제 신학이라는 이름으로 성경 자체를 파괴하는 그런 시대에 살고 있다. 이 시대에 성경은 역사적 증언의 기록이 아니라 초대 교회 혹은 초기 신학을 반영하는 책으로 간주되고 만다. 이러한 안목이 있는 신학이 교양 있는 신학이라고 여겨진다.

나는 이러한 관점에서 마가복음을 설교하자고 주장하지 않는다. 마가복음이 처음 탄생했고 지금 존재하는 그 모습 그대로, 그리고 그 전체로 정당한 평가를 설교자들에게 받지 못하고 있다는 사실을 지적하고자 한다. 마가복음은 마태복음과 누가복음에 가려졌던 이전 못지않게 인정받지 못하고 있다. 마가복음은 갈기갈기 찢겨서 그것의 일부는 역사적 예수에 대하여 말하는 부분이고, 일부는 그리스도에 대하여 말하는 부분이며, 더욱 많은 부분은 예수를 그리스도라고 믿었던 초대교회의 신앙에 관하여 말하는 책인 것처럼 간주되었다. 이러한 시대에 과연 마가복음을 그렇게 간주하고 설교해야 할 것인가?

3. 공관복음서 문제

공관복음서 문제란 무엇인가? 이것을 어떻게 이해하는 것이 좋은가? 마가복음을 바르게 이해하고 바르게 사용하기 위해서는 공관복음서 문제에 대한 바른 이해가 선행해야 한다. 마가복음과 관련하여 우스꽝스러운 견해들이 신학이라는 이름으로 포장되어 등장한 것도 공관복음서 문제를 해결하려고 하다가 생긴 일이기 때문이다.

복음서는 예수에 관한 책이다. 제자들, 무리들, 적대자들 등 많은 사람들이 등장하지만 그들은 어디까지나 조연들이다. 책이 있기 때문에 이 책의 저자가 있고 그가 이 책을 읽히려 했던 대상 즉 독자가 있었겠지만, 그리고 저자와 독자의 상황이 여러 가지 면에서 마가복음의 탄생에 중요한 역할을 했겠지만 마가복음은 예수에 관한 책이다. 이런 부수적인 주제들은 그 자체로는 아무런 의미가 없고 예수의 사역, 말씀과 관련하여 비로소 제자리를 찾을 수 있다.

그런데 우리는 예수를 주인공으로 삼고 있는 그런 복음서를 네 개 가지고 있다. 우리 시대에서 돌아보면 모두가 마가복음 못지않게 오래된 복음서들이다. 복음서 저자들은 모두 그들이 알고 있는 예수에 대하여 알려주려는 목적으로 복음서를 기록했다. 그리고 이 책들은 기록되자마자 예수에 대한 증언의 기록으로서 교회에서 움직일 수 없는 귀중한 위치를 차지하게 되었다.

인간이 되신 예수의 생애가 하나이므로 이 생애를 알려주는 복음은 하나여야 한다고 말할 수 있다. 아니면 이렇게 말해야 할 것이다. 복음전도자나 그들이 설교한 복음, 복음을 기록해 놓은 복음서들이 아무리 많아도 이 모두를 하나로 통합할 수 있을 것이다. 그것은 한 사람 예수에 대한 것이기 때문이다.

우리가 가지고 있는 네 개의 복음서 중 첫 세 복음서는 예수의 생애를 조명하는 시각이 같다고 해서 공관복음이라는 별명을 가지게 되었다. 공관복음서를 비교해 보면 용어의 선택, 어순, 문체, 표현방식, 자료의 배열, 사건의 순서 등 여러 가지 면에서 형식적으로나 내용적으로 대부분 서로 일치한다. 그래서 신학자들은 마치 서로 베낀 것 같은 느낌을 받는다.

예수의 생애가 하나니까 복음서들이 서로 일치한다는 것은 어쩌면 당연한 일일 것이다. 그런데 공관복음서 사이에는 서로 무시할 수 없는 비일치성 혹은 차이점도 관찰된다. 이 차이점이란 한 사건의 기록에 등장하는 다른 단어에서부터, 사건의 배열 순서, 장소, 시간 등 상당히 다양하다. 어떤 부분은 다른 복음서에는 전혀 기록되어 있지 않은 것도 있고, 그 반대도 있다.

세 복음서가 완전히 같다면 혹은 완전히 다르다면 공관복음서 문제는 지금보다 훨씬 더 다루기 쉬웠을 것이다. 완전히 같으면 한 복음서만 가지면 되고, 완전히 다르면 세 개를 합쳐 하나로 만들 수 있기 때문이다. 그러나 공관복음서는 서로 유사하면서도 다르기 때문에 이 현상을 설명하기 쉽지 않다. 약 1700여 년 동안 교회는 공관복음서 상호 간의 통합과 조화를 시도했지만 가장 쉬울 것처럼 보였던 예수의 생애의 연대표, 즉 사건의 순서를 작성하는 데조차 성공하지 못하였다.

그래서 공관복음서 상호 간의 일치점을 설명하기 위해서는 문서

상의 의존관계를 말하고, 차이점을 설명하기 위해서는 복음서 저자나 그들이 속한 공동체의 신앙과 신학의 차이를 말하면서 공관복음서 문제를 해결하고자 하게 되었다.

이러한 해결 방식을 따라 각각의 복음서를 주석하고 설교해야 할까? 그렇지는 않다. 그 이유는 그러한 해결 방식은 가설일 뿐 아니라 가능한 모든 길을 다 살펴보고 최종 결론을 내린 것이 아니기 때문이다. 18세기 중엽부터 부각된 공관복음서 문제의 해법이란 원복음서설, 조각설, 구전설, 문서설 등인데, 주로 복음서의 탄생 즉 책의 형성을 기준으로 하여 전개되었다. 예수의 생애로부터 예수에 관한 복음이 만들어지고 이 복음이 복음서로 기록될 때까지 걸린 세월에 비교해 보면 책의 형성을 중심으로 보는 것은 근시안적 시각으로 공관복음서 사이의 일치점과 차이점을 해결하려고 한 것이라고 볼 수 있다. 이러한 근시안적 연구의 결론으로서의 가설은 지금은 절대다수의 신약신학자들의 지지를 등에 업고 있어서 조금도 움직일 수 없는 진리처럼 보이지만 사실은 한때 요한복음의 저작 연대를 유행처럼 2세기 중반 이후로 잡았던 것처럼 갑자기 무너져 버릴 그런 허무한 것일 수도 있다.

신학자들이 더 고려했어야 할 다른 여러 가능성들을 우리는 아래에서 살펴볼 것이다. 이 가능성들은 예수의 생애로부터 복음 증언과 복음서 기록으로 진행할 때 반드시 거쳤을 과정들에 관련된 것이다. 이 다양한 가능성들을 열거해 보는 것만으로도 우리는 베끼는 것, 문서 자료를 이용하는 것만이 일치를 만들어내고 신앙과 신학적 차이로 인한 변경이 가해져야만 다른 기록이 만들어지는 것은 아님을 자신 있게 말할 수 있을 것이다.

4. 일치와 차이의 다양한 원인들

복음서는 집필 순간 비로소 탄생한 책이 아니다. 예수의 생애가 없었다면 복음서란 애당초 만들어질 수도 없었고 만들어지지도 않았을 것이다. 복음서는 예수의 생애와 관련하여 탄생한 책이다.

복음서의 탄생의 출발점에 예수의 생애 즉 복음 사건이 놓여 있다면 복음서들이 알려주는 온갖 정보의 일치나 차이의 원인을 설명하는 작업은 당연히 예수로부터 시작해야 한다.

예수에 관한 증언은 처음부터 유사하면서 다양할 수밖에 없었다. 복음서도 예수에 대한 의견, 믿음조차도 상당히 다양했음을 알려 준다. 사람마다 예수에 대해서 생각하는 것이 같지 않았다. 예수의 말씀을 이해하는 데도 차이를 보였다고 한다. 예를 들면, 예수의 비유의 경우, 대부분의 사람들은 도통 이해하지 못했다. 제자들도 처음에는 이해하지 못했을 뿐 아니라 오해하기도 했다.

제자들은 예수에 대해 처음부터 단일한 생각, 똑같은 믿음을 가졌는가? 그렇지 않다. 심지어 예수의 부활 직후에도 믿지 못하는 제자가 있었다. 예수님을 향한 그들의 믿음의 모습에는 처음부터 차이가 있었다. 예수님과 함께 생활하며 사역하는 동안 변화와 발전이 있었다.

먼저 예수의 말씀의 경우를 다루어 보자. 어떤 주제에 대해서 예수님은 한 번만 설교하셨을 수 있다. 이러한 경우 예수의 말씀을 사람들이 제대로 기억하고 바르게 전달하기만 했다면 이 주제에 관한 모든 기록은 일치하는 내용을 보도할 수 있을 것이다.

예수님은 어떤 주제와 관련해서는 같은 말씀을 다른 곳, 다른 시기에 다른 대상에게 여러 번 반복하여 말씀하셨을 수도 있다. 예수님이 항상 같은 말씀을 반복하셨다면 회수나 장소, 대상의 다양성에 관계없이 한 말씀만 존재하고 누구에게서나 같은 말씀의 반복을 기대해야 할 것이다. 그러나 비슷하지만 다른 단어로 표현하셨거나 강조점을 조금 달리하시면서 가르치셨다면 같은 주제라도 예수님에게서 다양한 말씀이 나왔을 수 있다.

좀 더 복잡한 논의로 들어가 보자. 예수의 설교는 처음부터 언어로 발생하였으므로 그것을 그대로 외우고 그대로 반복하여 전달하는 것이 불가능한 것은 아니다. 예수의 말씀이 한 단어나 짧은 단문으로 구성된 경우─더구나 한 번만 말씀하신 것이라면─누가 전하든지 문자적으로 일치할 가능성이 아주 높다.

하지만 긴 설교의 경우─복음서에는 설교 전문이 수록된 예는 없으므로─누가 요약하느냐에 따라 강조점이나 어조, 어순이 달라질 가능성이 높다. 그러나 누가 요약해 놓은 것이 널리 알려지고 기록된다면 이 요약의 영향으로 인하여 서로 일치할 가능성도 발생한다. 그런데 비슷한 설교나 비슷한 비유를 여러 곳에서 여러 번 하셨다면 예수 자신이 서로 비슷하면서도 조금씩 다른 설교/비유를 전하셨을 것이므로, 일치와 차이에 예수님 자신이 기여했을 수도 있다.

예수의 말씀을 듣고 기억하고 있다가 다른 사람들에게 전달해 준 목격자들의 이해력, 언어 습관, 어휘도 무시할 수 없는 요소로 작용한다. 그들은 예수의 말씀을 육성 그대로 흉내 내어 전달할 수 있었을 것이다. 이 경우 우리는 목격자들의 증언 사이의 일치를 기대할 수 있을 것이다.

하지만 그대로 전달하는 것이 그들의 언어와 사고에 도무지 맞지 않는 것일 때 자신에게 맞는 용어를 선택하여 예수의 말씀을 재생할 수도 있다. 이 경우 목격자들이 자라면서 익힌 언어와 이 언어에 결부되어 있는 개인의 독특한 어감이 예수의 말씀을 자신의 말로 바꾸어 전달하도록 하여, 증언의 다양성을 제공하게 된다.

예수님과 제자들이 주로 사용하였던 아람어가 복음서에는 헬라어로 번역되어 기록되었다는 점도 복음서 사이의 다양성을 설명해 주는 요소이다. 누가 언제 어디에서 번역했느냐에 따라 다양한 번역이 나올 수 있다. 그러나 한 번 번역된 것이 사람들에게 회자된다면 그 말씀은 다시 일치성을 특성으로 가지게 된다.

예수의 말씀이 전달되고 기록되었을 과정을 살펴본 결과 우리는 복음서가 기록되기 이전에, 그리고 비슷한 종류의 말씀들이 수집되어 모이기 이전에 즉 예수님이 말씀하시고 목격자들이 듣는 바로 그 때부터 일치와 차이가 발생할 가능성이 존재했음을 확인했다.

예수의 생애, 사역, 사건부의 기록의 경우는 어떤가? 열두 제자들이 같은 사건을 보았다고 해서 그들의 머리에 동일한 상이 새겨져야만 한다고 볼 수는 없다. 사건을 보는 위치와 각도, 사건에의 참여도가 다르다면 같은 사건이 목격자들의 머리에 처음부터 다르게 새겨질 수도 있다. 그러므로 복음 사건은—목격자들을 통해 다른 사람들에게 알려지는 것인 이상—처음부터 일치성과 다양성의 가능성을 가지고 발생했다고 말해야 한다.

목격자들이 나중에 그 상으로부터 복음 전파를 위해서 기억해 내는 것은 큰 윤곽으로 보면 늘 같은 것일 수 있다. 그러나 특수한 시간에 특수한 지역에서의 복음 전파에 잘 어울리는 부분을 확대할 수도 있고 다른 부분을 특별히 강조할 수도 있다. 여기저기에서 복음을 전파하는 과정이 하나의 사건에 대한 하나의 상으로부터 다양한 기억을 산출할 수 있는 여건을 형성한다.

한 목격자가 어떤 상을 어떻게 기억하며 어떤 언어로 표현하느냐는 점도 상당히 중요하다. 상을 언어로 바꾸는 작업은 목격자들만이 할 수 있는 고유한 작업이다. 이 작업은 같은 사건에 대한 다양한 표현이 가능하게 만들어주는 과정이 된다.

그러나 목격자가 일단 그의 뇌리 속에 기억된 상을 언어로 표현하고 나면 그가 사용한 언어가 그 사건을 전달하는 틀이 된다. 그 후에는 누가 듣고 전하든지 동일한 이야기를 전달하는 것이 가능해진다. 상이 아니라 언어가 전달되기 때문이다. 그렇지만 그 목격자가 증언을 여러 번 하게 된다면 다른 시간 다른 장소에서는 다소 다른 언어를 사용하며 같은 사건을 말하게 될 수 있다. 이 경우 한 목격자에게서도 문자적으로 일치하지 않는 목격담들이 만들어질 수 있다.

예수의 생애와 말씀이 기록된 책을 복음서라고 부른다면, 예수님이 지상에 사시며 활동하시던 때 그 자리에 있음으로써 하신 일과 하신 말씀의 목격자가 되었던 사람들을 우리는 살아 움직이는 복음서라고 부를 수 있을 것이다. 그들의 기억에 모든 것이 각인되어 있었기 때문이다. 그들은 복음서가 기록되기 전에 복음서 역할을 했던 걸어 다니는 복음서였다.

그들은 그들의 두뇌에 새겨진 과거에 대한 상과 소리를 기억하여 전할 때 서로 일치하면서도 다른 증언들을 만들어낼 수 있었다. 그들은 동일한 것을 기억하고 동일한 용어를 사용하여 보고 들은 것을 전할 수도 있었지만, 전혀 다른 용어로 동일한 것을 표현할 수도 있고, 약간 다른 면을 기억하거나 강조하여 표현할 수도 있었다.

목격자가 본 복음사건에 대해 그의 뇌리에 새겨진 상은 바뀌지 않아도 복음 전파의 현장에서 그가 언어로 표현하는 증언은 조금씩 다를 수 있다. 같은 사건에 대한 다양한 설명은 처음부터 가능한 일이었다. 복음의 최초 전승자만을 염두에 두더라도 한 사건에 대한 동일한 설명 혹은 다른 설명의 가능성을 우리는 인정할 수밖에 없다.

우리는 이러한 과정의 끝에 현대 신약학자들이 인정하는 것과 같은 복음서 저자의 편집 과정도 첨가될 수 있음을 부정하지 않는다. 그러나 복음서 저자들에게 공관복음서 사이의 차이에 대하여 100%의 책임을 돌리는 것은 입증된 결과가 아니라 독단적인 전제일 뿐이다. 우리는 목격자들이 공관복음서의 차이에 어느 정도 기여하였는지 정확히 결정할 수는 없지만, 목격자들의 역할과 기능에서 이미 차이가 발생할 가능성이 있었음을 부정할 수 없다.

우리가 새롭게 찾은 것은 '복음 전파를 위해 필요했던 필연적 과정'이었다. 이 과정이 존재했음은 부정할 수 없다. 이것은 구체적인 증명을 필요로 하는 '신앙과 신학의 차이로 인한 변경'과는 다른 것이다. 이러한 변경을 전제하고, 공관복음서 사이의 차이를 복음서 저자의 신학의 차이로 설명하는 것은 입증되지 않은 전제에 의존하여 설명하는 것이므로 사상누각을 세우는 일과 같다.

마가복음이 다른 복음서와 다소 다른 면을 그 내용으로 가지고 있다 하더라도 우리는 다음과 같이 말할 수 있다. 마가복음은 예수의 생애와 사역, 가르침에 대한 목격자의 신실하고 확신에 찬 복음을 전달하고 있다. 물론 다른 복음서의 경우에도 그러하다. 복음서 저자들은 모두 자기들 나름대로 예수님에 대한 목격담을 전달하고 있다.

마가복음을 설교하는 설교자의 역할이란 마가복음에 담긴 저자의 의도를 현대의 신자들, 교회 밖의 사람들에게 그대로 전달하는 것이어야 한다. 공관복음서 사이의 차이점과 일치점의 문제는 설교자들에게 궁금한 것이기는 하지만, 복음서 설교를 중지하도록 하는 문제가 아니며, 복음서를 소설처럼 간주할 정도로 설교의 방향을 바꿀 만큼 막중한 문제가 되지도 못한다.

5. 설교자(신학자)의 역할

공관복음서 문제에 부딪힐 때 독자들에게 나타나는 반응은 주로 다음의 두 가지이다.

첫째, 공관복음서 사이에 충돌이나 모순이 없음을 확인하기 위하여 어떻게 하든지 이것저것을 짜 맞추려고 한다. 이것은 성경에 대한 신뢰감이 강한 사람들에게서 주로 나타나는 반응이다.

둘째, 공관복음서 사이에 충돌이나 모순이 생각보다는 훨씬 심각한 것임을 확인하기 위하여 어떻게 하든지 문제를 확대하려고 한다. 이것은 성경을 보통의 책 수준으로 취급하는 사람들에게서 주로 나타나는 반응이다.

한국교회에서는 설교자란 주로 전자에 속한다. 특히 한국교회에는 공관복음서만이 아니라 신약성경, 성경 66권의 내용을 이러 저리 꿰어 맞추는 것이 신령하고 능력 있는 설교자의 표식이나 되는 것처럼 크게 유행하고 있다. 이러한 분위기 속에서 설교자는 본문을 적절하게 설교하기보다는 개인적 묵상과 연구를 통하여 다른 설교자들, 신학자들 혹은 신도들이 감히 생각도 해 낼 수 없는 그런 기발한 묘안을 찾아내기에 급급해진다.

교회와 교인들의 삶을 긍정적으로 세우고 도와주려 한다는 면에서 보면 한국 교회에 전자의 태도가 후자의 태도보다 더 낫다고 할 수 있지만 두 가지 반응 모두 성경 이해와 사용에 있어서는 치명적인 약점을 안고 있다.

그 약점이란 복음서가 기록된 때로부터 오래 후에 태어나 복음서를 받아 읽고 사용하며 다음 세대에 전달하는 역할만을 하는 사람들이 마치 그 복음서의 내용에 전적인 책임을 져야 하는 사람인 것처럼 과도한 역할을 하는 데 있다. 즉 본문의 의미를 바꾸는 일을 하게 되는 문제점이다.

공관복음서 문제란 우리가 만들어낸 것이 아니다. 이것은 독자나 설교자들에게서 나온 것이 아니다. 공관복음서가 서로 일치하면서도 다른 현상 즉 공관복음서 문제에 관한 책임은 전적으로 목격자들의 증언과 증언의 전달, 그리고 복음서 저자(들)의 작업에 달려 있다. 물론 어떤 부분은 예수 자신에게 그 원인이 있을 수도 있다. 그러므로 공관복음서 문제들은 예수, 증인, 저자들을 인터뷰하기 전에는 완전히 설명하는 것이 불가능할 수도 있다.

공관복음서에서 관찰되는 현상에 관하여 의문점들을 있는 그대로 말하는 것을 주저할 필요는 없다. 그것은 오히려 교회(종교)개혁 전통을 따르는 것이다. 성경이 말하는 만큼 말하고 멈추는 곳에서 멈추는 것이다. 복음서 저자들, 목격자들에 의하여 정말 공관복음서의 일치와 차이점 현상이 만들어졌다면 그것을 인정하는 것이 솔직한 태도이다.

이런 태도는 어떨까? 마가복음은 마가복음이 책임을 지도록 하고 마태복음은 마태복음이 책임을 지도록 하자. 각 복음서의 서두에 붙어 있는 제목은 책임자를 알려준다. 마가, 마태, 누가, 요한을 각 복음서의 내용에 대한 책임자로 지정해 놓은 것이다. 마태복음과 로마서가 충돌을 일으킨다면 누가 그 충돌을 막을 수 있는가? 우리는 행여나 우리의 역사적 무지와 신학적 무능력 때문에 충돌이 아닌 것을 충돌로 느끼지 않는지 걱정할 뿐이다.

공관복음서 문제에 대해 다루면서 무리한 종합/조화를 시도하거나 각 복음서 사이의 차이를 과장하여 서로 충돌시킬 때, 우리는 복음의 해석자며 설교자의 위치를 떠나 복음서 저자나 할 수 있었던 작업과 동일한 수준의 작업 즉 내용을 수정하는 작업을 하게 된다.

우리는 마가가 전달하는 내용을 받을 수도 있고 거부할 수도 있다. 특히 설교자는 마가복음이 전하는 내용을 설명할 수도 있고 침묵할 수도 있다. 그러나 그 의미를 바꾸어 왜곡하는 것은 설교자가 해서는 안 될 일이다.

6. 적혀 있는 것을 그대로 설교하는 용기

마가복음을 설교할 때 설교자는 마가복음에 기록되어 있는 것을 읽고 말해야 할 뿐, 마가복음에 없는 내용을 창작하여 말할 의무는 없다.

공관복음서 안에서 충돌을 일으키는 것으로 보이는 부분을 설교자가 해소하려다 보니 "사실은 이런 의미다."는 설명이 등장하게 되기도 한다. 이때 복음서 저자의 진짜 의도라고 설교자가 소개하는 것은 대개 본문의 문자적, 문법적 의미가 아니라 저자가 자의적으로 본문에 부여한 의미이다.

설교자가 복음서를 설교하며 글자로 표현되어 있는 것을 거부하고 적혀 있지도 않은 것을 만들어 내어 사실은 이런 의미라고 소개할 수 있는 권리는 어디에 있는가? 성령님이 알려주신 신령한 혹은 신통한 계시를 따르는 것인가? 아니면 신학적 상상에서 오는 것인가? 그런 경우는 검증이 불가능하므로 청중의 의심을 받게 된다. 그래서 설교자는 대개 성경의 다른 권의 구절들을 가지고 와서 조합하며 객관적인 것처럼 위장한다. 이 과정에서 설교하는 본문의 문맥이 무시되고 결과적으로 본문의 의미가 파괴되거나 왜곡된다.

이러한 설교를 듣는 교인들은 설교자들의 신비한 해석을 통해 성경은 평범한 사람들이 읽어서는 깨달을 수 없는 일종의 비서라는 인상을 받게 된다. 그러한 설교자는 교인들의 존경을 사며 별난 권위를 행사할 수도 있을 것이다. 그러나 이것은 옳은 길이 아니다.

마가는 로마에 있는 사람들에게 복음을 더 효과적으로 전하기 위하여 마가복음을 기록하였다. 베드로 사도는 복음을 전할 때 그것을 사람들이 들을 수 있는 분명한 말에 담았고 그 뒤에 신비한 비밀을 감추어 두지 않았다. 그가 통역을 사용한 이유도 그의 말의 의도가 전달되어 청중이 알아듣도록 하려 함이었다.

하나님은 예수의 생애를 통하여 구원의 뜻을 공개하셨고 그 내용은 목격자의 증언에 담겼다. 그러한 증언들이 모여 복음을 형성하고 이것은 기록되어 복음서가 되었다. 하나님의 의도가 역사적 사건을 통해 드러나고, 역사적 사건은 언어를 통하여 기록되었다. 인간의 언어가 전달의 수단으로 선택된 이상 의사 전달은 언어가 가진 기능을 통하여 이루어진다. 그러므로 언어로 이루어진 본문을 해석하는 방식으로 복음서를 해석해야 한다.

복음은 예수에 관한 것이며 말을 배운 사람들이라면 누구나 이해할 수 있는 예수에 관한 언어화된 정보이다. 이것을 기록한 복음서 중에 하나인 마가복음은 언어를 사용하는 사람이라면 이해할 수 있도록 기록된 언어적 구성체이다. 그러므로 설교자는 마가복음에 언어로 적혀 있는 그대로의 본문을 언어적 현상을 해석하는 일반적인 방법으로 문맥을 고려하고 역사적 배경을 고려하여 해석하고 있는 그대로를 설교하는 용기를 가져야 한다. 마가복음이 마태복음이나 누가복음, 또는 바울서신과 충돌하는 듯이 느껴져서 마가복음의 의미를 마태복음이나 누가복음, 또는 바울서신과 충돌하지 않도록 변

경시켜서는 안 된다. 만약에 그렇게 변경시켜서 설교한다면 그것은
마가복음을 전하는 설교가 아니라 자신의 신학적 종합을 설교하는
것이 된다. 그것은 설교가 아니라 자신의 사상 강연이 되고 말 것이
다.

7. 결론: 한 권의 책으로서의 마가복음

적지 않은 설교자들이 마가복음을 전체로 읽기보다는 한 구절에
주목하고 그 부분의 의미를 설교한다. 과거에 조직신학자들이 즐겨
이런 방식으로 성경을 사용했었다. 마치 보물창고를 뒤지듯 성경으
로부터 이런저런 내용들을 여기저기에서 추려내어 거창한 신학체계
를 구성했던 것이다. 이러한 과정에서 해당 구절 앞뒤 문맥이나 해당
권 전체의 흐름 속에서의 의미는 무시되기도 한다. 문맥을 무시하고
한 구절을 가져와 해석하면서 본래의 의미는 사라지고 해석자가 부
여하는 의미가 부각된다.

같은 단어 같은 문장이라 하더라도 사용된 문장과 문맥, 역사적
배경에 따라 얼마든지 다른 의미를 만들어 낼 수 있다는 것은 언어학
의 기초이다. 그런데도 성경해석에서는 이러한 상식을 무시하는 설
교자들이 있다. 특히 이단 교주들이 이렇게 한다. 역사비평 방법을
사용하는 신학자들도 비슷한 과오를 범한다. 그들은 (성경의 각 책들이나)
복음서를 하나의 통일된 작품으로 보기보다 그 복음서의 각 부분이
어디서 왔는지를 따지며 문맥을 벗어난 본래적 의미를 찾고자 한다.

이러한 과정에서 신학자의 주관성이 해석을 좌우하게 된다.

마가복음은 한 실제 저자가 한 권의 책으로 묶은 예수님에 대한 증언집이다. 어떤 문장 어떤 단어라도 일단 마가복음의 문맥 안에서 이해하는 것이 필요하다. 즉 마가복음을 한 권의 책으로 읽고 이해하자는 것이 필요하다. 그것은 마가복음이라는 큰 숲을 보는 것과 같다. 모든 내용들은 그 숲을 이루는 크고 작은 나무들이다.

우리는 마가복음을 다른 복음서나 성경의 다른 권들과 짜 맞추기 위하여 마가복음의 고유한 내용을 읽지 못하는 방식을 피해야 하고, 마가복음을 하나의 작품으로 읽지 않고 조각조각으로 나누어 문맥을 무시하고 해석하는 방식도 피해야 한다.

이렇게 할 때 다른 복음서에 나오는 병행 사건/말씀이라 하더라도 마가복음에서의 의미와 역할이 같지 않음이 부각될 것이다. 또한 이렇게 하다보면 전혀 다르게 보이는 말씀/사건들이 유사한 신학적 강조점을 가진 것이 밝혀질 수도 있다.

제12장
비유를 어떻게 설교할 것인가?

1. 서론

예수님의 비유를 어떻게 설교하는 것이 좋을까? 오늘날도 여전히 19세기까지 유행했던 풍자적 비유 해석을 즐기는 목회자가 적지 않다. 혼자만의 영적인 비유 해석법을 고안하고, 임상실험을 통해 독자적으로 정립해 가기도 한다. 그러한 해석방식의 적용 범위를 성경 전체로 확대해 가기도 한다. 결과적으로 성경은 신적 비밀을 보여주는 거대한 비유서(比喩書) 내지 비서(秘書)로 취급된다. 이러한 비유 해석 방식은 과연 정당한가?

2. 예수님의 언어

예수님은 인간의 언어를 사용하셨다. 그리고 사람들이 알아듣도록 말씀하셨다. 하나님의 뜻을 전하러 오셨지만 인간이 되신 이상 인간의 표현법으로 사람들을 가르치셨다는 것은 하나도 이상할 것이 없다. 사람들은 그들 가운데 사람으로 오셔서 그들의 언어로 말씀하시며 그들처럼 행동하시는 예수님을 만났다. 그리고 예수의 제자가 되었다.

이 당연한 사실이 어떤 기독교인들에게는 이상하게 들린다. 왜 그럴까? 예수님을 하나님의 아들로, 주님으로 섬기고 기도하고 의지하여 살아가다 보면 인간 예수는 점점 낯설어진다. 반면에 태초부터 성부 하나님과 함께 계셨던 성자 하나님으로서의 예수에 익숙해진다. 교회사가 이천여 년 진행되어 오는 동안 전 세계에 흩어져 있는 기독교인들이 예수의 신성에 익숙해져 있다.

삼위일체의 한 분으로서 하나님이신 예수에 대한 신앙이 인간으로 오셔서 인간으로 사신 예수에 대해 말하거나 연구하는 것을 어색하게 느끼게 한다. 예수의 인간적 삶과 사역, 인간으로서의 경험, 그의 생애에 동원된 인간적인 수단들이 있었다는 그대로 말하는 것은 불경건한 사람들이나 하는 일로 취급되기도 한다. 예수의 인간적 감정, 사고(思考), 제한성을 터부시하는 것이다.

이것은 혹 예수의 신성을 해치지 않을까 하는 신자들의 지나친 우려와 관련이 있다. 그러나 예수를 신성 일변도로 채색하지 않아도 예수의 신성은 상처를 받지 않는다. 예수의 3년 지상생활을 무시하는 처사가 더 비기독교적이다. 그것은 예수의 인성을 무시함으로써 예수님을 참된 하나님이며 참된 사람으로 믿는 정통 신조를 벗어나기 때문이다. 또한 복음서 저자들은 예수의 인간적인 측면을 보도했다. 정통 신앙은 이러한 인간적인 측면까지 그대로 받아들이며 믿는 것이다.

예수님이 인간의 언어를 사용하셨다고 말하는 것은 정통 기독교인들에게 기분 나쁜 일도, 위험한 일도 아니다. 이것은 사실을 지적하는 것이다. 예수의 비유를 바르게 이해하고 설교하는 길은 교인들이 거북해 할 수도 있는 이 점을 강조하고, 이곳에서 연구의 출발점을 마련하는 것이다.

예수님은 기꺼이 인간의 언어, 그 표현법을 사용하셨다. 인간적 사고와 사상 속에 하나님의 뜻을 새겨주셨다. 비유는 예수님이 하나님의 뜻을 전달하려 선택하신 도구였다.

예수님이 인간의 언어 뒤에 신비한 방법으로 하나님의 비밀을 담아 두었다면 어떻게 할 것인가? 어떻게 하든지 이것을 찾아내어 전하고 이용하는 것이 비유를 연구하고 설교하는 목표가 되어야 하지 않을까? 그러나 하나님이 감추어 두신 것을 찾아낼 수 있는 신령한 사람은 아무도 없다. 하나님이 설명해 주지 않으신 것을 연구해 낼 수 있는 신학자는 어디에도 존재하지 않는다. 하나님의 침묵은 계시록에 나오는 "일곱 우레의 비밀"(계 10:4)처럼 영원한 비밀로 남는다.

예수님이 인간의 언어를 사용하셨다는 사실은 우리가 가야 할 길과 멈추어야 할 지점을 정확하게 알려 준다. 비유를 연구하는 것도 언어가 실어 나를 수 있는 의미를 찾으려는 것이다. 언어로 표현되어 있는 것에 담긴 의미가 모든 연구자들이 도달해야 할 목표이다. 이 언어적 울타리를 넘어가서는 안 된다. 이 울타리가 모든 성경 연구자들이 지켜야 할 신학적, 언어학적 한계이다. 성경 해석자는 언어가 전달할 수 있는 것만을 찾아내어야 한다.

3. 예수님의 표현 방식

예수님은 언어의 표현 양식을 어느 정도 다양하게 사용하셨을까? 어떤 사람들은 예수님이 사실적 표현만을 사용하셨다고 주장하고, 모든 말씀을 사실적으로 해석하고 싶어 했다. 그러나 예수의 모든 말씀을 일괄적으로 사실적인 표현으로 받아들이고, 해석하며, 그대로 적용하도록 사람들을 가르치는 것이 과연 정당한가?

예수님은 "네 손이 너를 죄짓게 하거든 잘라 내버려라."(마 5:30; 막 9:43)고 말씀하셨다. 이 말씀을 사실적 표현으로 이해하고 적용하면 어떤 결과가 나타날까? 예수님을 믿고 따르는 우리는 손이 우리를 죄짓게 하는 어느 때에 그 손을 자를 수밖에 없다. 얼마 후에는 눈에 관한 예수의 말씀을 문자적으로 적용하여 눈알을 뽑아야 할 사태가 발생한다. 그리고 발을 잘라야 한다. 예수님이 다른 기관들을 모두 열거하지는 않으셨지만 죄를 짓는 한 자르고 내버리는 과정을 멈출 수 없다.

어느 정도 잘라내어야 죄를 멈출 수 있을까? 자신의 심장을 도려내고, 머리를 잘라내야만 우리는 비로소 죄에서 벗어날 수 있을 것이다. 죄는 인간의 마음에서 나오기 때문이다. 그런 것을 좋아하고 계획하며 명령하는 것은 바로 뇌세포이기 때문이다(마 15:18 참조). 이것은 자살하는 것을 가리킨다. 과연 성경은 자살을 명하는가? 그렇지 않다. 문자적 해석과 적용은 결국 성경의 가르침과 충돌한다.

우리는 예수님이 사용하셨을 수도 있는 표현 양식들을 미리 제한할 필요는 없다. 예수님이 일단 인간의 언어를 사용하시기로 하셨다면 언어가 가진 특징과 다양한 표현 양식들을 모두 사용하실 수 있다. 그러므로 우리는 이러한 다양한 표현 양식에 따라 적합하게 해석해야 한다.

예수님은 자주 가정법을 사용하셨다. 가정법이란 있지 않는 일을 마치 있는 일처럼 가상하거나, 있을 것처럼 추측하고 그 가정 위에서 필요한 경고, 명령 혹은 결과를 말하는 방법이다. 실제와는 정반대로 조건을 설정하는 가정법도 있다.

어떤 아버지가 아이에게 "거짓말하면 벌 받는다."고 주의를 주었다. 이 말을 들은 아이가 가정법이 무엇인지 모른다면 이 아이는 어떤 반응을 보일까? 그 아이는 아버지를 향해 씩씩거리며 "내가 언제 거짓말했어요?"라고 항의하며 억울해 할 것이다. 가정법을 이해하지 못하고 사실적 표현으로 오해하면 그러한 결과를 초래한다. 가정법은 직설법이 아니다. 가정법은 가정법으로 이해해야 하며 직설법으로 이해되어서는 안 된다.

예수의 교훈 중에는 과장법도 발견된다. 앞에서 예로 들었던 "손을 자르라."는 명령을 거의 모든 기독교인들이 과장법으로 이해하고 있다. 이 말씀은 죄를 짓도록 하는 그 원인을 과감하게 제거 내지 청산해야 한다는 의미를 강조하기 위해 소름 끼치도록 생생하게 표현하신 것이다. 그래서 우리는 실제로 손이 죄를 지을 때 손을 자르지는 않는다.

"낙타가 바늘귀로 통과하는 것이 부자가 천국에 들어가는 것 보다 더 쉽다."(막 10:25)는 표현은 "부자가 천국에 들어가는 것이 극히 어렵다."는 뜻을 실감나게 과장하여 표현하신 것이다. 이 말씀이 부자들이 절대로 구원받을 수는 없다는 절대적 선언은 아니다.

예수의 말씀 속에서는 다양한 여러 가지 표현법들이 발견된다. 잠언, 격언, 금언, 속담, 상식, 수사의문문, 발음이 유사한 단어를 사용하는 해학적 표현, 음운론에 기초한 시적 표현, 풍자, 비유, 직유, 은유, 예화, 희구, 기원 등 다양한 표현 방식이 사용되었다.

예수의 말씀은 모두 언어학적 관점에서 충분히 분석하고 연구할 수 있는 인간의 언어 즉 인간의 소리, 인간의 용어, 문법, 양식들을 활용한다. 비유도 예수님이 사용하신 여러 언어적 표현법 중 하나였다. 비유적 표현법은 성경의 언어들 즉 히브리어, 아람어, 헬라어에서만 사용되는 특수한 표현법이 아니었다. 모든 언어가 비유적 표현을 가지고 있다. 비유법은 언어의 기본 표현 양식에 속한다. 그것은 보편화된 아주 일반적인 표현법이다. 말을 할 줄 아는 사람은 누구나 비유법을 이해하고 사용할 수 있다. 전문적인 훈련을 받아야만 하는 것은 아니다. 그러므로 모든 설교자들이 이미 예수의 비유를 받아들이고 설교할 수 있는 기본 자질을 갖추고 있다.

비유법이 모든 언어에 보편적으로 발달한 이유는 인간이 지식을 습득하는 기본 원리에 잘 부합하는 표현법이기 때문이다. 지식은 이미 아는 것을 통하여 아직 모르는 것을 파악하는 방식으로 습득된다. 비유는 청중이나 독자가 이미 아는 것을 통하여 아직 모르는 것을 알도록 도와주는 언어 표현 방식이다.

예수님이 사용하신 비유적 표현들도 사람들이 이미 알고 있는 그러한 표현 방식이다. 예수님이 이러한 표현 방식을 사용하신 이유는 비유적 표현이 가진 기능을 활용하시기 위함이었을 것이다. 이러한 예수의 비유를 이해하기 위하여 남다른 재능이나 영적 직관력이 요구되는 것은 아니다. 인간이 부여받은 일반적 언어 능력이 요구될 뿐이다.

4. 비유란 무엇인가?

비유란 새로운 지식을 잘 알려진 다른 것과 비교하며 전달하는 표현법이다. 말할 때마다 언제나 비유가 필요하거나 어떤 주제에나 비유적 표현이 늘 효과적인 것은 아니다. 비유를 요청하는 특별한 상황이 있다. 그리고 비유적인 표현이 효과적인 특별한 내용이 있다. 우리는 비유가 불필요한 경우를 관찰함으로써 그 반대인 비유를 요청하는 경우를 파악할 수 있을 것이다.

현장 학습, 실물 교육, 체험, 훈련 등은 인간의 감각 기관과 인식 능력을 동원하여 새로운 지식을 습득하게 하는 방법이다. 이런 교육에는 비유법이 사용될 필요가 없다. 사용하지도 않는다. 비유는 경험 위주의 실생활 현장에서는 지식을 전달하는 적절한 수단이 될 필요가 없다.

비유는 언어로 지식을 전달하는 경우에 강력한 도구로 사용될 수 있다. 직접 보여주거나 만지게 할 수 없는 것들, 추상적인 언어만으로는 좀처럼 이해하기 어려운 것들을 좀 더 이해하기 쉽게 묘사하는 방식이 비유적 표현이다.

예수님이 천국을 설명하실 때 주로 비유를 사용하셨다는 것은 우연이 아니다. 인간이 지금 당장 직접 경험할 수 없는 것을 언어로 표현할 때 적합한 표현 방법을 선택하신 것이다.

비유의 독특한 점은 말하는 사람이 자신의 지식이나 의도를 일방적으로 늘어놓거나 상대방에게 강압적으로 주입하지 않고, 듣는 사람들이 자신의 연상 활동을 통해 스스로 새로운 지식을 습득하게 하는 데 있다.

새로운 것과 청중이 알고 있는 것을 연결하는 것은 화자의 역할이다. 그러나 실제로 연상 작용을 전개하고 이 작업을 통해 새로운 것에 대한 개념, 상을 만들어가는 것은 청중의 몫이다.

비유적 표현법은 듣는 사람이 연상 작용을 시작하도록 유도하는 촉매제 역할을 한다. 사람들이 알고 있는 경험이나 지식을 일깨워 새로운 지식 습득의 도구로 삼게 하는 것이다. 따라서 비유의 의미 파악은 청중이 가진 기존 지식과 연관되어 있다.

비유에 사용되는 재료는 청중에게 친밀한 것이어야 한다. 사람들에게 친숙하지 않은 것을 통하여 새로운 지식을 전달하려 한다면 이것은 효과적인 비유가 될 수 없다. 그렇게 하면 새로운 지식을 전달하고자 하는 목적을 달성하지 못한다.

아이가 '사과 같이 생겼다.'고 말할 때 이 말을 듣는 사람들은 최소한 사과를 알고 있어야 한다. 그럴 때 이 비유는 청중의 연상 작용을 유도하여 사과로부터 미지의 아이의 얼굴을 상상하도록 할 수 있다. 이 비유를 듣는 사람이 사과를 전혀 본 적이 없다면 사과에 대해 설명이 선행해야 하는 것이다. 이렇게 되면 비유는 이미 그 장점을 상실한다.

'천국은 겨자씨와 같다.'는 비유에서 '겨자씨'는 사람들이 잘 알고 있던 것이고, '천국'은 예수님이 사람들에게 가르치려 하셨던 새로운 주제이다. 사람들이 알고 있는 겨자씨의 크기와 성장과정을 상기시키시며, 천국이 미미하게 시작해도 아주 크게 성장해 가는 것임을 가르치신 것이다.

비유는 비유에 사용되는 재료들을 비유를 듣는 사람들이 잘 알고 있음을 전제하고 사용하는 표현법이다. 말하는 사람은 듣는 사람들이 잘 알고 있는 것들 중에서 어떤 것을 선택하여 비유 표현법에 사용한다. 화자가 청중이 무엇을 잘 알고 있는지 파악하고 있지 못하다면 비유는 효과적으로 사용하기 어려운 표현법이다.

비유를 통하여 가르치려는 내용은 전적으로 화자에게서 나온다. 그 내용을 전달하고자 비유라는 표현형식을 선택하는 것도 화자이다. 비유는 언어를 사용할 때 반드시 사용해야 하는 유일한 도구는 아니다. 다만 비유는 경우에 따라 내용을 잘 전달할 수 있는 도구이기 때문에 비유가 도구로 선택된다.

비유에 사용되는 재료는 청중과 관련된다. 청중에게 친숙한 것이 사용될수록 비유의 효과가 크다. 비유의 효과는 사용된 재료와 관련된다. 비유에 사용된 재료가 청중에게 친숙한 것이면 청중에게 비유를 통해 전달하고자 하는 주제를 잘 파악하게 하는 효과를 불러일으키는 것이다. 그러한 효과는 화자가 의도한 것이다. 그렇게 효과를 낼 수 있는 재료를 화자가 선택한 것이다.

비유로 전달하려는 교훈은 비유에 직간접으로 포함되어 있다. 비유를 들은 당시 사람들에게 비유가 즉각 연상시킬 수 있는 것이 바로 이 비유에 담겨 있는 교훈이다.

그러므로 비유를 해석하는 열쇠는 비유의 상황성에 대한 이해에 있다. 즉 예수님의 비유를 들은 청중이 어떤 사람들이며 어떤 상황에 살고 있었는가를 파악하는 것이 곧 비유를 이해하는 길이다. 비유에 사용된 재료가 청중들의 역사적 상황과 관련하여 선택된 것이고, 이 재료들이 비유의 효과를 보장해 주기 때문이다.

5. 비유의 상황성

비유는 상황성이 강한 언어적 표현이다. 이것은 비유에 담긴 내용이 상황적이거나 한시적이라는 말이 아니다. 특별한 내용을 전달하기 위하여 사용된 비유의 재료가 특정한 시대, 특정한 장소, 특정한 문화와 관련이 있다는 말이다.

비유를 들은 청중의 상황이 비유를 읽고 사용하려는 우리의 상황과 다르기 때문에, 우리는 비유라는 우리가 익히 아는 보편화된 표현법을 읽으면서도 예수의 의도를 즉각 파악하지 못한다. 그러나 비유의 최초 청중의 상황성을 파악하면 예수의 비유에 대한 이해를 증대시킬 수 있을 것이다.

비유를 들은 최초 청중의 상황성은 편의상 시간적, 장소적, 문화적 상황성 등으로 나눌 수 있다.

1) 비유의 시간적 상황성

"낫 놓고 'ㄱ' 자도 모른다."는 속담이 있다. 이 속담에는 '낫'과 'ㄱ'자가 비교되고 있다. 20-30년 전만 해도 이 속담은 모든 한국 사람들에게 아주 강력한 내용을 전달했다. 비유의 의미를 달리 설명하지 않아도 좋았다. '낫'이 누구나 아는 물건이었기 때문이다. 시대가 바뀌면서 '낫'을 모르는 사람이 많아졌다. 청소년들에게는 이 속담을 이해시키려면 우선 낫을 보여주어야 한다. 그 과정에서 속담은 비유적 효과를 상실한다.

비슷한 예를 성경에서 뽑아 보자. "일만 달란트 빚진 자가 있었다." 예수의 유명한 비유의 첫 줄이다. 이 비유를 읽어내려 갈 때 우리는 이 한 줄만 가지고는 별 느낌이 없다. 차라리 '100억원을 빚진 자가 있었다.'고 하면 현실감이 있다. 예수 당시 일만 달란트는 사실 이것보다 더 엄청난 가치를 가졌었다. 오늘날의 청중은 일만 달란트의 가치를 파악하지 못하지만, 예수 당시의 청중은 달란트의 가치를 잘 알고 있었다. 우리는 예수 시대에 달란트의 가치를 파악해야 이 비유를 이해할 수 있다.

비유는 그 시대에 강력한 반응을 불러일으킨다. 비유의 재료가 그 시대의 사람들과 관련이 있기 때문이다. 그러나 동일한 비유가 그 시대를 벗어나면 별 반응을 불러일으키지 못할 수 있다. 이런 것을 비유가 가진 시간적 상황성이라고 부른다. 이것은 비유의 시대성을 가리킨다.

2) 비유의 장소적 상황성

예수의 비유를 관찰하면 비유에 사용되는 재료가 예수의 활동 장소에 따라 달라졌음을 알게 된다. 갈릴리 지역과 게네사렛 호수 부근에서 사람들에게 가르치신 비유들은 주로 농사짓는 것, 물고기 잡는 것과 관련되어 있다. 이런 주제들은 비옥한 땅이 있고 물고기들이 사는 호수가 있는 갈릴리 지방의 사람들에게 친숙한 것들이었다.

예수님이 예루살렘과 유대 지역에서 가르치신 비유들은 포도원, 혼인 잔치, 목축 광경 등을 주로 포함하고 있다. 예루살렘 부근의 사람들의 삶과 환경으로부터 예수의 비유가 만들어진 것이다.

비유에 채택된 재료는 그 비유가 처음 소개된 장소와 관련된다. 그곳에 사는 사람들에게 효과적인 비유의 재료를 선택하신 것이다. 이것을 우리는 비유의 장소적 상황성이라고 부른다.

비유는 그 시대 그 장소의 사람들에게는 즉각 이해될 수 있는 강력한 표현법이지만 그 시대와 그 장소를 벗어나면 그 효과가 크게 줄어든다. 그 이유는 비유를 듣는 사람들의 환경이 바뀌기 때문이다.

3) 비유의 문화적 상황성

앞에서 우리가 한 번 다루었던 비유 중에 "낙타가 바늘귀로 들어가는 것"이 있다. 이 비유를 문자적으로 번역하면 "낙타가 바늘 눈으로 들어가는 것"이 된다. 헬라어의 바늘 눈이 한글 성경에서는 바늘귀로 바뀐 것이다. 바늘귀는 무엇이고 바늘 눈은 또 무엇인가?

두 단어는 같은 것을 지시한다. 바늘에 뚫려 있는 실을 끼는 가느

다란 구멍을 가리키는 표현들이다. 왜 이런 차이가 만들어질까? 한 국 사람들은 바늘을 세워들고 그 구멍을 사람의 귀와 비슷하다고 생 각한 모양이다. 그런데 예수 당시의 사람들은 바늘을 옆으로 들고 그 구멍을 사람의 눈과 비슷하다고 생각하며 이름을 붙인 것 같다.

문화의 차이가 언어적 표현의 차이를 만들어낸다. 특정한 시대에 특정한 장소의 문화에 뿌리를 두고 있는 비유는 문화권을 넘어갈 때 비유의 효과가 떨어지게 된다. 낙타와 비교되며 놀라움을 자아낸 "바 늘 눈"은 다른 문화권에서는 사람들을 혼란에 빠트릴 수 있다. 바늘 눈이 무엇인지 모를 수 있기 때문이다.

비유는 최초의 청중과 같은 문화에 살고 있는 사람들, 같은 역사 적 배경을 지닌 사람들에게는 잘 이해될 수 있지만, 이 문화권 밖의 사람들에게는 이해되기 힘들 수 있다.

예수의 비유를 파악하려면 비유의 최초 청중의 문화적 상황 속으 로 들어가야 한다. 이렇게 하기 위하여 시간적 간격, 장소적 간격, 문 화 역사적 간격을 뛰어넘는 작업이 필요하다.

6. 비유로 접근하는 제 단계들

예수의 비유를 바르게 해석하고 설교하려면 우리는 다음과 같은 해석적 단계를 활용해야 한다.

1) 문자적, 문법적 의미를 찾으라

비유도 언어의 기본 요소들 즉 글자(원래는 소리였다), 단어, 문장, 문단으로 이루어져 있다. 따라서 이 글자들이 만들어내는 문자적, 문법적 의미를 찾아 파악하는 것이 비유 해석의 첫 단계이다.

문자적, 문법적 의미를 찾지 않고 글자가 표현하는 것과는 다른 의미를 자의적으로 말하면 이것은 해석 작업을 포기하는 것이나 다름없다.

예수님은 "너희는 땅의 소금이다."(마 5:13)고 말씀하셨다. 이 말씀의 비유적 의미를 묻기 전에 우리는 우선 글자와 단어, 문장으로 이루진 문자적 의미를 파악해야 한다. 이 문장의 문자적 의미를 찾는 것은 조금도 어렵지 않다. "너희"라고 지시된 사람들을 "땅의 소금"과 동일시한 문장이다.

문자적 의미를 파악하고 나면 비유적인 표현은 대개 어색한 내용을 포함하고 있음이 밝혀진다. 이 문장은 말도 되지 않는 내용이다. 사람은 사람이지 소금이 아니다. 소금이 될 수도 없다. 문자적으로 해석했을 때 나타나는 이상한 내용 때문에 우리는 이 문장을 "너희"를 "땅의 소금"으로 비교하여 묘사한 비유적 표현으로 간주하게 된다.

문자적 해석을 중요시하는 것은 엉뚱하고 비현실적인 이 문자적 의미가 이 문장이 비유임을 파악하게 해주기 때문이다. 또한 문자적 의미는 비유를 해석할 때에도 해석에 도움을 주기 때문이다. "너희"가 문맥 속에서 예수의 제자들을 가리키며, "소금"은 짠 맛을 내는 기능을 하는 식품이다. 이러한 문자적 해석을 통하여 우리는 예수의 제자들이 세상에서 소금과 같은 중요한 역할을 하는 자들이라는 의미를 파악하게 된다.

비유의 문자적 의미를 찾을 때 특별히 관심을 기울여야 할 부분이 있다. "바늘 눈"을 "바늘귀"로 바꾼 것처럼 한국인의 이해를 돕기 위해 번역하는 과정에서 고의적으로 다른 단어를 선택한 것이 있다. 문자적 해석은 이렇게 고쳐진 단어를 원단어로 돌려놓는 것을 의미한다. 비유 해석에서도 이것은 특히 중요하다. 이렇게 함으로써 비유의 최초 청중들의 상황성을 있는 그대로 되찾는 것이다. 원래의 단어가 최초의 청중에게 어떤 의미였는지 파악하여야 비유의 의미가 제대로 파악될 것이다. 때로는 번역 과정에서 최초의 청중이 파악한 단어 의미가 번역 과정에서 왜곡된 것이 있다면 바로 잡아야 할 것이다.

2) 비유의 접촉점을 찾으라

비유란 비교이다. 새로운 것을 잘 아는 것과 비교하여 이해하기 쉽게 전달하는 방법이 비유이다. 문자적, 문법적 의미를 파악한 다음에 우리가 해야 할 일은 비유의 핵심이 되는 두 개념 즉 서로 비교되는 두 대상을 확인하는 것이다.

"나는 선한 목자이다."(요 10:11)라는 말씀에서 "나"(= 예수)와 "선한 목자"처럼 비교되는 두 대상이 누가 보더라도 분명하게 눈에 보이는 비유가 있다. 그러나 "너희가 이 성전을 헐라 내가 사흘 동안에 일으키리라."(요 2:19)는 말씀은 이 비유에 대한 설명구(21절)가 첨가되어 있지 않다면 "성전"과 "나"(= 예수)가 비교되는 두 대상이라는 것은 차치하고 이것이 비유인지조차 파악하기 어려울 것이다.

두 대상 중 어느 한 대상이 생략된 경우도 있다. "독뱀의 새끼들아!"(마 23:33)가 하나의 대상만 사용된 대표적인 경우이다. 이런 경우에는 생략된 대상이 무엇인지 문맥을 통하여 파악할 수 있다.

비교되는 두 대상, 두 개념은 항상 서로 다르다. 같은 개념 두 개로는 비교가 성립되지 않기 때문이다. 다른 대상들 사이의 비슷한 점, 공통점을 찾아 비교하는 것이 비유법이다.

서로 다른 두 대상이 비교되기 때문에 두 대상을 찾은 다음에는 두 대상 사이의 비교점이 어디에 있는지 관찰해야 한다. 비교점은 외형적인 모양에서부터 내면적인 특성에 이르기까지 상당히 다양하다. 대상 전체가 비교되기도 하고 한 부분이 비교되기도 한다. 비유에 비교점이 명시된 경우도 있다. 간략한 설명을 통해 비교점이 명시되기도 한다.

위에 소개한 선한 목자의 비유로 다시 한번 돌아가 보자. "나는 선한 목자이다."에서 "나"로 지시된 예수와 "선한 목자"의 비교점은 "선한 목자는 양을 위하여 목숨을 버린다."는 설명에 표현되어 있다. 이 설명으로 인해 자신의 백성을 위해 목숨을 버리는 예수의 모습이 선한 목자로 비유되었음을 알 수 있다.

비유 해석의 가장 큰 어려움은 비교 대상은 쉽게 발견되는데 비해 비유의 비교점이 애매한 경우가 많다는 점이다. 누가복음 16:1-13에 수록되어 있는 불의한 청지기 비유가 그 대표적인 예이다. 이 비유의 비교점이 어디에 있는지에 대해서는 여전히 다양한 해석이 존재한다.

한 비유에서 비교 대상들과 비교점을 찾아내면 그 비유는 다 해석한 것이나 마찬가지이다. 그 비교점 때문에 비유법이 동원되었을 것이기 때문이다. 따라서 비교점을 찾는 작업은 비유 해석의 성패가 걸려 있는 중요한 작업이다. 남은 과정은 비유에 사용된 재료를 비교점을 중심으로 하여 설명하는 것뿐이다.

3) 현대적 감각을 버리라

오늘날 예수의 비유에 관한 설교를 듣는 사람들은 이 비유를 예수에게서 들은 최초의 청중과는 다르다. 그들은 예수의 비유를 수없이 읽고 들어서 아주 친숙한 사람들이다. 이 사람들은 이천여 년 전에 예수님이 주신 비유를 우리 시대의 비유인 것처럼 착각하기도 한다.

성경의 세계에 친숙하다는 것이 성경 이해나 비유 해석에 큰 걸림돌로 작용하기도 한다. 성경의 세계, 성경의 용어, 예수의 비유에 친숙해지면, 이것들을 우리 시대의 것으로 착각해서, 현대 사회에서 배우고 익힌 현대적 감각을 성경 해석에 사용하면서 성경을 오해하게 될 수 있다.

성경을 읽을 때 그것이 오늘날의 책인 양 안심하고 편안한 자세로 읽어 가는 것은 사실 잘못된 것이다. 현대적 감정을 사용하여 비유를 이해하는 것은 좋은 접근이 아니다. 오히려 비유 해석을 망가뜨린다.

예를 들어 보자. 예수님은 제자들이 "이 땅의 소금"이라고 하셨다. 이 비유를 말씀하셨을 때 예수님은 이천여 년 전 갈릴리 지방의 소금과, 그 시대의 소금의 용도를 연상하셨을 것이다. 이 비유를 처음 들은 사람들도 부패를 방지하고, 음식의 맛을 내는 정도로 사용되는 그 시대의 소금을 상상했을 것이다.

그런데 우리 시대에 이 소금의 비유를 읽을 때 우리는 우리가 아는 소금을 연상한다. 우리는 우리가 아는 소금의 특성으로 예수의 비유를 해석하게 된다. 우리는 소금의 용도를 그 당시 사람들보다 더 많이 알고 있다. 더 다양한 경험들과 인상들을 가지고 있다. 그러한 현대적 용도를 상상하며 이 비유의 의미를 찾으려 할 수 있다.

우리가 아는 소금을 통해 "너희"와 "소금"의 관계를 연상하며 소금의 비유를 해석하는 것은 예수의 비유를 이해하는 것이 아니라 예수의 비유를 현대적으로 왜곡하는 것이다.

예를 들어 보자. 겨울에 눈이 오기 시작하면 자동차가 미끄러지는 것을 막고 교통체증을 방지하기 위하여 소금을 뿌리는 경우가 있다. 눈길을 뚫고 운전해야 하는 사람들에게 소금처럼 고마운 것은 없을 것이다. 소금의 이러한 기능을 아는 사람은 '소금'이라는 단어를 들으면 눈을 녹이는 기능을 연상하게 된다. 그러나 이러한 소금의 기능에 관한 이해는 자칫 예수님이 의도하신 소금의 기능과 다른 것일 수도 있다. 그러한 경우에는 예수의 비유 속의 "너희"와 "소금"의 관계를 이해하는 데 현대적 감각은 방해가 될 것이다.

비유어에 대한 현대적 느낌을 가지고 예수님의 비유를 해석해서는 안 된다. 그 비유어를 당시 유대인들이 어떤 의미로 이해했는지 파악하고 그러한 의미로 해석해야 한다.

4) 고대 세계로 돌아가라

비유어에 대한 현대적 감각을 버리고 당시 청중의 감각을 살려야 예수의 비유를 바르게 이해할 수 있다. 우리는 비유의 청중이 살았던 고대 세계로 돌아가 그 시대 사람들이 가졌던 비유어의 개념을 파악 해야 한다.

우리 시대에는 빛의 용도가 훨씬 넓어졌지만 예수 시대에 빛의 용도는 어둠을 밝혀주는 것, 주로 이 하나였다. 따라서 "너희는 세상 의 빛이다."(마 5:14)는 예수의 비유는 빛의 밝혀주는 역할과 제자들의 역할을 비교하는 것으로 볼 수 있다. 그러므로 현대대백과사전이나 물리학에서 빛의 기능과 용도를 한 아름 배워 한 편의 설교를 만들어 내는 것은 그 설교가 아무리 멋있고 감동적이라 하더라도 예수님이 의도하신 의미가 아니라 우리가 만들어내는 의미를 청중에게 전달 하는 것이 된다.

당시 유대인의 역사와 풍습, 사람들이 다 알고 있었을 당시의 크 고 작은 사고, 사건들, 특히 구약성경의 내용도 비유어의 의미 형성 에 직간접으로 영향을 끼쳤을 것이다. 따라서 예수 당시의 역사와 문 화, 사회와 풍습, 구약성경 본문 내용 등도 비유를 이해하는 배경 정 보가 된다.

상상력이 풍부하고 부지런한 설교자라면 예수 당시의 시대적, 사 회적, 문화적, 언어적 배경을 파악하여 각 비유를 해석해가면서 당시 청중들이 비유를 듣고 파악하였을 의미를 찾아가야 한다. 비유란 듣 는 사람들이 스스로 결론에 이르도록 자극하는 표현방식이기 때문 에 비유를 하신 예수에 대한 관심도 중요하지만 그 못지않게 이 비유

를 들었을 사람들이 어떠한 결론에 도달하게 되었을지에 관한 관심
도 중요하다.

7. 결론

예수의 비유는 주로 천국을 묘사하는 비유들이다. 비유는 누구에
게나 친밀한 표현법이었기 때문에 비유어를 통하여 당시 사람들은
천국에 관해 어렵지 않게 배울 수 있었을 것이다. 그러나 약 이천 년
전에 유대인들에게 주어진 예수의 비유를 현대인이 해석할 때에는
여러 가지 장애물이 있다.

비유는 누구라도 어려운 것을 쉽게 이해할 수 있도록 주어진 교
수방법이다. 그러므로 비유의 신비성을 주장하는 것은 성경과 예수
의 사역방법을 오해하는 것이다. 당시 사람들 가운데 비유를 듣고 예
수를 대적한 것은 비유 자체가 신비해서 오해한 것이 아니라 그들이
예수를 믿지 않았기 때문이다. 천국은 예수와 관계된 것이다. 천국과
예수의 이 관련성이 한 편으로는 비유의 주제였다. 예수의 제자들은
예수를 이 세상에 오신 메시아요 하나님의 아들 구세주로 믿고 있었
기 때문에 예수의 비유가 곧 예수 자신과 관련된 것임을 더 분명히
알게 되었고 천국의 비밀을 배우는 결과에 도달할 수 있었다. 그러나
적대자들은 예수를 믿지 않았기 때문에 예수와 관련된 천국에 대한
것을 배우면서도 오히려 예수를 반대하게 되었다.

비유는 상반된 두 가지 의미를 함께 지닌 신비한 언어가 아니다.

동일한 예수의 비유를 듣고 사람들이 다르게 반응한 이유는 예수에 대한 그들의 태도에 있었다. 예수를 믿는 믿음의 유무가 예수님이 비유로 선포하시는 천국의 비밀을 이해하는 열쇠가 되었다. 예수를 믿는 사람은 예수님을 통하여 천국을 파악하게 되었고, 예수를 믿지 않는 사람은 천국을 파악할 수 있는 비교점을 찾지 못하여 혼란을 일으키게 되었다.

비유는 평범한 표현법이다. 언어가 있는 곳에는 어디나 비유법이 발달해 있다. 언어를 구사할 수 있는 사람은 누구라도 비유를 사용할 수 있고 이해할 수 있다. 그래서 비유는 효과적인 의사전달 수단이다.

예수의 비유를 이해하려면 일반적인 비유 해석 방법 대신에 독특한 비법을 배워야 하는 것은 아니다. 예수의 비유가 어렵게 느껴지고 설교하기 쉽지 않은 이유는 비유가 가진 강력한 상황성 때문이다. 예수 당시의 청중을 매료시켰던 바로 그 비유를 전혀 다른 상황에서 우리 나름대로 이해하려고 하면 비유는 풀리지 않는다. 혼란에 빠져들어 가는 것은 당연한 결과이다.

비유를 바로 이해하는 길은 한 가지뿐이다. 예수님이 비유를 말씀하셨던 그 세계로 돌아가서 당시 청중에게 선포된 비유로서 관찰하는 것이다. 당시 청중의 세계로 들어가서 비유를 살펴보면 비유는 스스로 그 내용을 전해 줄 것이다. 비유처럼 모두에게 확실한 내용을 전달하는 표현법도 그렇게 많지 않다.

만약 예수의 비유를 바로 이해했다면 설득력 있는 설교를 위하여 다음과 같은 과정을 좀 더 밟아 가면 좋을 것이다.

(1) 비유가 일으키는 옛 시대의 감동과 그 분위기에만 머물러서는 안 된다. 옛 시대를 복원하는 것이 비유를 설교하는 최종 목적은 결코 아니다.

(2) 설교를 들을 현대 청중이 사는 세계로 돌아와 과거의 비유의 의미를 표현할 수 있는 현대적인 재료들을 찾아야 한다.

(3) 예수의 비유에 상응하는 비유어를 현대 한국어에서 찾아보는 것도 도움이 될 것이다. 우리 시대에 적절한 비유어를 가지고 예수의 비유가 의도한 의미를 전달하여 그것이 자아낸 감동과 효과를 재현하면 좋을 것이다. 이를 위하여 현대 청중들이 일으킬 반응을 염두에 두고 예수의 청중이 예수의 비유어에 보인 반응과 동일한 반응을 만들어 낼 수 있는 비유어가 선정되면 좋을 것이다.

제13장
예언자직의 단절에 대한 단서 및 암시 연구

1. 서론

예언자들은[1] 구약시대만이 아니라 신약시대에도 중요한 역할을 하였다. 신약성경에 나오는 '예언자'(144회)를 추적해 보면 신약시대에도 적지 않은 사람들이 예언자로 활동하였고 '예언자'라는 칭호가 공식적으로나 비공식적으로 자주 사용되었으며, 그들의 활동과 그들의 존재가 신약교회 형성과 발전에 적지 않은 공헌을 하였다는 사실을 확인할 수 있다.

---

1. '예언자'(προφήτης)는 어떤 번역 성경에는 '선지자'로 번역되어 있다. 정확한 번역이나 그 기능에 대하여는 후에 논의하겠지만 일단 '예언자'로 번역하여 사용한다. '예언자'는 동일 어근의 다른 단어, 즉 '예언,' '예언하다'와 연결하여 사용할 수 있지만, '선지자'의 경우는 결합할 수 있는 동일 어근의 다른 국어 단어가 없기 때문이다.

그러나 예언자들의 존재와 그 활동은 공식적으로는 초대교회 이후 교회사로부터 단절되었다. 물론 어느 현대교회도 이런 직분을 가지고 있지 않다. 예언자로 자처하는 비공식적 움직임은 늘 교회의 한 구석에서 터져 나왔지만 초대교회 시대 이후 이들은 교회나 신학에서 한 번도 그럴듯한 자리를 얻지 못했다. 오히려 교회의 질서와 조직을 파괴하고 신자들을 엉뚱한 곳으로 선동해가는 사이비 집단 내지 불건전한 사람들로 경계의 대상이 되었다.

학자들은 예언자직의 단절 시기를 대략 영지주의나 몬타누스파가 등장한 때로 잡는다.[2] 초대교회를 강력하게 위협했던 이런 이단의 위험에 직면한 교회가 스스로의 존립을 지켜내기 위해 이단들이 근거로 곧잘 사용하였던 예언자직의 종말을 선언하고 오직 사도적 전통을 담은 기록된 성경을 강조하게 되었다는 것이다.

살아 계신 하나님의 위대한 예언자로 자처하고 그 시대에 많은 추종자들을 얻었으면서도 정작 교회에 엄청난 해를 끼쳤던 이단의 출현과 활동이 예언자직의 직접적 단절 원인이라면, 그 단서나 암시로 해석될 만한 어떤 것이 혹시 신약성경에 들어 있지 않을까? 이 장에서 우리는 초대교회가 예언자직의 단절에 대한 논리적 근거로 사용했음직한 단서나 암시를, 역사적으로가 아니라, 이론적으로 신약성경에서 찾아보려고 한다.

예언자의 역할과 관련하여 큰 오해가 있으므로 우선 동일 어근의

---

2.   이 주제에 대하여 H. Kraft, "Vom Ende der Urchristlichen Prophetie," in *Prophetic Vocation in the New Testament and Today*, ed. by J. Panagopoulos (Leiden: E. J. Brill, 1977), 162-85 참고.

단어들을 분석하고 그 정확한 의미를 파악하는 것이 필요하다.

2. 예비적 고찰

1) '예언,' '예언자,' '예언하다'의 의미

'예언'(豫言)의 사전적 의미는 "앞으로 다가올 일을 미리 알거나 짐작하여 말하는 행동 또는 그렇게 말하는 내용"이다. 그런 말을 하는 사람을 가리키는 단어가 '예언자'이며 특별한 시간에 미래를 예상하는 말을 하는 행동을 가리키는 단어가 '예언하다'이다. 한자에 근거할 때 이 단어가 이런 의미 이외의 뜻을 갖기는 어렵다.[3]

그러나 큰 사전을 찾아보면 "신탁(神託)을 받은 사람이 하나님으로부터 직접 계시된 진리를 사람들에게 전하는 일 또는 그런 말"이라는 제2의 의미가 나온다. 이런 설명에는 성경 또는 기독교에서 통용되는 의미라는 표시가 별도로 붙어 있다. '예언'에 포함되기 어려운 새로운 의미가 기독교적 사용 때문에 만들어진 것이다. 한국에 기독교가 들어올 때 구약성경의 '네부아'(נבואה)나 신약성경의 '프로페테이아'(προφητεία)를 '예언'으로 번역하여 사용한 것 때문에 기독교 세계에서만 통용되는 새로운 의미인 "신의 뜻을 전하다"라는 내용이 '예언'(豫言)이라는 단어에 결합된 것이다.

---

3.   예를 들어, 이희승 감수, 『민중 엣센스 국어사전』 (파주: 민중서림, 1999), 1644 참조.

그런데 한국어 번역어 '예언'은 성경에서 사용된 '예언'이라는 단어의 뜻의 파악과 '예언자'의 활동이 무엇인지 파악할 때 큰 오해를 발생시킨다. 한국어에서 '예언'(豫言)의 원-의미는 시간 개념, 즉 "미래," "미래의 일"이 그 핵심이다. 그러나 파생된 의미, 즉 '예언'의 기독교적 의미에는 시간 개념이 필수요소로 들어 있지 않다. 그런데도 불구하고 시간 개념이 핵심인 '예언'(豫言)이라는 용어를 계속 번역어로 사용하다 보면 예언자들의 주활동이 마치 미래에 대한 예고인 것처럼 고정되고 만다.

'예언,' '예언하다,' '예언자'로 번역된 헬라어 '프로페테이아'(προφητεία), '프로페테우오'(προφητεύω), '프로페테스'(προφήτης)는 '프로'(πρό, "앞에서")와 '페미'(φημί, "말하다")가 결합된 합성어로부터 파생되었다.[4] 전치사 '프로'(πρό)는 "미리"가 아니라 장소적으로 "앞에"나, 시간적으로 "전에," 또는 중요도나 순위를 지시하는 "우선"이나 "먼저"를 뜻할 수 있지만,[5] 이 단어들에는 첫 번째 의미, 즉 "앞에"가 사용되

---

4. '프로페미'(προφημί, "앞에서 말하다")는 신약성경에는 사용되지 않았지만 이 단어가 '예언,' '예언자,' '예언하다'의 어근이라는 사실을 통하여 예언자들의 기본 역할이 사람들 앞에서 하나님의 이름으로 하나님을 대신하여 말하는 것, 선언하는 것, 공포하는 것, 또는 설교하는 것임을 알 수 있다. '프로페테스'(προφήτης)의 활동은 '프로페미'보다 '프로페테우오'(προφητεύω)로 표현되었는데 이 단어는 "예언자로 활동하다," 또는 "하나님의 뜻을 대중 앞에서 공포하다"를 뜻한다.

5. '프로'(προ)의 의미에 대해 W. Bauer, *A Greek-English Lexicon of the New Testament & Other Early Christian Literature*, rev. & ed. F. W. Danker (Chicago: Chicago University Press, 2000), 864; W. Gemoll, *Griechisch-Deutsches Schul-und Handwoerterbuch* (Wien: G. Freytag, 1965), 628; S. Zodhiates, ed., *The Complete Word Study Dictionary: The New Testament* (Chattanooga, TN:

었다. 따라서 이 단어들의 기본 의미는 하나님께서 알려주신 비밀을 사람들 앞에서 공개적으로 말하는 것, 즉 "공언," "선포"이다.[6] 사람들에게 말하는 내용이 하나님의 말씀, 뜻, 계명, 계획이기 때문에 '프로페테스'(προφήτης)는 하나님의 대변인이나 전령,[7] '프로페테이아'(προφητεία)는 신탁, 또는 하나님의 지시, '프로페테우오'(προφητεύω)는 하나님의 뜻을 사람들에게 공개적으로 알리는 행위, 즉 "선포하다"가 된다. 바울 사도는 '예언'을 사람들 앞에서 공개적으로 하는 "권면," "안위"(이상 고전 14:3), "책망," "판단"(이상 고전 14:24)으로 이해하고 있었다.

이때 알리려는 내용이 여태껏 한 번도 알려진 적이 없는 새로운 내용일 경우 '프로페테스'(προφήτης)는 바로 그때 성령이 영감으로 계시하신 것을 자신의 입으로 선포하는 것이며, 이미 알려진 내용일 경우 그것을 확인하고 지키도록 권고하거나 지키지 않음에 대하여 경고하는 것이고, 기록되어 있는 내용일 경우 이것을 해설하는 것이다.[8] 사람들에게 아직 알려 주시지 않은 것, 알려 주셨으나 사람들이

AMG Publishers, 1992), 1213 등 참고.

6.   W. A. Elwell, ed., *Evangelical Dictionary of Theology* (Grand Rapids: Baker Book House, 1984), 886.

7.   M. Eugene Boring, "Early Christian Prophecy," in *The Anchor Yale Bible Dictionary*, vol. 5, ed. by David Noel Freedman (New Haven & London: Yale University Press, 2008), 496. 그는 '프로페테스'(προφήτης)를 '휘포페테스'(ὑποφήτης)의 동의어로, 둘 다 대변인, 발표자를 뜻하는 단어로 소개한다.

8.   G. F. Hawthorne, "Prophets, Prophecy," in *Dictionary of Jesus and the Gospels*, ed. by J. B. Green, I. H. Marshall, S. McKnight (Lecester: IVP, 1992), 637을 참고하라. 특히 그들의 직무가 기록된 책을 상세하게 설명하고 가르치는 것

잊은 것, 그래서 결과적으로 사람들이 지금 알지 못하는 것을 공개적으로 말하고 알려준다는 것이 이 단어들의 핵심 개념이다.[9] 이때 주동작자는 선포/설교하는 사람, 즉 예언자가 아니라 이것을 그에게 알려 사람들에게 선포하거나 설교하도록 자극하신 하나님이시고 성령님이시다.

하나님께서 예언자들을 성령으로 감동시켜 알려주시려는 내용에는 장래에 속한 일들이 적지 않게 포함된다. 이 경우 이들은 글자 그대로 미래의 일을 "미리 말하는" "예언자들"이며 그들의 활동은 미래에 관한 '예언'이 된다.[10] 이 활동을 '예언,' '예언자,' '예언하다'로 표현할 수 있는 것은 전달하는 내용의 미래성 때문이다.[11] 그러나 이

과도 관련되어 있다는 사실은 벧후 1:20, 21; 계 1:3; 19:10; 22:7, 10, 18, 19에서 찾아볼 수 있다. 이 세 번째 범주의 사역이 예언자의 역할을 '가르치는 선생'과 혼동하게 하였다. 이 점은 J. A. Komonchak and others, eds., *The New Dictionary of Theology* (Dublin: Gill & Macmillan, 1987), 811을 보라.

9. 이 단어가 눅 7:39에는 "감춰진 것을 알아내다," 마 26:68; 막 14:65; 눅 22:64에는 "보지 못한 것을 알아맞히다"는 뜻으로 사용되었다.

10. F. Schnider, "Prophesy," in *Exegetisches Wörterbuch zum Neuen Testament*, Band 3, ed. by H. Balz & G. Schneider (Stuttgart: Kohlhammer, 1983), 183은 '프로페테이아'(προφητεία)를 구속사적 관점에서 미래적 의미와 결합하여 설명한다. 그는 '프로'를 장소적 개념이 아니라 시간적 개념으로 파악한 것이다. 이런 후기 시각으로 단어를 분석하는 시도는 여러 곳에서 발견된다. 예를 들면 J. D. Douglas, ed., *The New Bible Dictionary* (London: IVF, 1962), 1045는 선포와 예언을 예언자의 이중 기능이라고 설명한다.

11. 그래서 Bauer, *Greek-English Lexicon*, 890은 동사 '프로페테우오'(προφητεύω)의 사전적 뜻을 (1) 영감된 계시를 선포하다, (2) 감추어져 있는 것을 말하다, 즉 드러내다, (3) 미래의 것을 예언하다의 세 가지로 소개한다. 그러므로 "예언자가 전하는 말은 본질상 예견하는 내용이 주가 아니다. … Prophet은 예언, 예견자가 아니라 하나님의 뜻을 대변하는 사람이다."는 O.

러한 때에도 미래를 예견하거나 가늠할 수 있는 탁월한 초월적 능력
이 부각되지 않고 그들을 대변인으로 사용하시는 성령의 사역이 핵
심이다.

한글 성경은 이 단어들을 천편일률적으로 '예언,' '예언하다,' '예
언자/선지자'로 번역해 놓았기 때문에 독자들은 이 단어들을 읽을
때 하나님의 뜻을 선포하고 대언한다는 원의미는 잊어버리고 한국
적 상황 때문에 파생된 의미 즉 미래에 대한 예고를 머리에 떠올릴
수밖에 없다. 바로 이 점이 우리가 다루는 주제에 아주 중요한 변수
로 작용하는 것이다.

예언자들의 주된 직무가 역사 속을 힘겹게 걸어가고 있는 교회에
미래를 위한 하나님의 새로운 뜻을 전달하여 이 세상의 험난한 파도
를 헤쳐가게 하는 것이라면 이러한 사역이 서기 2세기 말경에 갑자
기 단절되었다는 사실을 선뜻 수긍하기 어렵다. 신약성경이 기록된
지 이천여 년이 지난 지금도 우리에게 미래는 여전히 불투명하고 교
회는 세상에서 아직도 악전고투를 계속하고 있기 때문이다. 정말이
지 구체적인 미래를 알려주는 그런 하나님의 특별한 사역은 지금 우
리에게도 절실하게 필요하다.[12]

P. Robertson, 『오늘날의 예언과 방언, 과연 성경적인가?』, 이심주 역 (서울:
부흥과개혁사, 2009), 11은 옳은 말이다. G. Vos, "The Idea of 'Fulfillment' of
Prophecy in the Gospels," in *Redemptive History and Biblical Interpretation*, ed.
by Richard B. Gaffin (Phillipsburg, N.J.: Presbyterian & Reformed, 1980), 354
도 참고하라.

12. 이런 이유로 적지 않은 신자들이 예언자직의 단절을 애석해하며 사도나 예
언자, 예언, 예언의 언사, 예언의 능력 등이 우리 시대에도 계속되어야 한다

신약교회의 탄생시기에 활발했던 예언자들의 활동이 교회사의 어느 시점에 와서 부정적으로 다루어지거나 단절되었다면, 이것은 예언자들을 통한 하나님의 사역이 미래의 예언보다 과거의 해석, 즉 하나님의 뜻의 선포와 설명에 있었다는 것을 반증할 것이다. 그렇다면 신약시대 예언자들의 주 역할은 하나님의 계시와 성령의 영감을 따라서 구약시대와 구약성경을 그리스도와 관련하여 해석하고 신약시대에 적용하는 것이었다. 이러한 활동을 통해 하나님의 교회를 '오신 그리스도의 사역과 말씀'에 기초하도록 한 것이다.

2) 신약시대에 예언자로 불린 사람들

'예언자'는 신약시대보다는 구약시대에 널리 통용된 칭호이지만 이 구약적 의미가 신약성경에서도 발견된다. 사람들은 구약시대의 예언자들을 지칭하며 존경하고 그들의 책인 선지서를 즐겨 인용했을 뿐만 아니라, 이사야처럼 회개와 성실한 삶을 촉구하는, 열심 있는 사람들을 예언자라고 부르기를 주저하지 않았다.

신약시대에 예언자로 불린 사람은 우선 세례 요한이다. 당시 사람들은 세례 요한을 진짜 예언자로 인정했는데(마 14:5; 21:26; 막 11:32; 눅 20:6), 이것은 그의 아버지 사가랴의 예언이기도 했다(눅 1:76). 하지만

고 주장한다. 예를 들어 Peter C. Wagner, *Your Spiritual Gifts Can Help Your Church Grow* (Ventura. CA: Regal Books, 1994); 서경룡, "교회와 예언," 『가톨릭 신학과 사상』 46 (2003), 269-95; Wayne A. Grudem, *The Gift of Prophecy in the New Testament and Today*, rev. ed. (Wheaton: Crossway Books, 2000) 등을 보라.

이것은 어디까지나 사람들의 보통 생각이었을 뿐 세례 요한의 진정한 정체를 알려주는 칭호는 아니었다. 예수님은 세례 요한을 "예언자보다 나은 사람"(마 11:9; 눅 7:26), "여자한테서 태어난 사람들 가운데 가장 큰 자"(마 11:11; 눅 7:28), 또는 "와야 할 엘리야"(마 11:14)라고 부르셨기 때문이다. 사람들은 이런 말씀의 진정한 의미를 파악할 틈도 없이 세례 요한을 그냥 예언자라고 불렀다. 그의 죽음 이후 그가 의로운 예언자라는 사실을 의심하는 사람은 아무도 없었다.

예수님이 나인성 과부의 아들을 살리셨을 때 사람들은 예수님을 "큰 예언자"라고 불렀다(눅 7:16). 예루살렘으로 들어가시는 예수님께 사람들은 호산나라는 찬송을 드렸는데 이것은 예수를 예언자로 영접한 것이었다(마 21:11). 제자들 중에도 예수를 예언자로 부른 사람이 있었다(눅 24:19). 무리가 예수님을 예언자로 인정한다는 것은 유대 지도부도 알고 있었다(마 21:46). 예수님은 자신의 역할이나 자기 자신을 기꺼이 예언자에 비유하셨다(마 13:57//눅 4:24; 눅 13:33).[13] 요한복음과 사도행전에는 예수를 "모세가 예언한 그 예언자"라고 부른 사례들이 기록되어 있다. 물론 예수님을 소개하는 더욱 적절한 칭호는 예언자가 아니라 '그리스도'(메시아), 또는 '하나님의 아들'이었다.

이밖에 안나(눅 2:36), 유다와 실라(행 15:32), 아가보(행 21:10), 빌립의 딸들(행 21:9) 등이 실명으로 언급된 예언자들이고 사도행전 11:27에는 실명이 거론되지 않은 다수의 예언자들도 언급된다.

---

13. G. Houston, *Prophecy: A Gift for Today* (Downers Grove, Illinois: IVP, 1989), 43은 마 10:41에서 예수님이 자신과 제자들에게 '예언자'라는 칭호를 사용하셨다고 주장하지만 이는 과도한 억측이다.

사도행전 13:1에는 '예언자들과 선생들'(προφῆται καὶ διδάσκαλοι)이라
는 명칭하에 "바나바와 니게르라 하는 시므온과 구레네 사람 루기오
와 분봉왕 헤롯의 젖동생 마나엔과 사울"이 언급되었는데 이 다섯
명 중에서 누가 예언자이고 누가 선생인지, 아니면 모두에게 두 칭호
가 다 사용된 것인지 명확하지 않다. 전자의 경우 즉 예언자들과 선
생들을 구분하지 않고 다섯 명을 그냥 열거한 것이라면 두 칭호가 서
로 다르더라도 그 역할이 서로 밀접하게 관련된 것이라고 할 수 있
고, 후자의 경우 즉 두 칭호가 함께 모두에게 적용된 것이라면 두 칭
호는 동의어라고 볼 수도 있을 것이다.

바울 사도는 로마서 12:6이나 고린도전서 11~14장에서 예언을 보
편적 은사로서 설명한 것으로 보인다. 하나님께서 성령으로 감동하
시면 누구나 예언을 할 수 있다는 것이다. 예언의 은사는 몇몇 사람
에게 독점되지는 않는다는 것이다. 그렇지만 '예언자'라는 칭호가 모
든 그리스도인을 부르는 명칭으로 사용되지는 않았다.

교회사의 영역으로 들어가 보면 예언자라고 불린 사람들이나, 예
언자로 불렸는지는 잘 알 수 없지만 예언자들 못지않게 놀라운 지혜
와 강한 능력으로 신자들을 지도하고 교회를 견고하게 했던 사람들
을 적지 않게 만날 수 있다.[14]

---

14. 하우스턴(G. Houston)은 현대 사회에도 예언과 같은 성령의 은사가 교회
    에 있어야 하고 예언자들의 활약이 교회에 필요하다는 것을 주장하기 위
    하여 초대교회만이 아니라 중세에까지 간간히 출현하였던 예언자들의 흔
    적을 길게 논증하고 있다. Houston, *Prophecy*, 18-19를 보라. 그의 논증에
    는 F. F. Bruce. *The Spreading Flame* (Exeter: Paternoster Press, 1958), 197
    과 D. Wright, "Montanism: A Movement of Spiritual Renewal?," *Theological*

그러나 예언자라는 칭호로 불린 사람들 중에 교회의 탄생과 정착 과정에서 중요한 역할을 한 사람이 있기는 하지만, 신약성경에는 예수와 세례자 요한을 빼고 나면, '예언자'라고 불린 사람 중에 교회 탄생의 구심점이 되거나, 전도를 하고 교회를 세우는 시기에 핵심적 역할을 한 사람은 없다.[15] 그런 역할을 실제로 감당했던 사람들은 예언자들이 아니라 예수님의 제자들이었고 그들 중 특히 사도로 부름을 받은 열두 명이었다. 이들은 예수의 사역의 핵심적 목격자들이었다. 이 사람들은 '예언자'로 불리지는 않았지만 예언자 이상으로 계시를 받은 사람들이다. 예수를 통한 하나님의 계시의 역사를 친히 목격한 사람들이기 때문이다. 또한 오순절에 성령을 받고 성령에 사로잡혀서 목격한 바를 담대하게 증언한 사람들이기 때문이다.

Renewal 22 (1982), 19-29, Th. Aquinas, *Summa Theologica* 2.2도 인용되어 있다. 이 주제에 대한 아우니(David E. Aune)의 폭넓은 연구 *Prophecy in Early Christianity and the Ancient Mediterranean World*는 예언자들의 활동이 서기 2세기 초까지 왕성하다가 그 후로 급격히 사라졌다고 결론짓는다. 이들의 존재가 초대교회의 많은 문서에 등장한다고 해도 이들에 대한 우리의 평가는 달라지지 않는다. 즉 교회를 세우고 견고하게 하는데 이들의 역할은 결코 절대적이지 않았다. 그런 역할은 우선적으로 사도, 목격자, 증인의 몫이었다.

15. Aune, *Prophecy in Early Christianity and the Ancient Mediterranean World*, 189는 예언자들과 그들이 받은 계시들이 2세기 초까지 기독교 세계에서 절대적 역할을 하다가 이때 이후로 주변세력으로 몰락했다고 주장한다. 그러나 초대교회의 형성과정에 이러한 역할을 한 사람들은 예언자들보다는 사도들이었다. 사도들은 목격자였을 뿐 아니라 오순절에 성령을 받고 활동하였다. 예수의 사역과 가르침에 대한 그들의 증언은 예언 이상의 계시적 활동이었다.

3) 칭호 또는 직함으로 사용된 '예언자'

신약성경에서 실제로 예언자로 불린 경우를 살펴보면 '예언자'는 유대사회에서 공식적으로 인정되거나 산헤드린에 의해 주어지는 그런 직함은 아니었지만 특별한 의미를 가지는 대중적 칭호였다고 말할 수 있다. 이것은 '예언자'를 칭호/직함이 아니라 자주 예언하는 사람, 즉 예언의 능력이 있는 사람 누구에게나 사용될 수 있는 일반명사로 보는 그루뎀(Wayne A. Grudem)의 주장과는[16] 다른 것이다. 요한계시록에는 그루뎀의 주장처럼 의미가 모호한 경우가 있다. 이러한 경우에는 '예언자'를 예언하는 사람 누구에게나 적용될 수 있는 일반명사로 분류할 수 있음직하다. 하지만 신약성경에서 '예언자'는 대부분의 경우 예언하는 사람 누구에게나 적용되는 일반명사 이상의 의미로 사용되었다.

'예언자'가 일반명사 이상의 의미, 즉 칭호나 직함으로 사용되었을 법한 경우가 예수의 말씀에서도 발견된다. "예언자의 이름으로 예언자를 영접하는 자는 예언자의 상을 받을 것이다."(마 10:41)는 특별한 예언자들을 염두에 둔 것으로 보인다. "내가 너희에게 예언자들과 지혜 있는 자들과 서기관들을 보내매"(마 23:34)의 경우에 '예언자'는 얼핏 보면 '지혜자'와 병렬 배열 때문에 일반명사처럼 보이기도 하지만 이 말씀은 누가복음 11:49에서 "내가 예언자와 사도들을 저희에게 보내리니"라고 특정 집단인 '사도들'과 병렬되어 있으므로 일반

---

16. Grudem, *The Gift of Prophecy in the New Testament and Today*, rev. ed., 165, 179.

명사로 사용되었다고 단정하기 어렵다.

데살로니가전서 2:15의 "유대인은 주 예수와 예언자들을 죽이고 우리를 쫓아내고"에서 '예언자'는 사도들을 가리키는 다른 표현으로 보인다. 요한계시록 18:20의 "하늘과 성도들과 사도들과 예언자들아! 그를 인하여 즐거워하라"는 '예언자들'을 성도들이나 사도들과 구별된 사람들로 그리고 있다. 앞에서 이미 인용한 사도행전 13:1도 '예언자'를 따로 구별된 사람으로 보는 구절로서 예언자들을 교사라는 직책과 거의 동일시한다.

신약성경에는 교회의 조직과 질서를 규정할 수 있는, 소위 직분자 명단이 둘 있다. 이 명단에 예언자는 사도와 교사 사이(고전 12:28-29), 또는 사도와 복음전도자 사이(엡 4:11-12)에 열거되어 있다. 따라서 '예언자'를 교회의 직함 또는 공식적 칭호로 이해할 수밖에 없다.

그러나 이 직분자 명단에는 '사도'가 등장하므로 모든 시대의 모든 교회에 적용되어야 할 규범적인 것이 아니라 사도들이 활동하던 초대교회 시대를 소개, 또는 설명하는 것이다. 그렇다면 '예언자'도 사도 시대에 제한된 직분은 아닐까?

바울 사도는 에베소서 2:20-22에 유대인들과 이방인 성도들을 하나의 건물, 곧 하나님의 성전에 비유하면서 이 건물의 모퉁이돌은 예수 그리스도이며 이 건물의 기초는 사도들과 예언자들이라고 함으로써[17] 교회를 건축하는 사도들과 예언자들의 역할이 끝났음을 시

---

17. 바울 사도는 돌을 쌓아 만드는 집을 비유어로 사용하였다. 따라서 기초란 집을 지을 터를 의미하는 것이 아니라 집의 맨 밑바닥에 놓는 가장 튼튼한 돌들을 의미한다.

사하고 있는 것처럼 보인다.[18]

　바울 사도가 언급한 초대 교회의 다섯 개 직분 중에서 최소한 사도와 예언자는 후대에 계승되지 않는 독특한 직분이었다고 볼 수 있다. 이 직분들은 구약시대에서 신약시대로 넘어가는 격동기에, 예수 그리스도의 교회가 설립되는 시절에 직접 교회 설립과 관계된 직책이므로 교회가 세워진 이후 시대의 교회의 정착, 확장, 발전 시기에는 더 이상 필요치 않았다고 볼 수 있다. 이런 관점에서 칼빈(J. Calvin)은 사도직과 예언자직을 (전도자직과 함께) "특별한"(extraordinary) 직분이라고 불렀다.[19]

4) 예언자직의 단절 시기와 원인에 대한 추정

　우리는 앞에서 예언자의 단절을 암시하는 바울 사도의 글을 살펴보았다. 하지만 이것은 어디까지나 에베소서를 다루는 일부 주석가들의 추측일 뿐이다. 만약 에베소서의 해당 구절을 제외한다면 예언자직의 단절을 추적할 수 있는 다른 구절은 신약성경에 없다고 보아야 한다.

　에베소서보다 시기적으로 훨씬 후에 기록된 요한계시록은 1세기 말에도 예언자들이 교회에서 활동하고 있었음을 전제하고 있는 것

---

18. C. H. Peisker, "Prophet," in *Theologisches Begriffe Lexikon zum Neuen Testaments*, II, ed. by L. Coenen (Wuppertal: Rolf Brockhaus, 1971), 1022는 이 구절이 교회의 기초를 놓던 시기가 지나갔고 따라서 예언자 직분도 과거의 일이었음을 짐작하게 하는 흔적이라고 주장한다.

19. J. Calvin, *Institutes of the Christian Religion*, vol. 2 (Philadelphia: Westminster Press, 1960), 1056-57.

처럼 보인다. 열두 사도들의 교훈집(디다케)은 이 책이 기록되던 시기 (2세기 초)에도 넓은 의미의 사도들과 예언자들이 각 지역을 순회하며 활동하고 있었음을 알려준다. 이들은 때로 특정 교회에 정착하기도 하였다.[20]

그러나 이런 분위기는 그다지 오래 계속되지 않았다. 2세기 후반 으로 가면서 예언자들의 출몰과 활동을 긍정적으로 보여주는 문서 들은 점점 줄어들어서 예언자직이 교회사에 미미하나마 계속 그 맥 을 이어왔음을 증명하는 일은 거의 불가능하다. 그뿐만 아니라 교회 지도력은 1세기 말에 이미 능력 있는 예언자들이 아니라 각 교회에 서 신자들에 의하여 선출된 감독과 집사, 또는 목사와 교사가 행사하 고 있었다.

이러한 사실은 넓은 의미의 사도들과 예언자들을 긍정적으로 보 도하는 디다케에서도 관찰할 수 있다. 디다케의 저자는 교인들이 사 도들과 예언자들을 "복음의 지침"에[21] 따라 영접할 것을 지시하지만 그들은 교회 또는 신자들의 집에 "하루만" 머물도록 허락된다. 정 필 요할 때 그는 이틀을 머물 수는 있지만 사흘을 머물면 거짓 예언자로

---

20. 『디다케』, 10.7; 11.3-12. 이곳에는 참 예언자와 거짓 예언자를 구별할 수 있 는 여러 기준이 소개되어 있다. 사도들과 예언자들은 당시 각 지역을 떠돌며 활동하던 전도자들로 보인다. 본문에서 사도들과 예언자들은 같은 사람들 을 지지하는 용어로도 사용되었다. 13.1에는 교회에 정착하기를 원하는 예언 자들에 대한 지침이 기록되어 있다.
21. 정양모 역주, 『디다케: 열두 사도들의 가르침』 (왜관: 분도출판사, 2006), 80은 11.3.에 기록된 "복음의 지침"을 마 7:15-20 등 거짓 예언자들에 대한 예수의 교훈을 지시하는 것으로 해석한다.

규정된다.[22] 이런 상황이라면 넓은 의미의 사도들이나 예언자들이 지역 교회를 이끌어갈 수는 없었을 것이다. 물론 예언자들 중에도 특정 교회에 정착하기를 원하는 사람들이 교회 지도력을 행사하였을 가능성도 있다. 그러나 디다케는 교회가 감독들과 집사들을 선출할 것을 지시하고 "이들도 예언자들이나 교사들의 직무를 수행할 수 있다고 보장함으로써"[23] 결국 교회가 선출하는 감독과 집사들이 예언자나 교사의 직무를 계승할 것을 예고하고 있다.

기독교 2세대 또는 3세대로 넘어가는 시기에 중요했던 것은 예수께서 세우신 교회의 안정과 질서였고 이를 위해 교회는 초대교회의 일곱 집사들처럼 지혜와 능력이 특출한 지도자들을 선출하여 이러한 일을 위임한 것이다.[24]

예언자직이 교회사에서 사라진 원인은 무엇이었을까? 언제 그들의 모습이 완전히 사라진 것일까? 이 문제를 폭넓게 다룬 크라프트 (H. Kraft)는 "초대 예언운동의 끝이 어디인지는 정확하게 알 수 없다." 고 결론지었다.[25] 그의 평가는, 역사상의 일들이 항상 그러하듯이, 예언자들의 출현 중단을 칼로 자르듯이 명백하게 논증하기 어렵다는 것이다. 예언자들이 계속 활동하고 있었다면 바울 사도가 고린도교

---

22. 『디다케』, 11.5.
23. 『디다케』, 15.1.
24. 이러한 관점에서 초대교회 지도자들은 예언자로 불린 사람들처럼, 아니 그 이상으로 영감된 사람들이며 열심 있는 사람들이며 지혜로 넘친 인물들이 었다는 증거가 초대 교부들의 문서, 예를 들어 이그나티우스, 폴리갑, 멜리토, 이레네우스, 저스틴 등의 글에 충분히 발견된다.
25. Kraft, "Vom Ende der Urchristlichen Prophetie," 162, 173.

회에 써 보낸 것과 같은 그런 분명한 "예언(자)에 대한 충고"가 어디
엔가 있었을 법한데, 디다케를 제외하고는, 초대교회의 문헌 어디에
서도 비슷한 것을 찾지 못하였기 때문이다. 그는 요한계시록에 수록
되어 있는 에베소, 사데, 빌라델비아 교회에 대한 경고를 예언자직,
예언자적 활동이 끝난 증거로 제시하기도 했다. 보다 확실한 추정은
영지주의, 몬타니우스파의 위험에 직면한 교회가 예언자직의 종말을
선언했다는 것이다.[26]

자일즈(K. N. Giles)는 예언(자)의 단절 원인 중 가장 중요한 것으로
감독들을 통한 교회 지도력의 확립을 꼽았다. 교회는 애매모호하고
위험하며 불확실한 예언자들의 말과 행동이 아니라 교회 조직과 직
분을 통하여 확실한 길을 가고 싶어 했다는 것이다.[27] 따라서 서기
200년 아시아 회의에서 몬타니즘이 정죄되었을 때 예언(자)의 종말
도 함께 포함된 것으로 보아야 한다는 것이다.

흐로셰이데(F. W. Grosheide)는 신약정경의 완성을 예언자들의 단절
원인으로 꼽았다. 신약성경 27권이 교회의 삶과 신앙의 기준(canon)으
로 확정되고 각 교회가 이 책들을 소유하고 사용하게 된 후에는 굳이
예언자들을 통하여 하나님의 뜻을 새롭게 전달할 필요가 없었고, 따
라서 초대교회 시절에 이러한 일을 해온 예언자들의 가치와 역할이

---

26. Kraft, "Vom Ende der Urchristlichen Prophetie," 174.

27. K. N. Giles, "Prophecy, Prophets, False Prophets," in *Dictionary of the Later
New Testament & Its Developments,* ed. by R. P. Martin and P. H. Davids
(Downers Grove, Ill: IVP, 2000).

사라졌다는 지적이다.[28]

예언자직의 단절 원인을 직접 찾는 것은 사실 신약학의 영역이 아니고 초대교회사의 영역이다. 그렇지만 그 직접적 원인이 무엇이었든 간에 신약성경에도 예언자직의 단절을 감지할 수 있는 어떤 단서가 남아 있을 수 있다. 2세기를 살아가며 예언자들의 위험에 직면한 교회가 사도들의 가르침이 담긴 신약성경에서 예언자직의 단절에 대한 단서를 발견함이 없이는 혼란을 야기한 예언자들로 인한 피해가 아무리 컸어도 이렇게 과감하게 예언자직의 중단을 선언하지는 않았을 것이기 때문이다.

3. 예언자직의 단절에 대한
단서나 암시로 해석될 수 있는 구절들

1) 구약 예언의 한계와 그 완성

예언자들의 활동 중 '하나님께서 미래에 하실 일들을 미리 알려주는 것'이라는 부분에 초점을 맞출 때 신약시대의 예언자들보다는 구약시대의 예언자들이 더 부각되고[29] 구약시대는 신약시대를 위한

---

28. F. W. Grosheide, I Korinthe: *Korte verklaring van de heilige schrift* (Kampen: Kok, 1954), 152; *De eerste brief van den apostel Paulus aan de kerk te Korinthe* (Amsterdam: Van Bottenburg, 1932), 414.

29. 구약시대의 위대한 지도자들이 신약성경에는 대부분 예언자로 불리기 때문에 우리 논의는 예언서들의 저자나 공식적으로 예언자로 알려진 사람들에게 국한되지 않고 구약성경 전체에 적용된다.

예언시대, 예언자들의 활동시대로, 신약시대는 그 예언의 성취시대로 볼 수 있다. 예수 그리스도의 지상사역을 통한 하나님의 구속사역이라는 관점에서 구약시대를 예비시대로, 신약시대를 그 완성의 시대로 부르기도 한다.

예언과 성취, 예비와 완성의 도식에서 주목을 받는 것은 성취와 완성의 시대이다. 또한 신구약 시대의 사건들이 모형과 원형으로 연결되므로 모형보다는 원형이 더 주목받게 된다. 예수의 재림이라는 관점에서 신약시대를 또 다른 예언의 시대로 보더라도 이 예언은 아직 성취되지 않았기 때문에, 신약 시대를 예언의 시대로 보기는 어렵고, 따라서 교회의 역사 속에 살았을 예언자들의 존재가 주목받기 쉽지 않게 된다.

예수께서 예언(자들), 또는 그 활동의 시간적 한계를 세례자 요한과 관련하여 말씀하신 것도 예언(자들)이 교회의 삶에 중요한 위치를 차지하지 못하게 한 원인으로 작용하였을 수 있다. 예수님에 따르면 세례자 요한은 "예언자보다 더 나은 자"(περισσότερον προφήτου)이다(마 11:9). 그는 하나님의 아들, 메시아의 길을 준비하는 사람이요 여자가 낳은 사람들 중에 가장 큰 사람이다. 그러나 예수를 통하여 새롭게 시작된 하나님 나라 시대에서는 가장 작은 자라도 세례자 요한보다 더 크다. 이렇게 보는 것은 세례자 요한을 신약 시대(하나님 나라 시대)보다 작은 구약 시대에 포함시키기 때문이다. 이것은 모든 예언자들과 율법이 예언한 것은 세례자 요한까지라는 예수의 말씀에 암시되어 있다(마 11:9-13//눅 7:26-28).

예수님은 예언과 성취, 예비와 완성의 구도 속에서 구약성경의 예언과 기대를 성취하셨다. 예수님은 천국 즉 하나님의 은혜의 시대를 시작하게 하신 분이시다. 새 시대의 시작으로 인하여 예언자들을 통하여 이스라엘을 부르시던 시대는 끝나고 교회를 통해 인류를 부르시는 새로운 시대가 시작되었다. 이 새 시대에는 예언자직이 계속될 필요성을 말하기 어렵다. 이 시대에는 율법과 예언자의 시대가 세례자 요한까지라는 예수의 말씀이 예언자직의 중단을 뜻하는 것으로 이해될 가능성이 높아진다.

2) 요한계시록의 결언(22:18-19)

신약적 예언과 신약시대 예언자들의 활동을 논할 때 빼놓을 수 없는 책이 요한계시록이다. 그것은 요한이 밧모섬에서 하나님께 받은 "예수의 계시"(계 1:1), "예언의 말씀들"(계 22:18-19)이 이 책이기 때문이다. 이 책에 요한은 전형적인 예언자의 모습으로 등장한다. 하나님은 자신의 뜻을 그림 형태로 보여주시거나 요한에게 직접 말씀하셨다.

하나님께서 "속히 일어나야만 하는 일들"(ἃ δεῖ γενέσθαι ἐν τάχει, 계 1:1)을 알려주시기 위하여 요한을 부르셨지만 이 책의 내용을 서기 95년경 이후에 일어날 일들에 관한 예고로만 보아서는 안 된다.[30] 미래의

---

30. 요한계시록에서 말하는 미래는 서기 95년경을 기준으로 삼은 것인데 비해 우리는 우리의 시점에서 과거와 미래를 구분하기 때문에 종종 혼란이 발생한다. 요한계시록에 미래의 일로 기록된 사건 중에는 우리 시점에서 이미 과거로 변한 일들이 있기 때문에 이 글에서 말하는 미래는 서기 95년을 기준으로 하는 것임을 잊어서는 안 될 것이다.

일은 과거에서 시작하여 오늘을 거쳐 그 결과로 남는 것이기 때문이
다. 미래에 관한 이야기는 현재와 과거의 일들을 포함할 수밖에 없
다. 또 예언에서의 시간 개념은 현실의 시간 개념과 다를 수 있다는
사실도 잊지 말아야 한다.

이런 이유로 대부분의 신학자들은 요한계시록을 순수 미래에 일
어날 일들로만 해석하지는 못한다.[31] 요한계시록은 교회에 주는 영
적, 윤리적 위로나 권면, 현재적 경고나 교훈으로서의 예언도 포함하
고 있다.[32] 우리가 위에서 언어학적으로 살펴본 예언의 두 가지 의미
가 다 사용된 것이다.

요한은 자신이 하나님께 받은 계시를 다 기록한 후에 글을 마감
하며 22:18~19을 덧붙였다. 그가 이 책에 기록해 놓은 "예언의 말씀
들"에 아무것도 더하지 말고 그 "예언의 말씀들"에서 아무것도 빼지
말라는 경고이다. 이러한 경고문은 예언이나 명령에 낯선 것이 아니
다.[33] 이것은 아무도 요한계시록의 내용을 고치지 말고 그대로 보전
할 것을 경고하는 문구이면서 동시에 요한계시록이 더 이상 가감할

---

31. 예를 들면, W. Hendriksen, 『요한계시록』, 김영일, 문영탁 역 (서울: 아가페출
    판사, 1975), 57은 1절의 "속히"를 시간적 의미로 해석하지 않음으로써 "미
    래파"의 해석을 따르지 않는다. 그에 따르면 요한계시록이 미래에 일어날
    일들에 대한 예언도 포함하고 있기는 하지만 요한계시록은 기본적으로 보
    이는 역사적 세계를 하나님이 어떻게 보고 계신지를 알려줌으로써 지상의
    교회를 위로하기 위하여 기록되었다(Hendriksen, 『요한계시록』, 7-9 참고).
32. 요한계시록이 미래의 예고만 담고 있지 않다는 것은 계 1:19("네가 본 것들
    과 지금 있는 일들과 이 일들 후에 일어날 일들을 기록하라.")에서도 알 수
    있다.
33. 신 4:2; 12:32을 보라.

것이 없는 완전한 것임을 알려준다.

　이 구절을 엄격하게 주석하는 사람은 누구나 요한에게 보여주신 하나님의 특별한 계시의 기록인 요한계시록에 추가하거나 삭제하지 말라는 것으로 이해할 것이다. 그러나 창세기부터 여기까지 성경 전체를, 혹은 마태복음부터 여기까지 신약성경을 한 권의 책으로 읽으며 정경으로 사용한 후대 교회는 이 구절을 보다 넓은 의미로 해석하여 신약성경 또는 성경 전체를 감싸며 보호하는 경고로 사용하였다.[34] 이것은 신약성경이나 성경 전체에 자신의 생각을 따라 가감하지 말라는 경고이며, 이미 모은 책들을 제거하지 말고 다른 책을 더 이상 정경목록에 추가하지 말라는 경고로도 여겨질 것이다. 이러한 관점은 성경을 더 이상 가감할 것이 없이 완결된 정경목록으로 보는 입장이며 성경의 각 권의 본문을 필사자가 마음대로 변경시키지 말아야 하는 하나님의 말씀이라는 견해를 담고 있다.

　이러한 관점에서는 요한계시록의 결언은 다음과 같은 뜻을 지닌다. 미래에 대한 예고든 과거나 현실에 대한 설명이든, 하나님의 계시는 완료되었고 하나님의 뜻을 전하는 새로운 예언은 더 이상 주어지지 않는다. 따라서 누구든지 이 신약성경에 무엇을 첨가해도 안 되고, 이 신약성경으로부터 무엇을 삭제해도 안 된다. 사도들의 시대가 지나가고 목격자들이 다 죽고 난 후의 시대에 더 이상 성경을 기록할 수 없음은 목격자이면서 복음 선포(예언)를 위탁받은 사도들의 특성

---

34. 신학자들보다는 설교자들이 이 구절을 신약성경이나 성경 전체와 관련하여 대중적으로 해석한다. 웨스트민스터 신앙고백서 1.2과 대요리문답 3도 이 구절을 성경전체의 충족성을 보장하는 구절로 제시하고 있다.

이 신약정경의 중요한 요소이었음을 보여준다.

이러한 관점에서는 신약성경이 다 기록된 이후의 교회 시대에 성경으로 기록될 정도의 내용을 계시하는 예언자가 활동할 영역은 이제 더 이상 보장되지 않는다. 사도 요한에게 주신 이 경고는 그러한 예언의 계속성을 보장하는 구절로 사용되기 어렵다. 이 구절들은 오히려 사도적 예언자직의 단절과 성경 기록과 관련된 예언의 중단을 암시하는 구절로 사용될 수 있다. 이러한 사용은 이 구절의 본래적 의미와는 무관하지만 사도 이후 시대에 사도성이 없는 자들이 예언을 받았다는 주장을 하며 함부로 성경에 가감하는 것을 막는 역할을 할 수 있다.

3) 히브리서 1:2 "이 날들의 마지막에"

예언자들은 하나님의 신(= 성령)에 감동되어 하나님의 뜻을 대중에게 말하던 사람들이다. 이때 그들이 스스로 말하는 사람이 아니요 하나님의 전령으로서 말하는 것임을 알리는 특별한 형식구가 '하나님께서 (누구에게, 또는 누구를 통하여) 말씀하셨다'라는 표현, 또는 '(누구에게) 임하신 하나님의 말씀'이라는 표현이다. 이러한 표현은 성경 전체 어디에서나 발견된다.[35]

히브리서 저자는 이러한 내용을 독특하게 "하나님께서 예언자들을 수단으로 하여 조상들에게 말씀하셨다."(ὁ θεὸς λαλήσας τοῖς πατράσιν ἐν

---

35. 예를 들어, 사 1:2, 24; 8:1; 마 1:22; 2:17 등을 보라.

τοῖς προφήταις, 히 1:1)라고 표현했다.[36] 그가 지적한 '예언자들'은 구약시
대에(πάλαι ="옛날에")[37] 하나님께서 "여러 시대에 여러 가지 방법으
로"(πολυμερῶς καὶ πολυτρόπως) 말씀하셨던 그 사람들이다. 2절에서 히브리
서 저자는 1절에 언급한 구약시대(옛적)를 "이 날들"(τῶν ἡμερῶν τούτων)로
묶어 지시하며 '마지막'이라는 단어를 통해 구약 시대와 하나님이 그
시대에 사용하신 하나님의 그러한 방법이 끝났음을 알린다.

이제 "그 날들의 마지막에 하나님께서 그 아들 안에서 우리에게
말씀하시는"(ἐπ᾽ ἐσχάτου τῶν ἡμερῶν τούτων ἐλάλησεν ἡμῖν ἐν υἱῷ) 시대가 시작되
었다. 예수 그리스도는 구약시대 끝에 나타나셨고 그를 통해 하나님
께서 자기 백성들에게 자신의 뜻을 알리시기 위하여 사용하시던 방
법(영감, 계시, 예언 등)이 예수 그리스도를 통하여 대체되었음을 말한 것
이다.

이 구절에는 우리가 앞에서 살펴보았던 내용이 모두 명확하게 표

---

36. 대부분의 번역 성경은 헬라어 '엔'(ἐν)을 수단을 나타내는 전치사로 파악하
여, '선지자들로'(개역), '예언자들을 시켜'(공동번역, 표준새번역), '예언자들
을 통하여'(나머지 번역들)로 번역하였다. 그런데 이 부분을 애매하게 '선지
자들에게'로 번역해 놓은 번역 성경도 있다. 같은 표현이 삼상 28:6의 헬라
어 번역; 행 13:40; 24:14에도 발견된다. 행 24:14에서는 이 표현이 '기록되
어 있는 것들'과 결합되어 있어서 "선지자들을 수단으로 하여"보다는 "선지
서들 안에"를 뜻하는 것으로 보인다.

37. F. W. Grosheide, *Hebreen: Korte verklaring van de heilige schrift* (Kampen:
Kok, 1922), 13은 '옛적에'를 아담에게서부터 시작하여 그리스도에게 이르
는 전 기간으로 보고 있다. 이 단어는 예수 이전의 모든 기간을 하나로 묶
으면서 2절에 나오는 '이 날들의 마지막에'(행 2:17), 또는 '마지막 날에'(벧
후 3:3), '마지막 때에'(벧전 1:20; 유 18)와 대조된다. 보다 자세한 설명은 E.
Grässer, *An die Hebraeer*, 1, EKK XVII/1 (Zürich: Benziger, 1990), 55를 보라.

현되어 있다. 예수 그리스도의 출현과 사역은 예언자들이 활동하던 시대의 방법을 대체하는 계시의 방법이므로 예수의 사역에 관한 목격과 증언이 구약 시대의 예언의 방식을 대신할 수 있다. 목격과 증언의 방식은 목격자가 살아 있는 사도 시대가 지나면 대체될 수 없다. 사도 시대 이후의 예언자들의 활동은 목격과 증언으로 인해 형성된 신약성경을 대체할 수 없다. 예수의 생애를 통하여 더 나은 계시가 주어진 시대에 과거 방식의 예언은 동등한 역할을 할 수 없다.

웨스트민스터 신앙고백서를 만든 신학자들은 이 구절을 인용하며 "하나님께서 자기 백성들에게 자신의 뜻을 나타내시던 이전의 방법은 모두 끝나고" 유일하게 성경만 남았다고 선언하였다.[38] 그들의 선언에는 하나님께서 여전히 예언자들을 보내시고 그들을 성령으로 감화시키셔서 신앙과 신학을 고무하시며 교회가 힘차게 미래로 향하게 하신다고 주장하는 소위 신사도 운동과 같은 움직임을 아예 절단하려는 교회(종교)개혁적 결단이 담겨 있다.[39] 오늘날에도 그들이 사용한 이 구절은 신약성경의 다른 어떤 구절보다 강하게 예언자직의 단절을 암시하는 단서로 사용될 수 있을 것이다.

---

38. 『웨스트민스터 신앙고백서』, 1.1.

39. J. Calvin, *Hebrew and I and II Peter*, tr. by W. B. Johnston, Calvin's New Testament Commentaries (Grand Rapids: Eerdmans, 1974), 6도 같은 어조로 이 부분을 주석하고 있다. 모든 날의 마지막에 그리스도를 통하여 말씀하셨기 때문에 새로운 계시에 대한 희망의 여지가 없다는 것이다. 그리스도는 모든 계시의 끝을 뜻한다.

4) 거짓 예언자들에 대한 경고

교회에 혼란을 초래하고 신자들의 신앙을 유린하는 거짓 예언자들에 대한 경고 구절도 2세기 말 교회가 예언자들의 단절을 선언했을 때 근거 구절로 사용되었을 수 있다. 사도들의 직무를 계승한 감독, 장로 등이 교회의 질서를 유지하고 예언자적 움직임을 공격하거나 제거하려 했을 때 이보다 더 좋은 증거 자료는 아마 어디에도 없었을 것이다.

예수님은 산상설교에서 "거짓 예언자들을 조심하라"(마 7:15)고 말씀하신 적이 있다. 이 사람들이 정확하게 누구인지는 알 수 없다. 이들은 예수 당시에 활동하던 실제 유대 종교 지도자들일 수 있다. 아니면, 당시로는 아직 존재하지 않던, 먼 미래에나 나타날 가상의 교회 지도자들일 수 있다. 예수님은 그들을 "양 껍질을 입고" 선한 사람으로 위장하였으나 사실은 양들을 해할 "이리"로 비유하셨다. 마태복음 7:16 이하에는 하나님의 뜻을 행하지 않고 좋은 열매를 맺지 않는 것도 이들의 특징으로 지적되었다.

마태복음 24:11(= 막 13:22)에는 막연한 미래에 나타나 사람들을 유혹할 "거짓 예언자들"에 대한 경고가 수록되어 있다. 여기서 이들의 특징은 남다른 "표적과 기사"이다. 즉 이들은 놀라운 기적을 행한다. 사도행전 13:6에는 거짓 예언자로 불린 실제 인물이 소개된다. 그는 살라미에서 바나바와 사울이 복음을 전할 때 총독 서기오 바울이 믿지 못하게 방해하다가 바울의 책망을 듣고 소경이 되었다.

베드로후서 2:1에도 이름은 알려지지 않았지만 당시 실제 인물들이 거짓 예언자로 불리는데 이들은 예수님을 부인한 "거짓 선생들"

과 동일시되었다. 요한일서 4:1도 많은 거짓 예언자들이 활동하고 있었다고 한다. 그들의 특징은 예수님이 이 세상에 오셨던 역사적 인물임을 부정하는 것이다.

요한계시록 2:20에는 '이세벨'이라는 상징적 이름을 가진 자칭 예언자가 등장하는데 아마도 니골라당(2:6, 15)의 교훈을 가르치던 실제 인물로 추정된다.[40]

이상은 명시적으로 거짓 예언자라는 단어가 사용된 경우이다. 암시적이거나 비유적으로 거짓 예언자들의 위험을 예고하거나 경고하는 구절은 훨씬 더 많다.[41]

물론 신약성경에는 예수의 시대든지 사도들의 시대든지 신약적 의미로 예언자라고 불린 사람들이 있었음을 언급하고 간혹 예언을 보편적 은사인 것처럼 기술한 부분도 있다. 또 마태복음 10:41; 23:34; 누가복음 11:49처럼 예언, 예언자들이 활동할 미래를 위한 긍정적 표현도 남아 있다. 이 구절 중 예수께서 "예언자들을 너희에게 보낼 것이다."라고 하신 말씀은 교회 시대에도 예언자들이 얼마든지 활동할 수 있다고 주장하는 최상의 자료로 사용될 수 있었을 것이다.[42]

---

40. H. B. Swete, *Commentary on Revelation*, reprint of 3rd ed. (Grand Rapids: Kregel, 1977), 43에 수록된 터툴리안, *De pudicitia* 19 참고.

41. 예를 들면 유다서를 보라.

42. 마 23:34은 예수께서 예언자를 "너희"에게 보낸다고 하며, '너희'는 여기서 바리새인들과 서기관들을 가리킨다. 그러므로 예수의 이 말씀은 제자들이나 후대의 교회에 긍정적인 의미로 주신 것이 아니라 당시 유대 지도자들에게 주신 것으로 볼 수 있다. 즉 예수께서 유대 지도부에 예언자들을 보내

하지만 기독교 역사는 이렇게 흘러오지 않고 예언자직의 단절을 선언하고 그들의 존재나 이런 은사의 존재를 제한하거나 부정하는 쪽으로 흘러갔다. 예수님의 교회는 예언자들의 신비한 경험이나 새로운 예언이 아니라 오신 예수의 삶과 그에 대한 복음, 그리고 이 복음을 받아들이고 예수님을 믿는 신앙(고백) 위에 세워졌다. 이 과정에서 교회의 기초를 놓고 확장한 사도들과 교부들 등은 모두 예언자들 이상으로 성령과 지혜가 충만한 사람들로서 사실상 바른 예언자들이었다.

그렇기 때문에 교회의 권위나 뿌리를 부정하거나 교회의 사도적 신앙과는 다른 주장을 함으로써 교회를 혼란케 하는 사람들은 교회의 전통을 이어온 '바른 예언자들'에 대조되는 거짓 예언자들로 지목될 수 있었다. 또한 사도적 전통의 교회가 세워진 이상 이 사도적 전통을 교회에 가르치는 정통 예언 사역과 무관한 새로운 계시를 선포하는 예언자들의 활동은 불필요한 것으로 사료될 수 있었을 것이다. 이러한 과정에서 적절하게 사용될 수 있었던 근거 자료가 성경에 담긴 거짓 예언자들에 대한 경고문이었을 것이다.

이 부분에서 우리는 하나님께서 주시는 은사의 남용 내지 오용의 문제도 지적할 수 있다. 바울 사도를 따르면 예언은 교회에 필요한

는데 유대인들이 그들을 죽이고 박해할 것이라는 말씀으로 볼 수 있다. 유대 지도자들이 예수의 권위나 말씀을 인정하지 않기 때문에 그들이 인정하는 "예언자," "지혜자," "서기관"을 언급하신 것으로 보인다. 판 브루헌(van Bruggen, *Mattheus*, 414)은 사도행전에 나오는 역사적 사건을(행 11:27) 이 말씀과 연결한다. 예언자를 보내신다는 예수의 말씀이 미래에 계속 선지자를 보낼 것이라는 말씀으로 보지 않은 것이다.

하나님의 은사이다. 그러나 바울은 이런 하나님의 은사를 누구나 누릴 수 있어야 하고 질서 있게 사용되어야 한다고 보았다. 바울은 예언하는 사람들에게 두세 사람이 말하고 다른 사람은 분간하며 다른 이에게 계시가 있으면 먼저 하던 자는 잠잠하여(= 의도적으로 멈추어) 하나씩 하나씩 예언하라고 권고했다. 바울은 거짓 예언을 하는 자에 대해 바른 예언을 통하여 분별하는 견제 장치를 제시하였다. 그는 예언하는 자들의 영이 예언하는 자들에게 제재를 받아야 한다고 한다(고전 14:29). 바울은 스스로 예언자라고 생각하면서 예언을 독점하는 자를 무시하라고 한다(고전 14:37-38). 바울의 가르침에 의하면 예언을 독점하며 교회를 어지럽히는 예언자들은 거짓 예언자들일 수밖에 없다.

5) 다른 해석의 가능성

참된 예언은, 그것이 미래의 일들에 대한 예고든지 과거나 현재의 일에 대한 설명이든지, 규범적 가치가 있고 그 예언을 듣는 신자들에게는 권위가 있다. 예언자들을 부르셔서 하나님의 뜻을 알리신 분은 다름 아닌 하나님 자신이시기 때문이다.

그런데 거짓 예언이나, 불명확한 예언, 또는 예언에 대한 해석이 다양하여 이에 근거한 행동에 혼선이 빚어지면 예언의 권위는 약화된다. 이러한 경우 예언을 따르는 것이 교회를 위험과 혼란에 몰아넣기 때문이다. 이러한 예언이 교회를 위험하게 하면, 결국 예언자들의 존재 자체가 엄청난 위험요소로 간주된다. 이러한 사례가 증가하면 새로운 계시를 받아 전하는 역할을 하는 예언(자직)은 힘을 잃게 되고

서서히 단절의 길을 걸을 수밖에 없다. 언젠가는 교회가 예언자직의
단절을 선언할 수밖에 없을 것이다.

이런 경우가 한 번 사도행전에 기록되어 있다. 바울 사도가 예루
살렘으로 마지막 여행을 할 때였다. 두로에 도착한 바울이 그곳에 일
주일을 머물렀을 때 두로에 있던 제자들이 성령으로 인하여(διὰ τοῦ
πνεύματος) 그에게 예루살렘에 올라가지 말도록 충고하였다(행 21:4).[43]
그러나 바울은 들은 척도 하지 않고 두로를 떠나 돌레마이를 거쳐 가
이사랴에 도착했다. 예루살렘으로 점점 가까이 간 것이다. 바울 일행
이 그곳에 여러 날 머물렀을 때 이번에는 아가보라는 예언자가 유대
지역에서 내려와서 바울의 허리띠로 자신의 손과 발을 묶은 다음에
성령이 자신에게 말한 것을 알렸다.[44] 예루살렘에서 유대인들이 바울
을 묶고 이방인들에게 넘겨준다는 것이었다. 이 말을 들은 바울 사도
일행과 그곳 사람들은 하나같이 바울에게 "예루살렘으로 올라가지
말라고 권했다"(행 21:12). 그러나 바울은 그들의 충고를 거부하며 오히
려 자신의 불편한 심기와 확고한 각오를 알렸다(행 21:13). 결국 그는
예루살렘으로 올라갔고 체포당했다. 고난의 길을 자초한 것이다. 바

---

43. 행 21:4 본문에서 '성령으로 인하여'는 '말했다'(ἔλεγον)와 연결되어 있다. 따
    라서 바울이 예루살렘으로 가지 말도록 말한 것이 성령의 지시였다고 볼 수
    있다. 그러나 행 21:11에서는 성령의 감동은 바울이 당할 일을 알리는 것까
    지이며, 행 21:12에 사람들이 바울에게 예루살렘에 가지 말라고 권함은 예언
    하는 자가 자신의 해석과 적용으로 한 것으로 볼 수 있다.
44. 이 사건에서 아가보를 엉터리 예언자라고 말하기는 어렵다. 그는 일전에 흉
    년을 예고한 적이 있고(행 11:28) 이 예언은 글라우디오 때에 실현되었던 것
    으로 알려져 있다.

울은 성령의 지시를 거역했는가?

　바울은 사도행전에서 성령의 사람으로 등장한다. 그의 서신에서 그는 예수로부터 받은 가르침이 없어도 교회를 위하여 지혜롭고 능력 있는 권면을 할 수 있었던 성령이 충만한 사람이다(고전 7:10). 바울은 전도 여행을 자신의 뜻으로 시작한 것이 아니었다. 예루살렘으로 가는 길도 그러하였다. 바울은 "성령에 매여"(δεδεμένος ἐγὼ τῷ πνεύματι)[45] 예루살렘으로 가고 있었다(행 20:22). 바울은 예루살렘에서 자신에게 혹독한 고난이 닥칠 것도 성령의 지시로 이미 알고 있었다(행 20:23). 그렇다면 바울에게 예루살렘으로 가지 말라고 한 사람들의 생각은 착각이었을까?[46]

　랍스케(B. Rapske)의 신랄한 표현을 빌린다면 누가 "하나님의 뜻과 충돌을 일으키는"[47] 것일까? 아니면 칼빈(J. Calvin)이 질문한 대로 하나님의 뜻이 서로 충돌하는 것일까?[48] 페쉬(R. Pesch)는 하나님의 뜻이 서로 충돌하는 것처럼 보이게 한 이것을 사도행전의 문학적 기교로 이해했다. 누가는 이런 방식으로 하나님의 뜻은 전횡적으로 나타나는 법이 없고 인간의 자유의지와 교감하는 가운데, 즉 인간이 그 삶의

---

45. 개역성경에는 바울의 영으로 번역되어 있었으나 개역개정판 및 다른 번역 성경에는 성령으로 수정되었다. 참고로 행 1:2; 4:25; 11:28; 20:23; 21:11을 보라.

46. Crysostom, *Homily in Act*, 45,2은 바울을 막으려는 시도는 성령으로 영감된 것이 아니라고 주장했다.

47. B. Rapske, *Paul in Roman Custody, The Book of Acts in its First Century Setting*, vol. 3 (Grand Rapids: Eerdmans, 1994), 408.

48. J. Calvin, *The Acts of the Apostles*, II, Calvin's New Testament Commentaries (Grand Rapids: Eerdmans, 1973), 193.

절박한 상황에서 자신의 의지를 버리고 하나님의 뜻을 받아들이는
그런 방식으로 밝히 드러남을 보여준다고 하였다.[49]

해석의 차이로 이 문제를 분석하는 학자들도 있다. 로벡(C. M. Ro-
beck)은 바울이 성령의 지시를 거부한 것이 아니라 그의 친구들이 성
령의 계시를 잘못 해석했다고 평한다.[50] 박윤선은 바울이 당할 고난
을 알려준 것은 성령의 사역으로, 예루살렘에 올라가지 말라는 충고
는 "인간적 동정심"에서 나온 신자들의 해석으로 설명했다.[51]

이 학자들은 바울의 친구들의 해석이 틀렸다고 보고 있지만, 누
가 옳으냐 그르냐를 따지지 않고 그냥 해석의 차이로 설명할 수도 있
다. 바울을 제외한 사람들은 예언을 듣고 바울을 말리고 예루살렘에
올라가지 못하게 하라는 지시로 이해했다. 바울은 사람들이 전해오
는 예언을 자신의 각오와 용기를 시험하는 것으로 이해했다.[52] 예언

---

49. R. Pesch, *Die Apostelgeschichte*, 2, EKK V/2 (Zürich: Benziger, 1986), 211.
50. C. M. Robeck, "Prophecy, Prophesying," in *Dictionary of Paul and His Letters*,
    ed. by Jr. Gerald F. Hawthorne, Ralph P. Martin, Daniel G. Reid (Downers
    Grove, IL: IVP, 1993). 비슷한 의견, 특히 잘잘못에 대한 평가 없이 이들
    의 해석을 강조하는 견해를 여러 주석에서 읽을 수 있다. 예를 들면 C. H.
    Lindijer, *Handelingen van de Apostelen*, II (Nijkerk: G. F. Callenbach, 1979),
    188; D. E. Haenchen, *Die Apostelgeschichte* (Göttingen: Vandenhoeck &
    Ruprecht, 1977), 577-79.
51. 박윤선, 『사도행전』 (서울: 영음사, 1977), 414.
52. 이러한 바울의 심정이 그의 대답 "너희가 왜 울면서 내 마음을 아프게 하느
    냐? 나는 주 예수의 이름을 위하여 예루살렘에 가서 묶일 뿐만 아니라 죽을
    것도 각오하고 있다"(행 21:13)에 잘 표현되어 있다. Calvin, *The Acts of the
    Apostles*, II, 193은 이 문제에 많은 신경을 쓰며 '시험'이라는 단어를 사용했
    다. 또 설명에서 성령의 은사는 모든 사람에게 동일한 분량, 동일한 정도로
    주어지지 않는다는 점을 지적했다. 바울의 친구들에게 바울이 굳이 고난을

은 하나지만 해석이 달랐고 정반대의 행동을 낳았던 것이다.

처음에 바울을 말리는 것을 하나님의 뜻이라고 생각했던 성도들은 혼란을 느끼며 "주님의 뜻대로 되기를" 빌며 대립을 끝낸다(행 21:14). 그들의 생각에는 성령께서 바울의 당할 일에 관하여 알려주시는 바가 있었지만 이 예언적 정보가 바울이 그러한 일을 피하라는 명령까지 담은 것은 아님을 그들은 인정한 것이다. 사도행전의 끝까지 따라가 보면 바울 사도의 해석이 하나님께서 요구하신 실제 행동이었다고 볼 수 있다.

어떻든 부각되는 문제는 동일하다. 어떤 사람이 성령의 계시라고 믿고 알려주는 것, 즉 예언이 그 자체로 특정한 행동을 하도록 하는 지시를 포함하지 않을 때가 있다는 사실이다. 적어도 사도행전 21:11의 경우에는 그러했다. 이 경우 예언은 바울이 결박당하게 된다는 것이며, 이 결박을 피하기 위해 예루살렘으로 가지 말라는 것이 아니었다. 그런데 바울의 동료들은 이 예언이 바울에게 예루살렘으로 올라가지 말라는 지시를 포함한 것으로 해석하였다. 그러나 바울은 이 예언을 듣고 그러한 지시가 포함되지 않았음을 파악하였다. 이러한 사례로부터 예언을 듣고 바르게 해석하고 적용하는 것이 중요함을 알 수 있다. 예언자 자신이 예언을 잘못 해석할 수도 있고, 예언을 들은 사람이 예언을 잘못 해석하고 적용할 수도 있다. 이러한 사례가 많아

받아야 한다는 것까지 충분히 알려주지는 않으셨다는 것이다. G. Schneider, *Die Apostelgeschichte*, 9,1-28,31, Herders *ThKNT* V-2, (Freiburg: Herder, 1982), 303은 성령은 사람들이 바울을 말리도록 시키기는 했지만 직접 가로막지는 않았음을 지적한다.

질수록 중요시되는 것은 예언이나 예언자, 또는 예언자직 자체가 아니라 그 예언을 바르게 해석하는 기능, 또는 해석하는 사람이다.

2세기 말에도 예언(자들)으로 인한 교회의 혼란이 발생했을 때 사도행전에 기록되어 있는 이런 사례가 예언자직의 중단을 암시한 것으로 사용되지 않았을까?

6) 다른 기준의 제시

예언자들의 권위는 하나님에게서 나온다. 그들의 설교와 가르침의 출처는 하나님이시고 이를 가능하게 하시는 분이 성령님이시다. 즉 성령의 감동, 또는 하나님의 계시라는 말이 예언자들의 최고 무기인 것이다.

따라서 그들의 권위는 하나님의 권위만큼이나 절대적이다. 예언자들의 권면이나 경고는 받아들여야 하고 그들의 예고는 잠시 후 성취되어야만 하는 것이다. 만약 예언자들의 예언이 구약성경이나 하나님의 뜻에 대한 설명이라면 그것은 옳은 말일 수밖에 없다. 이렇게 어떤 모임에서나 예언자의 등장은 모든 논의와 혼란의 결론이 된다.

그러나 신약성경에는 예언자들의 출현이 최종 결론이 될 수 없는 경우가 발견된다. 예언(자)의 분별에 대한 명령, 거짓 예언자들에 관한 경고, 영을 다 믿지 말라는 경고 등이다. 이 경우 제시된 지시를 따르기 위해서는 다른 예언으로 거짓 예언을 분별하거나, 예언자의 행위(열매)를 보고 거짓 예언자를 분별하는 등 다른 기준을 사용해야 한다. 이렇게 다른 기준을 사용해야만 문제가 해결된다는 사실은 예언(자)의 권위를 상대화한다.

예언 또는 예언자를 분별해야 한다. 성령의 사람 바울은 다른 사람이 성령의 감화로 말미암은 예언으로 제시하는 것을 무조건 따르지는 않았다. 그에게는 동료들의 예언이나 예언의 해석을 거절할 수 있는 다른 기준이 있었다. 그는 예언을 다른 예언으로 분별해야 함을 알고 있었고, 예언이 바르게 해석되고 적용되어야 한다는 것도 알고 있었다. 이처럼 우리는 예언 자체가 주는 표면적 인상과 예언자의 주관적 해석에 빠지지 말아야 하고 예언의 바른 해석과 적용에 관심을 기울여야 한다.

예언과 관련하여 바울 사도는 예언의 "분별"에 관하여 말하였다. 바울은 고린도전서 12:10에서 하나님께서 신자들에게 은사를 주시는데 "어떤 이에게는 예언함을, 어떤 이에게는 영들 분별함을"(고전 12:10) 주신다고 지적한다. 바울은 고린도전서 14:29-30에서 예언자들은―아마도 예배 때에―"둘 또는 셋이 말하고 다른 사람들은 분별하라(οἱ ἄλλοι διακρινέτωσαν). 앉아 있는 다른 사람에게 계시가 임하면 그 첫 사람은 잠잠하라."고 명령한다.

고린도전서 14:29에는 무엇을 분별하라는 것인지 또 분별을 해야 할 "다른 사람들"은 누구인지에 관한 명확한 설명은 없지만 고린도전서 12:10과 비교해 볼 때, 이러한 분별은 그 예언을 계시한 영이 성령인지 아니면 다른 영, 즉 사탄이나 귀신들인지를 구분하는 것을 뜻한다고 볼 수 있다. 또한 "다른 사람들"이란 하나님께서 특별히 영들을 구별하는 은사를 주신 다른 예언자들을 가리키는 것으로 보인

다.[53]

왜 이런 은사를 별도로 주셨는가? 구약성경으로부터 우리는 하나님이 보내신 참 예언자 곁에는 항상 사탄이 보내는 거짓 예언자들이 있었고 이들이 더 유창하고 더 그럴듯하게 말하는 재주를 가졌다는 사실을 배운다. 신약 시대에도 크게 다르지 않다. 성령의 감화를 받아 신자들을 가르치고 교회의 갈 길을 밝혀주는 참 예언자들이 있었는가 하면 양의 가죽을 입고 나타나지만 결국은 양들을 해치는 늑대와 같은 거짓 예언자들이 있어서 거짓말로 신자들을 미혹하고 믿음을 흔들며 교회를 혼란에 빠뜨렸다.

출처가 명확해야 예언에 권위가 있다. 예언을 통해 하나님의 뜻이 선포되므로 정말 그 출처가 하나님이시라는 확인이 필요하다. 바울은 이러한 확인절차 또한 하나님의 은사로 주어진다고 말한 셈이다. 일이 이렇게 된다면 예언만이 아니라 예언을 분별하는 은사가 신앙과 교회의 중요한 기준이 된다.

예언의 가치를 재는 다른 기준에 관하여 말하는 구절도 있다. 요한일서 4:1은 "영을 다 믿지 말고 영들이 하나님께 속하였는지를 시험하라."고 권한다. 많은 거짓 예언자들이 세상에 활동하고 있었기 때문이다. 바울식으로 말한다면 영들을 분별해야 한다. 요한은 영들을 시험하는 기준으로 예수님이 인간으로 오심을 시인하는 것을 제시하였다.

---

53. Grosheide, *I Korinthe*, 177; E. J. Pop, *De eerste brief van Paulus aan de Corinthiers* (Nijkerk: G. F. Callenbach, 1965), 335.

마태복음 7:15-20에서는 예수께서 산상설교로 말씀하신 하나님의 뜻을 지키는 "좋은 열매"가 참 예언자의 기준으로 제시되었다. 신약성경 전체를 요약해 본다면 신약성경이 제시하는 예수 그리스도에 관한 복음이 교회에 출몰하는 예언의 진위를 판단하는 기준이라고 말할 수 있을 것이다.

예언이나 예언자를 판별하는 다른 기준이 주어지고 이것으로 예언을 분별하는 권한을 신자들에게 주셨다면, 교회사의 흐름에서 예언자들의 역할보다는 이 다른 기준을 활용하는 역할이 더 강하게 부각되고 중요시될 수밖에 없었을 것이다. 그리고 어느 시점에 가서 예언자직의 단절을 선언할 필요가 있었을 때 이 구절들은 자연스럽게 예언자직의 단절을 암시하는 단서로 사용될 수 있었을 것이다.

7) 가르치는 직에 흡수됨

우리는 앞에서 예언자들의 기능이 미래의 일을 예측하고 예고하는 주술사들과 같은 것이 아니라 하나님의 뜻을 사람들에게 설교하고 알리는 일임을 확인했다. 우리는 앞에서 신약성경의 직분자 명단(고전 12:28-29; 엡 4:11-12)도 이런 관점에서 분석한 바 있다.[54] 사도행전 13:1은 바나바와 사울을 포함한 총 다섯 명의 전도자들을 구분 없이 '예언자들과 교사들'로 지시하고 있어서 두 칭호를 동일시하는 것으로 보인다. 비슷하게 베드로후서 2:1에는 백성 중에 등장한 "거짓 예언자들"과 수신자들 중에 있는 "거짓 교사들"을 비교하며 경고하는

---

54. 이 두 구절의 예언자를 교사와 동일시하는 다음 논문을 참고하라. W. Harold

문구가 들어 있다. 이들은 서로 다른 무리 속에서 활동하므로 구분되지만, '이와 같이'로 연결되는 문맥상 "거짓 교사들"이 하는 일은 "거짓 예언자들"이 하는 일과 동일하다고 볼 수 있다. 요한계시록 2:20도 예언자가 가르치는 사역을 함을 말하므로 예언자의 사역이 교사의 사역과 같다고 보게 한다. 두아디라 교회에 있었던 자칭 예언자 이세벨은 그리스도의 종들을 '가르치는' 것을 방법으로 하여 그들을 꾀어내었다. 예언자들이 사람들 앞에서 예언을 할 때 사람들은 "배우고 권면을 받는다"(고전 14:31). 그러므로 예언은 가르침과 밀접하게 관련되는 활동이다.

그렇다면 "예언자들"은 교회의 설립 전에 활동한 사도들, 증인들이나, 교회 설립 후에 나타나는 감독, 목사, 교사와 별다른 일을 하는 사람들이 아니다. 이 사람들은 예수의 명령에 따라 복음을 전하고 성령의 능력으로 권능을 행하며 교회를 설립하였다. 교회 설립 시기의 사도들/예언자들과 그 이후의 교회 직임자들 사이의 연속성은 예언자직이 가르치는 직, 즉 목사와 교사직에 편입/계승됨으로써 이루어졌다고 볼 수 있다.[55] 목격자들의 증언처럼 중요한 예언은 없었으며, 이러한 증언을 해석하고 적용하는 것처럼 중요한 예언 활동은 없다. 이런 역사적 예언 활동에 비하면 직통 계시를 통한 예언 활동은 부차

Mare, "Prophet And Teacher in The New Testament Period," *Bulletin of the Evangelical Theological Society* 9/3 (1966), 139-48.

55. 이 주제와 관련하여 이승구, "오늘날에도 과연 사도들과 선지자(예언자)들이 존재하는가?," 『현대종교』 16 (2004,10), 54-63 참조. 그는 Robert L. Reymond, *A New Systematic Theology of the Christian Faith* (Nashville, Tennessee: Thomas Nelson, 1998), 84을 인용하고 있다.

적인 것일 수밖에 없다.

사도들의 시대에 사도들의 역할이 예언자들의 역할보다 중요했듯이 사도들의 가르침을 담은 성경을 해석하고 적용하는 교사의 역할이 직통 계시를 내세우는 예언자들의 역할보다 더 중요할 수밖에 없다. 그래서 교회 시대에 예언자들의 수는 갈수록 줄어들고 그 활동은 갈수록 위축될 수밖에 없었을 것이다. 교회의 뿌리는 구약시대처럼 예언자들이 성령님께 받아 전하는 하나님의 뜻이 아니라 성육신하신 하나님의 아들 예수 그리스도께서 하신 일로 나타났고 이 일의 목격자들이 사도로 세워져 전한 증언이기 때문이다.

예수님이 자신의 사역과 가르침으로 "율법과 예언자들"을 완성하시고(마 5:17), 교회의 설립을 새로운 예언자들의 예언 활동에 맡기신 것이 아니라 자신의 사역과 가르침의 목격자들 가운데서 임명하신 사도들의 증언 활동에 맡기신 것 속에는 이미 예언자 직분의 상대화가 담겨 있다. 거짓 예언자들로 인해 혼란을 겪는 교회 상황 속에서 예언자직의 중단을 주장하는 사람들은 이러한 상대화에서 예언자직의 중단의 암시를 읽게 된다.

4. 결론

이 장에서는 교회가 예언자직이 단절된 것으로 보게 된 이유를 찾고자 하였다. 이를 위하여 예언자직이 중단된 것을 암시할 만한 단서들을 신약성경 안에서 찾아보려고 하였다.

'예언'의 성경적 의미는 "미래에 관하여 말하는 것," "미래에 관하여 하나님이 알려주신 자신의 뜻"이라는 의미에 국한되지 않는다. 이러한 의미만으로는 신약성경에 나오는 관련 단어들이나 관련 사건들을 도저히 바르게 이해할 수 없기 때문이다.

'예언' 등으로 번역된 헬라어 단어는 기본적으로 "하나님의 뜻의 선포"를 뜻한다. 그것은 대부분 하나님이 과거에 하신 일 또는 과거부터 해 오신 일을 선포하거나 설명하는 것이다. 이것도 한자어로 '예언'이라고 표현한다면 혼란이 일어날 수밖에 없다. 미래에 일어날 일을 미리 말하는 것이 '예언'의 문자적 의미이기 때문이다.

이 한자어 단어는 선포되는 하나님의 뜻이 미래와 관련된 것일 때에만 오해 없이 사용될 수 있다. 그러나 이런 경우는 신약성경에 그렇게 많지 않다. 따라서 한글성경을 사용하고 한국어로 생각하는 한 오해는 피할 수 없다.

그렇다고 헬라어 단어들을 한글로 음역하여 사용하며 성경의 용례들을 낱낱이 분석하여 새로운 단어를 만들어 보급하기에는 '예언'이라는 용어가 이미 너무 오래 사용되었고 한국어로 고착되었다.

성경 번역어가 가져오는 의미 전달의 가능성과 그 한계, 그리고 그 부정적 기능을 바르게 이해할 수 있을 때, 우리는 초대교회 시절에 중요한 역할과 기능을 했던 예언/예언자/예언자직의 단절에 관한 주제에 바르게 접근할 수 있다.

신약성경에서 예언은 사람들 앞에서 하나님의 계시를 선포하는 것이다. 이러한 의미의 예언 사역 중에 가장 중요한 것은 예수님의 사역과 가르침을 목격하고 증언하는 사도적 사역이다. 이러한 사역은 목격자들이 살아 있는 시대에 한하여 의미가 있고, 이 시대가 지나면 더 이상 이러한 사역을 할 수 없다. 그러므로 목격자들의 시대, 사도들의 시대가 지난 후에는 그러한 의미의 예언은 중단되는 것이다. (그런 의미에서 예언자직은 중단된다고 표현할 수 있다.) 이러한 시대에는 사도들의 증언을 모은 신약성경이 그 역할을 하게 된다. 이 시대에는 성경을 해석하고 적용하는 교사의 설교와 가르침 사역이 예언 사역으로서 역할을 하게 된다. 신약성경이 선포되는 교회 시대에 직통 계시를 전달하거나 미래에 관하여 말하는 예언은 이러한 사역에 비하면 부차적인 것이다. 사도 바울에 의하면 이러한 부차적인 예언은 누구나 할 수 있는 보편적인 은사로서 독점될 수 없으며 거짓 예언의 위험으로 인해 바르게 분별되어야 하는 것이다(고전 14:31-32). 이러한 예언의 은사는 방언보다는 유익하므로 사모해야 하는 은사이다(고전 14:39). 그러나 어떠한 은사보다 사랑의 도를 추구해야 한다(고전 12:31-13:13). 이 사랑의 도는 율법과 선지자의 가르침에 담겨 있는 하나님 사랑, 이웃 사랑의 도이며, 복음에 담겨 있는 죄인들을 위하여 목숨을 내어주신 예수님의 십자가의 도이다. 이 도를 전하는 복음 전파 사역이야말로 사도 시대 이후 중단되지 않고 이어져 온 더 중요한 예언 사역이었다.

국내서

김득중, 『복음서 신학』, 서울: 컨콜디아사, 1991.

박윤선, 『사도행전』, 서울: 영음사, 1977.

서경룡, "교회와 예언," 『가톨릭 신학과 사상』 46, 2003, pp. 269-295.

안병철, 『새로운 시각으로 살펴본 공관복음문제』, 서울: 가톨릭대학출판
　　부 1989.

이승구, "오늘날에도 과연 사도들과 선지자(예언자)들이 존재하는가?,"
　　『현대종교』 16, 2004, pp. 54-63

이희승 감수, 『민중 엣센스 국어사전』, 파주: 민중서림, 1999.

정양모 역주, 『열두 사도들의 가르침: 디다케』, 왜관: 분도출판사, 1993.

정훈택, 『복음을 따라서』, 서울: 한국로고스연구원, 1996.

＿＿＿, "공관복음서의 형성에 미친 목격자의 역할," 『신학지남』 259, 1999,
　　pp. 131-58

＿＿＿, 『병행 사복음서』, 서울: 민영사, 2013.

국외서

Allen, W. C., *Matthew*, ICC, Edinburgh: T. & T. Clark, 1912.

Augustinus, A., *De consensu evnagelistarum,* The Nicene and Post-nicene
　　Fathers of the Christian Church, vol. 6, New York: Scribner, 1903.

Aune, D., *Prophecy in Early Christianity and the Ancient Mediterranean
　　World,* Grand Rapids: Eerdmans, 1983.

Baarda, Tj., *De betrouwbaaheid van de evangeliën*, Kampen: Kok, 1967.

_____, *Vier=Een: Enkele bladzijden uit de geschiedenis van de harmonistiek der Evangeliën*, Kampen: Kok, 1970.

Baarlink, H., and others, *Bijbels handboek*, III, Kampen: Kok, 1987.

Baarlink, H., ed., *Vervulling en voleinding*, Kampen: Kok, 1984.

Baarlink, H., "De wonderen van de knecht des Heren: Traditie en interpretatie van Mat. 8:16v. en 12:15-21," *De knechtsgestalte van Christus*, FS voor H. N. Ridderbos, Kampen: Kok, 1978, pp.23-33.

_____, "Het Nieuwe Testament als oerchristelijk getuigenis," *Inleiding tot het Nieuwe Testament*, ed. by H. Baarlink, Kampen: Kok, 1989.

_____, *Inleiding tot het Nieuwe Testament*, Kampen: Kok, 1989.

Bacon, B. W., *Studies in Matthew*, London: H. Holdt, 1930.

Barclay, W., *The Making of the Bible*, 2nd ed., Edinburgh: St. Andrew, 1979.

Bauer, W., *A Greek-English Lexicon of the New Testament & Other Early Christian Literature*, rev. & ed. F. W. Danker, Chicago: Chicago University Press, 2000.

Betz, H. D., *Studien zur Bergpredigt*, Tübingen: Mohr, 1985.

Blank, R., *Analyse und Kritik der formgeschichtlichen Arbeiten von Martin Dibelius und Rudolf Bultmann*, Basel: Friedrich Reinhardt, 1981.

Blomberg, C., *The Historical Reliability of the Gospels*, Leicester: IVP, 1987.

Boring, M. Eugene, "Early Christian Prophecy," *The Anchor Yale Bible Dictionary*, vol. 5, ed. by David Noel Freedman, New Haven & London: Yale University Press, 2008.

Bornkamm, G., "The Stilling of the Storm in Matthew," *Tradition and*

Interpretation in Matthew, ed. by G. Bornkamm, G. Barth, and H. J. Held, London: SCM, 1982, pp.52-57.

_____, *Jesus von Nazareth*, 13th ed., Stuttgart: Kohlhammer, 1983.

Bowman, J., *The Gospel of Mark: The New Christian Jewish Passover Haggada*, Leiden: Leiden University Press, 1965.

Bruce, F. F., *The Spreading Flame*, Exeter: Paternoster Press, 1958.

van Bruggen, J., *Wie maakt de Bijbel: Over afsluiting en gezag van het Oude en Nieuwe Testament*, Kampen: Kok, 1986.

_____, *Christus op aarde*, Kampen: Kok, 1987.

_____, *Mattheüs: Het evangelie voor Israël*, Kampen: Kok, 1990.

Burridge, R. A., *What Are the Gospels?: A Comparison with Graeco-Roman Biography*, Cambridge: Cambridge University Press, 1992.

Calvin, J., *Institutes of the Christian Religion*, vol. 2, Philadelphia: Westminster Press, 1960.

_____, *A Harmony of the Gospels: Matthew, Mark and Luke*, vol.1, tr. by A. W. Morrison, Calvin's New Testament Commentaries, Grand Rapids: Eerdmans, 1972.

_____, *The Acts of the Apostles*, II, Calvin's New Testament Commentaries, Grand Rapids: Eerdmans, 1973.

_____, *Hebrew and I and II Peter*, tr. by W. B. Johnston, Calvin's New Testament Commentaries, Grand Rapids: Eerdmans, 1974.

Clark, K. W., "The Gentile Bias in Matthew," *JBL* 66, 1947, pp.165-172.

Cox, G. E. P., *Saint Matthew*, London: SCM, 1952.

Davies, W. D., "The Gospel Tradition," *Neotestamentica et Patristica*, ed. W.

C. van Unnik, Leiden: Brill, 1962, pp.14-34.

_____, *The Setting of the Sermon on the Mount*, Cambridge: Cambridge University Press, 1964.

Dihle, A., "Die Evangelien und die biographische Tradition der Antike," *ZThK* 80, 1983, pp.33-49.

Douglas, J. D., ed., *The New Bible Dictionary*, London: IVF, 1962.

Dunn, J. D. G., "Spirit and the Kingdom," *ExpT* 80, 1970-71, pp.26-40.

_____, "Prophetic 'I'-Sayings and the Jesus Tradition: The Importance of Testing Prophetic Utterances within Early Christianity," *NTS* 24, 1978, pp.175-198.

von Dobschütz, E., "Matthew as Rabbi and Catechist," *Interpretation of Matthew*, ed. by G. Stanton, Edinburgh : T. & T. Clark, 1995.

Eichhorn, J. G., *Historische-Kritische Einleitung in das Neue Testament*, 3 vols., Leipzig: Weidmanischen Buchhandlung, 1780-1783.

Elwell, W. A., ed., *Evangelical Dictionary of Theology*, Grand Rapids: Baker Book House, 1984.

France, R. T., 『마태신학』, 이한수 역, 서울: 엠마오, 1995.

Frankemölle, H., *Jahwe-Bund und Kirche* Christi, Münster: Aschendorff, 1974.

_____, "Evangelist und Gemeinde. Eine methodenkritische Besinnung (mit Beispielen aus dem Matthäusevangelium)," *Biblica* 60, 1979, pp.153-190.

Garland, D. E., *The Intention of Mathew 23*, Leiden: E. J. Brill, 1979.

Gemoll, W., Griechisch-Deutsches Schul-und Handwoerterbuch, Wien: G.

Freytag, 1965.

Gerhardsson, B., *Memory and Manuscript*, Grand Rapids: Eerdmans, 1961.

_____, *Die Anfänge der Evangelien-Tradition*, Wuppertal: R. Brockhaus 1977.

Giles, K. N., "Prophecy, Prophets, False Prophets," *Dictionary of the Later New Testament & Its Developments*, ed. by R. P. Martin and P. H. Davids, Downers Grove, Ill: IVP, 2000.

Giesen, H., *Christliches Handeln*, Frankfurt: Peter Lang, 1982.

Grant, F. C., *The Gospels: Their Origin and Growth*, New York: Harper & Brothers, 1957.

Grässer, E., *An die Hebraeer*, 1, EKK XVII/1, Zürich: Benziger, 1990.

Green, J. B., 『어떻게 복음서를 읽을 것인가』, 정옥배 역, 서울: 한국기독학생회 출판부, 1988.

Grosheide, F. W., *De eerste brief van den apostel Paulus aan de kerk te Korinthe*, Amsterdam: Van Bottenburg, 1932.

_____, *Hebreen: Korte verklaring van de heilige schrift*, Kampen: Kok, 1922.

_____, *I Korinthe: Korte verklaring van de heilige schrift*, Kampen: Kok, 1954.

Grudem, Wayne A., *The Gift of Prophecy in the New Testament and Today*, rev. ed., Wheaton: Crossway Books, 2000.

Guthrie, D., 『공관복음 문제』, 이문장 역, 서울: 한국로고스연구원, 1989.

_____, 『신약서론(상)』, 김병국, 정광욱 역, 서울: 크리스찬다이제스트, 1992.

Haenchen, D. E., *Die Apostelgeschichte*, Göttingen: Vandenhoeck & Ruprecht, 1977.

Hawthorne, G. F., "Prophets, Prophecy," *Dictionary of Jesus and the Gospels*, ed. by J. B. Green, I. H. Marshall, S. McKnight, Lecester: IVP, 1992.

Hendriksen, W., 『요한계시록』, 김영일, 문영탁 역, 서울: 아가페출판사, 1975.

Hengel, M., *Studies in the Gospel of Mark*, London: SCM, 1985.

Herder, J. G., *Von der Regel der Zustimmung unserer Evangelien*, 1796.

Holzmann, H. J., *Die synoptische Evangelien: Ihr Ursprung und geschichtlicher Character*, Leipzig: Wilhelm Engelmann, 1863.

Houston, G., *Prophecy: A Gift for Today*, Downers Grove, Illinois: IVP, 1989.

Hunter, A. M., *Design for the Life; The Sermon on the Mount*, London: SCM 1978.

James, M. R., tr., *The Apocryphal New Testament: Being the Apocryphal Gospels, Acts, Epistles and Apocalypses with Other Narratives and Fragment*, Oxford: Oxford University Press, 1924.

Jeremias, J., *The Parable of Jesus*, rev. ed., London: Pearson, 1982.

_____, 『예수 시대의 예루살렘』, 한국신학연구소 번역실 역, 서울: 한국신학연구소, 1992.

Klijn, A. F. J., *Inleiding tot het Nieuwe Testament*, Utrecht/Antwerpen: Aula-boeken, 1961.

Knox, W. L., *Sources of the Synoptic Gospels*, I, St. Mark, ed. H. Chadwick,

Cambridge: Cambridge University Press, 1953.

Koester, H., *Ancient Christian Gospels: Their History and Development*, London: SCM, 1990.

Komonchak, J. A. and others, eds., *The New Dictionary of Theology*, Dublin: Gill & Macmillan, 1987.

Kraft, H., "Vom Ende der Urchristlichen Prophetie," *Prophetic Vocation in the New Testament and Today*, ed. by J. Panagopoulos, Leiden: E. J. Brill, 1977, pp.162-185

Kümmel, W. G., 『신약정경개론』, 박익수 역, 서울: 대한기독교출판사 1997.

Ladd, G. E., *The New Testament and Criticism*, Grand Rapids: Eerdmans, 1978.

Lessing, G. E., *Neue Hypothese über die Evangelisten als bloss menschliche Geschichtsschreiben*, Wolfenbüttel, 1778.

Lindemann, Andreas, 『공관복음서 연구의 새로운 동향』, 박경미 역, 서울: 한국신학연구소, 1987.

Lindijer, C. H., *Handelingen van de Apostelen*, II, Nijkerk: G. F. Callenbach, 1979.

Linnemann, E., *Is There a Synoptic Problem?*, tr. by R. W. Yarbrough, Grand Rapdis: Baker, 1992.

Mack, B. L., 『잃어버린 복음서: Q 복음과 기독교의 기원』, 김덕순 역, 서울: 한국기독교연구소 1999.

Mare, W. Harold, "Prophet and Teacher in the New Testament Period," *Bulletin of the Evangelical Theological Society* 9/3, 1966, pp.139-148.

Martin, R. P., 『신약의 초석』, 정충하 역, 서울: 크리스챤 다이제스트, 1993.

McConnell, R. S., Law and Prophecy in Matthew's Gospel, Basel: Friedrich Reinhardt, 1969.

Merkel, Helmut, Die Pluralität der Evangelien als theologisches und exegetisches Problem in der Alten Kirche, Bern: Peter Lang, 1978.

Metzger, B. M., The New Testament: It's Background, Growth and Content, London: Lutterworth, 1969.

Nineham, D. E., "Eye-Witness Testimony and the Gospel Tradition I," JTS 9, 1958, pp.13-25

Peisker, C. H., "Prophet," Theologisches Begriffe Lexikon zum Neuen Testaments, II, ed. by L. Coenen, Wuppertal: Rolf Brockhaus, 1971.

Pesch, R., Die Apostelgeschichte, 2, EKK V/2, Zürich: Benziger, 1986.

Pop, E. J., De eerste brief van Paulus aan de Corinthiers, Nijkerk: G. F. Callenbach, 1965.

Porubcan, S., "Form Criticism and the Synoptic Problem," NovT 7, 1964, pp.81-118.

Rapske, B., Paul in Roman Custody, The Book of Acts in its First Century Setting, vol. 3, Grand Rapids: Eerdmans, 1994.

Redlich, E. B., Form Criticism, London: Duckworth, 1959.

Ridderbos, H. N., Het evangelie naar Mattheus, 1, Korte Verklaring der Heilige Schrift, Kampen: Kok, 1941.

Riesenfeld, H., "The Gospel Tradition and its Beginnings," Studia Evangelica, 1959, pp.43-65.

Riesner, R., Jesus als Lehrer, Tübingen: Mohr Siebeck, 1981.

_____, "Der Ursprung der Jesus- Überlieferung," *ThZ* 38, 1982, pp.493-513.

Robeck, C. M., "Prophecy, Prophesying," *Dictionary of Paul and His Letters*, ed. by Jr. Gerald F. Hawthorne, Ralph P. Martin, Daniel G. Reid (Downers Grove, IL: IVP, 1993.

Robertson, O. P., 『오늘날의 예언과 방언, 과연 성경적인가?』, 이심주 역, 서울: 부흥과개혁사, 2009

Sanders, E. P. and M. Davies, 『공관복음서 연구』, 이광훈 역, 서울: 대한기독교서회, 1999.

Schleiermacher, F., *Über die Schriften des Lukas*, Berlin: G. Reimer, 1817.

Schnider, F., "Prophesy," *Exegetisches Wörterbuch zum Neuen Testament*, Band 3, ed. by H. Balz & G. Schneider, Stuttgart: Kohlhammer, 1983.

Schneider, G., *Die Apostelgeschichte*, 9,1-28,31, Herders ThKNT V-2, Freiburg: Herder, 1982.

Schulz, S., *Q-Spruchquelle der Evangelisten*, Zürich: Theologischer Verlag, 1972.

Schweizer, E., *Das Evangelium nach Matthäus*, NTD 2, Göttingen: Vandenhoeck & Ruprecht, 1981.

Seeley, D., *Deconstructing the New Testament*, Leiden: E. J. Brill, 1994.

Senior, D., *What are they saying about Matthew*, New York/Ramsay: Paulist, 1995.

Smalley, S. S., "Spirit, Kingdom and Prayer in Luke-Acts," *NovT* 15, 1973, pp.59- 71

Stein, R. H., *Difficult Passages in the Gospels*, Grand Rapids: Baker, 1984.

_____, "Synoptic Problem," *Dictionary of Jesus and the Gospel*, ed. by J. B.

Green & S. McKnight, Lecester: IVP, 1992, pp.784-92

_____, 『공관복음서 문제』, 김철 역, 서울: 솔로몬, 1995.

Stendahl, K., "The First Gospel and the Authority of Jesus: Review of E. P. Blair's 'Jesus in the Gospel of Matthew'," *Interpretation* 14, 1962.

Stanton, G. N., "Introduction: Matthew's Gospel: A New Storm Centre," *The Interpretation of Matthew*, ed. by G. N. Stanton, Philadelphia & London: SPCK and Fortress 1983, pp.1-18.

Strauss, D. F., *Das Leben Jesu*, kritisch bearbeitet, 2 vols., Tübingen: C. F. Osiander, 1835-36.

Strecker, G., *Der Weg der Gerechtigheid*, 2nd ed., Göttingen: Vandenhoeck & Ruprecht, 1966.

_____, "Die Makarismen der Bergpredigt," *Eschaton und Historie*, Göttingen: Vandenhoeck & Ruprecht, 1979, pp.108-131.

_____, "The Concept of History in Matthew," *The Interpretation of Matthew*, ed. by G. N. Stanton, Philadelphia: Fortress, 1983, pp.67-84.

_____, *Die Bergpredigt: Ein exegetischer Commentar*, Göttingen: Vandenhoek & Ruprecht, 1985.

Streeter, B. H., *The Four Gospels: A Study of Origins*, London: Macmillan, 1924.

Suggs, M. J., *Wisdom, Christology and Law in Matthew's Gospel*, Cambridge Mass.: Harvard. University Press, 1970.

Swete, H. B., *Commentary on Revelation*, reprint of 3rd ed., Grand Rapids: Kregel, 1977.

Taylor, V., *The Life and Ministry of Jesus*, London: Macmillan, 1954.

Theißen, G., *Lokalkolorit und Zeitgeschichte in den Evagnelien: Ein Beitrag zur Geschichte der syoptischen Tradition*, 2 Aufl., Göttingen: Vandenhoeck u. Ruprecht, 1992.

Tolstoy, Leo, 『요한복음서와 도마복음서』, 염낙준 역, 서울: 홍익재, 2011.

Trilling, W., *Das wahre Israel*, München: Kösel, 1964.

Versteeg, J. P., *Evangelie in viervoud*, Kampen: Kok, 1980.

Vos, G., "The Idea of 'Fulfillment' of Prophecy in the Gospels," *Redemptive History and Biblical Interpretation*, ed. by Richard B. Gaffin, Phillipsburg, N.J.: Presbyterian & Reformed, 1980.

Wagner, Peter C., *Your Spiritual Gifts Can Help Your Church Grow*, Ventura. CA: Regal Books, 1994.

Wenham, John, *Redating Matthew, Mark and Luke*, Downers Grove: IVP, 1992.

Westcott, B. F., *An Introduction to the Study of the Gospel*, London: Macmillan, 1888.

Wetzel, G., *Die Synoptischen Evangelien*, Sydney: Wentworth Press, 2018.

Wilder, Amos N., "Form-History and the Oldest Tradition," *Neotestamentica et Patristica*, ed. W. C. van Unnik, Leiden: Brill, 1962, pp.1-13.

_____, *Early Christian Rhetoric: The Language of the Gospel*, Cambridge, Mass.: Harvard University, 1971.

Wright, A., *The Composition of the Four Gospels*, London: Macmillan, 1890.

_____, *Synopsis of the Gospel in Greek*, London: Macmillan 1896.

Wright, D., "Montanism: A Movement of Spiritual Renewal?," *Theological*

Renewal 22, 1982, pp.19-29

Zodhiates, S., ed., *The Complete Word Study Dictionary: The New Testament, Chattanooga*, TN: AMG Publishers, 1992.